"IFRS 핵심을 반영한"

재무 회계실무

공인회계사 최종기

FINANCIAL ACCOUNTING

정말로 쉽게, 즐겁게

처음으로 회계를 접하는
기초실무자들에게 유용한 실무지침서

YOUR BEST HRD PARTNER
씨에프오아카데미
www.cfoi.kr

들.어.가.는.말

2007년 12월 21일 한국회계기준위원회는 한국기업회계기준의 국제적 정합성 확보를 통하여 재무정보의 대외적 신뢰성을 제고하고 전세계적인 회계처리기준 단일화 추세에 적극 대응하기 위하여 '국제회계기준도입 로드맵'을 발표하였으며, 해당 로드맵에 따라 '재무제표의 작성과 표시를 위한 개념체계'를 비롯하여 2020년 4월말 현재 41개의 기업회계기준서와 19개의 기업회계기준해석서로 구성되어 있는 한국채택국제회계기준(K-IFRS)이 제정 공표되어 시행되고 있습니다.

모든 상장기업은 현재 반드시 한국채택국제회계기준을 적용하여 작성한 재무제표를 정보이용자에게 보고하여야 하며, 2010년부터 시행되는 한국공인회계사 등 모든 재무회계 관련 자격시험에 한국채택국제회계기준에 따른 문제가 출제되고 있습니다.

이처럼 급변하는 회계환경에 따라 한국채택국제회계기준을 적절히 반영하여 출간된 중급수준 이상의 회계실무서적은 있으나 회계실무를 처음 시작하는 기초실무자들이 쉽고 폭넓게 기업과 회계실무 및 한국채택국제회계기준을 이해할 수 있는 회계실무서적은 거의 없습니다. 이에 저자는 기초실무자들의 고충을 다소나마 덜어드리고자 한국채택국제회계기준 입문서인 본서를 집필하였습니다.

본서의 특징은 다음과 같습니다.

첫째, 한국채택국제회계기준에서 실무와 직접 관련된 핵심내용만을 다루었습니다.
저자는 회계를 처음 접하는 실무자들이 회계를 지겹고 어렵다고 느끼는 이유가 실무서들이 많은 내용을 다소 장황하게 설명한 바에 기인한다고 판단하여, 「재무제표의 작성과 표시를 위한 개념체계」와 「한국채택국제회계기준」에서 여러 기업에 공통적으로 적용되며 기초실무자들에게 꼭 필요한 기업회계기준서에서 핵심적인 내용만을 이해하기 쉽도록 군더더기 없이 설명하였습니다.

둘째, 재무회계의 핵심은 회계처리(분개)인 바, 회계처리(분개)를 중심으로 설명하였습니다.
회계를 처음 접하는 실무자들이나 독자들이 회계를 어려워하는 것은 기업경영활동에 대한 전반적인 이해 부족이기도 하지만, 저자의 경험으로는 "회계처리(분개)" 자체가 어렵기 때문입니다. 이에 저자는 기초실무자들이 반드시 알아야 하는 한국채택국제회계기준에 따른 계정과목과 이에 대한 회계처리를 설명하고 바로 분개예제를 통해 다시 한번 다룸으로써 완벽한 이해를 돕고자 하였습니다.

 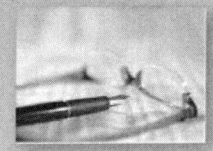 

셋째, 많은 사례와 예제를 첨부하였습니다.

상당수 기초실무자들이 기초실무서적이나 강의를 접한 이후에도 제대로 된 회계처리 하나조차 못하는 경우도 있습니다. 저자는 이러한 이유가 서적이나 강의에서 실무에서 발생하는 다양한 사례와 예제를 기초실무자가 접하지 못함에 기인한다고 판단하여 풍부한 사례와 예제를 첨부하였습니다.

넷째, 강의식으로 저술하였습니다.

실무에서 주로 적용되는 내용으로 저자가 강조하고 싶은 내용은 「Key Point」으로, 저자가 독자에게 당부하고 싶은 내용이거나 본문과 직접 연관이 없는 내용은 「저자주」로 하여 본문과 별도로 표시하였습니다. 또한, 중요한 내용과 반복 강조하고자 하는 내용은 「도표」로 요약하여 독자들이 쉽고 빠르게 내용을 이해할 수 있도록 하였습니다.

다섯째, 부록으로 색인을 첨부하였습니다.

저서 앞쪽의 본문 목차 뿐 아니라 본 저서 맨 뒤쪽에 본문에 언급되어 있는 한국채택국제회계기준과 관련된 용어, 계정과목 및 실무관련 용어들에 대해 "색인"을 부록으로 첨부하여 기초실무자들이 한국채택국제회계기준 및 기업실무에 대해 좀 더 쉽게 이해하고 접근할 수 있도록 배려하였습니다.

저자는 본서가 처음으로 회계를 접하는 기초실무자들에게 유용한 실무지침서가 되어 궁극적으로 진정한 회계전문가가 되는데 도움이 되기를 진심으로 바랍니다. 또한, 독자들의 사랑과 애증을 겸허히 받아들여 항상 노력하며 보다 충실한 내용으로 교재를 개정하여 집필할 것을 약속드립니다.

본서가 나오도록 물심양면으로 도와주신 CFO 전병문 대표이사님과 아낌없는 격려를 보내주는 친구 조미진과 김기홍 본부장 및 CFO 식구들 모두 감사합니다.

마지막으로 무엇보다 소중한 아내와 지원, 서원에게도 제 깊은 사랑을 드립니다.

2020년 4월

공인회계사 최종기

머리말 ··· 2

제1장 재무회계 입문 ··· 11

제1절 재무회계 ·· 12
    1. 의 의 ·· 12
    2. 정보이용자 ··· 12
    3. 목 적 ·· 13

제2절 기업회계기준 ·· 15
    1. 의 의 ·· 15
    2. 제정개정 ··· 16
    3. 역 사 ·· 16
    4. 구 성 ·· 17
    5. 한국채택국제회계기준(K-IFRS) ··· 18

제3절 재무정보(재무제표) ·· 22
    1. 의 의 ·· 22
    2. 구 성 ·· 22
    3. 일반원칙 ··· 23
    4. 재무상태표 ·· 26
    5. 포괄손익계산서 ·· 45
    6. 자본변동표 ·· 59
    7. 현금흐름표 ·· 60
    8. 주 석 ·· 63
    9. 질적특성 ··· 64
    10. 재무제표 요소 측정기준 ··· 68

제2장 회계순환과정 ··· 77

제1절 회계순환과정 ··· 78
- 1. 의 의 ··· 78
- 2. 구 성 ··· 78

제2절 기중의 회계처리 ··· 79
- 1. 거래의 식별 ·· 79
- 2. 분개(전표) ·· 84
- 3. 전기(원장) ·· 92

제3절 결 산 ·· 94
- 1. 시산표 ··· 94
- 2. 결산수정분개 ·· 97
- 3. 수정 후 합계잔액시산표 ······································· 100
- 4. 재무제표 작성과 장부마감 ····································· 100
- 5. 기초재수정분개 ·· 106

제3장 계정과목별 회계처리 ··· 111

제1절 현금 및 제예금 ·· 112
- 1. 현 금 ·· 112
- 2. 보통예금 ··· 115
- 3. 당좌예금 ··· 116
- 4. 정기예금 ··· 119

C.o.n.t.e.n.t.s

    5. 정기적금 ·· 123

제2절 매출과 매입 ·· 129
    1. 부가가치세 ·· 129
    2. 상기업 또는 제조기업 매출 ·· 134
    3. 상기업 또는 제조기업 매입 ·· 140
    4. 매출과 매입 수정 ··· 149
    5. 용역제공 기업의 수익인식 ·· 154

제3절 채권과 채무 ·· 160
    1. 외상매출금과 받을어음 ·· 160
    2. 외상매입금과 지급어음 ·· 163
    3. 선급금과 선수금 ·· 165
    4. 미수수익, 선급비용, 미지급비용 및 선수수익 ···················· 167
    5. 미수금과 미지급금 ··· 171
    6. 대여금 ·· 173
    7. 차입금 ·· 179
    8. 채권의 손상차손(대손) ·· 184
    9. 받을어음 할인 ·· 194
    10. 채무의 면제 ·· 197

제4절 재고자산과 매출원가 ··· 198
    1. 상기업의 재고자산 ··· 198
    2. 상기업의 매출원가 ··· 199
    3. 제조기업의 재고자산 ·· 213
    4. 제조기업의 매출원가 ·· 214

제5절 유형자산 ·· 225
    1. 의 의 ··· 225
    2. 최초인식 ··· 226
    3. 감가상각 ··· 235
    4. 후속원가 ··· 242
    5. 손상차손 ··· 245

6. 처분 ··· 249
  7. 재평가 ··· 252

제6절 무형자산과 투자부동산 ·· 258
  1. 무형자산 ·· 258
  2. 투자부동산 ·· 270

제7절 유가증권 ··· 276
  1. 의 의 ··· 276
  2. 주 식 ··· 278
  3. 채 권 ··· 292

제8절 퇴직급여 ··· 303
  1. 퇴직급여제도 ·· 303
  2. 확정기여제도의 퇴직급여 ·· 305
  3. 확정급여제도의 퇴직급여 ·· 306
  4. 해고급여 ·· 317

제9절 기타 자산 및 부채 ·· 319
  1. 보증금 ··· 319
  2. 미지급배당금 ·· 321
  3. 예수금 ··· 322
  4. 사 채 ··· 323
  5. 외화표시 자산 및 부채의 환율변동효과 ··························· 335

제10절 법인세 ··· 346
  1. 원천징수당한 법인세 등 ·· 346
  2. 중간예납한 법인세 ·· 347
  3. 각사업연도소득에 대한 법인세 ·· 348
  4. 전기 이전분 법인세 추가 납부·환급 ······························· 351
  5. 이연법인세 ··· 353

Contents

제11절 자 본 361

  1. 유상증자 361
  2. 자기주식 365
  3. 이익처분 368
  4. 결손보전 374
  5. 자본변동표 378

제12절 손 익 384

  1. 급 여 384
  2. 복리후생비 387
  3. 접대비 387
  4. 세금과공과 388
  5. 광고선전비 389
  6. 지급임차료 390
  7. 보험료 391
  8. 감가상각비와 무형자산상각비 391
  9. 대손상각비 392
  10. 견본비 393
  11. 연구비와 경상개발비 393
  12. 기타 판매비와 관리비 394
  13. 이자수익과 이자비용 397
  14. 배당금수익 399
  15. 외환차이 399
  16. 기타의 대손상각비 400
  17. 손실충당금환입 401
  18. 매출채권처분손실 402
  19. 기부금 402
  20. 재고감모손실 403
  21. 재평가손익 403
  22. 투자부동산평가손익 404
  23. FVPL금융자산평가손익 405
  24. 지분법손익 405
  25. 손상차손 406

26. 자산처분손익 ··· 407
27. 금융상품거래원가 ··· 409
28. 사채상환손익 ··· 409
29. 자산수증이익 ··· 410
30. 채무면제(조정)이익 ··· 411
31. 보험차익 ··· 411
32. 잡이익과 잡손실 ··· 412

색인 찾아보기 ⋯ **415**

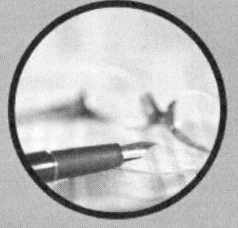

제1장 재무회계 입문

재무회계 _ 제1절

기업회계기준 _ 제2절

재무정보(재무제표) _ 제3절

제 1 절

재무회계

1. 의 의

기업은 상품, 제품 및 서비스 등을 제공함으로써 이윤을 얻고자 하며 이를 위해 여러 경영활동을 끊임없이 지속적으로 하고 있다. 만약 기업이 복잡하고 다양한 경영활동을 체계적이고 합리적으로 인식, 측정하여 기록하고 정리하지 않는다면 이에 대한 효율성 등을 합리적으로 판단하기 어려울 것이다.

이처럼 재무회계(기업회계)란 기업의 복잡하고 다양한 경영활동을 인식, 측정하여 기록하고 정리한 후 그 내용을 이용, 분석하여 경영활동에 따른 재무상태, 경영성과와 재무상태변동을 파악하고 미래를 계획하고자 하는 것이다.[1]

2. 정보이용자

정보이용자는 기업의 재무정보를 필요로 하는 이해관계자들로 다음과 같은 다양한 정보수요를 충족하기 위해 재무정보를 이용한다.

① 투자자(자본제공자)와 그들의 투자자문가

투자에 내재된 위험과 투자수익에 대한 정보에 관심을 갖으며 매수, 보유 또는 매도에 관한 의사결정을 위해 정보를 필요로 한다. 또한 소유주는 기업의 배당능력을 평가할 수 있는 정

---

[1] '재무보고'라고도 한다. 또한 정보이용자에게 재무정보를 제공하는 일련의 과정인바, '기업의 언어'라고도 한다.

보를 필요로 한다.

② **대여자**

대여금과 대여금에 대한 이자가 지급기일에 적절히 지급되는지를 결정하는 데 도움을 줄 수 있는 정보를 필요로 한다.

③ **종업원과 종업원을 대표하는 기구**

고용주인 기업의 안정성과 수익성에 대한 정보에 관심을 갖는다. 그들은 또한 기업의 보수, 퇴직급여 및 고용기회 제공능력을 평가할 수 있는 정보를 필요로 한다.

④ **공급자와 그 밖의 거래 채권자**

기업의 지급기일내 지급능력을 결정하기 위한 정보를 필요로 한다.

⑤ **고객**

특정 기업과 장기간 거래관계를 유지하고 있거나 의존도가 높은 경우에 그 기업의 존속가능성에 대한 정보에 관심을 갖는다.

⑥ **정부와 유관기관**

자원의 배분과 기업의 활동에 관심을 가지며 기업 활동을 규제하고 조세정책을 결정하며 국민 소득이나 이와 유사한 통계자료의 근거로 사용하기 위해 정보를 필요로 한다.

⑦ **일반대중**

기업은 다양한 방법으로 일반대중에게 영향을 미치므로 일반대중은 기업의 성장과 활동범위에 관한 추세와 현황에 대한 정보를 필요로 한다.

3. 목 적

기업의 재무정보를 필요로 하는 정보이용자에게 재무상태, 경영성과와 재무상태변동에 관한 재무정보를 제공함으로써 광범위한 정보이용자의 경제적 의사결정에 도움이 되고자 하는 것이 회계의 목적이다.

예를 들어 재무정보는 위탁받은 자원에 대한 경영진의 수탁책임이나 회계책임의 결과를 보여주므로 경영진의 수탁책임이나 회계책임을 평가하려는 정보이용자는 기업의 투자지분을 계속 보유하거나 매도할지 또는 경영진을 재선임하거나 교체할지와 같은 경제적 의사결정을 하는데 재무정보를 이용할 수 있다.

> **KEY POINT**
>
> ### 재무정보의 유용성
>
> 1. 재무상태에 대한 정보
>   (1) 기업이 통제하는 경제적 자원과 이러한 자원을 조절할 수 있는 기업의 과거 능력에 대한 정보는 기업의 미래 현금및현금성자산의 창출능력을 예측하는 데 유용하다.
>   (2) 재무구조에 대한 정보는 기업의 미래 자금차입수요에 대한 예측 및 미래이익과 현금흐름이 기업의 다양한 이해관계자들에게 어떻게 분배될 것인가를 예측하고, 기업이 더 많은 자금을 어떻게 성공적으로 조달할 수 있을지 예측하는 데 유용하다.
>   (3) 유동성과 지급능력에 대한 정보는 만기가 도래한 금융약정을 이행하는 기업의 능력을 예측하는 데 유용하다.
>
> 2. 경영성과에 대한 정보
>   (1) 수익성에 관한 정보는 그 기업이 장래 통제하게 될 가능성이 높은 경제적 자원의 잠재적 변동가능성을 평가하는 데 유용하며 성과의 변동성에 관한 정보는 이 같은 관점에서 특히 중요하다.
>   (2) 성과에 관한 정보는 기업이 현재의 자원으로부터 현금을 창출할 수 있는 능력을 예측하고, 추가적인 자원을 효과적으로 동원할 수 있는지 판단하는 데도 유용하다.
>
> 3. 재무상태변동에 대한 정보
>   재무상태변동에 대한 정보는 일정 회계기간 동안의 기업의 투자, 재무 및 영업 활동을 평가하는 데 유용하다. 이러한 정보는 재무제표이용자에게 기업의 현금및현금성자산의 창출능력과 기업의 현금흐름 사용 필요성에 대한 평가의 기초를 제공한다.

제 2 절

기업회계기준

1. 의의

정보이용자들은 각자에게 제공되는 재무정보를 바탕으로 의사결정을 하므로, 각자의 목적을 이루는데 보다 유용한 재무정보가 제공되기를 바랄 것이다. 따라서, 각각의 정보이용자들에게 재무정보를 만들기 위한 기준 제정 권한을 부여한다면 각자에게 보다 유리하도록 회계기준을 제정할 것이다. 당연하게도 이러한 기준에 따라 만들어진 재무정보는 공평성과 객관성 및 신뢰성이 결여되어 있을 뿐 아니라 재무정보 간의 비교가능성도 떨어질 것이다.

그러므로, 정보이용자에게 공평·타당한 재무정보를 제공하기 위해서는 정보이용자들의 요구를 적절히 반영하여 절충된 객관적인 기준이 필요하게 되는데, 이를 기업회계기준 또는 일반적으로 인정된 회계원칙(generally accepted accounting principles : GAAP)이라 한다.

이러한 회계원칙은 오랫동안 관습적으로 사용되고 있었던 회계실무와 회계이론에서 일반적으로 공정·타당하다고 인정되는 바를 정리하여 회계처리를 할 때 준수하여야 할 원칙을 정한 것이다. 회계원칙은 경제환경 등의 변화로 인해 계속적으로 변화해 가는 것이 일반적이며, 각 나라마다 다르다.

2. 제정·개정

우리나라 기업회계기준은 주식회사의 외부감사에 관한 법률에 따라 금융감독위원회(www.fsc.go.kr)의 위탁을 받은 한국회계기준원(www.kasb.or.kr)이 설치한 회계기준위원회의 심의·의결을 거쳐 기업회계기준이 제정·개정된다.

> **KEY POINT**
>
> **한국회계기준원**
>
> 재무정보의 유용성을 제고하여 정보이용자의 합리적 의사결정과 기업의 공정한 평가를 도모하기 위해 설립된 독립된 민간 회계기준제정기구로서 1999년 9월 1일 개원하였으며 2000년 7월 27일부터 기업회계기준의 제정, 개정, 해석과 질의회신 등 관련업무를 수행하고 있다. 한국회계기준원은 정관의 규정에 따라 한국회계기준원의 원장이 겸임하는 위원장 1인, 상임위원 1인과 5인의 비상임위원으로 구성된 회계기준위원회를 설치하여 운영하고 있다.

3. 역사

우리나라 기업회계기준은 1958년 6월의 '기업회계원칙'과 7월의 '재무제표규칙'의 공포, 1974년 7월의 '상장법인 등의 회계처리에 관한 규정' 제정, 1981년 12월의 '기업회계기준' 제정과 1998년 12월의 기업회계기준 전면 개정을 거치면서 지속적으로 발전해왔다.

이후 회계기준위원회는 1999년 12월 '재무회계개념체계'를 제정한 이래 2007년까지 국제회계기준이나 미국회계기준과의 정합성을 고려하여 관련 회계 주제의 회계처리방법, 표시 및 공시에 대한 포괄적인 지침뿐 아니라 실무적용에 필요한 구체적인 방법까지 제시하는 서술식 형태의 '기업회계기준서'를 제정해왔다.

한편, 한국회계기준원과 국제회계기준도입준비단은 2007년 3월 15일 한국회계기준의 국제적 정합성 확보를 통하여 재무정보의 대외적 신뢰성을 제고하고 전세계적인 회계처리기준 단일화 추세에 적극 대응하기 위하여 '국제회계기준도입 로드맵'을 발표하였다. 해당 로드맵에 따라 회계기준위원회는 한국채택국제회계기준(Korean International Financial Reporting Standards; K-IFRS)의 제정작업을 진행하여 2007년 9월 27일에 공개초안을 발표하였고, 11월 23일에 제정하였으며, 12월 21일에 이를 공표하였다. 해당 로드맵에 따라 원칙적으로 모든 우리나라 기업들에게 2009년부터 국제회계기준의 적용이 허용되며, 상장기업은 2011년부터 국제회계기준을 반드시 적용하여야 한다.

제2절 _ 기업회계기준

4. 구 성

기업회계기준은 한국채택국제회계기준이 도입된 후부터 상장기업이 적용해야 하는 '한국채택국제회계기준', 주식회사의 외부감사에 관한 법률의 적용대상기업 중 한국채택국제회계기준에 따라 회계처리하지 아니하는 기업이 적용해야 하는 '일반기업회계기준', 관계 법령 등의 요구사항이나 한국에 고유한 거래나 기업환경 등의 차이를 반영하기 위한 '특수분야회계기준'으로 구성된다.

한국채택국제회계기준, 특수분야회계기준은 각각 '기업회계기준서'와 '기업회계기준해석서'로 구성되며, 기준의 본문은 아니지만 실무적용의 편의를 위하여 관련 실무지침 등을 제공한다. 한편 일반기업회계기준은 하나의 기준에 주제별로 총 32개의 장으로 구성되어 있으며 각 장은 본문과 부록(결론도출근거, 실무지침 및 적용사례)으로 구성되어 있다.

한국채택국제회계기준 도입 후 기업회계기준의 번호체계

구 분	기업회계기준서		기업회계기준해석서	
			SIC[주3] Interpretation	IFRIC[주4] Interpretation
국제회계기준	IAS[주1]	IFRS[주2]		
한국채택국제회계기준	1001~1099	1101~1999	2001~2099	2101~2999
특수분야회계기준	5001~5999		6001~6999	

주1) 국제회계기준위원회(International Accounting Standards Board; IASB)가 설립되기 이전까지 국제회계기준위원회(International Accounting Standards Committee; IASC)가 제정, 발표한 기준서 IAS(International Accounting Standards)를 말한다.
주2) 국제회계기준위원회(International Accounting Standards Board; IASB)가 제정, 발표한 기준서 IFRS (International Financial Reporting Standards)를 말한다.
주3) SIC(Standing Interpretation Committee)에서 만들어 국제회계기준위원회가 승인한 해석서를 말한다.
주4) IFRIC(International Financial Reporting Interpretations Committee)에서 만들어 국제회계기준위원회가 승인한 해석서를 말한다.

KEY POINT

국제회계기준의 특징

국제회계기준은 다음과 같은 특징이 있다.

1. **대다수 국가의 협업을 통해 제정되는 기준**
   IASB는 국제회계기준 제정과정에서 미국, 영국, 캐나다, 호주, 일본 등 세계 각국의 회계기준제정기구와 긴밀한 협조관계를 유지하여 공동작업을 수행하고 있다.

2. 원칙중심의 기준체계(principle-based standards)
상세하고 구체적인 회계처리 방법 제시보다는 회계담당자가 경제적 실질에 기초하여 합리적으로 회계처리할 수 있도록 회계처리의 기본원칙과 방법론을 제시한다.

3. 연결재무제표 중심(consolidated financial statements)
종속회사가 있는 경우 연결재무제표를 기본으로 하며, 사업보고서 등 모든 공시서류가 연결재무제표를 기준으로 작성된다.

4. 공정가치 평가(fair value accounting)
내용상 핵심은 자본시장의 투자자에게 기업의 재무상황 및 내재가치에 대한 의미있는 투자정보를 제공하는 것이므로 금융자산·금융부채와 유형자산·무형자산 및 투자부동산도 공정가치 측정을 의무화 또는 선택할 수 있도록 하고 있다.

5. 한국채택국제회계기준(K-IFRS)

(1) 의 의

K-IFRS는 국제회계기준위원회(International Accounting Standards Boards: IASB)가 발표한 국제회계기준(International Financial Reporting Standards; IFRS)을 한국회계기준원 회계기준위원회가 국제회계기준위원회재단(International Accounting Standards Committee Foundation: IASCF)과 체결한 저작권계약에 따른 제반절차를 거쳐 제정한 회계기준으로서 2020년 4월말 현재 '재무제표의 작성과 표시를 위한 개념체계'를 비롯하여 41개의 기업회계기준서(Standards)와 19개의 기업회계기준해석서(Interpretations)로 구성되어 있다.

(2) 기업회계기준서

기업회계기준서(Standards)는 원칙적으로 목적, 적용범위, 회계처리방법, 공시, 부록 등으로 구성되며 부록은 용어의 정의, 적용보충기준 등으로 구성된다.

이외에도 서문, 결론도출근거, 적용사례, 실무적용지침이 제공되는데 이는 기준서의 일부를 구성하지 않으며 해당 기준서를 적용함에 있어서 편의를 제공하기 위해 실무지침으로 제시된다.

기준서의 각 문단은 해당 기준서의 목적과 결론도출근거, 본 전문과 '재무제표의 작성과 표시를 위한 개념체계' 등을 바탕으로 이해하여야 한다.

제2절 _ 기업회계기준

	K-IFRS		관련 국제회계기준서
개념체계	재무제표의 작성과 표시를 위한 개념체계	Framework	Framework for the Preparation and Presentation of Financial Statements
1001	재무제표 표시	IAS 1	Presentation of Financial Statements
1002	재고자산	IAS 2	Inventories
1007	현금흐름표	IAS 7	Statement of Cash Flows
1008	회계정책, 회계추정의 변경 및 오류	IAS 8	Accounting Policies, Changes in Accounting Estimates and Errors
1010	보고기간후사건	IAS 10	Events after the Reporting Period
1012	법인세	IAS 12	Income Taxes
1016	유형자산	IAS 16	Property, Plant and Equipment
1019	종업원급여	IAS 19	Employee Benefits
1020	정부보조금의 회계처리와 정부지원의 공시	IAS 20	Accounting for Government Grants and Disclosure of Government Assistance
1021	환율변동효과	IAS 21	The Effects of Changes in Foreign Exchange Rates
1023	차입원가	IAS 23	Borrowing Costs
1024	특수관계자공시	IAS 24	Related Party Disclosures
1026	퇴직급여제도에 의한 회계처리와 보고	IAS 26	Accounting and Reporting by Retirement Benefit Plans
1027	별도재무제표	IAS 27	Separate Financial Statements
1028	관계기업과 공동기업에 대한 투자	IAS 28	Investments in Associates and Joint Ventures
1029	초인플레이션 경제에서의 재무보고	IAS 29	Financial Reporting in Hyperinflationary Economies
1032	금융상품: 표시	IAS 32	Financial Instruments : Presentation
1033	주당이익	IAS 33	Earnings per Share
1034	중간재무보고	IAS 34	Interim Financial Reporting
1036	자산손상	IAS 36	Impairment of Assets
1037	충당부채, 우발부채 및 우발자산	IAS 37	Provisions, Contingent Liabilities and Contingent Assets
1038	무형자산	IAS 38	Intangible Assets
1039	금융상품: 인식과측정	IAS 39	Financial Instruments: Recognition and Measurement
1040	투자부동산	IAS 40	Investment Property
1041	농림어업	IAS 41	Agriculture
1101	한국채택국제회계기준의 최초채택	IFRS 1	First-time Adoption of International Financial Reporting Standards
1102	주식기준보상	IFRS 2	Share-based Payment
1103	사업결합	IFRS 3	Business Combinations
1104	보험계약	IFRS 4	Insurance Contracts

K-IFRS			관련 국제회계기준서	
1105	매각예정비유동자산과 중단영업	IFRS 5	Non-current Assets Held for Sale and Discontinued Operations
1106	광물자원의 탐사와 평가	IFRS 6	Exploration for and Evaluation of Mineral Resources
1107	금융상품 : 공시	IFRS 7	Financial Instruments: Disclosures
1108	영업부문	IFRS 8	Operating Segments
1109	금융상품	IFRS 9	Financial Instruments
1110	연결재무제표	IFRS 10	Consolidated Financial Statements
1111	공동약정	IFRS 11	Joint Arrangements
1112	타 기업에 대한 지분의 공시	IFRS 12	Disclosure of Interests in Other Entities
1113	공정가치측정	IFRS 13	Fair Value Measurement
1114	규제이연계정	IFRS 14	Regulatory deferral accounts
1115	고객과의 계약에서 생기는 수익	IFRS 15	Revenue from Contracts with Customers
1116	리스	IFRS 16	Leases

(3) 기업회계기준해석서

기업회계기준해석서(Interpretations)는 기업회계기준서에서 명시적으로 언급되지 않은, 새롭게 인식된 재무보고문제와 구체적인 지침이 없다면 잘못 적용될 수 있는 내용에 대한 권위 있는 지침을 제공하며, 참조, 배경, 적용범위, 회계논제, 결론, 시행일, 경과규정 등으로 구성된다. 이외에도 서문, 결론도출근거, 적용사례, 실무적용지침이 제공되는데 이는 해석서의 일부를 구성하지 않으며 해석서를 적용하는 데 편의를 제공하기 위해 실무지침으로 제시된다. 각 기업회계기준해석서는 해당 해석서의 적용범위에 대한 제한규정을 둔다.

K-IFRS			관련 국제회계기준서	
2010	정부지원 : 영업활동과 특정한 관련이 없는 경우	SIC-10	Government Assistance-No Specific Relation to Operating Activities
2025	법인세 : 기업이나 주주의 납세지위 변동	SIC-25	Income Taxes-Changes in the Tax Status of an Entity or its Shareholders
2029	민간투자사업 : 공시	SIC-29	Service Concession Arrangements : Disclosures
2032	무형자산 : 웹 사이트 원가	SIC-32	Intangible Assets-Web Site Costs
2101	사후처리 및 복구관련 충당부채의 변경	IFRIC 1	Changes in Existing Decommissioning, Restoration and Similar Liabilities
2102	조합원 지분과 유사 지분	IFRIC 2	Members' Shares in Co-operative Entities and Similar Instruments

K-IFRS			관련 국제회계기준서	
2105	사후처리, 복구 및 환경정화를 위한 기금의 지분에 대한 권리	IFRIC 5	Rights to Interests arising from Decom-missioning, Restoration and Environmental Rehabilitation Funds	
2106	특정 시장에 참여함에 따라 발생하는 부채: 폐전기·전자제품	IFRIC 6	Liabilities arising from Participating in a Specific Market-Waste Electrical and Electronic Equipment	
2107	기업회계기준서 제1029호 '초인플레이션 경제에서의 재무보고'에 따른 재작성 방법의 적용	IFRIC 7	Applying the Restatement Approach under IAS 29	
2110	중간재무보고와 손상	IFRIC 10	Interim Financial Reporting and Impairment	
2112	민간투자사업	IFRIC 12	Service Concession Arrangements	
2114	기업회계기준서 제1019호 : 확정급여자산한도, 최소적립요건 및 그 상호작용	IFRIC 14	IAS 19-The Limit on a Defined Benefit Asset Minimum Funding Requirements and their Interaction	
2116	해외사업장순투자의 위험회피	IFRIC 16	Hedges of a Net Investment in a Foreign Operation	
2117	소유주에 대한 비현금자산의 분배	IFRIC 17	Distributions of Non-cash Assets to Owners	
2119	지분상품에 의한 금융부채의 소멸	IFRIC 19	Extinguishing Financial Liabilities with Equity Instruments	
2120	노천광산 생산단계의 박토원가	IFRIC 20	Stripping Costs in the Production Phase of a Surface Mine	
2121	부담금	IFRIC 21	Levies	
2122	외화 거래와 선지급·선수취 대가	IFRIC 22	Foreign Currency Transactions and Advance Consideration	
2123	법인세 처리의 불확실성	IFRIC 23	Uncertainty over Income Tax Treatments	

제 3 절

재무정보(재무제표)

1. 의의

재무정보란 기업회계기준에 따라 작성되어 정보이용자에게 제공되는 정보를 말하며, 일반적으로 재무제표(Financial Statements)를 의미한다.

2. 구성

재무제표는 일반적으로 다음과 같이 구성되어진다.

재무제표		
	재무상태표 (a statement of financial position; SFP)	보고기간종료일의 재무상태
	포괄손익계산서 (a statement of comprehensive income; SCI)	보고기간 동안의 경영성과
	자본변동표 (a statement of changes in equity; SCE)	보고기간 동안의 자본 변동내역
	현금흐름표 (a statement of cash flows; SCF)	보고기간 동안의 현금 변동내역
	주석 (Notes)	SFP, SCI, SCE, SCF의 보충정보

제3절 _ 재무정보(재무제표)

> **KEY POINT**
>
> **재무제표의 기본가정**
>
> 재무제표는 다음의 일정한 가정 하에서 작성된다.
>
> 1. 계속기업의 가정
>   재무제표는 일반적으로 기업이 계속기업이며 예상가능한 기간 동안 영업을 계속할 것이라는 가정 하에 작성된다. 따라서 기업은 그 경영활동을 청산하거나 중요하게 축소할 의도나 필요성을 갖고 있지 않다는 가정을 적용하며, 만약 이러한 의도나 필요성이 있다면 재무제표는 계속기업을 가정한 기준과는 다른 기준을 적용하여 작성하는 것이 타당할 수 있으며 이때 적용한 기준은 별도로 공시하여야 한다.
>
> 2. 발생주의
>   재무제표는 발생기준을 적용하여 작성한다. 발생기준에서는 거래나 그 밖의 사건의 영향을 현금이나 현금성자산의 수취나 지급 시점이 아니라 발생한 기간에 인식하며 해당기간의 장부에 기록하고 재무제표에 표시한다.

3. 일반원칙

재무제표(Financial Statements) 작성시 지켜야 할 원칙에는 다음과 같은 것이 있다.

(1) 공정한 표시와 한국채택국제회계기준의 준수

재무제표는 기업의 재무상태, 경영성과 및 재무상태변동을 한국채택국제회계기준에 따라 공정하게 표시해야 한다. 만약 재무제표가 한국채택국제회계기준의 요구사항을 모두 충족한 경우가 아니라면 한국채택국제회계기준을 준수하여 작성되었다고 기재할 수 없다.

공정한 표시를 위해 준수하여야 하는 사항은 다음과 같으며, 부당한 회계정책은 이에 대해 공시나 주석 또는 보충자료를 통해 설명하더라도 정당화될 수 없다.

① 기업회계기준서 제1008호 「회계정책, 회계추정의 변경 및 오류」를 준수하여 회계정책을 선택하고 적용한다. 기업회계기준서 제1008호는 구체적으로 적용할 한국채택국제회계기준이 없는 경우 경영진이 고려할 관련 기준의 우선순위를 규정하고 있다.

② 회계정책을 포함하여 목적적합하고, 신뢰할 수 있고, 비교가능하며 이해가능한 정보를 표시한다.

③ 한국채택국제회계기준의 구체적인 요구사항을 준수하더라도 특정거래, 그 밖의 사건 및 상황

이 기업의 재무상태와 경영성과에 미치는 영향을 재무제표이용자가 이해하기에 충분하지 않은 경우 추가공시를 제공한다.

(2) 계속기업가정 준수

재무제표의 작성과 표시에 대한 1차적 책임을 지는 경영진은 재무제표를 작성할 때 적어도 보고기간말로부터 향후 12개월 기간에 대하여 계속기업으로서의 존속가능성을 평가해야 한다. 만약 계속기업으로서의 존속능력에 유의적인 의문이 제기될 수 있는 사건이나 상황과 관련된 중요한 불확실성을 알게 된 경우 해당 불확실성을 공시하며, 또한 재무제표가 계속기업의 기준하에 작성되지 않는 경우에는 해당 사실과 함께 재무제표가 작성된 기준 및 해당 기업을 계속기업으로 보지 않는 이유를 공시한다.

(3) 발생기준 회계

기업은 현금흐름 정보를 제외하고는 발생기준 회계를 사용하여 재무제표를 작성한다. 즉 자산, 부채, 자본, 수익 및 비용이 해당 항목의 정의와 인식요건을 충족할 때 재무제표 요소로 인식한다.

(4) 중요성과 통합표시

상이한 성격이나 기능을 가진 항목은 재무제표에 구분하여 표시하고, 유사한 성격이나 기능을 가진 항목 중 중요한 항목은 재무제표에 구분하여 표시한다. 따라서 중요하지 않은 항목은 성격이나 기능이 유사한 항목과 통합하여 표시할 수 있다.

KEY POINT

중요성

1. 재무제표에 정보를 누락하거나 잘못 기재하거나 불분명하게 하여, 이를 기초로 내리는 주요 이용자들의 의사결정에 영향을 줄 것으로 합리적으로 예상할 수 있다면 그 정보는 중요한 것이다.
2. 중요성은 재무제표 관점에서 해당 정보와 관련된 항목의 성격이나 규모 또는 이 둘 다에 근거하여 해당 기업에 특유한 측면의 목적적합성을 의미한다. 예를 들어, 신규사업부문에 대한 재무보고와 같이 금액의 중요성과는 상관없이 정보의 성격 그 자체만으로도 중요한 정보가 될 수 있다.
3. 중요성은 정보의 유용성을 충족하기 위한 주된 질적 특성이라기보다는 재무제표 표시와 관련된 임계치나 판단기준으로 작용한다.

(5) 상계(총액표시)

한국채택국제회계기준에서 요구하거나 허용하지 않는 한 자산과 부채 그리고 수익과 비용은 상계하지 아니한다. 왜냐하면 상계표시로 인해 발생한 거래, 그 밖의 사건과 상황을 이해하고 기업의 미래현금흐름을 분석할 수 있는 정보이용자의 능력을 저해하기 때문이다. 다만, 상계표시로 인해 거래나 그 밖의 사건의 실질이 반영되는 다음과 같은 경우에는 상계표시 할 수 있다(예시임).
① 투자자산 및 영업용자산을 포함한 비유동자산의 처분손익
② 충당부채와 관련된 지출을 제3자와의 계약관계(예: 공급자의 보증약정)에 따라 보전 받는 경우 해당 지출과 보전받는 금액
③ 외환손익 또는 단기매매 금융상품에서 발생하는 손익과 같이 유사한 거래의 집합에서 발생하는 차익과 차손. 다만, 중요한 경우에는 구분하여 표시한다.

> **KEY POINT**
>
> **상계표시에 해당되지 않는 경우**
>
> 재고자산에 대한 재고자산평가충당금과 매출채권에 대한 손실충당금과 같은 평가충당금을 차감하여 자산을 순액으로 측정하는 것은 상계표시에 해당되지 않는다.

(6) 보고빈도

재무제표(비교정보 포함)는 적어도 1년마다 작성한다. 만약 보고기간종료일을 변경하여 재무제표의 보고기간이 1년을 초과하거나 미달하는 경우 재무제표 해당 기간뿐만 아니라 다음 사항을 추가로 공시한다.
① 보고기간이 1년을 초과하거나 미달하게 된 이유
② 재무제표에 표시된 금액이 완전하게 비교가능하지는 않다는 사실

(7) 비교정보

한국채택국제회계기준이 달리 허용하거나 요구하는 경우를 제외하고는 당기 재무제표에 보고되는 모든 금액에 대해 전기 비교정보를 공시하며, 당기 재무제표를 이해하는 데 목적적합하다면 서술형 정보의 경우에도 비교정보를 포함한다. 따라서 비교정보를 공시하는 기업은 최소한 두 개의 재무상태표와 두 개의 포괄손익계산서(표시하는 경우 두 개의 별개 손익계산서), 두 개의 현금흐름표, 두 개의 자본변동표 및 관련 주석을 표시해야 한다.

만약 회계정책을 소급하여 적용하거나 재무제표의 항목을 소급하여 재작성 또는 재분류하는 경우로서 소급적용, 소급재작성 또는 소급재분류가 전기 기초 재무상태표의 정보에 중요한 영향을 미치는 경우에는 다음 각 시점에 세 개의 재무상태표를 표시한다.
① 당기말
② 전기말
③ 전기초

(8) 표시의 계속성

재무제표 항목의 표시와 분류는 다음의 경우를 제외하고는 매기 동일하여야 한다.
① 사업내용의 유의적인 변화나 재무제표를 검토한 결과 다른 표시나 분류방법이 더 적절한 것이 명백한 경우
② 한국채택국제회계기준에서 표시방법의 변경을 요구하는 경우

KEY POINT

재무제표 항목의 표시나 분류의 변경

재무제표 항목의 표시나 분류를 변경하는 경우 실무적으로 적용할 수 없는 것이 아니라면 비교금액도 재분류해야 한다. 비교금액을 재분류할 때 다음 사항을 공시한다(전기 기초 포함).
  (1) 재분류의 성격
  (2) 재분류된 개별 항목이나 항목군의 금액
  (3) 재분류의 이유

만약, 비교금액을 실무적으로 재분류할 수 없는 경우에는 다음 사항을 공시한다.
  (1) 해당 금액을 재분류하지 아니한 이유
  (2) 해당 금액을 재분류한다면 이루어 질 수정의 성격

4. 재무상태표

(1) 의 의

"재무상태표"란 보고기간종료일 기업의 재무상태를 나타내는 재무제표를 말한다.
이때, "보고기간종료일"이란 일반적으로 회계연도 종료일(결산일)을 의미하며, "재무상태"란 경제적 권리인 자산과 경제적 의무인 부채, 그리고 자본을 의미한다.

> **KEY POINT**
>
> **회계연도와 보고기간종료일(결산일)**
>
> 기업은 청산하지 않는 한 경영활동을 지속하게 된다. 만약, 기업의 이익을 청산하는 시점에서 측정한다면 정보이용자에게 보다 목적적합한 정보를 적시에 제공할 수 없을 것이다. 이에 기업회계기준에서는 인위적으로 기간을 정하여 기업의 이익을 측정하도록 하고 있는데 이를 "회계연도", "회계기간" 또는 "사업연도"라고도 한다.
>
> 이러한 회계연도는 기업마다 다르며, 정관에서 정하고 있다. 다만, 법인세법에서 사업연도를 1년을 초과하여 정할 수 없도록 하고 있는 바, 대부분의 회사가 1년(1/1~12/31)을 사업연도로 하고 있다. 또한, 해당 회계연도 종료일을 "보고기간종료일(결산일)"이라고 하며, 일반적으로 12월 31일을 의미한다.

(2) 구 조

재무상태표는 적어도 다음과 같이 자산, 부채 및 자본을 구분하여 표시한다.

▸
자산	부채
1. 현금및현금성자산	1. 매입채무 및 기타채무
2. 매출채권 및 기타채권	2. 충당부채
3. 금융자산(1, 2, 5 제외)	3. 금융부채(1, 2 제외)
4. 재고자산	4. 매각예정자산 관련 부채
5. 지분법을 적용하여 회계처리하는 투자자산	5. 당기법인세 관련 부채
6. 투자부동산	6. 이연법인세부채
7. 유형자산	**자본 (자산-부채)**
8. 무형자산	1. 자본금
9. 생물자산	2. 기타적립금
10. 매각예정자산	3. 이익잉여금(또는 결손금)
11. 당기법인세 관련 자산	4. 비지배지분
12. 이연법인세자산	

> **KEY POINT**
>
> **차변과 대변**
>
> 재무상태표의 왼쪽을 차변, 오른쪽을 대변이라고 한다.
> 즉 차변에는 자산을, 대변에는 부채와 자본을 기재한다.

(3) 재무상태표 등식

자본의 정의로부터 다음의 재무상태표 등식이 성립한다.

$$자산 = 부채 + 자본$$

상기 재무상태표 등식은 다음과 같이 두 가지 의미가 있다.

① 자산 = 부채 + 자본

부채는 채권자지분이며 자본은 주주지분이므로, 기업의 자산은 채권자지분과 주주지분으로 구분될 수 있음을 알 수 있다.

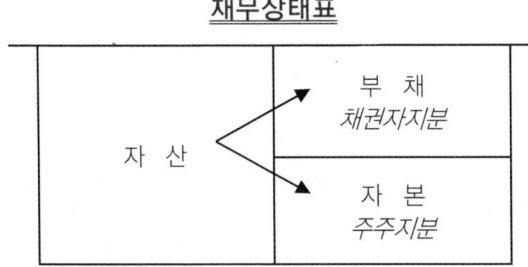

② 부채 + 자본 = 자산

자산을 취득하기 위해서는 자금이 조달되어져야 하는데, 부채는 채권자들로부터 조달한 자금이며 자본은 주주들로부터 조달한 자금이다. 따라서, 기업의 자산은 채권자들로부터 조달한 자금과 주주들로부터 조달한 자금으로 취득한 것임을 알 수 있다.

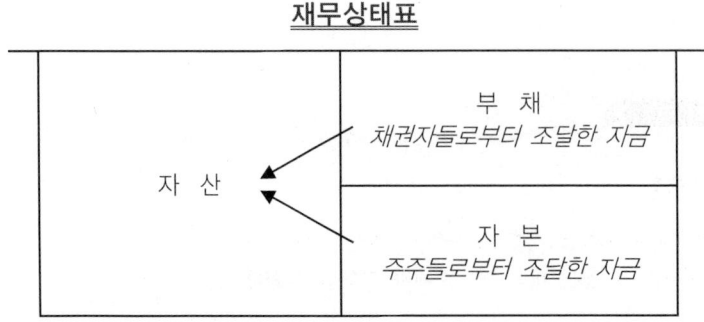

(4) 자산, 부채 및 자본

1) 자산

① 정의

'자산'이란 과거사건의 결과로 기업이 통제하는 현재의 경제적자원이다. 여기서 경제적자원은 경제적효익을 창출할 잠재력을 지닌 권리를 말한다.

> **KEY POINT**
>
> **자산의 정의**
>
> 1. 과거 사건의 결과
>   기업의 자산은 과거의 거래나 그 밖의 사건에서 창출되며, 미래에 발생할 것으로 예상되는 거래나 사건 자체만으로는 자산이 창출되지 않는다.
>   → 재고자산을 구입하고자 하는 의도 자체로는 자산의 정의를 충족하지 못한다.
>
> 2. 권리
>   (1) 경제적효익을 창출할 잠재력을 지닌 권리는 다음을 포함하여 다양한 형태를 갖는다.
>   ① 다른 당사자의 의무에 해당하는 권리
>   → 예를 들어, 현금을 수취할 권리, 재화나 용역을 제공받을 권리, 유리한 조건으로 다른 당사자와 경제적자원을 교환할 권리 등이 있다.
>   ② 다른 당사자의 의무에 해당하지 않는 권리
>   → 예를 들어, 유형자산 또는 재고자산과 같은 물리적 대상에 대한 권리, 지적재산 사용권이 있다.
>   (2) 기업의 모든 권리가 그 기업의 자산이 되는 것은 아니다. 권리가 기업의 자산이 되기 위해서는, 해당 권리가 그 기업을 위해서 다른 모든 당사자들이 이용가능한 경제적효익을 초과하는 경제적효익을 창출할 잠재력이 있고, 그 기업에 의해 통제되어야 한다.
>   (3) 기업은 기업 스스로부터 경제적효익을 획득하는 권리를 가질 수는 없다.
>   → 예를 들어, 기업이 발행한 후 재매입하여 보유하고 있는 채무상품이나 지분상품(예: 자기주식)과 보고기업이 둘 이상의 법적 실체를 포함하는 경우 그 법적 실체들 중 하나가 발행하고 다른 하나가 보유하고 있는 채무상품이나 지분상품은 그 보고기업의 경제적자원이 아니다.
>
> 3. 경제적효익을 창출할 잠재력
>   (1) 경제적자원은 경제적효익을 창출할 잠재력을 지닌 권리를 말한다. 이때, 잠재력이 있기 위해 반드시 권리가 경제적효익을 창출할 것이라고 확신하거나 그 가능성이 높아야 하는 것은 아니다. 권리가 이미 존재하고, 적어도 하나의 상황에서 그 기업을 위해 다른 모든 당사자들에게 이용가능한 경제적효익을 초과하는 경제적효익을 창출할 수 있으면 되며, 경제적효익을 창출할 가능성이 낮더라도 권리가 경제적자원의 정의를 충족할 수 있고 따라서 자산이 될 수 있다.
>   (2) 경제적자원은 기업에게 예를 들어 다음 중 하나 이상을 할 수 있는 자격이나 권한을 부여하여 경제적효익을 창출할 수 있다.
>   ① 계약상 현금흐름 또는 다른 경제적자원의 수취

② 다른 당사자와 유리한 조건으로 경제적자원을 교환
③ 경제적자원을 판매하여 현금 또는 다른 경제적자원을 수취
④ 경제적자원을 이전하여 부채를 상환
⑤ 경제적자원을 재화의 생산이나 용역의 제공을 위해 개별적으로 또는 다른 경제적자원과 함께 사용하거나 경제적자원을 다른 경제적자원의 가치를 증가시키기 위해 사용하거나 경제적자원을 다른 당사자에게 리스 제공하는 방식 등으로 현금유입의 창출 또는 현금유출의 회피

4. 통제
  (1) 통제는 경제적자원을 기업에 결부시킨다. 통제의 존재 여부를 평가하는 것은 기업이 회계처리할 경제적자원을 식별하는 데 도움이 된다.
   → 예를 들어, 기업은 부동산 전체의 소유권에서 발생하는 권리를 통제하지 않고, 부동산 지분에 비례하여 통제할 수 있다. 그러한 경우, 기업의 자산은 통제하고 있는 부동산의 지분이며, 통제하지 않는 부동산 전체의 소유권에서 발생하는 권리는 아니다.
  (2) 경제적자원의 통제는 일반적으로 법적 권리를 행사할 수 있는 능력에서 비롯되지만, 기업이 경제적자원의 사용을 지시하고 그로부터 유입될 수 있는 경제적효익을 얻을 수 있는 현재의 능력이 있다면, 그 경제적자원을 통제한다. 통제에는 다른 당사자가 경제적자원의 사용을 지시하고 이로부터 유입될 수 있는 경제적효익을 얻지 못하게 하는 현재의 능력이 포함되므로, 일방의 당사자가 경제적자원을 통제하면 다른 당사자는 그 자원을 통제하지 못한다.
   → 예를 들어, 기업이 경제적자원을 자신의 활동에 투입할 수 있는 권리가 있거나 다른 당사자가 경제적자원을 그들의 활동에 투입하도록 허용할 권리가 있다면, 그 경제적자원의 사용을 지시할 수 있는 현재의 능력이 있다.
  (3) 어떤 경우에는 본인을 대신하고 본인을 위해 행동하도록 다른 당사자(대리인)를 고용할 수 있다. 예를 들어, 본인은 자신이 통제하는 재화를 판매하기 위해 대리인을 고용하는 경우 그 경제적자원은 본인의 자산이지 대리인의 자산이 아니다. 또한, 본인이 통제하는 경제적자원을 제3자에게 이전할 의무가 대리인에게 있는 경우 이전될 경제적자원은 대리인의 것이 아니라 본인의 경제적자원인 바 그 의무는 본인의 의무이지 대리인의 부채가 아니다.

② 인식요건

자산은 미래경제적효익이 기업에 유입될 가능성이 높고 해당 항목의 원가 또는 가치를 신뢰성 있게 측정할 수 있을 때 재무상태표에 인식한다.

제3절 _ 재무정보(재무제표)

> **KEY POINT**
>
> **특정거래로 인한 지출이 발생한 경우**
>
> 특정거래로 인한 지출이 발생하였을 때
> 1. 관련된 미래 경제적 효익의 발생가능성이 높은 경우
>   → 재무상태표에 자산으로 인식
> 2. 관련된 미래 경제적 효익의 발생가능성이 높지 않은 경우
>   → 포괄손익계산서에 비용으로 인식

③ 분류

구분표시하여야 하는 각 자산항목의 의미와 이에 해당되는 자산의 예를 도표로 요약하여 보면 다음과 같다.

구분표시 자산	의미 및 해당 자산의 예

현금 및 현금성자산	1. 의미
	  (1) 현금 : 보유현금(통화대용증권 포함)과 요구불예금
	  (2) 현금성자산 : 유동성이 매우 높은 단기투자자산으로서 확정된 금액의 현금으로 전환이 용이하고 가치변동의 위험이 중요하지 않은 자산
	2. 해당 자산의 예
	  (1) 자기앞수표, 가계수표, 당좌수표
	  (2) 보통예금, 당좌예금
	  (3) 취득일로부터 만기일이 3개월 이내인 채권
	  (4) 취득일로부터 상환일이 3개월 이내인 상환우선주

매출채권 및 기타채권	1. 의미
	  (1) 매출채권 : 주요 영업활동으로 인해 발생한 수취채권
	  (2) 기타채권 : 매출채권 이외 지급금액이 확정되었거나 확정될 수 있으며 활성거래시장에서 가격이 공시되지 않은 비파생금융자산
	2. 해당 자산의 예
	  (1) 재화를 외상판매하고 발생한 외상매출금(받을어음)
	  (2) 용역을 제공하고 발생한 미수금

금융자산	1. 의미 : 현금및현금성자산, 매출채권 및 기타채권, 관계기업투자주식으로 분류되지 않는 다음의 자산
	  (1) 다른 기업의 지분상품
	  (2) 거래상대방에게서 현금 등 금융자산을 수취할 계약상 권리
	  (3) 잠재적으로 유리한 조건으로 거래상대방과 금융자산이나 금융부채를 교환하기로 한 계약상 권리
	2. 해당 자산의 예
	  (1) 저축성 예금·적금
	  (2) 시세차익을 목적으로 보유하는 주식 및 채권
	  (3) 계약상 현금흐름을 수취할 목적으로 보유하는 채권

구분표시 자산	의미 및 해당 자산의 예
재고자산	1. 의미 : 기업의 정상적인 영업과정에서 판매를 위하여 보유하거나 생산과정에 있는 자산 및 생산이나 용역제공에 사용될 원재료나 소모품의 형태로 존재하는 자산 2. 해당 자산의 예 　(1) 판매목적으로 보유하는 상품, 제품 　(2) 생산과정에 있는 재공품 　(3) 생산에 사용하기 위해 보유하는 원재료, 부재료 등
지분법을 적용하여 회계처리하는 투자자산	투자자가 직접 또는 간접으로 피투자자에 대한 의결권의 20% 이상을 소유하고 있어 명백한 반증이 없는 한 지분법을 적용하여야 하는 관계기업 투자자산(지분상품)
투자부동산	임대수익이나 시세차익 또는 두 가지 모두를 얻기 위하여 소유자나 금융리스의 이용자가 보유하고 있는 부동산. 다만, 다음 목적으로 보유하는 부동산은 제외. (1) 재화의 생산이나 용역의 제공 또는 관리목적에 사용 (2) 정상적인 영업과정에서의 판매
유형자산	1. 의미 : 재화나 용역의 생산이나 제공, 타인에 대한 임대 또는 관리활동에 사용할 목적으로 보유하는 물리적 형태가 있는 자산으로서 한 회계기간을 초과하여 사용할 것이 예상되는 자산 2. 해당 자산의 예 　(1) 공장부지 토지 및 공장 건물 　(2) 제품생산에 사용할 기계장치 　(3) 영업활동에 사용할 차량운반구 　(4) 관리활동에 사용할 비품(책상, 의자, 컴퓨터 등)
무형자산	1. 의미 : 물리적 실체는 없지만 식별가능한 비화폐성자산 2. 해당 자산의 예 　(1) 회사 보유 특허권, 실용신안권, 디자인권, 상표권 　(2) 외부에서 구입한 컴퓨터 소프트웨어 　(3) 자산인식요건을 충족하는, 개발활동에서 발생한 원가
생물자산	살아있는 동물이나 식물
매각예정자산	계속사용(폐기예정 포함)이 아닌 매각거래를 통해 장부금액을 주로 회수할 예정인 비유동자산 및 매각예정으로 분류된 처분자산집단에 포함되는 자산
당기법인세 관련 자산	해당 회계기간의 과세소득(세무상결손금)에 대해 환급받을 법인세액
이연법인세자산	다음과 관련하여 미래 회계기간에 회수(경감)될 수 있는 법인세부담액 (1) 차감할 일시적차이 (2) 미사용 세무상결손금의 이월액 (3) 미사용 세액공제 등의 이월액

2) 부채

① 정의

'부채'란 과거사건의 결과로 기업이 경제적자원을 이전해야 하는 현재의무를 말하며, "채권자지분"이라고도 한다.

> **KEY POINT**
>
> **부채의 정의**
>
> 1. 의무
>   - (1) 부채의 첫 번째 조건은 기업에게 의무가 있다는 것이다.
>   - (2) 의무란 기업이 회피할 수 있는 실제 능력이 없는 책무나 책임을 말하며, 의무를 이행할 대상인 당사자(또는 당사자들)의 신원을 구체적으로 알 필요는 없다.
>   - (3) 한 당사자가 경제적자원을 이전해야 하는 의무가 있는 경우, 다른 당사자(또는 당사자들)는 그 경제적자원을 수취할 권리가 있다. 그러나 한 당사자가 부채를 인식하고 이를 특정 금액으로 측정해야 한다는 요구사항이 다른 당사자(또는 당사자들)가 자산을 인식하거나 동일한 금액으로 측정해야 한다는 것을 의미하지는 않는다.
>   - → 예를 들어, 한 당사자의 부채와 이에 상응하는 다른 당사자(또는 당사자들)의 자산에 대해, 서로 다른 인식기준이나 측정 요구사항이 표현하고자 하는 것을 가장 충실히 표현하고 가장 목적적합한 정보를 선택하기 위한 결정이라면, 특정 회계기준은 그러한 서로 다른 기준이나 요구사항을 포함할 수 있다.
>   - (4) 많은 의무가 계약, 법률 또는 이와 유사한 수단에 의해 성립되며, 당사자(또는 당사자들)가 채무자에게 법적으로 집행할 수 있도록 한다. 그러나 기업이 실무 관행, 공개한 경영방침, 특정 성명(서)과 상충되는 방식으로 행동할 실제 능력이 없는 경우, 기업의 그러한 실무 관행, 경영 방침이나 성명(서)에서 의무가 발생할 수도 있다. 그러한 상황에서 발생하는 의무는 '의제의무'라고 불린다.
>
> 2. 경제적자원의 이전
>   - (1) 부채의 두 번째 조건은 경제적자원을 이전하는 것이 의무라는 것이며, 기업은 해당 의무를 이행, 이전 또는 대체할 때까지 경제적자원을 이전할 의무가 있다.
>   - (2) 의무에는 기업이 경제적자원을 다른 당사자(또는 당사자들)에게 이전하도록 요구받게 될 잠재력이 있어야 한다. 그러한 잠재력이 존재하기 위해서는, 기업이 경제적자원의 이전을 요구받을 것이 확실하거나 그 가능성이 높아야 하는 것은 아니다.
>   - → 예를 들어 불확실한 특정 미래사건이 발생할 경우에만 이전이 요구될 수도 있다. 의무가 이미 존재하고, 적어도 하나의 상황에서 기업이 경제적자원을 이전하도록 요구되기만 하면 된다.
>   - (3) 경제적자원을 이행, 이전 또는 대체해야 하는 의무는 다음의 예를 포함한다.
>   - ① 현금을 지급할 의무
>   - ② 재화를 인도하거나 용역을 제공할 의무
>   - ③ 불리한 조건으로 다른 당사자와 경제적자원을 교환할 의무

> ④ 불확실한 특정 미래사건이 발생할 경우 경제적자원을 이전할 의무
> ⑤ 기업에게 경제적자원을 이전하도록 요구하는 금융상품을 발행할 의무
> ⑥ 의무를 면제받는 협상으로 의무를 이행
> ⑦ 의무를 제삼자에게 이전
> ⑧ 새로운 거래를 체결하여 경제적자원을 이전할 의무를 다른 의무로 대체
>
> 3. 과거 사건의 결과
> (1) 부채의 세 번째 조건은 의무가 과거사건의 결과로 존재하는 현재의무라는 것이다.
> (2) 현재의무는 다음 모두에 해당하는 경우에만 과거사건의 결과로 존재한다.
> ① 기업이 이미 경제적효익을 얻었거나 조치를 취했고,
> ② 그 결과로 기업이 이전하지 않아도 되었을 경제적자원을 이전해야 하거나 이전하게 될 수 있는 경우

② 구분

부채는 성격에 따라 다음과 같이 확정부채, 충당부채, 우발부채로 구분된다.

부채의 구분	의미 및 회계처리
확정부채	해당 부채의 지출시기 및 금액이 확정되어 있는 부채 → 재무상태표에 부채로 인식
충당부채	해당 부채의 지출시기 및 금액이 불확실한 부채이나, 현재의무이고 이행하기 위하여 경제적효익을 갖는 자원이 유출될 가능성이 높고(50% 초과) 해당 금액을 신뢰성 있게 추정할 수 있는 부채 → 재무상태표에 부채로 인식 ※ 충당부채의 예 : 제품보증에 따른 충당부채
우발부채	확정부채 및 충당부채가 아닌 부채 → 재무상태표에 부채로 인식 안함. 다만, 의무를 이행하기 위하여 경제적효익을 갖는 자원의 유출가능성이 아주 낮지 않다면 주석공시

③ 인식요건

부채는 현재 의무의 이행에 따라 경제적효익을 갖는 자원의 유출 가능성이 높고 결제될 금액에 대해 신뢰성 있게 측정할 수 있을 때 재무상태표에 인식한다.[2]

④ 분류

구분표시하여야 하는 각 부채항목의 의미와 이에 해당되는 부채의 예를 도표로 요약하여 보면 다음과 같다(충당부채는 상기 ② 참조).

---

[2] 부채의 금액이 반드시 확정되어야 하는 것은 아니다. 예를 들어 제품보증을 위한 충당부채와 같이 그 측정에 추정을 요하는 경우도 있다.

제3절 _ 재무정보(재무제표)

구분표시 부채	의미 및 해당 부채의 예
매입채무 및 기타채무	1. 의미 　(1) 매입채무 : 주요 영업활동으로 인해 발생한 지급채무 　(2) 기타채무 : 매입채무 이외 확정채무 2. 해당 부채의 예 　(1) 재화를 외상매입하고 발생한 외상매입금(지급어음) 　(2) 용역을 제공받고 발생한 미지급금 　(3) 비용을 지급하지 못해 발생한 미지급금(미지급비용)
금융부채	1. 의미 　(1) 거래상대방에게서 현금 등 금융자산을 인도하기로 한 계약상 의무 　(2) 잠재적으로 불리한 조건으로 거래상대방과 금융자산이나 금융부채를 교환하기로 한 계약상 의무 2. 해당 부채의 예 　(1) 금전소비대차계약에 따라 차입한 차입금 　(2) 회사가 발행한 사채, 전환사채 등
매각예정자산 관련 부채	매각예정으로 분류된 처분자산집단에 포함되는 부채
당기법인세 관련 부채	해당 회계기간의 과세소득(세무상결손금)에 대해 납부할 법인세액
이연법인세부채	가산할 일시적차이와 관련하여 미래 회계기간에 납부할 법인세부담액

3) 자본

① 정의

자본이란 기업의 자산 총액에서 부채 총액을 차감한 잔여지분으로서, "순자산", "소유주지분" 또는 "주주지분"이라고도 한다. 이때 유의할 점은 자산과 부채는 독립적으로 측정되어 지지만 자본은 측정된 자산과 부채를 통해 계산되어 진다는 것이다.

▲ 　　　　자본 = 자산 − 부채 = 순자산 = 소유주지분 = 주주지분

② 분류

자본은 자본금, 기타적립금, 이익잉여금(또는 결손금), 비지배지분으로 분류한다. 각 자본항목의 의미와 이에 해당되는 자본의 예를 도표로 요약하여 제시하여 보면 다음과 같다.

구분표시 자본		의미 및 해당 자본의 예
자본금		1. 의미 : 법률(상법)에 따라 정해진 납입자본금(= 발행주식수 × 액면금액) 2. 예 : 보통주자본금, 우선주자본금
기타 적립금	자본 잉여금	1. 의미 : 증자나 감자 등 주주와의 자본거래에서 발생하여 자본을 증가시키는 잉여금 2. 예 : 주식발행초과금, 감자차익, 자기주식처분이익 등
	자본 조정	1. 의미 : 해당 항목의 성격상 자본거래에 해당하나 최종 납입된 자본으로 볼 수 없거나 자본의 가감 성격으로 자본금이나 자본잉여금으로 분류할 수 없는 항목 2. 예 : 주식할인발행차금, 감자차손, 자기주식, 자기주식처분손실 등
	기타 포괄손익 누계액	1. 의미 : 총포괄손익 중 당기순이익으로 인식하지 않은 수익과 비용 2. 예 (1) 유형자산과 무형자산의 재평가잉여금 (2) 순확정급여부채의 재측정요소 (3) 기타포괄손익_공정가치 측정 금융자산의 재측정 손익 (4) 해외사업장의 재무제표 환산으로 인한 손익
이익잉여금 (또는 결손금)		1. 의미 : 결산일 현재까지 포괄손익계산서에 보고된 당기손익과 다른 자본항목에서 이입된 금액의 합계액에서 주주에 대한 배당, 자본금으로의 전입 및 기타적립금 항목의 상각 등으로 처분된 금액을 차감한 잔액 2. 예 (1) 법정적립금 : 이익준비금 (2) 임의적립금 : 사업확장적립금, 배당평균적립금, 투자준비금 등 (3) 미처분이익잉여금
비지배지분		지배기업이 직접으로 또는 다른 종속기업을 통하여 간접으로 소유하지 않는 지분에 귀속되는 종속기업의 순자산과 순손익의 해당 부분

(5) 자산 및 부채의 표시

1) 표시방법

모든 자산과 부채는 다음 표시방법 중 보다 신뢰성 있고 더욱 목적적합한 정보를 제공할 수 있는 방법으로 표시한다.

① 유동·비유동 구분법

모든 자산과 부채를 유동자산과 비유동자산, 유동부채와 비유동부채로 재무상태표에 구분하여 표시하는 방법

② 유동성배열법

모든 자산과 부채를 유동성 순서에 따라 재무상태표에 표시하는 방법

③ 혼합법

자산·부채의 일부는 유동·비유동 구분법으로, 나머지는 유동성배열법으로 표시하는 방법

> **KEY POINT**
>
> 표시방법과 상관없이 자산과 부채의 각 개별 항목이 보고기간 후 12개월 이내와 보고기간 후 12개월 후 회수되거나 결제될 것으로 기대되는 금액이 합산하여 표시되는 경우 12개월 후에 회수되거나 결제될 것으로 기대되는 금액을 공시한다.

2) 유동과 비유동 구분법

유동·비유동 구분법에 의할 경우 유동·비유동자산과 유동·비유동부채는 다음과 같이 구분한다.

① 유동자산

자산은 다음의 경우 유동자산으로 분류한다.

㉠ 기업의 정상영업주기[3] 내에 실현될 것으로 예상하거나, 정상영업주기 내에 판매하거나 소비할 의도가 있다.[4]

㉡ 주로 단기매매 목적으로 보유하고 있다.

㉢ 보고기간 후 12개월 이내에 실현될 것으로 예상한다.[5]

㉣ 현금이나 현금성자산으로서, 교환이나 부채 상환 목적으로의 사용에 대한 제한 기간이 보고기간 후 12개월 이상이 아니다.

② 유동부채

부채는 다음의 경우 유동부채로 분류한다.

㉠ 정상영업주기 내에 결제될 것으로 예상하고 있다.

㉡ 주로 단기매매 목적으로 보유하고 있다.

㉢ 보고기간 후 12개월 이내에 결제하기로 되어 있다.

㉣ 보고기간 후 12개월 이상 부채의 결제를 연기할 수 있는 무조건의 권리를 가지고 있지 않다.

---

[3] 정상영업주기는 영업활동을 위한 자산의 취득시점부터 그 자산이 현금이나 현금성자산으로 실현되는 시점까지 소요되는 기간을 말하며, 명확히 식별할 수 없는 경우에는 12개월인 것으로 가정한다.

[4] 따라서, 유동자산은 보고기간 후 12개월 이내에 실현될 것으로 예상되지 않는 경우에도 재고자산 및 매출채권과 같이 정상영업주기의 일부로서 판매, 소비 또는 실현되는 자산을 포함한다.

[5] 예를 들어 비유동금융자산 중 12개월 이내에 실현될 부분은 유동자산으로 대체한다(유동성 대체).

KEY POINT

부채의 유동과 비유동 분류 유의사항

1. 결제조건
   계약 상대방의 선택에 따라 지분상품의 발행으로 결제할 수 있는 부채의 조건은 그 분류에 영향을 미치지 아니한다.

2. 유동부채로 분류하는 경우
   (1) 다음 모두에 해당하는 경우라도 금융부채가 보고기간 후 12개월 이내에 결제일이 도래하면 유동부채로 분류한다.
       ① 원래의 결제기간이 12개월을 초과하는 경우
       ② 보고기간 후 재무제표 발행승인일 전에 장기로 차환하는 약정 또는 지급기일을 장기로 재조정하는 약정이 체결된 경우
   (2) 기업에게 부채의 차환이나 연장에 대한 재량권이 없고 보고기간 후 12개월 이내에 만기가 도래하는 경우에는 차환가능성을 고려하지 않고 유동부채로 분류한다.[6]
   (3) 채권자가 보고기간말 이진에 장기차입약정을 위반하고 대여자가 해당 부채에 대해 즉시 상환을 요구할 수 있는 경우 보고기간 후 재무제표 발행승인일 전에 채권자가 약정위반을 이유로 상환을 요구하지 않기로 합의하더라도 해당 부채는 유동부채로 분류한다.

3. 비유동부채로 분류하는 경우
   (1) 기업이 기존의 대출계약조건에 따라 보고기간 후 적어도 12개월 이상 부채를 차환하거나 연장할 것으로 기대하고 있고 그런 재량권이 있다면, 보고기간 후 12개월 이내에 만기가 도래한다 하더라도 비유동부채로 분류한다.
   (2) 보고기간말 이전에 채권자가 장기차입약정을 위반하고 대여자가 보고기간 후 적어도 12개월 이상의 유예기간을 주는 데 합의하여 해당 유예기간 내에 기업이 위반사항을 해소할 수 있고 해당 유예기간 동안에는 대여자가 즉시 상환을 요구할 수 없다면 해당 부채는 비유동부채로 분류한다.

③ 비유동자산·비유동부채

상기 '① 및 ②'에 해당되지 않는 모든 자산과 부채는 비유동자산과 비유동부채로 분류한다. 이때, 이연법인세자산과 이연법인세부채는 비유동자산과 비유동부채로 분류함에 유의한다.

---

[6] 만기 1년의 차입금이 1년 단위로 재약정이 이루어지고 차입금 상환이나 기타 사항 등의 행위는 이루어지지 않고 있는 경우에도, 차입약정서에 차입자가 차환 여부에 대한 Option을 가지고 있다는 별도의 언급이 없다면 단기차입금으로 계상하여야 한다(금감원 2001-124).

제3절 _ 재무정보(재무제표)

> **KEY POINT**
>
> **유동성부채 관련 주석사항**
>
> 유동부채로 분류된 차입금의 경우 다음과 같은 사건이 보고기간말과 재무제표 발행승인일 사이에 발생하면 그러한 사건은 기업회계기준서 제1010호 「보고기간후사건」에 따라 수정을 요하지 않는 사건으로 주석에 공시한다.
> 1. 장기로 차환
> 2. 장기차입약정 위반사항의 해소
> 3. 보고기간 후 적어도 12개월 이상 장기차입약정 위반사항을 해소할 수 있는 유예기간을 대여자로부터 부여받음

사례 1 유동성분류(1)

1. 자료
   당기 중 대박(주)는 대여금 1억원을 만기 3년으로 대여하다.

2. 재무상태표일~회수일이 1년 초과인 경우
   비유동자산으로 분류한다.(예 : 장기대여금)

3. 재무상태표일~회수일이 1년 이내로 도래하는 경우
   비유동자산(장기대여금)으로 분류된 해당 대여금을 유동자산(예 : 단기대여금)으로 재분류한다.

사례 2 유동성분류(2)

1. 자료
   당기 중 대박(주)는 차입금 1억원을 만기 3년으로 차입하다.

2. 재무상태표일~상환일이 1년 초과인 경우
   비유동부채로 분류한다.(예 : 장기차입금)

3. 재무상태표일~상환일이 1년 이내로 도래하는 경우
   비유동부채(장기차입금)으로 분류된 해당 차입금을 유동부채(예 : 유동성장기부채)로 재분류한다.

(6) 양식

재무상태표를 제시하여 보면 다음과 같다.

재 무 상 태 표

제×기 20××년 ×월 ×일 현재
제×기 20××년 ×월 ×일 현재

회사명 : _____   (단위 : 원)

과 목		제×(당)기	제×(전)기
		금 액	금 액
자 산			
현금및 현금성자산	현 금	통화 및 통화대용증권(수표, 우편(전신)환증서, 만기도래 채권이자표 등)	
	보통예금, 당좌예금	요구불예금	
	현금성자산	유동성이 매우 높은 단기투자자산으로서 확정된 금액의 현금으로 전환이 용이하고 가치변동의 위험이 중요하지 않은 자산	
금융 자산	상각후원가 측정 금융자산	계약상 현금흐름(특정일에 원리금 지급만으로 구성되어 있는 현금흐름)의 수취가 목적인 사업모형에서 보유하는 금융자산	
	기타포괄손익_공정가 치 측정 금융자산	계약상 현금흐름의 수취와 금융자산의 매도 둘 모두가 목적인 사업모형에서 보유하는 금융자산과 최초 인식시점에 후속적인 공정가치 변동을 기타포괄손익으로 표시하기로 취소불가능한 선택을 한 금융자산	
	당기손익_공정가치 측정 금융자산	상각후원가 측정 금융자산과 기타포괄손익_공정가치 측정 금융자산 및 지분법을 적용하여 회계처리 하는 투자자산이 아닌 금융자산	
매출 채권	외상매출금 받을어음	주요 영업활동으로 발생한 채권으로 신용거래로 발생한 외상매출금과 매출시 지급받은 어음(받을어음)	
	(−)현재가치할인차금	매출채권의 명목금액과 현재가치와의 차액(유효이자율법에 따라 이자수익으로 대체)	
	(−)손실충당금	매출채권 중 회수하지 못할 금액으로 추정되는 금액	
기타 채권	대여금	타인에게 대여한 자금	
	보증금	전세권, 전신전화가입권, 임차보증금 및 영업보증금 등	
	미수수익	기간 경과에 따라 발생한 당기 수익 중 차기에 회수될 금액	
	미수금	주요 영업활동 이외의 거래에서 발생한 미수채권	
	선급금	자산(상품, 원재료 등) 취득 등을 위해 미리 선급한 금액	
	선급비용	당기에 지급된 비용 중 차기 비용 해당분	
	(−)현재가치할인차금	기타채권의 명목금액과 현재가치와의 차액(유효이자율법에 따라 이자수익으로 대체)	
재고 자산	상 품	판매목적으로 구입한 상품, 미착상품, 적송품 등	
	제 품	판매목적으로 자신이 제조한 생산품, 부산물 등	
	반제품	자가제조한 중간제품과 부분품 등	

과 목		제×(당)기	제×(전)기
		금액	금액
재고 자산	재공품	제품 또는 반제품의 제조를 위해 재공과정에 있는 것	
	원재료	원료, 재료, 매입부분품, 미착원재료 등	
	소모품(저장품)	생산과정이나 서비스를 제공하는데 투입될 소모품, 소모공구기구, 비품 및 수선용 부분품 등으로 결산일로부터 정상영업주기 내에 소모될 저장품	
	(−)평가충당금	재고자산의 순실현가능가치(원재료는 현행대체원가)가 취득원가보다 하락한 경우 그 차액(재고자산의 진부화 또는 장기체화에 따른 재고자산평가손실액)	
지분법을 적용하여 회계처리하는 투자자산		투자자가 직접 또는 간접으로 피투자자에 대한 의결권의 20% 이상을 소유하고 있어 명백한 반증이 없는 한 지분법을 적용하여야 하는 관계기업의 투자자산 (지분상품)	
투자부동산		임대수익이나 시세차익 또는 두 가지 모두를 얻기 위하여 소유자나 금융리스의 이용자가 보유하고 있는 부동산	
유형 자산	건설중인자산	유형자산의 건설을 위한 재료원가, 노무원가 및 기타 제조원가로 하되, 건설을 위하여 지출한 도급금액을 포함(취득중인 유형자산)	
	토지	대지, 임야, 전답, 잡종지 등	
	건물	건물, 냉난방, 전기, 통신 및 기타의 부속설비 등	
	구축물	교량, 궤도, 갱도, 정원설비 및 기타의 토목설비 또는 공작물 등	
	기계장치	기계장치, 운송설비(콘베어, 호이스트, 기중기 등)와 기타의 부속설비 등	
	차량운반구	철도차량, 자동차 및 기타의 육상운반구	
	비품	컴퓨터, 프린터, 복사기 등	
	기타의 유형자산	상기 외 유형자산(예: 공기구, 선박, 항공기 등)	
	(−)손상차손누계액	유형자산의 진부화 등에 따라 자산의 회수가능액이 장부금액보다 하락한 경우 취득금액과 회수가능액의 차액	
	(−)감가상각누계액	유형자산 취득원가 중 감가상각에 따라 비용처리된 금액(감가상각비)의 누계액	
무형 자산	영업권	합병, 분할 및 사업양수 등으로 인한 유상취득분 (합병시 영업권 = 합병대가 − 피합병회사 순자산공정가치)	
	산업재산권	일정기간 독점적, 배타적으로 사용할 수 있는 특허권, 실용신안권, 디자인권, 상표권 등	
	개발비	다음 사항을 모두 제시할 수 있는 개발활동 관련 지출 (1) 무형자산을 사용하거나 판매하기 위해 그 자산을 완성할 수 있는 기술적 실현가능성 (2) 무형자산을 완성하여 사용하거나 판매하려는 기업의 의도 (3) 무형자산을 사용하거나 판매할 수 있는 기업의 능력 (4) 무형자산이 미래경제적효익을 창출하는 방법(그 중에서도 특히 무형자산의 산출물이나 무형자산 자체를 거래하는 시장이 존재함 또는 무형자산을 내부적으로 사용할 것이라면 그 유용성) (5) 무형자산의 개발을 완료하고 그것을 판매하거나 사용하는 데 필요한 기술적, 재정적 자원 등의 입수가능성 (6) 개발과정에서 발생한 무형자산 관련 지출을 신뢰성 있게 측정할 수 있는 기업의 능력	

과 목		제×(당)기	제×(전)기
		금 액	금 액
무형자산	기타의 무형자산	라이선스와 프랜차이즈, 컴퓨터소프트웨어, 임차권리금, 광업권, 어업권 등	
	(−)손상차손누계액	무형자산의 진부화 등에 따라 자산의 회수가능액이 장부금액보다 하락한 경우 취득금액과 회수가능액의 차액	
	(−)상각누계액	무형자산 취득원가 중 상각에 따라 비용처리된 금액(무형자산상각비)의 누계액	
	생물자산	살아있는 동물이나 식물	
	매각예정자산	계속사용(폐기예정 포함)이 아닌 매각거래를 통해 장부금액을 주로 회수할 예정인 비유동자산 및 매각예정으로 분류된 처분자산집단에 포함되는 자산	
	당기법인세 관련 자산	회사가 해당 회계연도에 납부하여야 할 법인세부담액을 초과하여 납부한 금액과 결손금소급공제로 인해 과거에 납부한 법인세부담액 중 환급액	
	이연법인세자산	다음과 관련하여 미래 회계기간에 회수(경감)될 수 있는 법인세부담액 (1) 차감할 일시적차이 (2) 미사용 세무상결손금의 이월액 (3) 미사용 세액공제 등의 이월액	
	자산총계	×××	×××
부 채			
매입채무	외상매입금 지급어음	주요 영업활동으로 발생한 채무로 신용거래로 발생한 외상매입금과 매입시 지급한 어음(지급어음)	
	(−)현재가치할인차금	매입채무의 명목금액과 현재가치 차액(유효이자율법에 따라 이자비용으로 대체)	
기타채무	미지급비용	당기에 발생된 기간 비용 중 차기에 지급될 금액	
	미지급금	주요 영업활동 이외의 거래에서 발생한 미지급채무(미지급비용 제외)	
	선수금	수주공사, 수주품 및 기타 일반적 상거래에서 발생한 선수액(예 : 자산 매각대금 선수액)	
	선수수익	당기에 수취한 수익 중 차기 수익 해당분	
	예수금	일반적 상거래 이외에서 발생한 일시적 제예수액 (예 : 소득세, 법인세, 국민연금, 건강보험료(노인장기요양보험료 포함), 고용보험료 예수액)	
	(−)현재가치할인차금	기타채무의 명목금액과 현재가치 차액(유효이자율법에 따라 이자비용으로 대체)	
충당부채	순확정급여부채	확정급여채무에서 사외적립자산을 차감한 금액 − 확정급여채무 : 퇴직급여제도에 따라 현직 및 전직 종업원에게 이미 제공한 근무용역에 대해 지급할 예상퇴직급여의 현재가치 − 사외적립자산 : 다음 자산의 공정가치 (1) 장기종업원급여기금이 보유하고 있는 자산 (2) 적격보험계약	
	기타충당부채	과거사건이나 거래의 결과로 인한 현재의무로서 지출시기 또는 금액이 불확실하지만 그 의무를 이행하기 위해 자원이 유출될 가능성이 높고(50%초과) 또한 해당 금액을 신뢰성 있게 추정할 수 있는 충당부채	

제3절 _ 재무정보(재무제표)

과 목			제×(당)기	제×(전)기
			금 액	금 액
금융 부채		차입금	금융기관 등으로부터의 차입금(당좌차월액 포함)	
		사채	기업이 일반대중으로부터 자금을 조달할 목적으로 회사의 채무임을 표시하는 사채증서(사채권)을 발행하여 지정된 만기일에 사채권면에 정해진 금액을 지급하고 해당 금액에 약정된 이자율을 고려한 이자를 정기적으로 지급할 것을 약속한 채무	
		전환사채	유가증권 소유자가 일정한 조건하에 전환권(보통주로의 전환을 청구할 수 있는 권리)을 행사할 수 있는 권리가 부여된 사채	
		신주인수권부사채	유가증권 소유자가 일정한 조건하에 신주인수권(보통주의 발행을 청구할 수 있는 권리)을 행사할 수 있는 권리가 부여된 사채	
		(+)상환할증금	전환사채(또는 신주인수권부사채) 소유자가 만기까지 전환권을 행사하지 않아 만기 상환하는 경우에 사채발행회사가 소유자에게 일정한 수익률을 보장하기 위해 만기금액에 추가하여 지급하기로 한 금액	
		(−)전환권조정(또는 신주인수권조정)	상환할증금과 전환권대가(또는 신주인수권대가)의 합계액(유효이자율법에 따라 이자비용으로 대체)	
		(−)현재가치할인차금	금융부채의 명목금액과 현재가치 차액(유효이자율법에 따라 이자비용으로 대체)	
		(−)사채할인발행차금	사채 액면금액이 발행금액보다 큰 경우 해당 차액(유효이자율법에 따라 이자비용에 가산)	
		(+)사채할증발행차금	사채 발행금액이 액면금액보다 큰 경우 해당 차액(유효이자율법에 따라 이자비용에 차감)	
매각예정자산 관련 부채			매각예정으로 분류된 처분자산집단에 포함되는 부채	
당기법인세 관련 부채			회사가 해당 연도에 납부하여야 할 법인세부담액 중 아직 납부하지 않은 금액	
이연법인세부채			가산할 일시적차이와 관련하여 미래 회계기간에 납부할 법인세부담액	
부채총계			×××	×××
자 본				
	자본금	보통주자본금	− 액면주식 : 보통주 유통발행주식수×보통주 액면금액 − 무액면주식 : 주식발행가액의 1/20이상의 금액으로서 이사회(또는 주주총회)에서 자본금으로 계상하기로 한 금액의 총액	
		우선주자본금	− 액면주식 : 우선주 유통발행주식수×우선주 액면금액 − 무액면주식 : 주식발행가액의 1/20이상의 금액으로서 이사회(또는 주주총회)에서 자본금으로 계상하기로 한 금액의 총액	
	기타 적립금	주식발행초과금	주식발행금액(= 주금납입액 − 주식발행비용)이 액면금액을 초과하는 경우 차액(주식할인발행차금과 상계)	
		주식할인발행차금	주식발행금액이 액면금액에 미달하는 경우 차액(주식발행초과금과 상계후 이익처분에 따라 상각)	
		감자차익	감자대가가 액면금액에 미달하는 경우 차액(감자차손과 상계)	
		감자차손	감자대가가 액면금액을 초과하는 경우 차액(감자차익과 상계 후 결손보전에 준하여 처리)	
		자기주식	회사가 이미 발행한 주식을 주주로부터 취득한 경우 해당 주식의 취득금액	
		자기주식처분이익	자기주식 처분금액이 취득금액을 초과하는 경우 차액(자기주식처분손실과 상계)	

과 목		제×(당)기		제×(전)기	
		금 액		금 액	
기타 적립금	자기주식처분손실	자기주식 처분금액이 취득금액에 미달하는 경우 차액(자기주식처분이익과 상계 후 결손보전에 준하여 처리)			
	미교부주식배당금	주식배당으로 인한 미교부주식의 발행금액			
	주식선택권	회사가 재화나 용역을 제공받는 대가로 회사의 지분상품(주식 또는 주식선택권 등)을 부여하는 주식결제형 주식기준보상거래로 인해 인식하게 되는 보상원가 금액			
	출자전환채무	채무자가 채무를 변제하기 위해 채권자에게 지분증권을 발행하는 출자전환을 합의한 경우 발행될 주식의 공정가치(비상장주식은 채무장부금액)			
	전환권대가(또는 신주인수권대가)	전환사채(또는 신주인수권부사채) 발행가액에 포함되어 있는 자본요소			
	기타포괄손익_공정가치 측정 금융자산 평가손익	공정가치 변동을 기타포괄손익으로 처리하기로 한 금융자산을 공정가치로 평가함에 따라 발생한 미실현보유손익			
	(부의)지분법 자본변동	지분법적용 대상 관계회사의 기타적립금 변동으로 인한 순자산변동액 중 투자회사 지분해당액			
	외환차이 (해외사업환산손익)	해외종속기업의 재무제표를 표시통화로 환산하는 과정에서 발생하는 외환차이			
	현금흐름위험회피 파생상품평가손익	현금흐름위험회피회계에 해당되는 파생상품을 공정가치로 평가함에 따라 발생하는 미실현보유손익 중 위험에 효과적인 부분			
	재평가잉여금	유형자산 및 무형자산에 대해 취득이후 재평가모형을 선택하여 공정가치로 평가하는 경우 발생하는 미실현 보유이익			
	순확정급여부채의 재측정요소	다음으로 구성된 금액 (1) 보험수리적손익 (2) 사외적립자산의 수익[순확정급여부채의 순이자에 포함된 금액 제외] (3) 자산인식상한효과의 변동[순확정급여부채의 순이자에 포함된 금액 제외]			
이익 잉여금 (또는 결손금)	법정적립금	상법 등 법령의 규정에 따라 이익처분을 통해 강제로 적립하는 금액 (예 : 이익준비금)			
	임의적립금	정관의 규정 또는 주주총회의 결의에 따라 이익처분을 통해 적립하는 금액 (예 : 사업확장적립금, 감채적립금, 배당평균적립금, 결손보전적립금 등) 및 세법상 적립하여 일정기간 경과후 환입될 준비금(예 : 투자준비금)			
	미처분이익잉여금 (또는 미처리결손금)	이익잉여금처분계산서(또는 결손금처리계산서)상 미처분이익잉여금(또는 미처리결손금)으로 다음의 합계액 [=(±)1.(±)2.(±)3.(−)4.(±)5.] 1. 전기이월미처분이익잉여금(전기이월미처리결손금) 2. 회계정책변경누적효과 3. 전기오류수정손익 4. 중간배당액 5. 당기순이익(당기순손실)			
	비지배지분	지배기업이 직접으로 또는 다른 종속기업을 통하여 간접으로 소유하지 않는 지분에 귀속되는 종속기업의 순자산과 순손익의 해당 부분			
자본총계			×××		×××
부채및자본총계			×××		×××

5. 포괄손익계산서

(1) 의 의

"포괄손익계산서"란 해당 보고기간의 기업 경영성과를 나타내는 재무제표를 말한다. 이때, "경영성과"란 수익(또는 차익), 비용(또는 차손) 및 기타포괄손익을 말한다.

(2) 구 조

포괄손익계산서는 다음과 같이 구분하여 표시한다(기능별 분류법 가정).[7] 즉, 차변에는 비용(또는 차손)을, 대변에는 수익(또는 차익)을 표시한다.

비용(또는 차손)	수익(또는 차익)
당기비용(또는 차손)	당기수익(또는 차익)
매출원가	매출
물류원가	기타수익
관리비	기타포괄이익
기타비용*	
법인세비용	
기타포괄손실	
총포괄이익**	

* 기타비용 중 금융원가는 반드시 구분표시한다.
** 총포괄이익 + 비용(차손) = 수익(차익)
   만약, 비용(차손)의 합계액이 수익(차익)의 합계액보다 큰 경우에는 대변에 총포괄손실이 나타나며, 이 경우 다음의 등식이 성립한다.
   비용(차손) = 수익(차익) + 총포괄손실

---

[7] 당기손익에 포함된 비용을 다음과 같이 성격별로도 분류하여 표시할 수 있다.
  1. 제품과 재공품의 변동
  2. 원재료와 소모품의 사용액
  3. 종업원급여비용
  4. 감가상각비와 기타상각비
  5. 기타비용(금융원가는 반드시 구분 표시)

(3) 총포괄손익

1) 의의

총포괄손익(comprehensive income; CI)은 당기순손익(Net income; NI)과 기타포괄손익(other comprehensive income; OCI)의 합계액으로 소유주와의 거래로 인한 자본변동을 제외한 모든 자본의 변동을 말한다.

> 총포괄손익(CI) = 당기순손익(NI) + 기타포괄손익(OCI)
> = 수익(차익) − 비용(차손) + 기타포괄손익(OCI)

모든 실현손익과 대부분의 미실현손익은 당기순손익을 구성하여 배당으로 사외유출이 가능하나 일부 미실현손익 항목은 배당으로 사외유출되는 것을 방지하기 위해 당기순손익을 구성하지 않고 직접 재무상태표의 자본으로 인식되는데 이를 기타포괄손익이라고 한다.[8]

이하 당기순손익에 대해 살펴보기로 하자.

KEY POINT

실현·실현주의

1. '실현' 또는 '실현가능하다'는 것은 제품, 상품 또는 기타 자산이 현금 또는 현금청구권과 교환되거나 일정액의 현금 또는 현금청구권으로 즉시 전환될 수 있는 것을 말한다.
2. '실현'되기 위해서는 해당 기업이 영위하는 주요 영업활동을 구성하는 재화의 생산 또는 인도, 용역의 제공 등 이러한 일련의 활동에 대한 경제적효익에 대한 권리를 주장하기에 충분한 정도의 의무를 수행하여야 된다.
3. 상기 '1.(실현요건)'과 '2.(가득요건)'을 모두 충족하였을 때 수익을 인식하는 것을 실현주의라 한다.

2) 수익과 차익

① 수익

수익이란 재화의 생산·판매, 용역의 제공 등 기업의 정상영업활동의 일환으로 발생한 경제적효익의 증가로서, 자산의 유입이나 증가 또는 부채의 감소에 따라 자본의 증가로 나타난다. 다만, 자본청구권 보유자의 출자와 관련 자본증가는 제외되며, 기업이 받았거나 받을 경

---

[8] 포괄손익계산서상 기타포괄손익의 범위는 재무상태표상 기타포괄손익누계액의 범위와 동일하므로 이를 참조하기 바란다.

제적효익만을 의미하므로 부가가치세와 같이 제3자를 대신하여 받는 금액(판매세, 특정재화나 용역과 관련된 세금 등)이나 대리관계에서 본인(위임자)을 대신하여 대리인인 기업이 받는 금액 등은 수익으로 보지 아니한다.[9]

② 차익

차익이란 기업의 정상영업활동을 제외한 그 외의 활동에서 발생한 경제적효익의 증가로서, 포괄손익계산서에 구분하여 표시하며 흔히 관련 비용을 차감한 순유입으로 보고한다.

수익과 차익

구 분	정상영업활동과의 관련성	분류	인식방법
수 익	○	매출	총액주의
차 익	×	기타수익	순액주의

KEY POINT

수익(또는 비용)과 차익(또는 차손)의 구분기준

수익과 차익, 비용과 차손의 구분기준은 기업실체의 성격에 따라 달라질 수 있다. 왜냐하면 어떤 기업에는 정상영업활동에서 발생하는 항목이 다른 기업에서는 정상영업활동 이외에서 발생하는 항목일 수 있기 때문이다. 예를 들어 자동차 판매회사에서는 자동차 판매와 관련된 항목이 수익이나 비용의 원천이 되나, 제조업이나 유통업 회사에서는 자동차 판매와 관련된 항목이 차익이나 차손의 원천이 된다.

③ 인식요건

수익과 차익은 다음 두 요건이 충족될 때 포괄손익계산서에 인식한다.

㉠ 경제적효익이 유입됨으로써 자산이 증가하거나 부채가 감소하고,

㉡ 그 금액을 신뢰성 있게 측정할 수 있을 때

KEY POINT

수익 인식기준

모든 수익(차익 포함)은 발생주의로 인식한다. 다만, 발생주의에 따라 수익금액을 신뢰성 있게 측정할 수 없는 경우 실현주의로 인식한다.

---

[9] 다만, 대리인인 기업이 본인(위임자)에게 받는 수수료 금액은 수익이다.

사례 3 수익 인식원칙(1)

1. 자료
   (1) 회사는 20×1년 7월 1일 정기예금 1억원 가입하다.
   (2) 만기 1년, 연 이자율은 4%, 원리금 만기 후취조건이다.
   (3) 발생주의에 따라 이자수익을 인식하는 경우 일할계산하기로 한다.

2. 현금주의와 발생주의에 의한 수익인식

   현금주의는 현금의 유입시점에서 수익을 인식하며, 발생주의는 현금의 유입시점과 관계없이 해당 거래와 관련한 순자산 증가가 발생한 기간에 수익을 인식한다. 주어진 경우 현금주의와 발생주의에 의한 각 기간별 수익을 인식하여 보면 다음과 같다.

구 분	20×1년 수익	20×2년 수익
현금주의	없음	100,000,000 × 4% = 4,000,000
발생주의	100,000,000×4%×184/365 = 2,016,438	100,000,000 × 4% × 181 / 365 = 1,983,562

3. 기업회계기준상 수익인식

   기업회계기준에서는 수익인식기준 원칙으로 발생주의를 택하고 있으므로, 각 연도별 수익은 다음과 같다.

20×1년 수익	20×2년 수익
2,016,438	1,983,562

사례 4 수익 인식원칙(2)

1. 자료
   (1) 회사는 20×1년초 상품 A를 재판매하기 위해 10,000원에 취득하다.
   (2) 20×2년말 상품 A를 2개월 후 대금 수취조건으로 12,000원에 외상판매하다.
   (3) 상품 A의 20×1년말 순실현가능가치는 11,000원이다.

2. 현금주의, 발생주의 및 실현주의에 의한 수익인식

   현금주의는 현금의 유입시점에서 수익을 인식하며, 발생주의는 현금의 유입시점과 관계없이 해당 거래와 관련한 순자산 증가가 발생한 기간에 수익을 인식한다. 한편, 실현주의는 실현요건과 가득요건이 모두 충족된 시점(대부분의 경우 판매시점)에서 수익을 인식하는 것이므로, 주어진 경우 각 인식기준별로 연도별 수익을 인식하여 보면 다음과 같다.

구 분	각 연도별수익		
	20×1년	20×2년	20×3년
현금주의	–	–	12,000
발생주의	1,000	11,000	–
실현주의	–	12,000	–

3. 기업회계기준상 수익인식

기업회계기준에서는 재화판매의 경우 발생주의가 아닌 실현주의에 따라 수익을 인식하도록 하고 있으므로, 각 연도별 손익은 다음과 같다.

20×1년	20×2년	20×3년
–	12,000	–

3) 비용과 차손

① 비용

비용이란 재화의 생산·판매, 용역의 제공 등 기업의 정상영업활동의 일환으로 발생한 경제적효익의 감소로서, 자산의 유출이나 소멸 또는 부채의 증가에 따라 자본의 감소로 나타난다. 다만, 자본청구권 보유자에 대한 분배와 관련된 것은 제외한다.

② 차손

차손이란 기업의 정상영업활동을 제외한 그 외의 활동에서 발생한 경제적효익의 감소로서, 포괄손익계산서에 구분하여 표시하며 흔히 관련 수익을 차감한 순유출로 보고한다.

비용과 차손

구 분	정상영업활동과의 관련성	분류(기능별)	인식방법
비 용	○	매출원가	총액주의
		물류원가	
		관리비	
		법인세비용	
차 손	×	기타비용	순액주의

③ 인식요건

비용과 차손은 다음 두 요건이 충족될 때 인식한다.

㉠ 경제적 효익이 유출·소비됨으로써 자산이 감소하거나 부채가 증가하고,

㉡ 그 금액을 신뢰성 있게 측정할 수 있을 때

사례 5 — 총액주의

1. 자료

   회사는 상품(취득금액 100)을 200에 판매하다.

2. 기업회계기준에 의한 수익과 비용 인식

   재고자산(상품, 제품 등) 판매는 정상영업활동이므로 관련된 순자산의 증감을 총액주의에 따라 수익과 비용으로 인식한다. 따라서, 기업회계기준에 의한 인식방법은 상품 판매로 인한 자산 증가분(판매대금) 200은 수익으로, 상품 판매로 인한 자산 감소분(취득금액) 100은 비용으로 인식한다.

사례 6 — 순액주의

1. 자료

   회사는 공장부지인 토지(취득금액 100)를 200에 매각하다.

2. 기업회계기준에 의한 인식

   정상영업활동 외의 경영활동에서 발생하는 순자산의 증감은 순액주의에 따라 차익 또는 차손으로 인식한다. 공장부지인 토지의 매각은 정상영업활동 외의 경영활동이므로 순액주의에 따라 차익 또는 차손으로 인식하여야 한다. 따라서, 기업회계기준에 따른 인식방법은 토지 매각으로 인한 자산 증가분(판매대금) 200과 자산 감소분(취득금액) 100을 서로 상계한 순자산 증가분 100만을 차익으로 인식한다.

④ 인식방법

비용(차손)은 발생된 원가와 특정 수익항목의 가득 간에 존재하는 직접적인 관련성을 기준으로 다음과 같이 포괄손익계산서에 인식한다.10)

㉠ 수익과 직접 관련하여 발생한 비용

동일한 거래나 그 밖의 사건에 따라 직접 그리고 공통으로 발생하는 수익과 비용은 동시에 또는 통합하여 인식한다. 예를 들어 재화의 판매에 따라 수익(매출)이 발생되는 경우 동시에 매출원가를 구성하는 다양한 비용요소도 인식한다.

㉡ 수익과 직접 대응할 수 없는 비용

재화 및 용역의 사용으로 현금이 지출되거나 부채가 발생하는 회계기간에 인식한다. 예를

---

10) 이를 '수익·비용대응의 원칙'이라고도 한다.

들어 제품보증에 따라 부채가 발생하는 경우 포괄손익계산서에 비용을 동시에 인식한다.

ⓒ 경제적효익이 여러 회계기간에 걸쳐 기대되는 경우

경제적효익이 여러 회계기간에 걸쳐 발생할 것으로 기대되고 수익과의 관련성이 단지 포괄적으로 또는 간접적으로만 결정될 수 있는 경우 비용은 체계적이고 합리적인 배분절차를 기준으로 포괄손익계산서에 인식된다. 대표적으로 유형자산의 감가상각비와 무형자산의 상각비가 있다.

KEY POINT

비용 인식기준

모든 비용(차손)은 발생주의로 인식하되,
수익·비용대응의 원칙도 함께 고려하여 인식한다.

사례 7 비용 인식원칙(1)

1. 자료
   (1) 회사는 20×1년 7월 1일 1억원을 은행으로부터 차입하다.
   (2) 만기 1년, 연 이자율은 6%, 원리금 만기 후급조건이다.
   (3) 발생주의에 따라 이자비용을 인식하는 경우 일할계산하기로 한다.

2. 현금주의와 발생주의에 의한 비용인식

현금주의는 현금의 유출시점에서 비용을 인식하며, 발생주의는 현금의 유출시점과 관계없이 해당 거래와 관련한 순자산 감소가 발생한 기간에 비용을 인식한다. 주어진 경우 현금주의와 발생주의에 의한 각 기간별 비용을 인식하여 보면 다음과 같다.

구 분	20×1년 비용	20×2년 비용
현금주의	없음	100,000,000 × 6% = 6,000,000
발생주의	100,000,000 × 6% × 184 / 365 = 3,024,658	100,000,000 × 6% × 181/365 = 2,975,342

3. 기업회계기준상 비용인식

기업회계기준에서는 비용인식기준 원칙으로 발생주의를 택하고 있으므로, 각 연도별 비용은 다음과 같다.

20×1년 비용	20×2년 비용
3,024,658	2,975,342

사례 8   비용 인식원칙(2)

1. 자료
   (1) 회사는 20×1년 초 공장에서 사용할 기계장치를 1,000에 취득하다.
   (2) 회사는 해당 기계장치를 10년간 사용할 예정이다.

2. 기업회계기준상 비용인식
   회사는 기계장치를 10년간 사용할 예정이며 사용기간 동안에는 회사 수익창출에 기여할 것이므로 수익·비용대응의 원칙에 따라 취득금액을 체계적이고 합리적인 배분절차를 기준으로 포괄손익계산서에 인식하여야 한다.
   즉 기계장치 취득금액을 취득 시점에 일시에 비용처리하지 않고, 수익창출에 기여할 것으로 추정되는 10년간 체계적이고 합리적인 배분절차를 통해 비용처리한다.

사례 9   수익과 비용 인식

1. 자료
   회사는 20×1년중 취득금액 100인 상품을 200에 판매하다.

2. 수익 200은 20×1년에 인식, 비용 100은 20×2년에 인식
   수익과 비용을 동일한 회계기간에 인식하지 않았으므로 수익·비용대응의 원칙에 부합되지 않는다. 따라서, 기업회계기준상 인정되지 않는 수익과 비용 인식방법이다.

3. 수익 200, 비용 100을 20×2년에 인식
   수익·비용대응의 원칙에 부합되나, 상품을 판매한 20×1년에 수익을 인식하지 않았으므로 실현주의에 부합되지 않는다. 따라서, 기업회계기준상 인정되지 않는 인식방법이다.

4. 수익 200, 비용 100을 20×1년에 인식
   수익·비용대응의 원칙과 실현주의에도 부합되는바 기업회계기준에서 인정하는 수익과 비용 인식방법이다.

⑤ 비용의 배분[11]

비용은 비용 발생 즉시 포괄손익계산서에 표시되는 것이 아니라, 발생 원천별로 일부는 자산처리 된 후 비용처리 되며, 일부는 즉시 비용처리 되게 되는데 이를 구분하여 예시하여 보면 다음과 같다.

비용 발생 원천		비용의 배분
제조활동		해당비용(제조원가) → 재공품 → 제품 → 매출원가
용역제공활동		해당비용(용역원가) → 재고자산[주1] → 매출원가
개발활동[12]	요건 충족	해당비용 (개발비) → 무형자산상각비[주2]
	그 외	해당비용(관리비-경상개발비)
연구활동[13]		해당비용 (관리비-연구비)
유형자산 자가제조활동		해당비용(건설중인자산) → 유형자산 → 감가상각비[주2]
이외 관리활동, 물류활동		해당비용(관리비, 물류원가)

주1) 재고자산 중 적절한 계정과목으로 처리
주2) 활동원천에 따라 원가배분

(4) 손익의 구분표시

기업회계기준에서는 포괄손익계산서에 총포괄손익만을 표시하는 것보다는 경영성과의 효율성을 보다 잘 나타내기 위해 다음과 같이 손익을 구분하여 표시하도록 하고 있다.

---

11) 엄격히 말하면 '원가의 배분'이 보다 적절한 표현이다. 이때, '원가(Cost)'란 특정재화나 용역을 얻기 위해서 포기한 경제적 자원을 화폐단위로 측정한 것을 말한다.
12) '개발'이란 상업적인 생산이나 사용 전에 연구결과나 관련 지식을 새롭거나 현저히 개량된 재료, 장치, 제품, 공정, 시스템이나 용역의 생산을 위한 계획이나 설계에 적용하는 활동으로 다음과 같은 것이 있다.
   ⑴ 생산이나 사용 전의 시제품과 모형을 설계, 제작, 시험하는 활동
   ⑵ 새로운 기술과 관련된 공구, 지그, 주형, 금형 등을 설계하는 활동
   ⑶ 상업적 생산 목적으로 실현가능한 경제적 규모가 아닌 시험공장을 설계, 건설, 가동하는 활동
   ⑷ 신규 또는 개선된 재료, 장치, 제품, 공정, 시스템이나 용역에 대하여 최종적으로 선정된 안을 설계, 제작, 시험하는 활동
13) '연구'란 새로운 과학적, 기술적 지식이나 이해를 얻기 위해 수행하는 독창적이고 계획적인 탐구활동으로 다음과 같은 것이 있다.
   ⑴ 새로운 지식을 얻고자 하는 활동
   ⑵ 연구결과나 기타 지식을 탐색, 평가, 최종 선택, 응용하는 활동
   ⑶ 재료, 장치, 제품, 공정, 시스템이나 용역 등에 대한 여러 가지 대체안을 탐색하는 활동
   ⑷ 새롭거나 개선된 재료, 장치, 제품, 공정, 시스템이나 용역 등에 대한 여러 가지 대체안을 제안, 설계, 평가, 최종 선택하는 활동

기능별분류법에 의한 구분표시	영업의 특수성을 고려하거나[*1], 비용을 성격별로 분류하는 경우 구분표시
1. 매출액 2. 매출원가 3. 매출총손익[1. - 2.] 4. 판매비와관리비(물류원가 등을 포함) 5. 영업손익[3. - 4.] 6. 기타수익 7. 기타비용 8. 법인세비용차감전순손익[5. +6. -7.] 9. 법인세비용 10. 계속영업순손익[8. -9.] 11. 중단영업순손익 12. 당기순손익[10. ±11.][*3] 13. 기타포괄손익 14. 총포괄손익[12. ±13.][*3] 15. 주당손익[*]	1. 영업수익 2. 영업비용[*2] 3. 영업손익[1. - 2.] 4. 기타수익 5. 기타비용 6. 법인세비용차감전순손익[3.+4.-5.] 7. 법인세비용 8. 계속영업순손익[6. -7.] 9. 중단영업순손익 10. 당기순손익[8. ±9.][*3] 11. 기타포괄손익 12. 총포괄손익[10. ±11.][*3] 13. 주당손익[*]

[*1] 매출원가를 구분하기 어려운 경우를 말함
[*2] 성격별로 구분하여 표시된 항목 중 기능별분류법에 따를 경우 매출원가 및 판매비와관리비로 분류되는 항목을 말함
[*3] 지배기업소유주 귀속분과 비지배지분 귀속분으로 구분하여 표시

(5) 양 식

기능별분류법에 따른 구분표시를 고려한 포괄손익계산서를 제시하여 보면 다음과 같다.

포 괄 손 익 계 산 서

제×기 20××년 ×월 ×일부터 20××년 ×월 ×일까지
제×기 20××년 ×월 ×일부터 20××년 ×월 ×일까지

회사명 : _____   (단위 : 원)

과 목	제×(당)기 금액		제×(전)기 금액	
매출액		×××		×××
상품매출액	당기 중 판매한 상품 또는 제품 매출액 [=총매출액-매출환입-매출에누리-매출할인] 단, 매출환입 등이 중요한 경우 차감하는 형식으로 표시			
제품매출액				

제3절 _ 재무정보(재무제표)

과목	제×(당)기		제×(전)기	
	금 액		금 액	
반제품매출액 등	반제품매출액, 부산물매출액, 작업폐물매출액, 수출액, 단, 장기할부매출액 등이 중요한 경우 구분 또는 주석표시			
매출원가[14]		×××		×××
기초상품재고액	전기 이월 상품 금액[=재무상태표상 기초 상품 장부금액]			
(+) 당기상품매입액	당기 중 매입한 상품 매입액 [= 총매입액(부대비용포함) – 매입환출 – 매입에누리 – 매입할인]			
(–) 기말상품재고액	당기 말 현재 남아 있는 상품의 원가[=재무상태표상 기말 상품 장부금액]			
(–) 타계정대체액	매출 이외의 사유로 감소된 상품의 원가			
기초제품재고액	전기 이월 제품 금액[= 재무상태표상 기초 제품 장부금액]			
(+) 당기제품제조원가	당기 중 제조한 제품의 제조원가 [= 기초재공품장부금액+당기총제조비용 –기말재공품장부금액–타계정대체액]			
(–) 기말제품재고액	당기 말 현재 남아 있는 제품의 원가[=재무상태표상 기말 제품 장부금액]			
(–) 타계정대체액	매출 이외의 사유로 감소된 제품의 원가			
(–) 관세환급금	수출용 원재료를 수입하는 때에 납부한(할) 관세를 수출(또는 수출품을 생산)함으로써 돌려받은 관세			
매출총손익		×××		×××
판매비와관리비		×××		×××
급여	단기종업원급여, 퇴직급여, 기타장기종업원급여, 해고급여			
복리후생비	임직원에게 직접 지급되지 아니하고 근로환경의 개선 또는 근로의욕의 증진을 위하여 지출하는 성격의 비용(예 : 직장체육비, 직장연예비, 직장보육시설 운영비, 경조사비)			
접대비	상품, 제품 등의 판매촉진 목적으로 특정 거래처에 제공한 향응 등의 비용			
감가상각비	유형자산 취득원가 중 감가상각에 따라 비용처리된 금액			
무형자산상각비	무형자산 취득원가 중 상각에 따라 비용처리된 금액			
세금과공과	각종 세금 및 공과금. 단, 법인세, 부가가치세, 취득세, 등록면허세 제외 (예 : 사업소세, 법인균등분주민세, 자동차세, 종합부동산세, 재산세, 교통사고 벌금, 국민연금 회사 부담분, 간주임대료에 대한 부가가치세 등)			
광고선전비	상품, 제품 등의 판매촉진 목적 또는 기업이미지 제고를 위해 불특정다수를 상대로 지출한 비용			
연구비	신기술, 신제품 연구활동을 위해 발생된 비용			
경상개발비	신기술, 신제품 개발활동을 위해 발생된 비용 중 자산 인식요건이 충족되지 않은 금액			

---

14) 단일 항목으로 표시하고 산출과정을 주석으로 기재하는 방법과 산출과정을 본문에 표시하는 방법 중 선택할 수 있다.

과 목	제×(당)기		제×(전)기	
	금 액		금 액	
대손상각비	1. 매출채권에 대한 손실충당금 추가설정액(환입액) 2. 손실충당금을 초과하여 손상처리된 매출채권 금액			
운송비	물류 운송비			
보관비	물류 보관비			
임차료	물류활동 관련 부동산 임차에 따른 임차료 지급액			
영업손익		×××		×××
기타수익		×××		×××
이자수익	1. 채권, 대여금 등에서 발생하는 이자 수입액 2. 채권 차감항목인 현재가치할인차금의 상각액 3. 채권 액면금액과 장부금액과의 차액 상각액			
배당금수익	공정가치 측정 지분상품(주식)의 배당금			
임대료수익	부동산 임대에 따른 임대료 수입액			
손실충당금 환입	기타채권에 대한 손실충당금 환입액			
손상차손 환입	손상차손을 인식한 자산의 회수가능액이 회복되어 발생한 차익			
당기손익_공정가치 측정 금융자산 처분이익	당기손익_공정가치 측정 금융자산을 처분함에 따른 매각대금과 장부금액의 차액으로 발생된 차익			
당기손익_공정가치 측정 금융자산 평가이익	당기손익_공정가치 측정 금융자산을 공정가치로 평가함에 따라 발생된 미실현 평가이익			
재평가이익	유형자산 및 무형자산에 대해 취득이후 재평가모형을 선택하여 평가하는 경우 발생한 미실현보유이익			
투자부동산평가이익	공정가치 모형으로 평가하는 투자부동산에서 발생한 미실현보유이익			
외환차익	외화자산·부채를 회수(지급)할 때 장부금액과 회수(지급)금액과의 차액으로 발생된 차익			
외화환산이익	화폐성 외화자산·부채를 재무상태표일 현재 환율로 환산함에 따른 미실현이익			
관계기업투자이익	지분법적용 관계회사의 당기순이익 발생으로 인한 투자회사의 지분 증가분			
투자부동산처분이익	투자부동산을 처분함에 따른 매각대금과 장부금액과의 차액으로 발생된 차익			
기타포괄손익_공정가치 측정 금융자산 처분이익	기타포괄손익_공정가치 측정 금융자산을 처분함에 따른 매각대금과 장부금액과의 차액으로 발생된 차익			
유형자산처분이익	유형자산을 처분함에 따른 매각대금과 장부금액과의 차액으로 발생된 차익			
무형자산처분이익	무형자산을 처분함에 따른 매각대금과 장부금액과의 차액으로 발생된 차익			
사채상환이익	사채 상환시 장부금액과 상환금액과의 차액으로 인한 차익			
전기오류수정이익	전기 이전분 오류를 당기에 수정함에 따라 발생한 차익			

제3절 _ 재무정보(재무제표)

과 목	제×(당)기	제×(전)기
	금 액	금 액
자산수증이익	무상으로 증여받은 자산의 공정가치	
채무조정이익	재무적곤경으로 인해 지급의무를 면제받은 채무금액	
보험차익	보험수령액과 멸실된 자산의 장부금액과의 차액	
잡이익	별도 계정과목으로 처리할 만큼 중요하지 않은 기타수익	
기타비용	×××	×××
금융원가(이자비용)	1. 사채, 차입금 등에서 발생하는 이자 지출액 2. 채무 차감항목인 현재가치할인차금의 상각액 3. 사채발행차금 상각액 4. 전환권조정 또는 신주인수권조정 상각액	
금융상품거래원가	당기손익_공정가치 측정 금융자산의 취득과 직접 관련되어 발생한 거래원가	
기타의대손상각비	1. 매출채권 이외 채권에 대한 손실충당금 추가설정액 2. 손실충당금을 초과하여 대손처리 된 매출채권 이외 채권금액	
손상차손	자산의 진부화 및 시장가치의 급격한 하락 등으로 인하여 자산의 회수가능액이 장부금액보다 하락한 경우 발생한 차손	
당기손익_공정가치 측정 금융자산 처분손실	당기손익_공정가치 측정 금융자산을 처분함에 따른 매각대금과 장부금액의 차액으로 발생된 차손	
당기손익_공정가치 측정 금융자산 평가손실	당기손익_공정가치 측정 금융자산을 공정가치로 평가함에 따라 발생된 미실현 보유손실	
재평가손실	유형자산 및 무형자산에 대해 취득이후 재평가모형을 선택하여 평가하는 경우 발생한 미실현보유손실	
투자부동산 평가손실	공정가치 모형으로 평가하는 투자부동산에서 발생한 미실현보유손실	
외환차손	외화자산·부채를 회수(지급)할 때 장부금액과 회수(지급)금액과의 차액으로 발생된 차손	
외화환산손실	화폐성 외화자산·부채를 재무상태표일 현재 환율로 환산함에 따른 미실현손실	
기부금	반대 급부 없이 특수관계 이외의 자에게 지급한 금품가액	
관계기업투자손실	지분법적용 피투자회사의 당기순손실 발생으로 인한 투자회사의 지분 감소분	
기타포괄손익_공정가치 측정 금융자산 처분손실	기타포괄손익_공정가치 측정 금융자산을 처분함에 따른 매각대금과 장부금액과의 차액으로 발생된 차손	
유형자산처분손실	유형자산을 처분함에 따른 매각대금과 장부금액과의 차액으로 발생된 차손	
무형자산처분손실	무형자산을 처분함에 따른 매각대금과 장부금액과의 차액으로 발생된 차손	
사채상환손실	사채 상환시 장부금액과 상환금액과의 차액으로 인한 차손	
전기오류수정손실	전기 이전분 오류를 당기에 수정함에 따라 발생한 차손	
매출채권처분손실	받을어음을 만기 이전에 금융기관 등을 통해 현금화함에 따라 발생한 차손	

과 목	제×(당)기	제×(전)기
	금 액	금 액
재고감모손실	원인불명의 사유로 발생한 비정상적인 재고 감모분에 대한 취득원가 해당액	
재해손실	재해로 인해 멸실된 자산의 장부금액	
잡손실	별도 계정과목으로 처리할 만큼 중요하지 않은 기타비용	
법인세비용차감전순손익	×××	×××
법인세비용	법인세법 등의 법령에 따라 각 회계연도에 부담할 당기법인세부담액(환급액)과 전기 이전의 기간과 관련된 법인세부담액(환급액)에 이연법인세 변동액을 가감하여 산출된 금액	
계속영업순손익	×××	×××
중단영업순손익	해당 회계기간에 중단사업으로부터 발생한 영업손익과 기타손익으로서 사업중단직접비용과 중단사업자산손상차손을 포함하며, 중단사업손익과 관련된 법인세비용을 가감한 금액	
당기순손익*	×××	×××
기타포괄손익	×××	×××
기타포괄손익_공정가치 측정 금융자산 평가손익	기타포괄손익_공정가치 측정 금융자산을 공정가치로 평가함에 따라 발생한 미실현보유손익	
(부의)지분법자본변동	지분법적용 대상 관계회사의 기타적립금 변동으로 인한 순자산변동액 중 투자회사 지분해당액	
외환차이 (해외사업환산손익)	해외종속기업의 재무제표를 표시통화로 환산하는 과정에서 발생하는 외환차이	
현금흐름위험회피 파생상품평가손익	현금흐름위험회피회계에 해당되는 파생상품을 공정가치로 평가함에 따라 발생하는 미실현보유손익 중 위험에 효과적인 부분	
재평가잉여금	유형자산 및 무형자산에 대해 취득이후 재평가모형을 선택하여 공정가치로 평가하는 경우 발생하는 미실현보유이익	
순확정급여부채의 재측정요소	다음으로 구성된 금액 (1) 보험수리적손익 (2) 사외적립자산의 수익[순확정급여부채의 순이자에 포함된 금액 제외] (3) 자산인식상한효과의 변동[순확정급여부채의 순이자에 포함된 금액 제외]	
총포괄손익*	×××	×××
주당손익*	※ 주당손익 산출근거는 주석기재	
기본주당계속영업손익	보통주계속영업손익/유통보통주식수	
기본주당순손익	보통주당기순손익/유통보통주식수	
희석주당계속사업손익	희석 계속영업손익/(유통보통주식수+희석성 잠재적보통주식수)	
희석주당순손익	희석 당기순손익/(유통보통주식수+희석성 잠재적보통주식수)	

*지배기업소유주 귀속분과 비지배지분 귀속분으로 구분하여 표시

6. 자본변동표

(1) 의 의

"자본변동표"란 보고기간 동안 기업의 자본크기와 그 변동에 관한 정보를 제공하는 재무제표를 말한다. 즉 자본금, 기타적립금, 이익잉여금(또는 결손금)의 변동에 대한 포괄적인 정보를 제공한다.

(2) 양 식

자본변동표를 제시하여 보면 다음과 같다.

자 본 변 동 표

제×기 20××년 ×월 ×일부터 20××년 ×월 ×일까지
제×기 20××년 ×월 ×일부터 20××년 ×월 ×일까지

회사명: _____ (단위: 원)

구 분	자본금	기타 적립금	이익 잉여금	총 계
20××.×.×(보고금액)	×××	×××	×××	×××
회계정책변경누적효과			(×××)	(×××)
전기오류수정			×××	×××
배당			(×××)	(×××)
기타 이익잉여금 처분			(×××)	(×××)
유상 증자	×××	×××		×××
당기순이익			×××	×××
자기주식 취득		(×××)		(×××)
유형자산 재평가		×××		×××
20××.×.×	×××	×××	×××	×××
20××.×.×(보고금액)	×××	×××	×××	×××
회계정책변경누적효과			×××	×××
전기오류수정			(×××)	(×××)
배당			(×××)	(×××)
기타 이익잉여금 처분			(×××)	(×××)
유상 감자	(×××)	×××		×××
당기순손실			(×××)	(×××)

구 분	자본금	기타 적립금	이익 잉여금	총 계
자기주식 처분		×××		×××
유형자산 재평가		×××		×××
기타포괄손익_공정가치 측정 금융자산 평가		(×××)		(×××)
20××.×.×	×××	×××	×××	×××

7. 현금흐름표

(1) 의 의

"현금흐름표"란 보고기간 동안의 기업 현금의 변동내역을 나타내는 재무제표를 말한다. 이때, "현금"이란 재무상태표의 "현금및현금성자산"을 의미하며, 변동내역은 영업활동, 투자활동 및 재무활동으로 분류하여 보고한다.

(2) 양 식

현금흐름표에는 '영업활동으로 인한 현금흐름'을 표시하는 방법에 따라 "간접법"에 의한 것과 "직접법"에 의한 것이 있는데 한국채택국제회계기준에서는 이에 대해 구체적인 양식을 제시하고 있지는 않다. 다만, 한국채택국제회계기준 부록에 제시된 사례를 참고로 양식을 제시하여 보면 다음과 같다.

1) 간접법

현 금 흐 름 표

제×기 20××년 ×월 ×일부터 20××년 ×월 ×일까지
제×기 20××년 ×월 ×일부터 20××년 ×월 ×일까지

회사명 : _____   (단위 : 원)

과 목	제×(당)기	제×(전)기
	금 액	금 액
Ⅰ. 영업활동으로 인한 현금흐름	×××	×××
당기순손익		

과 목	제×(당)기 금 액	제×(전)기 금 액
조정		
1. 현금의 유출이 없는 비용 등의 가산	영업활동이라 함은 기업의 주요 수익창출활동(일반적으로 제품의 생산과 상품 및 용역의 구매·판매활동)을 말하며, 투자활동 및 재무활동에 속하지 아니하는 거래를 포함한다.	
가. 감가상각비		
나. 재평가손실		
…………		
2. 현금의 유입이 없는 수익 등의 차감		
가. 재평가이익		
…………		
3. 영업활동으로 인한 자산부채의 변동		
가. 재고자산의 감소(증가)		
나. 매출채권의 감소(증가)		
다. 매입채무의 증가(감소)		
…………		
조정 후 영업활동 현금흐름		
이자비용 현금유출액	이자비용 현금유출액은 재무활동으로 분류가능	
이자수익 현금유입액	이자수익 현금유입액은 투자활동으로 분류가능	
배당금수익 현금유입액	배당금수익 현금유입액은 투자활동으로 분류가능	
법인세비용 현금유출액	투자·재무활동과 명백히 관련 없는 한 영업활동 현금흐름으로 분류	
Ⅱ. 투자활동으로 인한 현금흐름	×××	×××
1. 투자활동으로 인한 현금유입액		
가. 대여금의 회수		
나. 장기금융상품의 처분		
다. 유가증권의 처분	투자활동이라 함은 현금의 대여와 회수활동, 유가증권·투자자산·유형자산 및 무형자산의 취득과 처분활동 등을 말한다.	
라. 토지의 처분		
마. 산업재산권의 처분		
…………		
2. 투자활동으로 인한 현금유출액		
가. 현금의 대여		
나. 장기금융상품의 취득		
다. 유가증권의 취득		

과 목	제×(당)기	제×(전)기
	금 액	금 액
라. 토지의 취득		
마. 개발비의 지급		
....		
Ⅲ. 재무활동으로 인한 현금흐름	×××	×××
1. 재무활동으로 인한 현금유입액		
가. 단기차입금의 차입		
나. 사채의 발행		
다. 보통주의 발행		
....		
2. 재무활동으로 인한 현금유출액		
가. 단기차입금의 상환		
나. 사채의 상환		
다. 유상감자		
....		
Ⅳ. 외화표시 현금 환율변동효과	×××	×××
Ⅴ. 현금의 증가(감소)[Ⅰ+Ⅱ+Ⅲ+Ⅳ]	×××	×××
Ⅵ. 기초의 현금	×××	×××
Ⅶ. 기말의 현금[Ⅴ+Ⅵ]	×××	×××

재무활동이라 함은 현금의 차입 및 상환활동, 신주발행 등과 같이 기업의 납입자본과 차입금의 크기 및 구성내용에 변동을 가져오는 활동을 말한다.

2) 직접법(영업활동으로 인한 현금흐름만 제시)

과목	제×(당)기	제×(전)기
Ⅰ. 영업활동으로 인한 현금흐름	×××	×××
1. 매출 등 수익활동으로 인한 현금유입액		
2. 매입으로 인한 현금유출액		
3. 종업원에 대한 현금유출액		
4. 판매비와관리비 현금유출액		
5. 이자비용 현금유출액		
6. 이자수익 현금유입액		
7. 배당금수익 현금유입액		
8. 법인세비용 현금유출액		
....		

8. 주 석

(1) 의 의

"주석"이란 재무상태표, 포괄손익계산서, 자본변동표 및 현금흐름표에 표시된 개별항목에 대한 구체적 설명 또는 세분화한 정보를 제공하거나 재무제표 인식요건을 충족하지 못하는 항목에 대한 정보를 제공하는 것을 말한다.

(2) 주석사항

주석사항에는 다음과 같은 것이 있다.

① 한국채택국제회계기준을 준수하였다는 사실
② 적용한 중요한 회계정책의 요약
　㉠ 재무제표를 작성하는데 사용한 측정기준
　㉠ 재무제표를 이해하는데 목적적합한 기타의 회계정책
③ 미래에 대한 가정과 추정 불확실성에 대한 기타 주요 원천에 대한 정보
　㉠ 가정 또는 기타 추정 불확실성의 성격
　㉡ 계산에 사용된 방법, 가정 및 추정에 따른 장부금액의 민감도와 그 이유
　㉢ 가정과 추정 불확실성의 영향을 받을 자산·부채의 성격과 기간말의 장부금액
　㉣ 다음 회계연도 내에 예상되는 불확실성의 해소방안과 합리적으로 발생가능한 결과의 범위
　㉤ 불확실성이 계속 미해소 상태인 경우 해당 자산·부채에 대하여 과거에 사용한 가정과의 차이에 대한 설명
④ 재무상태표, 포괄손익계산서, 자본변동표 및 현금흐름표에 표시된 개별항목에 대한 보충정보(재무제표의 배열 및 각 재무제표에 표시된 개별 항목의 순서에 따라 표시)
⑤ 자본관리를 위한 기업의 목적, 정책 및 절차를 평가할 수 있는 관련 정보
　㉠ 자본관리를 위한 기업의 목적, 정책 및 절차에 대한 비계량적 정보
　㉡ 자본으로 관리하고 있는 항목에 대한 계량적 자료의 요약
　㉢ 전기 이후 '㉠' 및 '㉡'의 변경사항
　㉣ 외부적으로 부과된 자본유지요건을 회계기간동안 준수하였는지의 여부
　㉤ 외부적으로 부과된 자본유지요건을 준수하지 아니한 경우, 그 미준수의 결과
⑥ 우발부채와 재무제표에서 인식하지 아니한 계약상 약정사항
⑦ 다음과 같은 비재무적 공시항목

⊙ 기업의 소재지와 법적 형태, 설립지 국가 및 등록된 본점사무소의 주소
⊙ 기업의 영업과 주요 활동의 내용에 대한 설명
⊙ 지배기업과 연결실체 최상위 지배기업의 명칭
⊙ 존속기간이 정해진 기업의 경우 그 존속기간에 관한 정보

9. 질적특성

"질적특성"이란 재무정보가 정보이용자에게 유용하기 위해 갖추어야 할 속성으로 근본적 질적특성과 보강적 질적특성으로 구성된다.

(1) 근본적 질적특성

근본적 질적특성은 목적적합성과 표현충실성이며, 그 내용은 다음과 같다.

1) 목적적합성

목적적합한 재무정보는 이용자들의 의사결정에 차이가 나도록 할 수 있는데, 재무정보에 예측가치, 확인가치 또는 이 둘 모두가 있다면 그 재무정보는 의사결정에 차이가 나도록 할 수 있다.

① 예측가치

이용자들이 미래 결과를 예측하기 위해 사용하는 절차의 투입요소로 재무정보가 사용될 수 있다면, 그 재무정보는 예측가치를 갖는다. 재무정보가 예측가치를 갖기 위해서 그 자체가 예측치 또는 예상치일 필요는 없다.

② 확인가치

재무정보가 과거 평가에 대해 피드백을 제공한다면, 즉 과거 평가를 확인하거나 변경시킨다면 확인가치를 갖는다.

2) 표현충실성

재무정보는 경제적 현상을 글과 숫자로 나타내는 것이므로, 재무정보가 유용하기 위해서는 목적적합한 현상을 표현하는 것뿐만 아니라 나타내고자 하는 현상의 실질을 충실하게 표현해야 한다. 완벽한 표현충실성을 위해서 서술은 완전하고, 중립적이며, 오류가 없어야 한다.

① 완전한 서술

완전한 서술은 필요한 기술과 설명을 포함하여 이용자가 서술되는 현상을 이해하는 데 필요한 모든 정보를 포함하는 것이다.

② 중립적 서술

중립적 서술은 재무정보의 선택이나 표시에 편의가 없는 것이다. 즉 중립적 서술은 이용자들이 재무정보를 유리하게 또는 불리하게 받아들일 가능성을 높이기 위해 편파적이 되거나, 편중되거나, 강조되거나, 경시되거나 그 밖의 방식으로 조작되지 않는다.

중립적 정보는 목적이 없거나 행동에 대한 영향력이 없는 정보를 의미하지 않으며, 오히려 이용자들의 의사결정에 차이가 나도록 할 수 있는 정보이다.

중립성은 신중을 기함으로써 뒷받침되며, 신중성은 불확실한 상황에서 판단할 때 주의를 기울이는 것을 말한다. 즉 신중을 기한다는 것은 일반적으로 자산과 수익이 과대평가(over-stated)되지 않고 부채와 비용이 과소평가(understated)되지 않는 것을 의미하지만, 같은 이유로 자산이나 수익의 과소평가나 부채나 비용의 과대평가를 허용하지 않는 것을 의미한다.

③ 오류

오류가 없다는 것은 현상의 기술에 오류나 누락이 없고, 보고 정보를 생산하는 데 사용되는 절차의 선택과 적용 시 절차 상 오류가 없음을 의미하는 것이지 모든 면에서 정확한 것을 의미하지는 않는다. 예를 들어, 관측가능하지 않은 가격이나 가치의 추정치는 정확한지 또는 부정확한지 결정할 수 없다. 그러나 추정치로서 금액을 명확하고 정확하게 기술하고, 추정절차의 성격과 한계를 설명하며, 그 추정치를 도출하기 위한 적절한 절차를 선택하고 적용하는 데 오류가 없다면 그 추정치의 표현은 충실하다고 할 수 있다.

또한 재무제표의 화폐금액을 직접 관측할 수 없어 추정해야만 하는 경우에는 측정불확실성(measurement uncertainty)이 발생한다. 합리적인 추정치의 사용은 재무정보의 작성에 필수적인 부분이며, 추정이 명확하고 정확하게 기술되고 설명되는 한 정보의 유용성을 저해하지 않으므로, 측정불확실성이 높은 수준이더라도 그러한 추정이 무조건 유용한 재무정보를 제공하지 못하는 것은 아니다.

(2) 보강적 질적특성

비교가능성, 검증가능성, 적시성 및 이해가능성은 목적적합성과 나타내고자 하는 바를 충실하게 표현하는 것 모두를 충족하는 정보의 유용성을 보강시키는 질적특성이다. 보강적 질적특성은 만일 어떤 두 가지 방법이 모두 현상에 대하여 동일하게 목적적합한 정보이고 동일하게 충실한 표현을 제공하는 것이라면 이 두 가지 방법 가운데 어느 방법을 그 현상의 서술에 사용해야 할지를 결정하는 데에도 도움을 줄 수 있다.

1) 비교가능성

비교가능성은 이용자들이 항목 간의 유사점과 차이점을 식별하고 이해할 수 있게 하는 질적특성을 말한다. 비교하려면 최소한 두 항목이 필요하다는 것에서 다른 질적특성과 달리 단 하나의 항목에 관련된 것이 아니다.

① 일관성과의 관계

일관성은 한 보고기업 내에서 기간 간 또는 같은 기간 동안에 기업 간, 동일한 항목에 대해 동일한 방법을 적용하는 것을 말한다. 일관성은 비교가능성과 관련은 되어 있지만 동일하지는 않다. 즉 비교가능성은 목표이고 일관성은 그 목표를 달성하는 데 도움을 준다.

② 통일성과의 관계

비교가능성은 통일성이 아니다. 정보가 비교가능하기 위해서는 비슷한 것은 비슷하게 보여야 하고 다른 것은 다르게 보여야 한다.

③ 대체적인 회계처리와의 관계

하나의 경제적 현상은 여러 가지 방법으로 충실하게 표현될 수 있으나, 동일한 경제적 현상에 대해 대체적인 회계처리방법을 허용하면 비교가능성이 감소한다.

2) 검증가능성

검증가능성은 정보가 나타내고자 하는 경제적 현상을 충실히 표현하는지를 이용자들이 확인하는 데 도움을 준다. 검증가능성은 합리적인 판단력이 있고 독립적인 서로 다른 관찰자가 어떤 서술이 표현충실성에 있어, 비록 반드시 완전히 의견이 일치하지는 않더라도, 합의에 이를 수 있다는 것을 의미한다.

① 단일 추정치 여부

계량화된 정보가 검증가능하기 위해서 단일 점추정치이어야 할 필요는 없다. 즉 가능한 금액의 범위 및 관련된 확률도 검증될 수 있다.

② 검증방법

검증은 직접 또는 간접으로 이루어질 수 있다. 직접 검증은 현금을 세는 것과 같이 직접적인 관찰을 통하여 금액이나 그 밖의 표현을 검증하는 것을 의미한다. 반면 간접 검증은 모형, 공식 또는 그 밖의 기법에의 투입요소를 확인하고 같은 방법을 사용하여 그 결과를 재계산하는 것을 의미한다. 예를 들어, 투입요소(수량과 원가)를 확인하고 같은 원가흐름가정을 사용(예: 선입선출법 사용)하여 기말 재고자산을 재계산하여 재고자산의 장부금액을 검증하는 것이다.

3) 적시성

적시성은 의사결정에 영향을 미칠 수 있도록 의사결정자가 정보를 제때에 이용가능하게 하는 것을 의미한다. 일반적으로 정보는 오래될수록 유용성이 낮아진다. 그러나 일부 정보는 보고기간 말 후에도 오랫동안 적시성이 있을 수 있다. 예를 들어, 일부 이용자들은 추세를 식별하고 평가할 필요가 있을 수 있기 때문이다.

4) 이해가능성

정보를 명확하고 간결하게 분류하고, 특징지으며, 표시하는 것은 정보를 이해가능하게 한다.

KEY POINT

질적특성의 적용

1. **근본적 질적 특성간의 절충**

   경우에 따라 경제적 현상에 대한 유용한 정보를 제공한다는 재무보고의 목적을 달성하기 위해 근본적 질적특성 간 절충(trade-off)이 필요할 수도 있다.

   예를 들어, 어떤 현상에 대한 가장 목적적합한 정보가 매우 불확실한 추정치일 수 있다. 어떤 경우에는 추정치 산출에 포함된 측정불확실성의 수준이 너무 높아 그 추정치가 현상을 충분히 충실하게 표현할 수 있을지 의심스러울 수 있다. 그러한 경우에는 추정치에 대한 기술과 추정치에 영향을 미치는 불확실성에 대한 설명이 부연된다면 매우 불확실한 추정치도 가장 유용한 정보가 될 수 있다.

   그러나 그러한 정보가 현상을 충분히 충실하게 표현할 수 없는 경우에 가장 유용한 정보는 다소 목적적합성이 떨어지지만 측정불확실성이 더 낮은 다른 유형의 추정치일 수 있다. 일부 제한된 상황에서는 유용한 정보를 제공하는 추정치가 없을 수도 있다. 그러한 제한된 상황에서는 추정에 의존하지 않는 정보를 제공해야 할 수 있다.

2. **보강적 질적 특성의 적용**

   보강적 질적특성은 가능한 한 극대화되어야 하지만 이로 인해 정보가 목적적합하지 않거나 나타내고자 하는 바를 충실하게 표현하지 않으면 개별적으로든 집단적으로든 그 정보를 유용하게 할 수 없다.

   또한, 보강적 질적특성을 적용하는 것은 어떤 규정된 순서를 따르지 않는 반복적인 과정이다. 때로는 하나의 보강적 질적특성이 다른 질적특성의 극대화를 위해 감소되어야 할 수도 있다. 예를 들어, 새로운 회계기준의 전진 적용으로 인한 비교가능성의 일시적 감소는 장기적으로 목적적합성이나 표현충실성을 향상시키기 위해 감수될 수도 있다. 적절한 공시는 비교가능성의 미비를 부분적으로 보완할 수 있다.

10. 재무제표 요소 측정기준

(1) 측정기준

재무제표를 작성하기 위해서는 다수의 측정기준이 다양한 방법으로 결합되어 사용된다. 그러한 측정기준에는 역사적원가, 현행원가, 실현가능(이행)가치, 현재가치, 공정가치가 있다.

역사적원가는 재무제표 작성시 가장 보편적으로 채택하고 있는 측정기준이며, 측정기준이 다양하게 결합되어 사용되기도 한다. 예를 들어, 재고자산은 역사적 원가와 순실현가능가치를 비교하여 저가로 평가한다.

각 측정기준에 따른 자산 및 부채의 측정금액을 도표로 정리하여 보면 다음과 같다.

측정기준	자 산	부 채
역사적원가	자산의 취득 또는 창출에 발생한 원가의 가치 (자산을 취득 또는 창출하기 위하여 지급한 대가와 거래원가를 포함)	부채가 발생하거나 인수할 때 수취한 대가에서 거래원가를 차감한 가치
현행원가	측정일 현재 동등한 자산의 원가의 가치(측정일에 지급할 대가와 그 날에 발생할 거래원가를 포함)	측정일 현재 동등한 부채에 대해 수취할 수 있는 대가에서 그 날에 발생할 거래원가를 차감한 가치
사용가치 (실현가능가치) · 이행가치	기업이 자산의 사용과 궁극적인 처분으로 얻을 것으로 기대하는 현금흐름 또는 그 밖의 경제적 효익의 현재가치	기업이 부채를 이행할 때 이전해야 하는 현금이나 그 밖의 경제적자원의 현재가치
공정가치	측정일에 시장참여자 사이의 정상거래에서 자산을 매도할 때 받게될 가격	측정일에 시장참여자 사이의 정상거래에서 부채를 이전할 때 지급하게 될 가격
현재가치	미래 순현금유입액의 현재할인가치	미래 순현금유출액의 현재할인가치

(2) 현재가치

① 의의

일반적으로 사람들은 미래의 현금보다는 현재의 현금을 더 선호하는데 이를 '유동성선호'라 한다. 이러한 유동성 선호로 인해 현재의 현금흐름과 동일한 가치의 미래의 현금흐름은 현재의 현금흐름에 '화폐의 시간가치'를 합산한 금액이 된다. 즉 다음의 등식이 성립하게 된다.

$$\text{미래 현금흐름} = \text{현재 현금흐름} + \text{화폐의 시간가치}$$
$$= \text{현재 현금흐름} + \text{이자}$$

이때, 화폐의 시간가치, 즉 이자는 ① 현재 현금흐름의 크기, ② 현재 현금흐름과 미래 현금흐름이 발생하는 시점사이의 기간, ③이자율에 따라 달라지게 된다.

현재가치 관련 용어

구 분	용 어
현재 현금흐름	현재가치 또는 PV(present value)
미래 현금흐름	미래가치 또는 FV(future value)
이자율	유효이자율 또는 할인율[주]

주) 내재이자율이라고도 하며, 대여자 입장에서는 '투자수익률', 차입자 입장에서는 '자본비용'의 의미가 있다.

② 현재가치와 미래가치

상기 ①에 따라 현재가치(PV)와 미래가치(FV)에는 다음과 같은 관계가 성립하게 된다. 단, 현재 현금흐름과 미래 현금흐름이 발생하는 시점사이의 기간을 n, 이자율을 R이라 하자.

현금흐름이 한 개인 경우	현금흐름이 여럿인 경우
$FV = PV \times (1+R)^n$	$FV = \sum PV_t \times (1+R)^t$
$PV = \dfrac{FV}{(1+R)^n}$	$PV = \sum \dfrac{FV_t}{(1+R)^t}$

사례 10 미래가치

1. 자료

    연 이자율이 10%일 때,
    (상황1) 현재 1,000,000원에 대한 3년 후 미래가치
    (상황2) 매년말 1,000,000원을 불입하는 만기 3년 적금의 미래가치(만기수령액)
    (상황3) 매년초 1,000,000원을 불입하는 만기 3년 적금의 미래가치(만기수령액)

2. 각 상황별 미래가치

    (1) 상황1

    $FV = PV \times (1+R)^n = 1,000,000 \times (1+0.1)^3 = 1,331,000$

    (2) 상황2

    $FV = \sum PV_t \times (1+R)^t$
    $= 1,000,000 \times (1+0.1)^2 + 1,000,000 \times (1+0.1)^1 + 1,000,000 = 3,310,000$

    (3) 상황3

    $FV = \sum PV_t \times (1+R)^t$
    $= 1,000,000 \times (1+0.1)^3 + 1,000,000 \times (1+0.1)^2 + 1,000,000 \times (1+0.1)^1 = 3,641,000$

> **사례 11** 현재가치
>
> 1. 자료
>   연 이자율이 10%일 때,
>   (상황1) 3년 후 1,000,000원의 현재가치
>   (상황2) 매년말 1,000,000원을 수령하는 만기 3년 연금의 현재가치
>   (상황3) 매년초 1,000,000원을 수령하는 만기 3년 연금의 현재가치
>
> 2. 각 상황별 현재가치
>   (1) 상황1
>
> $$PV = \frac{FV}{(1+R)^n} = \frac{1,000,000}{1.1^3} = 751,315$$
>
>   (2) 상황2
>
> $$PV = \sum \frac{FV_t}{(1+R)^t}$$
> $$= \frac{1,000,000}{1.1^1} + \frac{1,000,000}{1.1^2} + \frac{1,000,000}{1.1^3} = 2,486,852$$
>
>   (3) 상황3
>
> $$PV = \sum \frac{FV_t}{(1+R)^t}$$
> $$= 1,000,000 + \frac{1,000,000}{1.1^1} + \frac{1,000,000}{1.1^2} = 2,735,537$$

③ 유효이자율

'유효이자율'은 금융상품의 기대존속기간이나 적절하다면 더 짧은 기간에 예상되는 미래현금 유출과 유입의 현재가치를 금융자산 또는 금융부채의 순장부금액과 정확히 일치시키는 이자율을 말한다. 예를 들어 회사채를 취득한 경우 해당 회사채의 취득금액과 회사채로 인해 수취하게 되는 미래 현금흐름의 현재가치를 일치시켜주는 이자율을 말하며, 해당 투자자의 투자수익률을 의미한다.

즉 유효이자율은 상기 ②의 산식에서 'R'을 말하므로 일반적으로 산식에 따라 계산하거나 간편법을 적용하여 계산하기도 한다. 그러나 엑셀 등 응용소프트웨어를 이용하면 정확한 유효이자율을 산출할 수 있다.

제3절 _ 재무정보(재무제표)

KEY POINT

유효이자율법에 의한 상각과 상각후원가

'유효이자율법에 의한 상각'이란 해당 금융자산(또는 금융부채)와 관련된 거래의 유효이자율을 산정하고 해당 유효이자율에 따라 산출된 이자수익을 당기손익으로 인식하는 것을 말한다.

만약, 유효이자율에 의한 이자수익과 금융자산(또는 금융부채)와 관련하여 수취(또는 지급)하는 금액과 차액이 발생하는 경우 해당 차액은 해당 금융자산(또는 금융부채)의 장부금액에 가산 또는 차감한다. 이렇게 해서 산출된 금융자산(또는 금융부채)의 장부금액을 '상각후원가'라 하며, 해당 변동내역을 나타내는 표를 '유효이자율법에 의한 상각표'라 한다.

사례 12 유효이자율 계산(1)

1. 자료

   20×1.1.1. (주)대박은 다음 조건의 회사채를 취득하다.
   (1) 만기 : 20×3.12.31.
   (2) 액면금액 : 1,000
   (3) 액면이자율 : 10%
   (4) 이자지급조건 : 매년 말 후급

2. 산식에 의한 방법

   (1) 취득금액이 1,000인 경우

   유효이자율은 취득금액과 채권을 보유함에 따라 수취하게 되는 미래 현금흐름의 현재가치를 일치시켜 주는 이자율이므로, 유효이자율을 R이라고 하면 다음의 등식이 성립한다.

   $$1{,}000 = \frac{100}{(1+R)^1} + \frac{100}{(1+R)^2} + \frac{100+1{,}000}{(1+R)^3} \qquad \therefore R=10\%$$

   (2) 취득금액이 952인 경우

   $$952 = \frac{100}{(1+R)^1} + \frac{100}{(1+R)^2} + \frac{100+1{,}000}{(1+R)^3} \qquad \therefore R=12\%$$

   (3) 취득금액이 1,052인 경우

   $$1{,}052 = \frac{100}{(1+R)^1} + \frac{100}{(1+R)^2} + \frac{100+1{,}000}{(1+R)^3} \qquad \therefore R=8\%$$

3. 간편법에 의한 방법

간편법은 $\frac{1}{(1+R)^t} ≒ (1-tR+t(t+1)R^2/2)$ 로 하여 유효이자율을 계산하는 방법을 말하며, 아래 결과에서 보듯이 정확한 유효이자율이 산출되지 않는다.

(1) 취득금액이 1,000인 경우
$1,000=100×(1-R+R^2) +100×(1-2R+3R^2) +1,100×(1-3R+6R^2)$ ∴ R ≒ 10.46%

(2) 취득금액이 952인 경우
$952=100×(1-R+R^2) +100×(1-2R+3R^2) +1,100×(1-3R+6R^2)$ ∴ R ≒ 12.90%

(3) 취득금액이 1,052인 경우
$1,052=100×(1-R+R^2) +100×(1-2R+3R^2) +1,100×(1-3R+6R^2)$ ∴ R ≒ 8.19%

사례 13 유효이자율법에 의한 상각표

1. 자료

   20×1.1.1. 대박(주)는 다음 조건의 회사채를 취득하다.
   (1) 만기 : 20×3.12.31.
   (2) 액면금액 : 1,000
   (3) 액면이자율 : 10%
   (4) 이자지급조건 : 매년 말 후급
   (5) 취득금액 : 952

2. 유효이자율 산정

   R=12%(사례 12 참조). 즉, 대박(주)는 해당 사채에 투자할 경우 액면이자율 10%가 아닌 유효이자율인 연 12%의 수익률로 투자하게 되는 것이다.

3. 유효이자율법에 의한 상각표 작성을 위한 각 연도별 자료 검토

   (1) 20×1년
   ① 발생이자
   채권에 952만큼 투자하고 1년 동안 12%의 수익을 발생시킨 바, 20×1년 발생이자는 다음과 같다.
   ∴ 발생이자 = 952 × 12% = 114

   ② 액면이자 수취액
   액면금액 1,000, 액면이자율이 10%이므로 20×1년 액면이자 수취액은 100이다.

   ③ 20×1년말 채권 장부금액
   발생이자와 액면이자와의 차액은 14이며, 이는 투자자가 발생이자 전부를 수령

하지 않은 것에 해당된다. 따라서, 해당 차액은 채권 장부금액에 가산되어져야 한다. 따라서, 20×1년말 채권 장부금액은 다음과 같다.

∴ 20×1년 재무상태표 채권 장부금액
= 취득금액 + 발생이자 − 액면이자 = 952 + 114 − 100 = 966

(2) 20×2년
① 발생이자
초기 투자금액 952와 미회수한 20×1년 이자 14만큼 채권에 투자하고 1년동안 12%의 수익을 발생시킨 바, 20×2년 발생이자는 다음과 같다.

∴ 발생이자 = (952+14)×12% = 116

② 액면이자 수취액
액면금액 1,000, 액면이자율이 10%이므로 20×2년 액면이자 수취액은 100이다.

③ 20×2년말 채권 장부금액
발생이자와 액면이자와의 차액은 16이며, 이는 투자자가 발생이자 전부를 수령하지 않은 것에 해당된다. 따라서, 해당 차액은 채권 장부금액에 가산되어져야 한다. 따라서, 20×2년말 채권 장부금액은 다음과 같다.

∴ 20×2년 재무상태표 채권 장부금액
= 취득금액+∑발생이자−∑액면이자 = 952+(114−100)+(116−100) = 982

(3) 20×3년
① 발생이자
초기 투자금액 952와 미회수한 20×1년 및 20×2년 이자 30만큼 채권에 투자하고 1년 동안 12%의 수익을 발생시킨 바, 20×3년 발생이자는 다음과 같다.

∴ 발생이자 = (952+14+16)×12% = 118

② 액면이자 수취액
액면금액 1,000, 액면이자율이 10%이므로 20×3년 액면이자 수취액은 100이다.

③ 20×3년말 채권 장부금액
발생이자와 액면이자와의 차액은 18이며, 이는 투자자가 발생이자 전부를 수령하지 않은 것에 해당된다. 따라서, 해당 차액은 채권 장부금액에 가산되어져야 한다. 따라서, 20×3년말 채권 회수전 장부금액은 다음과 같다.

∴ 20×3년 재무상태표 채권 장부금액
= 취득금액+∑발생이자−∑액면이자
= 952+(114−100)+(116−100)+(118−100) = 1,000

4. 유효이자율법에 의한 상각표
유효이자율법에 의한 상각표는 상기 '3.'의 내용을 보다 알기 쉽게 도표로 요약한 것을 말한다. 즉, 채권에 투자할 경우 발생하게 되는 각 연도별 발생이자, 액면이자 수취액, 장부금액 증가액을 일목요연하게 보여주는 도표이다. 주어진 사례에 대해 유효이자율법에 의한 상각표를 작성하여 보면 다음과 같다.

일 자	발생이자[주1]	액면이자[주2]	상 각 액[주3]	장부금액[주4]
20×1.1.1.				952
20×1.12.31.	114	100	14	966
20×2.12.31.	116	100	16	982
20×3.12.31.	118	100	18	1,000
합 계	348	300	48	

[주1] 발생이자(포괄손익계산서상 이자수익) = 기초 장부금액 × 유효이자율
[주2] 액면이자 = 액면이자 수취액
[주3] 상각액 = 발생이자 - 액면이자
　　　해당 상각액은 채권의 장부금액에 가감된다. 즉, 할인취득의 경우에는 장부금액에 가산되며, 할증취득의 경우에는 장부금액에서 차감된다.
[주4] 기말 장부금액(재무상태표상 장부금액) = 기초 장부금액 + 상각액

사례 14) 유효이자율 계산(2)

1. 자료

〈사례 13〉과 동일

2. 엑셀을 이용한 유효이자율 계산

우선 엑셀에 다음과 같은 표를 입력한다.

	A	B	C	D	E	F
1	일 자	이자수익	액면이자	상 각 액	장부금액	유효이자율
2	20×1.1.1.				952	10%
3	20×1.12.31.	=round(E2*F2,0)	100	=B3-C3	=E2+D3	
4	20×2.12.31.	=round(E3*F2,0)	100	=B4-C4	=E3+D4	
5	20×3.12.31.	=round(E4*F2,0)	100	=B5-C5	=E4+D5	
6	합 계	=SUM(B3:B5)	=SUM(C3:C5)	=SUM(D3:D5)		

상기 도표는 화면상에 다음과 같이 보일 것이다.

	A	B	C	D	E	F
1	일 자	이자수익	액면이자	상각액	장부금액	유효이자율
2	20×1.1.1.				952	10%
3	20×1.12.31.	95	100	(5)	947	
4	20×2.12.31.	95	100	(5)	942	
5	20×3.12.31.	94	100	(6)	936	
6	합 계	284	300	(16)		

이제, 메뉴의 "데이터 → 가상분석"에서 "목표값 찾기"를 선택한다. "수식 셀"에는 E5셀을 선택하고, "찾는 값"에는 만기 액면금액인 "1000"을 입력하며, "값을 바꿀 셀"에는 유효이자율이 들어가 있는 F2셀을 선택한 후 확인을 클릭한다. 이후 엑셀 시트는 다음과 같이 되어 있을 것이다.

	A	B	C	D	E	F
1	일 자	유효이자	액면이자	상 각 액	장부금액	유효이자율
2	20×1.1.1.				952	12.00%
3	20×1.12.31.	114	100	14	966	
4	20×2.12.31.	116	100	16	982	
5	20×3.12.31.	118	100	18	1,000	
6	합 계	348	300	48		

따라서, 주어진 경우 유효이자율은 12%이며, 상기 도표를 "유효이자율법에 의한 상각표"라 한다. 상기 상각표와 〈사례 13〉의 최종 도표를 비교하여 보면 동일함을 알 수 있다. 이는 응용소프트웨어를 이용하여 유효이자율을 산출하는 방법이 유효이자율법에 의한 상각표의 작성원리를 이용한 것이며, 유효이자율과 상각표를 동시에 산출하는 것임을 알 수 있다.

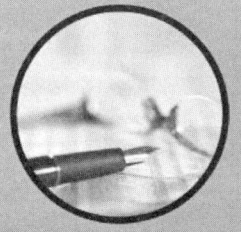

제2장 회계순환과정

회계순환과정 _ 제1절

기중의 회계처리 _ 제2절

결 산 _ 제3절

제 1 절

회계순환과정

1. 의 의

회계순환과정이란 기업의 재무상태와 경영성과를 보고하기 위해 1 회계기간을 주기로 수행하는 일련의 회계처리과정을 말한다.

2. 구 성

회계처리는 다음과 같은 일련의 과정을 거쳐 순환한다.

(1) 거래의 식별[15]
(2) 전표에 분개[16]
(3) 원장에 전기[17] ┐ 기중의 회계처리
(4) 수정전 시산표[18]
(5) 결산수정분개[19]
(6) 수정후 시산표[20]
(7) 장부마감[21] ┐ 결산
(8) 재무제표 작성[22]
(9) 기초재수정분개[22]

이하 각각의 회계순환과정에 대해 살펴보기로 한다.

---

[15] '제2절 기중의 회계처리 1. 거래의 식별' 참조
[16] '제2절 기중의 회계처리 2. 분개(전표)' 참조
[17] '제2절 기중의 회계처리 3. 전기(원장)' 참조
[18] '제3절 결산 1. 시산표' 참조
[19] '제3절 결산 2. 결산수정분개' 참조
[20] '제3절 결산 3. 수정 후 합계잔액시산표' 참조
[21] '제3절 결산 4. 재무제표 작성과 장부마감' 참조
[22] '제3절 결산 5. 기초재수정분개' 참조

제 2 절

기중의 회계처리

1. 거래의 식별

(1) 의 의

기업은 하루에도 수 많은 경영활동을 한다. 이러한 경영활동 모두를 회계 기록의 대상으로 인식하는 것은 아니며, 회계상 거래에 해당되는 것만 인식한다. 즉, 회계의 시작은 회계상 거래의 식별에서 시작된다고 할 수 있으며, 회계상 거래는 다음의 요건을 모두 충족하여야 한다.

① 기업의 순자산에 변동이 있어야 하고,
② 순자산의 변동을 화폐적으로 신뢰성 있게 측정이 가능해야 한다.

> **KEY POINT**
>
> **순자산 변동의 의미**
>
> '순자산'은 자산에서 부채를 차감한 자본을 의미하며, 순자산의 증가는 수익(또는 차익), 그리고 순자산의 감소는 비용(또는 차손)을 의미한다. 따라서, 순자산의 변동은 다음을 의미한다.
> 1. 자산, 부채 및 자본의 증가 또는 감소
> 2. 수익(또는 차익)과 비용(또는 차손)의 발생
>
> 또한, 변동은 금액적 변동뿐 아니라 성격적 변동도 의미한다.

(2) 거래의 식별

회계상 거래는 일반적 거래와 그 의미와 범위가 비슷하나 동일하지 않음에 유의하여야 한다. 예를 들어 상품을 주문하는 것은 일반적 거래에 해당되나 순자산에 변동이 없어 회계상 거래에는 해당되지 않으며, 상품을 분실하는 것은 순자산 감소에 해당되므로 회계상 거래에 해당되나 일반적 거래에는 해당되지 않는다.

다음 사례를 통해 회계상 거래를 식별하여 보자.

사례 1   회계상 거래의 식별

1. 자료
   (1) 5,000만원을 출자하여 주식회사를 설립하다.
   (2) 회사가 사용할 사무실을 보증금 2,000만원, 월 30만원에 사용하기로 계약하고, 보증금을 지급하다.
   (3) 유능한 인재를 연봉 2억원에 다른 회사에서 스카웃하다.
   (4) 상품을 구입하고 대금 200만원을 지급하다.
   (5) 취득원가 100만원의 상품을 200만원에 판매하다.
   (6) 창고에 화재가 발생하여 취득원가 50만원 상당의 상품이 소실되다.
   (7) 은행으로부터 1,000만원을 만기 1년으로 차입하다.
   (8) 상품을 추가로 500만원에 구입하기로 하고 주문서를 보내다.
   (9) 은행차입금 이자 10만원을 지급하다.
   (10) 상품을 600만원에 구입하겠다는 주문서를 받다.
   (11) 단기차입금 만기가 도래하여 1,000만원을 상환하다.
   (12) 은행에 저축한 정기예금에서 이자가 5만원 발생하다.
   (13) 회사 이름 가치가 1억원 증가된 것으로 평가되다.

2. 회계상 거래의 식별

   회계상 거래는 기업의 순자산에 변동이 있어야 하고, 이를 화폐적으로 신뢰성 있게 측정이 가능해야 한다.

   따라서, 상품 구입 또는 판매 주문(또는 계약)은 발생된 금액을 신뢰성 있게 측정할 수 있으나 이러한 사건으로 인해 아직 순자산의 변동이 발생되지 않았으므로 회계상의 거래가 아니다. 또한, 유능한 종업원의 고용과 회사 이름 가치의 증가는 넓은 의미에서 순자산의 증가에 해당된다고 볼 수 있으나 순자산 변동금액을 신뢰성 있게 측정하기 어려우므로 역시 회계상의 거래에 해당되지 않는다.

   자료별 회계상 거래여부를 파악하여 보면 다음과 같다.

거래에 해당되는 것	(1), (2), (4), (5), (6), (7), (9), (11), (12)
거래에 해당되지 않는 것	(3), (8), (10), (13)

(3) 거래의 이중성과 거래 8요소

회계상 모든 거래에서 자산, 부채, 자본, 수익 및 비용의 증가 및 감소는 반드시 2가지 이상 동시에 발생하게 되는데 이를 거래의 이중성(또는 양면성)이라 한다. 해당 거래에서 거래의 이중성에 따라 발생하는 2가지 이상의 자산, 부채, 자본, 수익 및 비용의 증가 및 감소를 '거래의 요소'라 하며, 이를 파악는 것을 '거래의 요소를 인식한다'라고 한다.

즉 회계상 모든 거래는 이중성을 가지고 있기 때문에 반드시 거래의 요소는 2가지 이상 동시에 발생하며, 발생된 2가지 이상의 요소를 모두 기록할 수 있기 위해 복식부기를 이용하는 것이다. 또한, 대부분의 거래에 있어 수익과 비용의 소멸은 매우 드물게 발생하므로 이를 제외하고 보면 다음과 같이 총 8개의 거래요소가 나오게 되는데 이를 "거래 8요소"라고 한다.

자산의 증가	자산의 감소
부채의 증가	부채의 감소
자본의 증가	자본의 감소
수익의 발생	비용의 발생

사례 2   거래 8요소

1. 자료

   〈사례 1〉과 동일

2. 거래의 요소 파악

자료번호	거래의 이중성
(1)	자산의 증가, 자본의 증가
(2)	자산의 증가, 자산의 감소
(4)	자산의 증가, 자산의 감소
(5)	자산의 증가, 수익의 발생, 자산의 감소, 비용의 발생
(6)	자산의 감소, 비용의 발생
(7)	자산의 증가, 부채의 증가
(9)	자산의 감소, 비용의 발생
(11)	자산의 감소, 부채의 감소
(12)	자산의 증가, 수익의 발생

> **저자주**
>
> 회계를 처음 시작하는 경우 거래를 식별하거나 거래의 이중성을 파악한다는 것이 그리 쉽지는 않을 것이다. 다만, 거래의 식별에 따른 이중성 파악이 회계의 가장 기초가 되는 것이며 회계의 처음이자 마지막이라고 해도 과언이 아니니 첫술에 배부를 수 없는 것처럼 인내를 가지고 계속 노력하기를 당부하는 바이다.

(4) 자본거래와 손익거래

회계상 거래는 자본거래와 손익거래로 분류할 수 있다. 자본거래와 손익거래의 의미는 다음과 같다.

① 자본거래

자본거래란 회사와 해당 회사 주주(잠재적인 주주 포함)의 해당 회사 주식에 대한 거래를 말하며, 대표적으로 증자, 감자, 자기주식 거래 등이 있다. 이러한 자본거래에서 발생한 순자산의 증가(또는 순자산의 감소)는 해당 순자산의 증가(또는 순자산의 감소)의 성격에 따라 재무상태표상 자본금 및 기타적립금으로 처리한다. 즉 포괄손익계산서에 반영하지 않는다.

② 손익거래

손익거래란 회계상 거래 중 자본거래 이외의 거래를 말한다. 이러한 손익거래에서 발생한 순자산의 증가(또는 순자산의 감소)는 총포괄손익으로 분류하여, 해당 순자산의 증가(또는 순자산의 감소)의 성격에 따라 당기손익 또는 기타포괄손익으로 처리한다. 즉 포괄손익계산서상 당기손익 또는 기타포괄손익으로 처리하여, 재무상태표상 이익잉여금(또는 결손금) 또는 기타포괄손익누계액으로 반영된다.

> **KEY POINT**
>
> **거래의 구분**
>
> 거래는 자본거래와 손익거래로 구분하는 것 외에 다음과 같이 구분하기도 한다.
>
> 1. 손익에 영향을 미치는 것에 따라
>   (1) 손익거래 : 손익에 영향을 미치는 거래
>   (2) 교환거래 : 손익에 영향을 미치지 않는 거래
>   (3) 혼합거래 : 손익거래와 교환거래가 복합된 거래
>
> 2. 거래 8요소의 결합형태에 따라
>   (1) 단순거래 : 차변요소와 대변요소가 각각 하나씩 결합하는 거래
>   (2) 복합거래 : 두 개 이상의 차변요소 또는 대변요소가 결합하는 거래

사례 3 자본거래와 손익거래

1. 자본거래

    (1) 자료

    대박(주)는 액면 5천원의 자기주식(회사주식)을 6천원에 주주에게 매각하다.
    단, 대박(주)는 해당 주식을 액면취득 하였다.

    (2) 회계처리

    자본거래에 해당되므로 해당 거래로 인한 순자산의 증가 1천원을 포괄손익계산서에 반영하지 않고 자기주식처분이익의 계정과목으로 하여 기타적립금으로 처리한다.

2. 손익거래

    (1) 자료

    대박(주)는 액면 5천원의 왕대박(주) 주식을 주주에게 6천원에 매각하다.
    단, 대박(주)는 해당 주식의 공정가치 변동을 당기손익으로 처리하였다.

    (2) 회계처리

    손익거래에 해당되므로 해당 거래로 인한 순자산의 증가 1천원을 포괄손익계산서상 FVPL금융자산처분이익 등의 계정과목으로 하여 당기손익으로 처리한다. 따라서 해당 당기손익은 재무상태표상 이익잉여금에 반영된다.

2. 분개(전표)

(1) 의 의

회계상의 거래를 식별하고 해당 거래의 이중성에 따른 거래 8요소를 파악한 후 이를 다음의 "전표"라는 양식에 기입하게 되는데 이를 "분개한다" 또는 "회계처리한다"라고 한다.

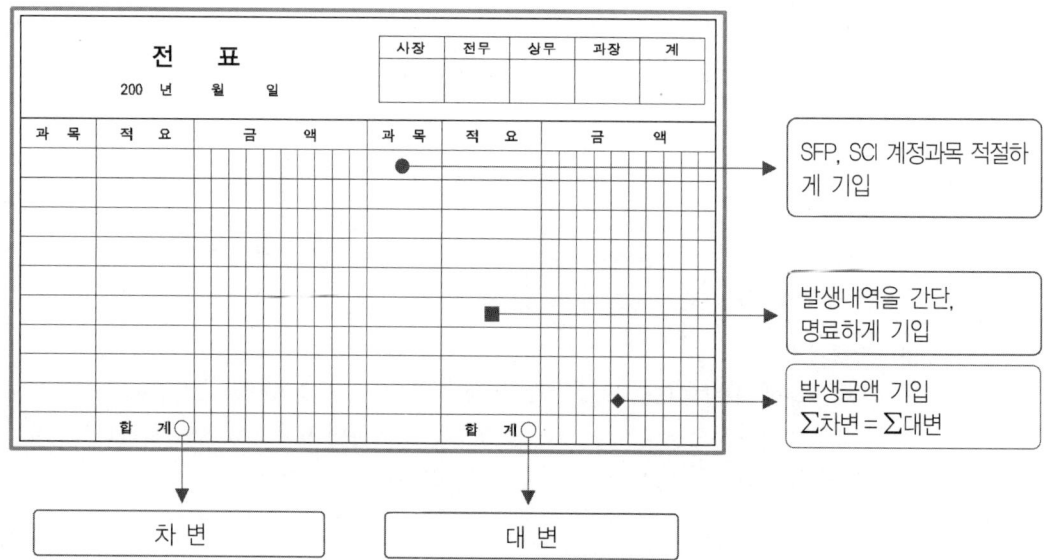

(2) 전표기록방법

① 계정과목명 기록방법(과목란)

전표양식에서 보듯이 전표의 왼쪽을 차변, 오른쪽을 대변이라고 하며, 계정과목별 전표기입 방법은 다음과 같이 한다.

계정과목		성격[주]	증가(발생)	감소(소멸)
재무상태표	자산계정	차변항목	차변에 기록	대변에 기록
	부채계정	대변항목	대변에 기록	차변에 기록
	자본계정	대변항목	대변에 기록	차변에 기록
포괄손익계산서	수익계정	대변항목	대변에 기록	차변에 기록
	비용계정	차변항목	차변에 기록	대변에 기록

주) 재무상태표상 자산은 차변계정, 부채와 자본은 대변계정이며, 포괄손익계산서상 비용은 차변계정, 수익은 대변계정임을 상기하자.

② 금액 기록방법(금액란)

계정과목을 기록한 후에는 계정과목별로 측정된 금액을 기입하면 된다. 다만, 전표상 차변금액 합계와 대변금액 합계는 반드시 일치하여야 한다. 따라서, 전표 작성 후 차변금액 합계와 대변금액 합계가 일치하지 않는다면 분개가 잘못된 것이다.

> **KEY POINT**
>
> 1. 대차평균의 원리
>   대차평균의 원리란 전표상 차변금액 합계와 대변금액 합계가 항상 일치하는 것을 말한다.
>   즉, 다음의 항등식이 성립한다.
>
> $$\sum 차변\ 금액 = \sum 대변\ 금액$$
>
>   이러한 대차평균의 원리는 거래의 이중성에 기인하는 것이다.
>
> 2. 대차평균의 원리의 허점
>   현재 거의 대부분의 회사가 회계처리를 전산시스템을 통하여 하고 있으며, 이러한 경우 차변금액 합계와 대변금액 합계가 같지 않을 경우 전표입력 자체가 승인되지 않으므로 대차평균의 원리가 위배되는 경우는 없다고 볼 수 있다.
>   그러나, 잘못 측정되어진 금액이 차변과 대변에 동시에 입력될 경우 잘못된 분개임에도 불구하고 대차평균의 원리에 위배되지 않으므로 거부감 없이 승인되어 이 후 회계처리가 이루어질 수 있음에 유의하기 바란다. 즉, 차변과 대변의 합계금액이 같다는 것이 차변과 대변에 올바른 금액이 입력되었다는 사실을 보장하지 못한다는 허점이 있다는 것을 간과해서는 안된다.

(3) 거래 8요소

① 의의

상기 "(2). ①"에서 계정과목별 전표기록방법을 살펴보았다. 이를 차변에 기록하는 요소와 대변에 기록하는 요소로 구분하여 보면 각각 5개, 총 10개의 기록요소가 있다.

다만, 대부분의 거래에 있어 수익과 비용의 소멸은 매우 드물게 발생하므로 이를 제외한 "거래 8요소"만을 정리하여 보면 다음과 같다.

차변에 기록	대변에 기록
자산의 증가	자산의 감소
부채의 감소	부채의 증가
자본의 감소	자본의 증가
비용의 발생	수익의 발생

② 거래 8요소의 결합

차변요소와 대변요소가 각각 4개씩이므로 거래 8요소의 결합형태는 다음과 같이 총 16가지가 있다.

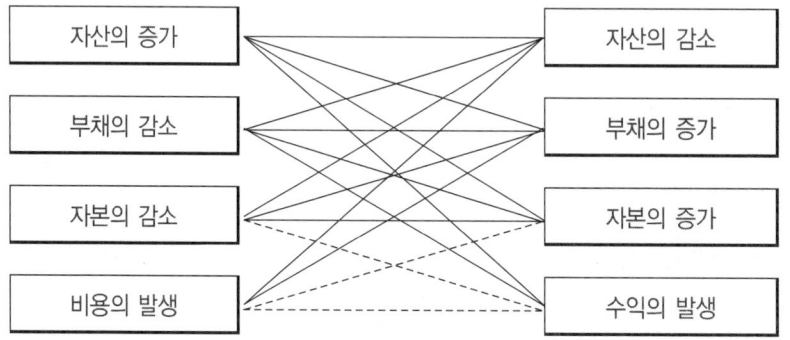

> **KEY POINT**
>
> **발생되지 않는 거래 8요소의 결합형태**
>
> 1. 차변요소끼리 또는 대변요소끼리의 결합
>   거래의 이중성에 따라 모든 거래는 동전의 양면처럼 차변요소와 대변요소가 동시에 발생하기 때문에 차변요소끼리 또는 대변요소끼리의 결합은 발생되지 않는다.
>
> 2. 자본의 증감과 수익과 비용의 발생
>   기업회계기준에서는 자본거래에서 발생한 순자산의 증가(또는 감소)를 자본금 및 기타적립금으로 처리하도록 하고 있기 때문에 자본의 증감과 수익 또는 비용의 발생의 결합은 거의 발생되지 않는다.
>
> 3. 수익의 발생과 비용의 발생
>   수익은 순자산의 증가, 즉 자산증가 또는 부채감소를 의미하므로 수익의 발생은 반드시 자산의 증가 또는 부채의 감소를 수반하게 된다. 또한, 비용은 순자산의 감소, 즉 자산감소 또는 부채증가를 의미하므로 수익의 발생은 반드시 자산의 감소 또는 부채의 증가를 수반하게 된다.
>   따라서, 수익의 발생과 비용의 발생이 자산 또는 부채의 증감 없이 서로 차변과 대변에 동시에 발생하는 경우는 거의 없다.

(4) 회계처리 원칙

전표에 회계처리를 할 때에는 제1장 제3절 재무정보(재무제표)에서 살펴본 '일반원칙', '질적특성', '재무제표요소 측정기준' 외에도 다음과 같은 원칙들을 지켜야 한다.

① 신뢰성

회계처리는 신뢰할 수 있도록 객관적인 자료와 증거에 의하여 공정하게 처리하여야 한다.

② 명료성

계정과목과 회계용어는 이해하기 쉽도록 간단·명료하게 표시하여야 한다.

③ 충분성

중요한 계정과목 및 금액에 관하여는 그 내용을 충분히 회계처리하여야 한다.

④ 계속성

회계처리에 관한 기준 및 추정은 기간별 비교가 가능하도록 매기 계속하여 적용하고 정당한 사유 없이 이를 변경하여서는 아니된다.

⑤ 중요성

회계처리에 있어서 과목과 금액은 그 중요성에 따라 실용적인 방법에 의하여 결정하여야 한다.

⑥ 실질성

회계처리는 거래의 실질과 경제적 사실을 반영할 수 있어야 한다.

⑦ 보수성

회계처리과정에서 2 이상의 선택 가능한 방법이 있는 경우에는 재무적 기초를 견고히 하는 관점에 따라 처리하여야 한다.

> **KEY POINT**
>
> 재무적 기초를 견고히 하는 관점
> 1. 수익은 작게, 늦게 인식
> 2. 비용은 크게, 빨리 인식

⑧ 미결산항목 사용금지

가지급금 또는 가수금 등의 미결산항목은 그 내용을 나타내는 적절한 과목으로 대체하여 재무상태표의 자산 또는 부채항목으로 표시하여서는 아니된다.

사례 4 · 가지급금

1. 자료
   (1) 12/15 대박(주)는 출장 사원에게 현금 10만원을 유출하였다.
   (2) 12/18 출장사원은 현금 10만원에 대해 그 사용내역을 제출하였다.
   (3) 12/30 대표이사에게 100만원을 대여하였다.

2. 계정과목 처리
   (1) 12/15
      출장사원에 대한 현금유출액을 "가지급금"으로 처리
   (2) 12/18
      출장사원의 사용내역 제출분에 따라 ①의 가지급금을 "적절한 계정과목"으로 대체처리
   (3) 12/30
      대표이사에 대한 대여금을 "대표이사대여금"으로 처리

KEY POINT

가지급금과 가수금

1. 가지급금
   (1) 기업회계상 가지급금
      기업회계상 가지급금은 "원인모를 현금유출액"을 말한다. 따라서, 유출시에는 "가지급금"으로 미결산처리하고 원인이 규명된 후에는 적절한 계정과목으로 대체처리하여 재무상태표에는 표시되지 않도록 한다.
   (2) 법인세법상 가지급금
      법인세법에서는 "특수관계자에 대한 대여금"을 가지급금이라 한다. 법인세법상 가지급금에 해당되는 경우 세법상 여러 불이익을 당하게 되므로 특수관계자에 대한 대여금이 발생할 경우에는 반드시 "대표이사대여금", "관계회사대여금"등의 적절한 계정과목을 사용하여 기업회계상 가지급금과 별도로 구분표시 하는 것이 보다 좋을 것으로 판단된다.

2. 가수금
   (1) 기업회계상 가수금
      기업회계상 가수금은 "원인모를 현금유입액"을 말한다. 따라서, 유입시에는 "가수금"으로 미결산처리하고 원인이 규명된 후에는 적절한 계정과목으로 대체처리하여 재무상태표에는 표시되지 않도록 한다.
   (2) 법인세법상 가수금
      법인세법에서는 "특수관계자에 대한 차입금"을 가수금이라 한다. 특수관계자에 대한 차입금이 발생하여 법인세법상 가수금에 해당될 경우에는 법인세법상 가지급금과 상계하도록 하고 있는 바, 반드시 "대표이사차입금", "관계회사차입금"등의 적절한 계정과목을 사용하여 기업회계상 가수금과 별도로 구분표시 하는 것이 보다 좋을 것으로 판단된다.

제2절 _ 기중의 회계처리

분개예제

1. 5,000만원을 출자하여 주식회사를 설립하다.

   (차) 보통예금　　　　　　　50,000,000　　(대) 보통주자본금　　　　　50,000,000

2. 창고에 화재가 발생하여 취득원가 50만원 상당의 상품이 소실되다.

   (차) 재해손실　　　　　　　　 500,000　　(대) 상품　　　　　　　　　　 500,000

3. 은행으로부터 1,000만원을 만기 1년으로 차입하다.

   (차) 보통예금　　　　　　　10,000,000　　(대) 단기차입금　　　　　　10,000,000

4. 단기차입금 만기가 도래하여 1,000만원을 상환하다.

   (차) 단기차입금　　　　　　10,000,000　　(대) 보통예금　　　　　　　10,000,000

5. 12/31 은행에 저축한 정기예금에서 이자가 5만원 발생하다.

   (차) 미수수익　　　　　　　　 50,000　　(대) 이자수익　　　　　　　　 50,000

6. 은행차입금 이자 10만원을 지급하다.

   (차) 이자비용　　　　　　　　100,000　　(대) 보통예금　　　　　　　　100,000

7. 종업원에게 만기 1년으로 1,000만원을 대여하다.

   (차) 단기대여금　　　　　　10,000,000　　(대) 보통예금　　　　　　　10,000,000

8. 회사가 사용할 사무실을 보증금 2,000만원, 월 30만원에 2년간 사용하기로 계약하고, 보증금을 지급하다.

   (차) 보증금　　　　　　　　20,000,000　　(대) 보통예금　　　　　　　20,000,000

9. 상품을 구입하고 대금 200만원을 지급하다.

   (차) 상품　　　　　　　　　 2,000,000　　(대) 보통예금　　　　　　　 2,000,000

10. 12/31 장기차입금 2억원의 만기가 1년 이내로 도래하다.

    (차) 장기차입금　　　　　 200,000,000　　(대) 유동성장기부채　　　 200,000,000

> **KEY POINT**
>
> **순자산의 금액 변동이 없어도 분개하는 경우**
>
> 1. 성격이 상이한 자산간의 교환
>   예를 들어 현금 1,000원으로 상품을 구입하였다 하자. 이 경우 1,000원의 현금이라는 자산이 지출되어 1,000원의 상품이라는 자산을 취득한 것이므로, 순자산의 금액에 변동이 없어 분개를 하지 않아야 할 듯하다. 그러나, 현금과 상품이라는 성격이 상이한 자산이 교환된 것이며, 별도의 계정과목으로 처리하고 있으므로 분개를 하여야 한다.
>
> 2. 유동성대체
>   상기 '10.'의 경우 장기차입금의 만기가 기간경과로 인해 재무상태표일로부터 1년 이내로 도래하게 되었을 뿐 장기차입금의 상환이나 추가 차입이 없으므로 순자산의 금액 변동이 없다. 그러나, 장기차입금의 만기가 재무상태표일로부터 1년 이내로 도래하게 되면 비유동부채에서 유동부채로 재분류되어 재무상태표에 표시되어야 할 것이다. 따라서, 이를 반영하는 분개를 하여야 하는데 이를 "유동성대체"라 한다. 이때 계정과목은 "단기차입금"이 아닌 "유동성장기부채"로 처리함에 유의한다.

11. 상품을 보통예금 1억원과 외상 1억원에 구입하다.

    (차) 상품   200,000,000   (대) 보통예금   100,000,000
                                              외상매입금   100,000,000

12. 공장부지 토지를 보통예금 1억원과 외상 1억원에 구입하다.

    (차) 토지   200,000,000   (대) 보통예금   100,000,000
                                              미지급금   100,000,000

> **KEY POINT**
>
> **외상매입금과 미지급금**
>
> "외상매입금"은 재고자산 매입(주요 영업활동)으로 발생된 미지급채무를 나타낼 때 사용되는 계정과목이며, "미지급금"은 주요 영업활동 이외의 활동에서 발생된 미지급채무를 나타낼 때 사용된다. 따라서, 상품 매입으로 인한 미지급채무는 "외상매입금"으로 계정처리 하나, 토지 매입으로 인한 미지급채무는 "미지급금"으로 계정처리 한다.

13. 장부가 2억원의 상품을 3억원에 외상으로 판매하다. 단, 대금은 1개월 후에 회수하기로 하다.

    (차) 외상매출금   300,000,000   (대) 매출   300,000,000
         매출원가   200,000,000   상품   200,000,000

14. 장부가 2억원의 공장부지 토지를 3억원에 외상으로 매각하다. 단, 대금은 1개월 후에 회수하기로 하다.

(차) 미수금	300,000,000	(대) 토지	200,000,000
		유형자산처분이익	100,000,000

> **KEY POINT**
>
> 자산의 판매(또는 처분)
>
> 1. 재고자산의 판매
>   재고자산을 판매한 경우 판매로 인한 판매대가 전액을 수익으로 인식하고, 판매된 재고자산의 장부금액(취득원가)을 비용으로 인식한다. 즉, 총액주의로 수익과 비용을 인식한다. 이때 수익의 계정과목은 "매출"로 하고, 비용의 계정과목은 "매출원가"로 한다.
>   또한, 재고자산을 판매함에 따라 발생한 미수채권은 주요 영업활동에서 발생한 미수채권이므로 "외상매출금"의 계정과목으로 회계처리 한다.
>
> 2. 재고자산외 기타자산의 처분(또는 매각)
>   기타자산을 처분한 경우에는 판매된 자산의 장부금액과 판매대가와의 차액을 순액으로 차익 또는 차손으로 인식한다. 즉, 순액주의로 차익과 차손을 인식한다. 따라서, 판매대가가 장부금액보다 큰 경우에는 차익을 인식하고, 장부금액이 판매대가보다 큰 경우에는 차손을 인식하면 된다. 이때 계정과목은 적절한 과목(예를 들어 토지의 경우에는 "토지처분이익"등)으로 처리한다. 또한, 재고자산 이외의 자산을 처분함에 따라 발생한 미수채권은 주요 영업활동 이외의 거래에서 발생한 미수채권이므로 "미수금"의 계정과목으로 회계처리한다.

3. 전기(원장)

(1) 의 의

전표 작성만으로 재무상태표 등 재무제표를 작성한다는 것은 사실상 어렵다. 이에 각 계정과목별로 전표상 발생된 증가, 감소내역을 정리하여 잔액을 정리한 "계정별원장"을 작성하는 것을 "전기"라 한다. 즉 계정별 원장은 계정과목별 증감 및 잔액내역을 파악하고 재무제표를 작성하기 위한 기초자료가 된다.

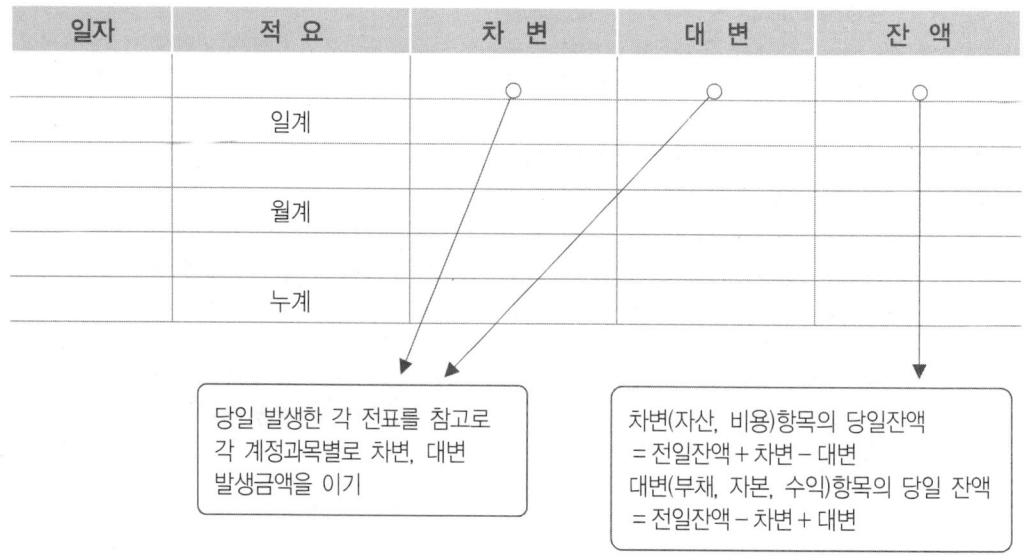

(2) 원장작성방법

계정별원장 작성방법은 다음과 같다.

① **일자** : 전표 작성일자를 이기
② **적요** : 전표상 적요내역을 이기
③ **차변** : 전표상 차변발생금액을 이기
④ **대변** : 전표상 대변발생금액을 이기
⑤ **잔액**
   ㉠ 차변항목(자산, 비용) 잔액 = 전일잔액 + ∑당일차변 − ∑당일대변
   ㉡ 대변항목(부채, 자본, 수익) 잔액 = 전일잔액 − ∑당일차변 + ∑당일대변
⑥ **차변합계** = 기초잔액 + ∑차변(기초잔액 제외)
⑦ **대변합계** = 기초잔액 + ∑대변(기초잔액 제외)

사례 5 원장 작성

1. 분개자료

구분	회계처리					
1	(차)	보통예금	50,000,000	(대)	자본금	50,000,000
2	(차)	보증금	20,000,000	(대)	보통예금	20,000,000
3	(차)	상품	2,000,000	(대)	보통예금	2,000,000
4	(차)	보통예금	2,000,000	(대)	매출	2,000,000
	(차)	매출원가	1,000,000	(대)	상품	1,000,000
5	(차)	재해손실	500,000	(대)	상품	500,000
6	(차)	보통예금	10,000,000	(대)	단기차입금	10,000,000
7	(차)	이자비용	100,000	(대)	보통예금	100,000
8	(차)	단기차입금	10,000,000	(대)	보통예금	10,000,000
9	(차)	보통예금	50,000	(대)	이자수익	50,000

2. 보통예금의 계정별원장 작성

보 통 예 금

일자	적 요	차 변	대 변	잔 액
1	자본금 납입	50,000,000		50,000,000
2	임차보증금 지급		20,000,000	30,000,000
3	상품 구입		2,000,000	28,000,000
4	상품 매출	2,000,000		30,000,000
6	은행차입금 입금	10,000,000		40,000,000
7	이자비용 지급		100,000	39,900,000
8	은행차입금 상환		10,000,000	29,900,000
9	이자수익 입금	50,000		29,950,000
	계	62,050,000	32,100,000	

KEY POINT

계정별원장 잔액검증

1. 차변계정 잔액 = 차변합계 - 대변합계
2. 대변계정 잔액 = 대변합계 - 차변합계

제 3 절

결 산

1. 시산표

(1) 의 의

　재무상태표 등 재무제표는 계정별 원장의 잔액을 이기하면 작성할 수 있다. 그러나 재무제표를 작성하기 전에 기중의 회계처리(주로 분개와 전기)의 정확성을 검토한 후 작성한다면 보다 시행착오를 줄일 수 있을 것이다. 이에 모든 계정과목의 계정별원장 "차변합계금액"과 "대변합계금액" 및 "잔액"을 한 곳에 모아 정리한 표를 작성하게 되는데 이를 "시산표"라 한다.

합계잔액시산표

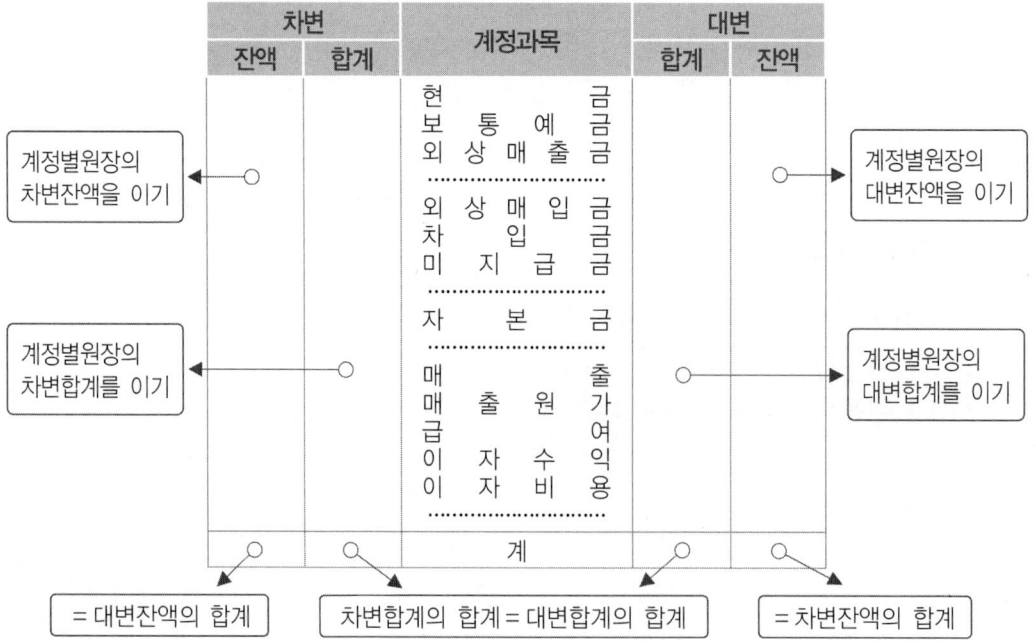

(2) 분류
① 표시 내용에 따라
시산표는 그 표시 내용에 따라 다음과 같이 구분하며, 실무적으로는 합계잔액시산표만을 사용하고 있으며 이를 "합잔"이라고도 한다.
- ㉠ 합계시산표 : 계정과목별 원장의 차변합계와 대변합계만을 이기한 표
- ㉡ 잔액시산표 : 계정과목별 원장의 잔액만을 이기한 표
- ㉢ 합계잔액시산표 : 합계시산표와 잔액시산표를 합친 시산표

② 결산수정분개 반영여부에 따라
시산표는 결산수정분개 반영여부에 따라 다음과 같이 구분한다.
- ㉠ 수정전시산표 : 결산수정분개를 반영하지 않은 시산표
- ㉡ 수정후시산표 : 결산수정분개를 반영한 시산표

(3) 작성방법
시산표 작성방법은 다음과 같다.
① **차변잔액** : 계정과목별 원장의 차변잔액을 이기
② **차변합계** : 계정과목별 원장의 차변합계금액을 이기
③ **대변잔액** : 계정과목별 원장의 대변잔액을 이기
④ **대변합계** : 계정과목별 원장의 대변합계금액을 이기

(4) 등 식
분개와 전기가 정확하게 이루어진 경우 대차평균의 원리에 따라 시산표상 다음의 등식이 반드시 성립한다. 따라서, 다음의 등식이 성립하지 않은 경우 분개와 전기가 올바르게 되지 않았음을 의미한다.

$$\sum 차변잔액 = \sum 대변잔액$$
$$\sum 차변합계 = \sum 대변합계$$

(5) 장 점
시산표 양식에서 볼 수 있듯이 시산표는 기중의 회계처리에 대한 정확성을 검토할 수 있을 뿐 아니라 재무상태표와 포괄손익계산서 계정이 모두 표시되므로 재무상태와 경영성과를 개괄적으로 파악할 수 있는 장점이 있다.

따라서, 시산표는 매일, 매월, 매년 또는 필요할 때마다 수시로 작성되어질 수 있다.

사례 6 시산표 작성

1. 자료

   (1) 분개자료

구분	회계처리			
1	(차) 보통예금	50,000,000	(대) 자본금	50,000,000
2	(차) 보증금	20,000,000	(대) 보통예금	20,000,000
3	(차) 상품	2,000,000	(대) 보통예금	2,000,000
4	(차) 보통예금	2,000,000	(대) 매출	2,000,000
	(차) 매출원가	1,000,000	(대) 상품	1,000,000
5	(차) 재해손실	500,000	(대) 상품	500,000
6	(차) 보통예금	10,000,000	(대) 단기차입금	10,000,000
7	(차) 이자비용	100,000	(대) 보통예금	100,000
8	(차) 단기차입금	10,000,000	(대) 보통예금	10,000,000
9	(차) 보통예금	50,000	(대) 이자수익	50,000

   (2) 보통예금의 계정별원장

   보 통 예 금

일자	적 요	차 변	대 변	잔 액
1	자본금 납입	50,000,000		50,000,000
2	임차보증금 지급		20,000,000	30,000,000
3	상품 구입		2,000,000	28,000,000
4	상품 매출	2,000,000		30,000,000
6	은행차입금 입금	10,000,000		40,000,000
7	이자비용 지급		100,000	39,900,000
8	은행차입금 상환		10,000,000	29,900,000
9	이자수익 입금	50,000		○ 29,950,000
	계	○ 62,050,000	○ 32,100,000	

2. 부분시산표 작성

차변		계정과목	대변	
잔액	합계		합계	잔액
29,950,000	62,050,000	보 통 예 금	32,100,000	
		계		

2. 결산수정분개

결산수정분개는 기중에 이루어지는 회계처리와는 별도로 기말에 일괄적으로 이루어지는 분개를 말하며, 예로 다음이 있다.

(1) 상품 매출원가 산정

"매출원가"는 판매된 상품의 취득원가를 말하며, 대표적인 결산수정분개 사항이다.

만약, 회사가 상품을 취득할 때마다 개별 상품단위별로 취득원가를 태그(tag) 표시한 후 판매시점마다 판매된 상품의 태그(tag)를 파악한다[23]면 판매시점에서 매출원가를 파악할 수 있을 것이나, 이는 상품수량이 적은 기업에나 가능한 것이며 많은 품목과 수량이 있는 기업에서는 실무상 적용이 어려울 수 있다.

이러한 이유로 대부분의 상기업에서는 상품 취득시점에서는 수량과 단가를, 판매시점에서는 수량만 파악한 후 기말시점에 일괄하여 기말재고 상품과 판매된 상품의 단가를 산정하게 되는데 이를 "매출원가 산정"이라고 하며 분개는 다음과 같이 한다.

　　　(차) 매출원가　　　　　×××　　(대) 상품　　　　　　　×××

(2) 감가상각비 계상

"감가상각"은 수익·비용대응의 원칙에 따라 유형자산의 취득원가를 사용기간동안 합리적인 방법을 적용하여 체계적으로 배분하여 비용처리 하는 것을 말하며, "감가상각비"는 감가상각에 따라 비용처리된 금액을 표시하는 계정과목이다.

예를 들어 본사사옥으로 사용할 건물을 취득하고 동 사옥을 10년간 사용하기로 한 경우, 동 건물은 회사 수익창출에 10년간 기여할 것이므로 건물 취득금액을 취득즉시 비용처리하기 보다는 수익·비용대응의 원칙에 따라 10년간 합리적으로 배분하여 비용처리, 즉 감가상각 하는 것이 보다 합리적일 것이다. 감가상각비 회계처리도 결산수정분개 사항이며, 분개는 다음과 같이 한다.

　　　(차) 감가상각비　　　　×××　　(대) 감가상각누계액　　×××

---

[23] 이러한 재고자산 평가방법을 '개별법'이라고 한다.

(3) 손실충당금의 설정

"대손"은 매출채권 등 채권이 회수불가능하게 되어 자산성을 상실(이를 '손상'이라 한다)하게 된 경우를 말하며, "대손상각비"는 대손에 따라 회수불가능하게 된 매출채권(외상매출금과 받을어음) 금액을 비용처리하는 계정과목이다. 대손상각비는 매출채권 대손시점에서 인식되어야 하나, 매출시점과 대손시점이 서로 다른 회계기간일 경우에는 수익·비용대응의 원칙에 위배되는 문제점이 있게 된다.

이러한 이유로 기말시점에서 회수되지 않고 남아 있는 매출채권 잔액에 대해서 합리적인 손상차손 발생액을 추정하여 대손상각비로 처리하여야 한다. 대손상각비 회계처리도 결산수정분개 사항이며, 분개는 다음과 같이 한다.

(차) 대손상각비 ××× (대) 손실충당금 ×××

(4) 손익의 결산정리

"손익의 결산정리"는 2회계기간 이상에 걸쳐 발생되는 수익과 비용이 있는 경우 "발생주의"에 부합되도록 이를 각 회계기간에 배분하는 과정을 말한다.

예를 들어 회사가 보험기간이 20×1.7.1.~20×2.6.30.인 보험료를 20×1.7.1. 납부하였으며 납부시 다음과 같이 회계처리 하였다고 하자.

(차) 보험료 ××× (대) 보통예금 ×××

해당 보험료에는 20×2년의 보험료도 포함되어 있으므로 이를 수정하지 않는다면 납부보험료 전액이 20×1년 비용으로 처리되어 발생주의에 위배되는 문제점이 있다. 따라서, 보험료 중 20×2년에 해당하는 금액을 비용에서 차감하는 다음의 결산수정분개가 필요하게 되는데 이를 "손익의 결산정리"라고 하는 것이다.

(차) 선급비용 ××× (대) 보험료 ×××

손익의 결산정리에는 다음과 같은 것이 있다.

① 비용의 이연

당기에 지급한 비용 중 차기 해당 비용을 "선급비용"으로 이연 처리하는 것을 말하며, 다음과 같이 분개한다.

(차) 선급비용[주] ××× (대) ××비용 ×××

주) 선급비용은 미래 현금 유출액을 감소시켜 주므로 자산이다.

② 수익의 이연

당기에 수취한 수익 중 차기 해당 수익을 "선수수익"으로 이연 처리하는 것을 말하며, 다음과 같이 분개한다.

　　(차)　××수익　　　　　　　×××　　(대) 선수수익[주]　　　　　×××

　　　　주) 선수수익은 미래 현금 유입액을 감소시켜 주므로 부채다.

③ 비용의 발생

차기 지급예정 비용 중 당기에 발생한 비용을 "미지급비용"으로 발생 처리하는 것을 말하며, 다음과 같이 분개한다.

　　(차)　××비용　　　　　　　×××　　(대) 미지급비용[주]　　　　×××

　　　　주) 미지급비용은 미래 현금 유출액을 증가시켜 주므로 부채다.

④ 수익의 발생

차기 수취예정 수익 중 당기에 발생한 수익을 "미수수익"으로 발생 처리하는 것을 말하며, 다음과 같이 분개한다.

　　(차)　미수수익[주]　　　　　×××　　(대) ××수익　　　　　　×××

　　　　주) 미수수익은 미래 현금 유입액을 증가시켜 주므로 자산이다.

(5) 기타 결산수정분개의 예

기타 결산수정분개의 예로는 다음 등이 있다.

① 제조기업의 제조원가 산정
② 용역제공기업의 진행기준에 의한 수익인식
③ 유형자산 및 무형자산의 재평가
④ 투자부동산의 공정가치평가
⑤ 자산의 손상차손 및 손상차손환입 인식
⑥ 유가증권(주식·채권)의 공정가치 평가
⑦ 관계기업투자주식의 평가
⑧ 채권의 유효이자율법에 의한 상각후원가 평가
⑨ 순확정급여부채의 설정
⑩ 사채발행차금의 유효이자율법에 의한 상각
⑪ 외화자산·부채의 환산

⑫ 법인세비용 계상

> 결산수정분개는 회계를 처음 시작하는 분들에게는 다소 어렵게 느껴질 수 있어 자세한 설명을 생략하는 바이다. 다만, 전체적인 회계순환과정에 대한 이해에 있어 기말에 일괄적으로 이루어지는 분개가 있다는 정도만 이해하기로 하며, 자세한 내용은 제3장에서 다루기로 한다.

3. 수정 후 합계잔액시산표

당기 경영활동에 의한 경영성과와 재무상태를 파악하기 위해 결산수정분개를 한 후에는 수정사항을 반영한 수정 후 합계잔액시산표를 각 계정별원장을 참고로 시산표 작성요령에 따라 작성한다. 시산표 작성 후에는 다음 사항이 충족되는지 반드시 검토한다.
① 각 계정별 원장과 수정 후 합계잔액시산표의 '잔액'과 '합계'란에 동일한 금액이 기재되어 있는지 검토한다.
② 수정 후 합계잔액시산표에서 다음의 등식이 성립하는지 검토한다.

$$\Sigma \text{차변잔액} = \Sigma \text{대변잔액}$$
$$\Sigma \text{차변합계} = \Sigma \text{대변합계}$$

4. 재무제표 작성과 장부마감

(1) 의 의

수정 후 시산표를 작성한 후에는 당기 경영성과와 재무상태를 나타내는 재무제표 작성과 각 계정별 원장을 마감하여 차기 경영활동을 기록하기 위한 "장부마감"을 한다. 재무제표 작성과 장부마감은 다음과 같이 한다.
① 포괄손익계산서 작성
② 포괄손익계산서 계정과목 장부마감
③ 재무상태표 작성

④ 재무상태표 계정과목 장부마감

(2) 포괄손익계산서 작성

시산표상 당기 손익에 해당되는 모든 수익과 비용 계정과목 잔액을 포괄손익계산서 작성원칙에 따라 포괄손익계산서에 이기한다.

(3) 포괄손익계산서 계정과목의 장부마감

포괄손익계산서 작성 후에는 당기 손익에 해당되는 모든 수익과 비용 계정과목의 기말잔액을 재무상태표의 "미처분이익잉여금"으로 대체하는 다음의 분개를 한다.

수익 계정	(차) × × 수 익	×××	(대) 미 처 분 이 익 잉 여 금	×××
비용 계정	(차) 미 처 분 이 익 잉 여 금	×××	(대) × × 비 용	×××

상기 회계처리에는 다음 두 가지 의미가 있다.

① 당기손익에 해당되는 모든 수익과 비용의 차액인 "당기순이익(또는 당기순손실)"이 재무상태표상 이익잉여금에 포함되어 표시되며 이로 인해 재무상태표 등식이 성립하게 된다.

② 당기손익에 해당되는 모든 수익과 비용의 계정과목별 원장 당기 기말잔액과 차기 기초잔액이 "0"이 되어 차기 경영성과를 당기 경영성과와 분리하여 올바르게 인식할 수 있게 된다.

> **KEY POINT**
> 장부마감을 위한 분개는 회계프로그램에서 자동적으로 이루어져 기중의 분개나 결산수정분개처럼 별도의 분개가 필요 없다.

(4) 재무상태표 작성

시산표상 자산, 부채 및 자본 계정과목 잔액을 재무상태표 작성원칙에 따라 재무상태표에 이기하며, 다음 재무상태표 등식이 성립하는지 검토한다.

$$\Sigma 자산 = \Sigma 부채 + \Sigma 자본$$

(5) 재무상태표 계정과목의 장부마감

재무상태표 항목인 자산, 부채 및 자본의 계정과목별 원장 기말잔액은 차기 계정과목별 원장 기초잔액이므로, 포괄손익계산서 항목과 달리 별도의 회계처리없이 장부를 마감하면 된다. 즉, 당기 계정과목별 원장의 기말잔액을 차기 계정과목별 원장에 기초잔액으로 이기하면 된다.

사례 7   회계순환과정 종합사례

1. 자료
   (1) 기초자료
      다음은 20×1년에 설립된 대박(주)의 해당 연도 거래내역이다.

일자	거래내역
1/1	5,000만원을 출자하여 회사를 설립하다.
2/1	업무용 차량을 300만원에 구입하다.
3/1	상품 900개를 개당 7,000원에 매입하다.
4/1	상품 250개를 개당 8,000원에 매입하다.
5/1	상품 500개를 개당 15,000원에 판매하다.
6/1	1,000만원을 연 이자율 6%로 2년간 차입하다. 단, 이자는 차입일로부터 매 1년마다 후급하기로 하다.
7/1	상품 150개를 개당 7,000원에 외상매입하다.
8/1	상품 500개를 개당 16,000원에 외상판매하다.
9/1	주식을 1,000,000원에 취득하다.
10/1	2,000만원을 연 이자율 12%로 2년간 대여하다. 단, 이자는 대여일로부터 매 1년마다 받기로 하다.
11/1	상품 200개를 개당 8,000원에 매입하다.
12/1	상품 취득을 위해 500만원을 선급하다.
12/15	거래처 접대비로 50만원을 법인카드로 지출하다.
12/31	임직원 급여 300만원을 지급하다.

   (2) 추가자료
      ① 재고자산평가방법은 총평균법이며, 기말 실제 재고수량은 장부상 수량과 일치한다.
      ② 차량은 5년간 사용할 예정이며, 감가상각방법은 정액법, 잔존가치는 0이다.
      ③ 기말 외상매출금 잔액 중 5%에 해당하는 금액에 대해 손실이 추정되다.
      ④ 기간경과분 이자수익과 이자비용은 월할계산한다.
      ⑤ 주식의 기말시점 공정가치는 1,100,000원이며, 공정가치변동을 기타포괄손익

으로 표시하기로 하다.
ⓖ 당기 법인세비용은 2,000,000원으로 결정되다.

2. 기중분개

일자	회계처리				
1/1	(차)	보통예금	50,000,000	(대) 보통주자본금	50,000,000
2/1	(차)	차량운반구	3,000,000	(대) 보통예금	3,000,000
3/1	(차)	상품	6,300,000	(대) 보통예금	6,300,000
4/1	(차)	상품	2,000,000	(대) 보통예금	2,000,000
5/1	(차)	보통예금	7,500,000	(대) 매출	7,500,000
6/1	(차)	보통예금	10,000,000	(대) 장기차입금	10,000,000
7/1	(차)	상품	1,050,000	(대) 외상매입금	1,050,000
8/1	(차)	외상매출금	8,000,000	(대) 매출	8,000,000
9/1	(차)	FVOCI금융자산	1,000,000	(대) 보통예금	1,000,000
10/1	(차)	장기대여금	20,000,000	(대) 보통예금	20,000,000
11/1	(차)	상품	1,600,000	(대) 보통예금	1,600,000
12/1	(차)	선급금	5,000,000	(대) 보통예금	5,000,000
12/15	(차)	접대비	500,000	(대) 미지급금	500,000
12/31	(차)	급여	3,000,000	(대) 보통예금	3,000,000

3. 결산수정분개
   (1) 결산수정분개를 위한 자료 검토
      ① 매출원가산정
         회사는 재고자산 평가방법으로 총평균법을 적용하고 있으므로 매출된 상품과 기말재고 상품의 개당 단가는 동일하며, 이는 다음과 같이 계산되어 질 수 있다.
         ㉠ 매입된 상품의 총수량
            = 900+250+150+200 = 1,500
         ㉡ 매입된 상품의 총취득원가
            = 900×7,000+250×8,000+150×7,000+200×8,000 = 10,950,000
         ㉢ 상품의 개당 단가 = 10,950,000÷1,500 = @7,300
         따라서, 매출된 상품의 원가와 기말상품의 원가는 다음과 같다.
         ㉠ 매출원가 = 1,000×7,300 = 7,300,000
         ㉡ 기말상품원가 = 500×7,300 = 3,650,000

      ② 감가상각비 계상
         회사는 감가상각방법으로 정액법을 적용하고 있으며, 20×1년 중 차량을 11개월동안 사용하였다. 따라서, 20×1년의 감가상각비는 다음과 같다.
         20×1년 감가상각비 = 3,000,000÷5년×11/12 = 550,000

③ 대손상각비 계상

기말 외상매출금 잔액 중 5%에 해당하는 금액에 대해 손실이 예상된 바, 20×1년의 대손상각비는 다음과 같다.

20×1년 대손상각비 = 8,000,000×5% = 400,000

④ 미지급비용 계상

차입 약정상 차입금에 대한 이자비용은 20×2.5.31.에 지급되나, 차입일로부터 결산일까지 기간경과에 따른 이자가 발생하였으며 이는 20×1년도 비용에 해당되므로 비용으로 인식하여야 한다.

20×1년 기간경과분 이자비용 = 10,000,000×6%×7/12 = 350,000

⑤ 미수수익 계상

대여 약정상 대여금에 대한 이자수입액은 20×2.9.30.에 수취되나, 대여일로부터 결산일까지 기간경과에 따른 이자가 발생하였으며 이는 20×1년도 수익에 해당되므로 수익으로 인식하여야 한다.

20×1년 기간경과분 이자수익 = 20,000,000×12%×3/12 = 600,000

⑥ 공정가치 평가

주식을 공정가치로 평가하여 해당 평가손익을 기타포괄손익으로 표시하기로 한 바, 20×1년도에 발생한 평가이익 100,000원을 기타포괄손익으로 인식한다.

⑦ 법인세비용 계상

20×1년도 법인세로 결정된 2,000,000원을 포괄손익계산서상 법인세비용으로 인식한다.

(2) 결산수정분개

20×1년 대박(주)의 결산수정분개는 다음과 같다.

구 분	회 계 처 리				
매출원가	(차) 매출원가	7,3000,000	(대)	상품	7,300,000
감가상각비	(차) 감가상각비	550,000	(대)	감가상각누계액 (차량운반구(-))	550,000
대손상각비	(차) 대손상각비	400,000	(대)	손실충당금 (외상매출금(-))	400,000
미지급비용	(차) 이자비용	350,000	(대)	미지급비용	350,000
미수수익	(차) 미수수익	600,000	(대)	이자수익	600,000
공정가치 평가	(차) FVOCI금융자산	100,000	(대)	FVOCI금융자산평가이익 (기타포괄손익누계액)	100,000
법인세계상	(차) 법인세비용	2,000,000	(대)	미지급법인세	2,000,000

4. 수정 후 시산표작성

차변		계정과목	대변	
잔액	합계		합계	잔액
25,600,000	67,500,000	보　통　예　금	41,900,000	
8,000,000	8,000,000	외　상　매　출　금		
		손　실　충　당　금	400,000	400,000
5,000,000	5,000,000	선　급　금		
600,000	600,000	미　수　수　익		
3,650,000	10,950,000	상　품	7,300,000	
20,000,000	20,000,000	장　기　대　여　금		
1,100,000	1,100,000	FVOCI금융자산		
3,000,000	3,000,000	차　량　운　반　구		
		감　가　상　각　누　계　액	550,000	550,000
		외　상　매　입　금	1,050,000	1,050,000
		미　지　급　금	500,000	500,000
		미　지　급　비　용	350,000	350,000
		미　지　급　법　인　세	2,000,000	2,000,000
		장　기　차　입　금	10,000,000	10,000,000
		자　본　금	50,000,000	50,000,000
		FVOCI금융자산평가이익	100,000	100,000
		매　출	15,500,000	15,500,000
7,300,000	7,300,000	매　출　원　가		
		이　자　수　익	600,000	600,000
3,000,000	3,000,000	급　여		
500,000	500,000	접　대　비		
550,000	550,000	감　가　상　각　비		
400,000	400,000	대　손　상　각　비		
350,000	350,000	이　자　비　용		
2,000,000	2,000,000	법　인　세　비　용		
81,050,000	130,250,000	계	130,250,000	81,050,000

5. 재무제표 작성

　(1) 포괄손익계산서

SCI

매출액	15,500,000
매출원가	7,300,000
매출총이익	8,200,000
판매비와관리비	4,450,000
영업이익	3,750,000
기타수익	600,000
기타비용	350,000
법인세비용차감전순이익	4,000,000
법인세비용	2,000,000
당기순이익	2,000,000
기타포괄이익	100,000
총포괄이익	2,100,000

(2) 재무상태표

	SFP	
유 동 자 산		42,450,000
현금및현금성자산	25,600,000	
매 출 채 권	7,600,000	
재 고 자 산	3,650,000	
기 타	5,600,000	
비 유 동 자 산		23,550,000
장 기 대 여 금	20,000,000	
FVOCI금융자산	1,100,000	
유 형 자 산	2,450,000	
자 산 총 계		66,000,000
유 동 부 채		3,900,000
매 입 채 무	1,050,000	
미 지 급 법 인 세	2,000,000	
기 타	850,000	
비 유 동 부 채		10,000,000
장 기 차 입 금	10,000,000	
부 채 총 계		13,900,000
자 본 금		50,000,000
기 타 포 괄 손 익 누 계 액		100,000
이 익 잉 여 금		2,000,000
자 본 총 계		52,100,000
부 채 및 자 본 총 계		66,000,000

5. 기초재수정분개

(1) 의 의

기초재수정분개란 "손익의 결산정리"로 기간 경과분에 대한 미지급비용, 미수수익, 선급비용 또는 선수수익을 결산수정분개에 따라 인식한 경우, 즉 기중의 현금주의에 의한 회계처리를 결산수정분개를 통해 발생주의로 수정한 경우 기초시점에서 결산수정분개에 대한 역분개로 결산수정분개를 재수정함으로써 다시 현금주의로 되돌려 기중의 회계처리를 간편하게 하고자 하는 것을 말한다.

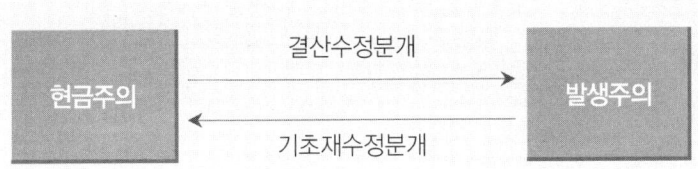

(2) 결산수정분개와의 비교

결산수정분개는 기업회계기준이 수익과 비용의 인식기준으로 발생주의를 택하고 있어 반드시 해야 하는 반면, 기초재수정분개는 기중의 회계처리를 현금주의에 따라 간편하게 하고자 하는 것이므로 선택적으로 할 수 있다.

> **사례 8** 기초재수정분개(1)
>
> 1. 자료
>   20×1.6.1. 1,000만원을 원리금 일시상환 조건으로 연 이자율 6%로 1년간 차입하다. 단, 기간경과에 따른 이자비용은 월할계산한다.
>
> 2. 20×1.12.31. 결산수정분개
>   발생주의에 따라 기간 경과에 따라 발생된 당기 이자비용을 인식하고, 해당 금액을 '미지급비용'의 계정과목으로 하여 기타채무로 분류한다.
>
>   (차) 이자비용　　　　　350,000[주]　　(대) 미지급비용　　　　350,000
>
>   　주) $10,000,000 \times 6\% \times 7/12$
>
> 3. 20×2년 각 시점별 분개
>   (1) 기초재수정분개를 하지 않는 경우
>   　　20×2.5.31. 대박(주)는 차입금에 대한 이자 600,000원을 지급하게 된다. 20×1년 말 결산수정분개로 20×1년 기간경과분 이자비용에 대해 미지급이자를 인식하였으므로, 이자지급시 다음과 같이 분개하여야 한다.
>
>   　　(차) 미지급비용　　　　350,000　　(대) 보통예금　　　　600,000
>   　　　　이자비용　　　　　250,000
>
>   (2) 기초재수정분개를 하는 경우
>   　　상기 '(1)'의 회계처리는 이자가 지급될 때마다 차입금과 관련된 미지급비용 잔액을 검토하여야 하는 불편함이 있다. 이에 다음과 같이 기초시점에 전기말 결산수정분개를 재수정하는 분개(기초재수정분개)를 한 후 이자 지급시점에서는 현금이자지

급액 모두를 이자비용으로 인식하는 분개를 한다.

① 기초(20×2.1.1.)

| (차) 미지급비용 | 350,000 | (대) 이자비용 | 350,000 |

또는

| (차) 이자비용 | (-)350,000 | (대) 미지급비용 | (-)350,000 |

② 이자지급시(20×2.5.31.)

| (차) 이자비용 | 600,000 | (대) 보통예금 | 600,000 |

사례 9 기초재수정분개(2)

1. 자료

   〈사례 7〉과 동일

2. 기초재수정분개를 할 경우 20×2.1.1.의 분개

구 분	회계처리				
미지급비용	(차) 미지급비용	350,000	(대) 이자비용	350,000
미수수익	(차) 이자수익	600,000	(대) 미수수익	600,000

또는

구 분	회계처리				
미지급비용	(차) 이자비용	(-)350,000	(대) 미지급비용	(-)350,000
미수수익	(차) 미수수익	(-)600,000	(대) 이자수익	(-)600,000

저자주

회계를 처음 시작하는 기초실무자에게 앞선 제1장과 제2장의 내용이 다소 어려웠을 수 있다. 다만, 기초실무자가 반드시 알아야 할 계정과목에 대한 회계처리(분개)를 정확히 할 수 있도록 기업회계 일반에 대해 살펴본 것이며, 제3장에서는 계정과목별 회계처리를 자세한 설명과 풍부한 사례로 다루었는바 이에 보다 더 집중하길 바란다.

m.e.m.o.

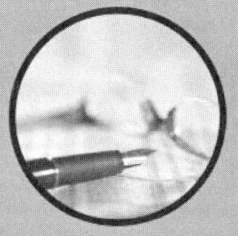

제3장 계정과목별 회계처리

현금 및 제예금 _ 제1절
매출과 매입 _ 제2절
채권과 채무 _ 제3절
재고자산과 매출원가 _ 제4절
유형자산 _ 제5절
무형자산과 투자부동산 _ 제6절

유가증권 _ 제7절
퇴직급여 _ 제8절
기타 자산 및 부채 _ 제9절
법인세 _ 제10절
자본 _ 제11절
손익 _ 제12절

제 1 절

현금 및 제예금

이 절에서는 현금과 제예금 회계처리 중 다음에 대해 살펴보기로 한다.
① 현금 회계처리
② 보통예금 회계처리
③ 당좌예금 회계처리
④ 정기예금 회계처리
⑤ 정기적금 회계처리

1. 현 금

(1) 의 의

현금이란 보통 한국은행에서 발행한 통화만을 의미하나 기업회계에서는 통화 외에 통화대용증권도 현금에 포함시키고 있다. 이때, 통화대용증권은 통화와 같은 효력으로 사용되어 언제든지 통화와 교환할 수 있는 것으로 타인발행당좌수표, 은행발행자기앞수표, 가계수표, 송금수표, 우편(전신)환증서 등이 있다.

(2) 회계처리

① 현금의 증가

현금의 유입은 자산의 증가이므로 분개시 차변에 기록한다. 이때, 현금은 현금및현금성자산으로 분류한다.

② 현금의 감소

현금의 유출은 자산의 감소이므로 분개시 대변에 기록한다.

분개예제 1

1. 현금 보유잔액이 부족하여 보통예금에서 100만원을 인출하다.

    (차) 현금　　　　　　　　1,000,000　　(대) 보통예금　　　　　　1,000,000

2. 거래처의 결혼축의금으로 20만원을 현금 지출하다.

    (차) 접대비　　　　　　　200,000　　(대) 현금　　　　　　　　200,000

---

(3) 기타사항

① 소액현금제도

현금은 아무리 많이 보유하더라도 수익이 발생하지 않으며 도난 및 분실의 가능성이 가장 높은 자산이다. 이러한 이유로 대부분의 기업에서는 일상적 업무에서 빈번히 발생하는 현금 경비지출 소요에 대비하기 위해 소액의 현금만을 보관하는 것이 일반적이다. 이를 소액현금제도라 한다.

② 선일자수표

선일자수표는 수표에 기재된 발행일자 이전에 실제 발행된 수표를 말한다. 선일자수표는 발행일자 이전에라도 은행에 지급제시하면 즉시 현금화가 가능하나, 상거래 관행상 발행일자에 지급제시를 하는 것이 보통이다. 이러한 선일자수표의 회계처리는 다음과 같다.

㉠ 선일자수표 수령시

수령한 선일자수표상 금액을 "받을어음(또는 미수금)"의 계정과목으로 회계처리한다.

　　(차) 받을어음(미수금)　　×××　　(대) 제계정　　×××

㉡ 선일자수표상 발행일자 도래시

"받을어음(또는 미수금)"으로 계상되어 있는 선일자수표를 "현금"으로 대체한다.

　　(차) 현금　　×××　　(대) 받을어음(미수금)　　×××

분개예제 2

1. 상품을 판매하고 선일자수표 220만원(부가가치세 포함)을 수령하다.

    (차) 받을어음　　　　　　　2,200,000　　(대) 매출　　　　　　　　　2,000,000
    　　　　　　　　　　　　　　　　　　　　　　　　부가세예수금　　　　　　 200,000

2. 상기 '1.'의 선일자수표상 발행일자가 도래하다.

    (차) 현금　　　　　　　　　2,200,000　　(대) 받을어음　　　　　　　2,200,000

③ 현금과부족

현금을 관리하다 보면 현금 원장잔액과 시재금액이 서로 다른 경우가 발생될 수 있는데, 이 때에는 차이 발생 원인을 규명하고 적절히 회계처리하여 현금 원상잔액과 시재금액을 일치시켜야 한다.

다만, 원인을 규명하지 못하는 차이금액은 잡이익(또는 잡손실)로 처리한다.

㉠ 현금 원장잔액 〉 현금 시재금액

　　(차) 잡손실　　　　　　　×××　　(대) 현금　　　　　　　×××

㉡ 현금 원장잔액 〈 현금 시재금액

　　(차) 현금　　　　　　　　×××　　(대) 잡이익　　　　　　×××

사례 1 　현금과부족

1. 자료

구 분	현금 시재금액	현금 원장잔액	비 고
상황 1	900	1,000	원인불명
상황 2	1,000	900	원인불명

2. 상황별 회계처리

    (1) 상황 1

    현금원장잔액보다 시재금액이 100 작으므로, 해당 금액을 원장에서 "잡손실"의 계정과목으로 하여 차감하고, 기타비용으로 처리한다.

    　　(차) 잡손실　　　　　　　　100　　(대) 현금　　　　　　　　　100

(2) 상황 2

현금원장잔액보다 시재금액이 100 크므로, 해당 금액을 원장에 "잡이익"의 계정과 목으로 하여 가산하고, 기타수익으로 처리한다.

(차) 현금　　　　　　　　　100　　(대) 잡이익　　　　　　　　　100

2. 보통예금

(1) 의 의

보통예금이란 가입대상, 예치금액, 예치기간 및 입출금 등에 제한이 없는 요구불예금을 말한다. 대부분의 기업에서 현금 보관시의 도난 및 분실 가능성에 대비하여 현금을 보통예금에 예치하는 것이 일반적이다.

(2) 회계처리

① 보통예금의 입금

보통예금의 입금은 자산의 증가이므로 분개시 차변에 기록한다. 이때, 보통예금은 현금및현금성자산으로 분류한다.

② 보통예금의 출금

보통예금의 출금은 자산의 감소이므로 분개시 대변에 기록한다.

분개예제 3

1. 외상매출금 500만원이 보통예금으로 입금되다.

　　(차) 보통예금　　　　　　　5,000,000　　(대) 외상매출금　　　　　　　5,000,000

2. 외상매입금의 결제를 위해 1,000만원이 보통예금에서 인출되다.

　　(차) 외상매입금　　　　　　10,000,000　　(대) 보통예금　　　　　　　10,000,000

거래처원장

통상 실무적으로 회계처리를 하는 경우에 있어 자산 및 부채 계정과목과 관련하여서는 계정과목명 뿐 아니라 거래처(거래상대방)에 대한 정보도 입력한다. 이는 자산 및 부채계정과목 잔액이 어떤 상대방과의 거래 결과로 인한 것인지에 대한 유용한 정보를 제공하여 주기 때문이다.

예를 들어, 재무상태표일 현재 회사의 보통예금 계정별원장 잔액이 1억원이라고 하자. 만약 회계처리할 때 거래처(거래상대방)에 대한 정보를 입력하지 않았다면 해당 1억원이 어떤 은행 어떤 계좌의 잔액들로 구성되었는지 통장을 직접 확인하여야만 확인 가능할 것이다. 반대로 회계처리할 때 거래처(거래상대방)에 대한 정보를 입력하였다면, 보통예금 잔액 1억원의 구성내역(은행, 계좌번호, 잔액 등)을 쉽게 파악할 수 있을 것이다. 이처럼 계정과목 잔액에 대한 거래처(거래상대방)별 잔액을 나타내어주는 원장을 통상 "거래처원장"이라고 하며 양식은 다음과 같다.

계정과목명

거래처	전기이월	차 변	대 변	잔 액

3. 당좌예금

(1) 의 의

① 당좌예금

당좌예금이란 보통예금과 같은 요구불예금으로 현금의 보관이나 출납의 번거로움과 위험성을 피하기 위해 이용된다. 다만, 보통예금과 달리 잔액한도 내에서 당좌수표나 어음을 발행할 수 있어 개설하는 데 특별한 계약이 필요하며, 잔액이 아무리 많아도 이자가 없다.

② 당좌차월

당좌예금 잔액을 초과하여 발행한 수표나 어음은 부도수표나 부도어음이 되기 때문에 당좌거래를 하는 기업에서는 일반적으로 은행과 당좌차월계약을 한다. 당좌차월계약이란 은행이 당좌예금 거래처에 대하여 당좌예금잔액 이상으로 발행된 수표나 어음에 대해서도 일정한도까지 지불하여 주는 제도로 당좌예금잔액 이상으로 발행한 수표에 대해서도 지불을 받을 수 있는 장점이 있다. 이러한 경우 유가증권이나 정기예금 등을 근담보로 하는 것이 통상이다.

(2) 회계처리

① 당좌예금의 입금

당좌수표나 어음을 결제하기 위한 당좌예금의 입금은 자산의 증가이므로 분개시 차변에 기록한다. 다만, 대변에 당좌차월잔액이 있는 경우 해당액을 우선 차감하고 초과하는 금액을 차변에 당좌예금으로 회계처리한다.

이때, 당좌예금은 현금및현금성자산, 당좌차월은 금융부채로 분류한다.

(차) 당좌예금	×××	(대) 보통예금	×××
당좌차월	×××		

② 당좌예금의 출금

당좌수표를 발행하거나 어음이 만기결제되어 당좌예금에서 출금이 이루어지는 경우 자산의 감소이므로 분개시 대변에 기록한다. 다만, 당좌예금 잔액보다 큰 금액이 결제될 경우 해당액을 우선 차감하고 초과하는 금액을 대변에 당좌차월로 회계처리한다.

(차) 지급어음(또는 미지급금)	×××	(대) 당좌예금	×××
제계정	×××	당좌차월	×××

분개예제 4

1. 지급어음 2억원을 결제하기 위해 당좌예금에 1억 8,000만원을 입금하다. 다만, 입금시 당좌차월 잔액이 3,000만원이 있다.

(차) 당좌차월	30,000,000	(대) 보통예금	180,000,000
당좌예금	150,000,000		

2. 지급어음 2억원이 만기일이 되어 당좌예금에서 결제되다. 다만, 결제시 당좌예금 잔액은 1억 5,000만원이며, 당좌차월계약 한도는 5억원이다.

(차) 지급어음	200,000,000	(대) 당좌예금	150,000,000
		당좌차월	50,000,000

---

(3) 기타사항

① 서로 다른 은행의 당좌예금 잔액과 당좌차월 잔액 상계 여부

결산시점에서 서로 다른 은행의 당좌예금 잔액과 당좌차월 잔액은 총액주의에 따라 서로 상계해선 안된다. 즉, 각각 자산과 부채로 표시하여야 한다.

② 결산시 당좌예금 잔액이 대변 잔액인 경우

상기 '(2)'와 같이 회계처리하는 경우 결산시점에서 각각의 당좌계좌의 계정별원장은 '당좌예금' 계정과목의 차변잔액 또는 '당좌차월' 계정과목의 대변잔액이여야 한다. 만약 결산시점에서 '당좌예금' 계정과목으로 하여 잔액이 대변이라면, 이는 기중에 당좌예금의 증가감소를 상기 '(2)'와 달리 모두 '당좌예금' 계정과목만을 사용하여 회계처리하였기 때문이다. 이 경우 상기 '①'에서 언급한 바와 같이 총액주의에 따라 다른 당좌계좌의 차변잔액과 서로 상계하지 않아야 하므로 반드시 다음과 같이 "당좌예금"에서 "당좌차월"의 계정과목으로 대체하는 다음의 결산수정분개를 하여야 한다.

(차) 당좌예금 ×××   (대) 당좌차월 ×××

사례 2 당좌예금

1. 자료

12/31 각 은행별 당좌예금 원장 잔액은 다음과 같다.

A은행	B은행	C은행
차변잔액 8,000,000	대변잔액 5,000,000	차변잔액 7,000,000

2. 결산수정분개

B은행 당좌예금 원장 잔액이 대변잔액이므로 이를 당좌차월의 계정과목으로 대체하는 다음의 결산수정분개를 한다.

(차) 당좌예금 5,000,000   (대) 당좌차월 5,000,000

3. 부분재무상태표

총액주의에 따라 당좌예금과 당좌차월을 상계하지 않고 각각 자산과 부채로 표시한다. 사례의 경우 부분재무상태표를 작성하여 보면 다음과 같다.

유동자산
  당좌예금   15,000,000

유동부채
  당좌차월   5,000,000

제1절 _ 현금 및 제예금

> **KEY POINT**
>
> **당좌수표나 어음의 발행시 회계처리**
>
> 1. 당좌수표 발행시
>   당좌수표를 발행할 경우 수표는 일람출급 성격의 유가증권이므로 발행금액을 당좌예금에서 차감하되 초과금액은 당좌차월로 회계처리한다.
>
>   (차) 제계정   ×××   (대) 당좌예금   ×××
>   당좌차월   ×××
>
>   한편, 은행은 수표소지인이 지급제시를 할 경우 회사의 당좌예금에서 해당 금액을 차감하는 바, 회사의 당좌예금 원장잔액과 은행의 당좌예금 잔액이 서로 일치하지 않을 수도 있게 된다. 이 경우 "은행계정조정표"를 작성하여 정확한 회사의 당좌예금 잔액을 산출하여야 하며 필요한 경우 회사 원장잔액을 수정하는 적절한 수정분개를 하기도 한다.
>
> 2. 어음 발행시
>   어음은 어음소지인이 만기일에 지급제시를 하여야 발행인이 지급을 하는바 어음을 발행하는 경우 해당 금액을 성격에 따라 지급어음 또는 미지급금으로 회계처리한다.
>
>   (차) 제계정   ×××   (대) 지급어음   ×××
>   또는 미지급금
>
>   해당 지급어음과 미지급금 금액은 어음 만기일에 당좌예금에서 차감된다.

4. 정기예금

(1) 의 의

정기예금이란 일정 금액을 은행에 예치하며, 일정 기간 환급을 요구하지 않을 것을 약정하고 은행은 이에 대하여 일정 이율의 이자를 지급할 것을 약속하고 증서 또는 통장을 발급하는 저축성예금을 말한다.

(2) 회계처리

① 기중의 회계처리

㉠ 정기예금의 예치

정기예금의 예치는 자산의 증가이므로 분개시 차변에 기록한다. 이때, 정기예금의 예치일로부터 만기일까지의 기간이 1년 이내인 정기예금은 유동자산으로, 1년을 초과하는 정기예금은 비유동자산으로 분류된다.

ⓒ 정기예금의 회수

정기예금의 회수는 자산의 감소이므로 분개시 대변에 기록한다.

ⓒ 정기예금 이자 수취시

정기예금 이자를 수취할 경우 이자 전액을 지급받지 못하고 일부를 법인세와 법인지방소득세로 원천징수 및 특별징수 당하게 된다. 이때, 다음과 같이 회계처리 한다.

(차)	현금 등[주1]	×××	(대)	이자수익[주3]	×××
	선급법인세[주2]	×××			

주1) 순현금유입액
주2) 이자에 대해 원천징수 및 특별징수당한 법인세와 법인지방소득세
주3) 대차차액. 총이자수익액

분개예제 5

1. 보통예금에서 1억원을 인출하여 정기예금에 가입하다.

   (차) 정기예금   100,000,000   (대) 보통예금   100,000,000

2. 정기예금 1억원의 만기가 도래하여 예금이자 1,000만원에 대한 법인세와 법인지방소득세 154만원을 차감한 1억846만원이 보통예금으로 입금되다.

   (차) 보통예금   108,460,000   (대) 정기예금   100,000,000
       선급법인세   1,540,000   이자수익   10,000,000

② 결산수정분개

ⓐ 정기예금 유동성대체

비유동자산으로 분류되었던 정기예금의 만기가 재무상태표일로부터 1년 이내로 도래하는 경우 유동자산으로 대체하는 다음의 결산수정분개를 한다.

(차) 정기예금   ×××   (대) 정기예금   ×××
    (유동자산)   (비유동자산)

ⓑ 정기예금 미수이자

발생주의에 따라 정기예금 예치일로부터 재무상태표일까지의 정기예금 누적이자 발생분을 이자수익과 미수수익으로 인식하는 다음의 결산수정분개를 한다.

제1절_ 현금 및 제예금

(차) 미수수익 ×××　　(대) 이자수익 ×××

이때, 정기예금 미수이자는 다음과 같이 계산하며, 산식에 의한 미수이자는 정기예금 최초 예치일로부터 재무상태표일까지의 누적 미수이자임에 유의하기 바란다.

$$\text{미수이자} = \frac{\text{정기예금}}{\text{예치금액}} \times \frac{\text{정기예금}}{\text{연이자율}} \times \frac{\text{예치일수}}{365(366)}$$

③ 기초재수정분개

전기말 결산시 발생주의에 따라 인식한 미수이자는 당기초에 다음과 같이 기초재수정분개를 하여 회계연도 중 이자수취시 현금주의로 회계처리 할 수 있도록 한다.

(차) 미수수익 (−)×××　　(대) 이자수익 (−)×××

또는

(차) 이자수익 ×××　　(대) 미수수익 ×××

분개예제 6

1. 비유동자산으로 분류된 정기예금 1억원의 만기가 1년 이내로 도래하다.

    (차) 정기예금　　　　100,000,000　　(대) 정기예금　　　　100,000,000
    　　　(유동자산)　　　　　　　　　　　　　　(비유동자산)

2. 12/31 정기예금에 대하여 미수이자 500만원을 인식하다.

    (차) 미수수익　　　　5,000,000　　(대) 이자수익　　　　5,000,000

3. 1/1 전기말 인식한 미수이자 500만원에 대해 기초재수정분개 하다.

    (차) 미수수익　　　　(−)5,000,000　　(대) 이자수익　　　　(−)5,000,000

사례 3 정기예금

1. 자료
   (1) 20×1.7.1. 만기 1년의 정기예금 1억원 불입하다.
   (2) 정기예금 이자율은 연 4%이며, 이자는 만기에 수취한다.
   (3) 결산일은 매년 12월 31일이며, 이자에 대한 원천징수세율과 특별징수세율은 각각 14%와 10%로 가정한다.

2. 각 시점별 회계처리
   (1) 20×1.7.1.
   예치한 정기예금을 유동자산으로 회계처리한다.

(차) 정기예금	100,000,000	(대) 보통예금	100,000,000

   (2) 20×1.12.31.
   발생주의에 따라 예치일(7.1.)로부터 결산일(12.31.)까지 발생한 정기예금 이자를 각각 이자수익 및 미수수익으로 계상한다.

(차) 미수수익	2,016,438[주1]	(대) 이자수익	2,016,438

   주1) 1억 × 4% × 184/365 = 2,016,438

   (3) 20×2.1.1.
   전기말 발생주의에 따라 인식한 미수수익을 재수정분개한다. 이는 이자수익을 현금주의에 따라 인식함으로써 기중의 회계처리를 보다 간편하게 하기 위함이다.

(차) 미수수익	(−)2,016,438	(대) 이자수익	(−)2,016,438

   (4) 20×2.6.30.
   정기예금이자 400만원 중 원천징수되는 법인세와 특별징수되는 법인지방소득세는 "선급법인세"의 계정과목으로 하여 기타채권으로 분류한다. 이때, 정기예금 이자와 관련하여 수취한 순현금유입액만을 이자수익으로 처리하면 안됨에 유의한다.

(차) 보통예금	3,384,000	(대) 이자수익	4,000,000
선급법인세	616,000[주2]		
(차) 보통예금	100,000,000	(대) 정기예금	100,000,000

   주2) 1억 × 4% × 14% × 1.1 = 616,000

5. 정기적금

(1) 의 의
정기적금이란 은행과 일정기간마다 일정액을 불입하여 기간 만료 후에 불입액과 이에 대한 이자를 지급받기로 약정한 예금제도를 말한다.

(2) 회계처리
① 기중의 회계처리
　㉠ 정기적금 불입시
　　정기적금의 불입은 자산의 증가이므로 분개시 차변에 기록한다. 이때, 대부분의 정기적금은 만기가 1년 이상이므로 비유동자산으로 분류된다.
　㉡ 정기적금 회수시
　　정기적금의 회수는 자산의 감소이므로 분개시 대변에 기록한다.
　㉢ 정기적금 이자 수취시
　　정기적금 이자를 수취할 경우 이자 전액을 지급받지 못하고 일부를 법인세와 법인지방소득세로 원천징수 및 특별징수 당하게 된다. 이때, 다음과 같이 회계처리 한다.

(차) 현금 등[주1]	×××	(대) 이자수익[주3]	×××
선급법인세[주2]	×××		

주1) 순현금유입액
주2) 이자에 대해 원천징수 및 특별징수당한 법인세와 법인지방소득세
주3) 대차차액. 총이자수익액

분개예제 7

1. 보통예금에서 만기 3년의 정기적금 불입액 100만원이 자동이체되다.

　(차) 정기적금　　　　1,000,000　　(대) 보통예금　　　　1,000,000

2. 정기적금 만기가 도래하여 원금 3,600만원과 이자 400만원 중 법인세와 법인지방소득세 616천원이 차감된 금액이 보통예금으로 입금되다.

　(차) 보통예금　　　　39,384,000　　(대) 정기적금　　　　36,000,000
　　　선급법인세　　　　　616,000　　　　이자수익　　　　　4,000,000

② 결산수정분개

　㉠ 정기적금 유동성대체

　　비유동자산으로 분류되었던 정기적금의 만기가 재무상태표일로부터 1년 이내로 도래하는 경우 유동자산으로 대체하는 다음의 결산수정분개를 한다.

　　(차) 정기적금　　　　　　　×××　　(대) 정기적금　　　　　　　×××
　　　　(유동자산)　　　　　　　　　　　　　(비유동자산)

　㉡ 정기적금 미수이자

　　발생주의에 따라 정기적금 최초 불입일로부터 재무상태표일까지의 정기적금 누적이자 발생분을 이자수익과 미수수익으로 인식하는 다음의 결산수정분개를 한다.

　　(차) 미수수익　　　　　×××　　(대) 이자수익　　　　　×××

　　이때, 미수이자는 유효이자율법에 따라 정확히 산출할 수도 있으나, 대부분의 경우 다음과 같이 간편법에 따라 계산하며, 산식에 의한 미수이자는 정기적금 최초 불입일로부터 재무상태표일까지의 누적 미수이자임에 유의하기 바란다.

$$\text{미수이자} = \left(\text{만기시 지급받는 금액} - \sum \text{만기까지 불입할 원금}\right) \times \frac{\text{누적실불입횟수} \times (\text{누적실불입횟수}+1)}{\text{만기불입횟수} \times (\text{만기불입횟수}+1)}$$

③ 기초재수정분개

　전기말 결산시 발생주의에 따라 인식한 미수이자는 당기초에 다음과 같이 기초재수정분개를 하여 회계연도 중 이자수취시 현금주의로 회계처리 할 수 있도록 한다.

　(차) 미수수익　　　　　(-)×××　　(대) 이자수익　　　　　(-)×××

> **KEY POINT**
>
> **정기적금의 회계처리**
> 　정기적금의 회계처리를 정기예금의 회계처리와 비교하여 보면, 결산시점에서 인식하는 기간 경과분 미수수익 금액 산식을 제외하고는 동일함을 알 수 있다.

사례 4 정기적금

1. 자료
    (1) 20×1.1.1. 만기 3년의 정기적금 가입
    (2) 매월초 100만원 불입, 만기시 4,000만원 지급받음
    (3) 20×1년 12회 불입, 20×2년 11회 불입
    (4) 원천징수세율과 특별징수세율은 각각 14%와 10% 가정
    (5) 결산일은 매년 12월 31일이며, 미수이자는 간편법으로 인식

2. 각 시점별 회계처리
    (1) 20×1년
        ① 정기적금 불입시(총 12회)
        정기적금의 만기가 3년이므로 불입액을 정기적금의 계정과목으로 하여 비유동자산으로 분류한다.

        (차) 정기적금   1,000,000   (대) 보통예금   1,000,000
            (비유동자산)

        ② 12.31.
        발생주의에 따라 당기 불입한 정기적금에 대한 이자 발생분을 이자수익 및 미수수익으로 회계처리한다.

        (차) 미수수익   468,468$^{주1)}$ (대) 이자수익   468,468

        주1) $(40,000,000 - 1,000,000 \times 36) \times (12 \times 13)/(36 \times 37) = 468,468$

    (2) 20×2년
        ① 1.1.
        전기말 발생주의에 따라 인식한 미수수익을 재수정분개한다.

        (차) 미수수익   (-)468,468   (대) 이자수익   (-)468,468

        ② 정기적금 불입시(총 11회)

        (차) 정기적금   1,000,000   (대) 보통예금   1,000,000
            (비유동자산)

        ③ 12.31.
        발생주의에 따라 당기 불입한 정기적금에 대한 누적이자 발생분을 이자수익 및 미수수익으로 회계처리한다. 또한, 정기적금의 만기가 결산일로부터 1년 이내로 도래한바 유동자산으로 유동성대체한다.

        (차) 미수수익   1,657,657$^{주2)}$ (대) 이자수익   1,657,657

        주2) $(40,000,000 - 1,000,000 \times 36) \times (23 \times 24)/(36 \times 37) = 1,657,657$

(차)	정기적금 (유동자산)	23,000,000	(대)	정기적금 (비유동자산)	23,000,000

(3) 20×3년

① 1.1.
전기말 발생주의에 따라 인식한 미수수익을 재수정분개하여, 기중 회계처리가 현금주의에 따라 이루어질 수 있도록 한다.

(차)	미수수익	(−)1,657,657	(대)	이자수익	(−)1,657,657

② 정기적금 불입시(총 13회)

(차)	정기적금 (유동자산)	1,000,000	(대)	보통예금	1,000,000

③ 12.31.
정기적금이자 400만원 중 원천징수되는 법인세와 특별징수되는 법인지방소득세는 "선급법인세"의 계정과목으로 하여 유동자산으로 회계처리한다. 이때, 정기적금 이자와 관련하여 수취한 순현금유입액만을 이자수익으로 처리하면 안됨에 유의한다.

(차)	보통예금	39,384,000	(대)	정기적금	36,000,000
	선급법인세	616,000[주3]		이자수익	4,000,000

주3) 4,000,000 × 14% × 1.1 = 616,000

사례 5 유효이자율법에 의한 정기적금 미수이자

1. 자료

〈사례 4〉와 동일. 다만, 20×2년에 정상적으로 12회 모두 불입하다.

2. 유효이자율과 유효이자율법에 의한 상각표

〈사례 4〉에 주어진 정기적금에 대해 '제1장 제3절' 〈사례 14〉와 같은 방법으로 엑셀을 이용하여 유효이자율법에 의한 상각표를 작성하여 보면 다음과 같으며, 유효이자율은 약 6.9581%이다.

불입회차	불입일자	유효이자[주1]	매월 불입액	장부금액[주2]
1	20×1-01-01	−	1,000,000	1,000,000
2	20×1-02-01	5,729	1,000,000	2,005,729
3	20×1-03-01	10,377	1,000,000	3,016,106
4	20×1-04-01	17,281	1,000,000	4,033,387

5	20×1-05-01	22,362	1,000,000	5,055,749
6	20×1-06-01	28,967	1,000,000	6,084,716
7	20×1-07-01	33,735	1,000,000	7,118,451
8	20×1-08-01	40,785	1,000,000	8,159,236
9	20×1-09-01	46,748	1,000,000	9,205,984
10	20×1-10-01	51,039	1,000,000	10,257,023
11	20×1-11-01	58,767	1,000,000	11,315,790
12	20×1-12-01	62,736	1,000,000	12,378,526
13	20×2-01-01	70,922	1,000,000	13,449,448
14	20×2-02-01	77,058	1,000,000	14,526,506
15	20×2-03-01	75,154	1,000,000	15,601,660
16	20×2-04-01	89,389	1,000,000	16,691,049
17	20×2-05-01	92,538	1,000,000	17,783,587
18	20×2-06-01	101,891	1,000,000	18,885,478
19	20×2-07-01	104,704	1,000,000	19,990,182
20	20×2-08-01	114,533	1,000,000	21,104,715
21	20×2-09-01	120,919	1,000,000	22,225,634
22	20×2-10-01	123,222	1,000,000	23,348,856
23	20×2-11-01	133,777	1,000,000	24,482,633
24	20×2-12-01	135,735	1,000,000	25,618,368
25	20×3-01-01	146,780	1,000,000	26,765,148
26	20×3-02-01	153,350	1,000,000	27,918,498
27	20×3-03-01	144,439	1,000,000	29,062,937
28	20×3-04-01	166,515	1,000,000	30,229,452
29	20×3-05-01	167,596	1,000,000	31,397,048
30	20×3-06-01	179,889	1,000,000	32,576,937
31	20×3-07-01	180,611	1,000,000	33,757,548
32	20×3-08-01	193,413	1,000,000	34,950,961
33	20×3-09-01	200,251	1,000,000	36,151,212
34	20×3-10-01	200,427	1,000,000	37,351,639
35	20×3-11-01	214,005	1,000,000	38,565,644
36	20×3-12-01	213,813	1,000,000	39,779,457
37	20×3-12-31	220,543		40,000,000

주1) 유효이자 = 장부금액 × 유효이자율 × 경과일수/365(366)
주2) 장부금액 = 유효이자 + 매월 불입액

3. 유효이자율법에 의한 정기적금 미수이자

상기 2.에 의한 상각표에 따른 정기적금의 20×1년 미수이자와 20×2년 미수이자는 다음과 같다.

구분	정기적금 기말 장부금액	정기적금 불입누계액	미수이자
20×1년	12,449,448	12,000,000	449,448
20×2년	25,765,148	24,000,000	1,765,148

제 2 절

매출과 매입

이 절에서는 매출과 매입에 관련된 다음 회계처리를 살펴보기로 한다.
① 부가가치세 회계처리
② 상기업 또는 제조기업 매출의 기본적 회계처리
③ 상기업 또는 제조기업 매입의 기본적 회계처리
④ 매출과 매입 수정에 대한 회계처리
⑤ 용역제공 기업 수익인식에 대한 회계처리

1. 부가가치세

(1) 의 의

상품(또는 원재료) 등의 재화나 용역을 공급할 경우 공급하는 사업자는 물품대(공급가액)의 10%에 해당하는 부가가치세를 공급받는 자에게 거래징수하여 국가에 납부하고 공급시기에 거래증빙으로 세금계산서(또는 영수증)을 발급하여야 한다. 이때, 공급하는 사업자가 공급받는 자로부터 거래징수한 부가가치세를 "매출세액", 공급받는 자가 부담한 부가가치세를 "매입세액"이라 한다.

매출세액은 거래징수여부 및 세금계산서(또는 영수증) 발행여부와 관계없이 반드시 국가에 납부하여야 하며, 매입세액은 거래징수여부와 상관없이 적법한 세금계산서를 수취한 경우 등 법소정의 경우에만 국가로부터 돌려받을 수 있다.

부가가치세 구조

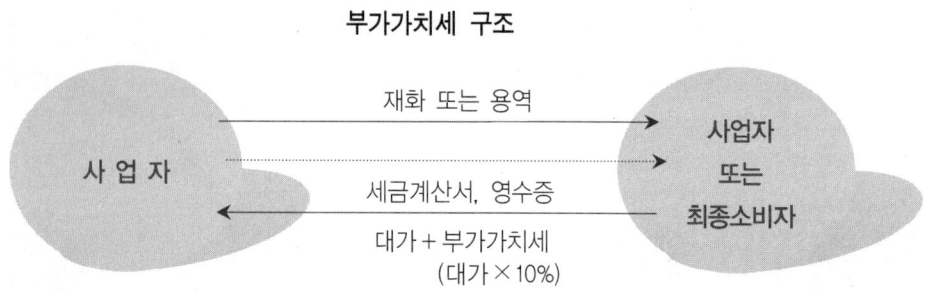

> **KEY POINT**
>
> **부가가치세법상 공급시기**
>
> "공급시기"란 재화나 용역의 거래시기로 재화나 용역을 공급하는 사업자가 재화나 용역을 공급함에 따라 세금계산서를 발급해야 하는 시점을 말한다. 즉, 세금계산서 기재사항 중 "작성연월일"란에 기재되는 일자를 의미하며, 다음과 같다.
>
> 1. 원칙
>   (1) 재화
>   이동이 필요한 재화는 "재화가 인도되는 때"가 공급시기이며, 이동이 필요없는 재화는 "재화가 이용가능하게 되는 때"이다. 이때, "이용가능하게 되는 때"라 함은 잔금청산일, 소유권이전등기일, 사용수익일 중 빠른날을 의미한다.
>   (2) 용역
>   용역은 역무가 제공되거나 재화나 시설물, 권리 등 재화가 사용되는 때, 즉 "역무의 제공이 완료되는 때"이다.
>
> 2. 장기할부·완성도기준·중간지급조건부 거래의 경우
>   재화나 용역을 장기할부·완성도기준·중간지급조건부로 거래하는 경우에는 계약에 따라 "대가의 각 부분을 받기로 한때"가 공급시기가 된다. 이때, 장기할부 등은 다음을 의미한다.
>   (1) 장기할부판매
>   월부·연부 또는 그 밖의 할부방법에 의해 2회 이상으로 대가를 분할하여 받는 것으로 재화의 인도일 또는 해당 용역 제공이 완료되는 날의 다음날부터 최종할부금 지급기일까지의 기간이 1년 이상인 것을 말한다.
>   (2) 완성도기준지급판매
>   기성고에 따라 대가를 지급하기로 한 것을 말한다.
>   (3) 중간지급조건부판매
>   재화 인도 또는 용역제공 완료 이전에 계약금 이외의 대가를 분할하여 지급하고, 계약금을 지급하기로 한 날의 다음날로부터 재화를 인도하는 날(재화를 이용가능하게 하는 날) 또는 해당 용역의 제공을 완료하는 날까지의 기간이 6월 이상인 것을 말한다.

(2) 회계처리

① 매출세액 발생시점

부가가치세 매출세액은 공급받는 자로부터 징수하여 국가에 납부하는 것이므로 공급하는 사업자가 일시 예수하는 부채라 볼 수 있다. 따라서, "부가세예수금"(또는 "예수부가세", "매출부가세" 등)의 계정으로 처리하여, 기타채무로 분류한다.

부가가치세	회계처리			
수 취	(차) 보통예금	×××	(대) 부가세예수금[주]	×××
미수취	(차) 외상매출금 등	×××	(대) 부가세예수금[주]	×××

주) 세금계산서 발급여부를 불문하고 공급받는 자로부터 받는(또는 받을) 총 대가에서 부가가치세 해당금액은 부가가치세예수금으로 처리하여야 함에 유의한다.

② 매입세액 발생시점

부가가치세 매입세액은 공급받는 자가 거래시 부담한 부가가치세로 원칙적으로 국가로부터 돌려받을 수 있으므로 자산이라 할 수 있다. 따라서, "부가세대급금"(또는 "선급부가세", "매입부가세" 등)의 계정으로 처리하여, 기타채권으로 분류한다.

다만, 세금계산서를 수취하지 못하는 등 법 소정 사유[24]에 해당할 경우에는 국가로부터 돌려받지 못하므로 상품 등 자산의 취득부대비용으로 보아 취득원가로 회계처리하거나, 관련 비용계정에 포함하여 회계처리 한다.

매입세액	회계처리			
공 제	(차) 부가세대급금	×××	(대) 보통예금 또는 외상매입금 등	×××
불공제	(차) ××자산 또는 ××비용	×××	(대) 보통예금 또는 외상매입금 등	×××

---

24) 다음의 사유에 해당될 경우 매입세액을 국가로부터 돌려받지 못한다. 이를 '매입세액불공제'라 한다.
 1. 매입처별세금계산서합계표 미제출·거래처별 등록번호 및 공급가액 기재불성실·사실과 다른 기재분
 2. 세금계산서 미수취·필요적 기재사항 불실기재 및 사실과 다른 기재분
 3. 업무무관지출에 대한 매입세액
 4. 비영업용소형승용자동차의 구입, 임차 및 유지에 대한 매입세액
 5. 접대비 관련 매입세액
 6. 면세사업 관련 매입세액
 7. 토지 관련 매입세액
 8. 등록 전 매입세액

부가가치세 회계처리

구 분		회계처리
매출세액		부가세예수금 처리
매입세액	공제	부가세대급금 처리
	불공제	관련 자산 또는 비용처리

③ 결산시점

결산시점에서는 부가세예수금과 부가세대급금을 서로 상계하여 재무상태표를 작성한다. 이를 위해 다음과 같이 회계처리한다.

구 분	회계처리					
예수금 > 대급금	(차)	부가세예수금	×××	(대)	부가세대급금 미지급금	××× ×××
예수금 < 대급금	(차)	부가세예수금 미수금	××× ×××	(대)	부가세대급금	×××

④ 부가가치세 신고 및 납부(환급)시점

부가가치세를 신고할 때에는 매출세액을 모두 납부하고 세금계산서 수취분 매입세액을 돌려받는 것이 아니라, 그 차액만을 납부 또는 환급받게 된다. 즉, 부가세예수금(매출세액)이 부가세대급금(매입세액)을 초과하는 경우에는 신고와 동시에 납부하며, 반대의 경우에는 차액을 확정신고일로부터 30일(조기환급대상에 해당되는 경우에는 조기·예정·확정신고일로부터 15일)내에 환급받게 된다.

따라서, 12월 결산법인의 부가가치세 신고 및 납부(환급) 회계처리는 다음과 같다.

㉠ 1기 예정·확정신고분, 2기 예정신고분 신고 및 납부시점

구 분	회계처리					
예수금 > 대급금	(차)	부가세예수금	×××	(대)	부가세대급금 보통예금	××× ×××
예수금 < 대급금	(차)	부가세예수금 미수금	××× ×××	(대)	부가세대급금	×××

㉡ 2기 확정 신고분 신고 및 납부시점

구 분	회계처리					
납 부	(차)	미지급금	×××	(대)	보통예금	×××

ⓒ 부가가치세 환급시점

구 분	회계처리
환 급	(차) 보통예금 ××× (대) 미수금 ×××

사례 6 부가가치세

1. 자료

   (1) 1기 확정기간 내에 발생한 부가가치세 과세대상 재화 甲의 흐름은 다음과 같다.

	제조업자(A)	→ 도매업자(B)	→ 소매업자(C)
매 출 액	1,000	1,200	1,500
매 입 액	–	1,000	1,200
부가가치	1,000	200	300
매출세액	100	120	150
매입세액	–	100	120
납부세액	100	20	30

   (2) 모든 사업자는 부가가치세법에 따라 적법하게 세금계산서를 발급·수취하다.
   (3) 모든 거래는 현금으로 이루어지며, 각 사업자의 결산일은 12.31.이다.

2. 도매업자(B)의 각 시점별 회계처리

   (1) 매입시점

   상품을 매입하고 거래상대방(A)에게 지급한 총대가 1,100 중 세금계산서를 수취한 부가가치세 매입세액 100은 "부가세대급금"의 계정과목으로 하여 기타채권으로 회계처리한다.

(차) 상품	1,000	(대) 현금	1,100
부가세대급금	100		

   (2) 매출시점

   상품을 매출하여 받은 총대가 1,320 중 거래상대방(C)로부터 징수한 부가가치세 매출세액 120은 "부가세예수금"의 계정과목으로 하여 기타채무로 회계처리한다.

(차) 현금	1,320	(대) 매출	1,200
		부가세예수금	120

(3) 부가가치세 납부시점

부가가치세 납부시점에서는 부가세예수금과 부가세대급금을 상계한다.

(차) 부가세예수금　　　　　　120　　(대) 부가세대급금　　　　　　100
　　　　　　　　　　　　　　　　　　　　현금　　　　　　　　　　　　20

2. 상기업 또는 제조기업 매출

(1) 수익인식

① 수익인식시점

고객에게 약속한 재화나 용역, 즉 자산을 이전하여 수행의무를 이행할 때 수익을 인식한다. 이때 자산은 고객이 그 자산을 통제할 때 이전되는데, 통제란 자산을 사용하도록 지시하고 자산의 나머지 효익의 대부분을 획득할 수 있는 능력을 말하며, 자산의 효익은 다음과 같은 다양한 방법으로 직접적으로나 간접적으로 획득할 수 있는 잠재적인 현금흐름이다.

㉠ 재화를 생산하거나 용역을 제공하기 위한 자산의 사용

㉡ 다른 자산의 가치를 높이기 위한 자산의 사용

㉢ 부채를 결제하거나 비용을 줄이기 위한 자산의 사용

㉣ 자산의 매각, 교환 또는 보유

㉤ 차입금을 보증하기 위한 자산의 담보 제공

일반적으로 상품(또는 제품)을 판매하는 경우 수익인식시점은 인도시점이 된다. 이러한 이유로 상품(또는 제품)의 수익인식기준을 "판매기준" 또는 "인도기준"이라 한다.

이때 유의할 점은 수익인식시점과 상품(또는 제품)의 판매대금 수령시점과는 무관하다는 것이다. 즉, 판매 전에 미리 대가를 수령하거나 판매 후에 대가를 수령하더라도 수익인식시점은 동일하다는 것이다.

KEY POINT

상기업, 제조기업의 수익인식기준

　실현주의, 판매기준, 인도기준

② 수익의 측정

수익은 할인, 리베이트, 환불, 공제, 가격할인, 장려금, 성과보너스, 위약금 등을 고려하여 받았거나 받을 대가의 공정가치로 측정하고, 부가가치세와 같이 제3자를 대신하여 받는 금액(판매세, 특정재화나 용역과 관련된 세금 등)이나 대리관계에서 본인(위임자)을 대신하여 대리인인 기업이 받는 금액 등은 수익으로 보지 아니한다.[25] 대부분의 경우 판매대가는 현금이나 현금성자산의 형태이므로 수익은 받았거나 받을 현금이나 현금성자산의 금액이 된다. 그러나 거래가격에 유의적인 금융요소가 포함된 경우 수익은 미래 총수취액(명목금액)을 유효이자율로 할인한 현재가치로 한다. 이때 유효이자율은 다음 순서로 적용하며, 현재가치와 명목금액의 차이는 유효이자율법에 따라 이자수익으로 인식한다.

㉠ 계약 개시시점에 기업과 고객이 별도 금융거래를 한다면 반영하게 될 할인율
㉡ 명목금액의 현재가치를 제공하는 재화나 용역의 현금판매금액과 일치시키는 할인율

(2) 회계처리

1) 판매시점에서 대가를 수령하는 경우

상품(또는 제품)을 판매하면 판매대가를 "매출"의 수익계정으로 처리한다. 즉, 분개시 판매대가 수령액은 차변에, 매출은 대변에 기록한다.

(차) 보통예금 등	×××	(대) 매출	×××
		부가세예수금	×××

분개예제 8

---

1. 제품을 현금 110만원(부가가치세 포함)에 판매하고, 세금계산서를 발급하다.

(차) 현금	1,100,000	(대) 매출	1,000,000
		부가세예수금	100,000

---

[25] 다만, 대리인인 기업이 본인(위임자)에게 받는 수수료 금액은 수익이다.

2) 판매시점 전에 대가를 수령한 경우

상품(또는 제품) 판매 전에 매입처로부터 대가를 수령한 경우 상품(또는 제품)을 판매하기 이전이므로 수익을 인식하지 않고 수령한 대가만큼 상품(또는 제품)을 인도할 "의무"가 발생된 것이므로 이를 "선수금"의 부채계정으로 처리한다. "선수금"은 상품(또는 제품)을 인도하는 시점에서 "매출"로 대체시킨다.

구 분	회계처리				
대가수취	(차)	보통예금 등	×××	(대) 선수금 부가세예수금	××× ×××
상품인도	(차)	선수금	×××	(대) 매 출	×××

주) 상기 회계처리는 선수금 수령시점(공급시기 이전시점)에 세금계산서를 발급하는 경우이며, 상품 인도시점(공급시기)에 세금계산서를 발급하는 경우에는 다음과 같이 회계처리한다.

구 분	회계처리				
대가수취	(차)	보통예금 등	×××	(대) 선수금	×××
상품인도	(차)	선수금	×××	(대) 매출 부가세예수금	××× ×××

분개예제 9

1. 제품 매각대금으로 110만원(부가가치세 포함)을 현금으로 선수하고, 세금계산서를 발급하다.

   (차) 현금　　　　　　　　1,100,000　　(대) 선수금　　　　　　　1,000,000
   　　　　　　　　　　　　　　　　　　　　　　부가세예수금　　　　　100,000

2. 상기 '1.'의 제품을 인도하다.

   (차) 선수금　　　　　　　1,000,000　　(대) 매출　　　　　　　　1,000,000

3. 제품 매각대금으로 110만원(부가가치세 포함)을 현금으로 선수하다.

   (차) 현금　　　　　　　　1,100,000　　(대) 선수금　　　　　　　1,100,000

4. 상기 '3.'의 제품을 인도하고, 세금계산서를 발급하다.

   (차) 선수금　　　　　　　1,100,000　　(대) 매출　　　　　　　　1,000,000
   　　　　　　　　　　　　　　　　　　　　　　부가세예수금　　　　　100,000

3) 판매시점 후에 대가를 수령하기로 하는 경우

상품(또는 제품) 판매 후에 대가를 수령하기로 한 경우에도 상품(또는 제품) 판매시점에서 수익을 인식하며, 해당 수익금액은 상품(또는 제품) 판매시점에서 받았거나 받을 대가(이하 "명목금액"이라 한다)의 공정가치(유의적인 금융요소가 포함된 경우 유효이자율로 할인한 현재가치)로 한다.

이때 수령하기로 한 명목금액을 신용판매의 경우 "(장기)외상매출금"의 계정과목으로, 어음을 수취한 경우 "(장기)받을어음"의 계정과목으로 하여 매출채권으로 분류한다. 그리고 명목금액과 수익금액(현재가치)과의 차이[26]는 "현재가치할인차금"의 계정과목으로 하여 해당 채권의 차감항목으로 계상한 후 유효이자율법에 따라 상각하여 이자수익으로 대체한다.

① 외상판매 또는 단기할부판매

구 분	회계처리					
판매시점	(차)	외상매출금 받을어음	××× ×××	(대)	매출 현재가치할인차금 (자산(−))[주1] 부가세예수금[주2]	××× ××× ×××
회수시점	(차)	보통예금	×××	(대)	외상매출금 받을어음	××× ×××
결산시점	(차)	현재가치할인차금 (자산(−))	×××	(대)	이자수익	×××[주3]

주1) 외상매출금과 받을어음 계정과목의 차감항목임을 의미한다.
주2) 할부이자 등을 포함한 판매대가 총액을 과세표준으로 한다.
주3) 명목금액과 현재가치 차액인 현재가치할인차금 중 유효이자율법에 따라 상각된 이자수익을 말한다.

---

26) '현재가치할인차금'의 계정과목을 사용하지 않고 해당금액을 직접 채권금액에서 차감하는 순액법 회계처리도 가능하다(이하 동일하다).

② 장기외상(할부)판매

구 분	회계처리			
판매시점	(차) 장기외상매출금 　　　장기받을어음	××× ×××	(대) 매출 　　　현재가치할인차금 　　　(자산(-))	××× ×××
회수(결제) 시점	(차) 보통예금	×××	(대) (장기)외상매출금 　　　(장기)받을어음 　　　부가세예수금[주1]	××× ××× ×××
결산시점	(차) 현재가치할인차금 　　　(자산(-)) (차) 외상매출금 등 　　　현재가치할인차금 　　　(비유동자산(-))	××× ×××[주2] ×××	(대) 이자수익 (대) 장기외상매출금 등 　　　현재가치할인차금 　　　(유동자산(-))	××× ××× ×××

주1) 계약에 따라 받기로 한 대가 총액(할부이자 등 포함)을 과세표준으로 한다.
주2) 장기외상매출금(장기받을어음)의 회수기일이 재무상태표일로부터 정상영업주기 이내로 도래하는 경우 비유동자산으로 분류했던 장기외상매출금(장기받을어음)을 유동자산인 외상매출금(받을어음)으로 유동성대체한다. 이때, 해당 채권의 차감항목인 현재가치할인차금도 함께 유동성대체 하는 것에 유의한다.

분개예제 10

1. 상품을 660만원(부가가치세 포함)에 3개월 후 결제조건으로 외상판매하다. 단, 세금계산서를 적법하게 발급하다.

(차) 외상매출금	6,600,000	(대) 매출	6,000,000
		부가세예수금	600,000

2. 상기 '1.'의 외상매출금이 회수되어 보통예금으로 입금되다.

(차) 보통예금	6,600,000	(대) 외상매출금	6,600,000

3. 제품을 880만원(부가가치세 포함)에 판매하고 3개월 만기 어음을 수취하다. 단, 세금계산서를 적법하게 발급하다.

(차) 받을어음	8,800,000	(대) 매출	8,000,000
		부가세예수금	800,000

제2절 _ 매출과 매입

4. 상기 '3.'의 받을어음을 만기에 은행에 추심의뢰하여 어음금액이 보통예금에 입금되다.

   (차) 보통예금   8,800,000   (대) 받을어음   8,800,000

5. 제품을 800만원(부가가치세 별도, 할부이자 40만원 포함)에 8개월 할부로 판매하다.
   단, 적법하게 세금계산서를 발급하다.

   (차) 할부매출금   8,800,000   (대) 매출   7,600,000
                                            현재가치할인차금   400,000
                                            (할부매출금(-))
                                            부가세예수금   800,000

6. 할부대금 회수 약정일에 상기 '5.'의 할부금액이 회수되다.

   (차) 보통예금   1,100,000   (대) 할부매출금   1,100,000

7. 제품을 1,600만원(부가가치세 별도, 할부이자 80만원 포함)에 16개월 할부로 판매하다.

   (차) 장기할부매출금   16,000,000   (대) 매출   15,200,000
                                            현재가치할인차금   800,000
                                            (장기할부매출금(-))

8. 할부대금 회수 약정일에 상기 '7.'의 할부금액이 회수되고, 적법하세 세금계산서를 발급하다.

   (차) 보통예금   1,100,000   (대) 장기할부매출금   1,000,000
                                            부가세예수금   100,000

9. 장기외상매출금 1,000만원(현재가치할인차금 100만원)의 회수기일이 재무상태표일로부터 정상영업주기 이내로 도래하다.

   (차) 외상매출금   10,000,000   (대) 장기외상매출금   10,000,000
        현재가치할인차금   1,000,000   현재가치할인차금   1,000,000
        (장기외상매출금(-))   (외상매출금(-))

3. 상기업 또는 제조기업 매입

(1) 취득시점 및 취득원가

자산의 취득시점은 취득자산을 본래 목적에 사용할 수 있게 되는 시점을 말한다. 일반적으로 상품(또는 원재료 등)의 취득시점은 판매자의 수익인식시점인 "판매시점"이라 할 수 있다. 이때 상품(또는 원재료 등)의 취득원가는 자산 매입가격에 수입관세와 제세금(과세당국으로부터 추후 환급받을 수 있는 금액은 제외), 매입운임, 하역료 그리고 상품(또는 원재료)의 취득과정에 직접 관련된 기타원가를 가산한 금액에서 매입할인(리베이트 및 기타 이와 유사한 항목)을 차감한 금액으로 한다.

(2) 회계처리

1) 취득시점에서 대가를 지급하는 경우

상품(또는 원재료)을 취득하면 취득원가를 "상품(또는 원재료)"의 자산계정으로 처리한다. 즉, 분개시 취득원가 지급액은 대변에, 상품(또는 원재료)은 차변에 기록한다.

(차) 상품(또는 원재료)	×××	(대) 보통예금 등	×××
부가세대급금	×××		

분개예제 11

1. 원재료를 현금 110만원(부가가치세 포함)에 매입하고, 세금계산서를 발급받다.

(차) 원재료	1,000,000	(대) 현금	1,100,000
부가세대급금	100,000		

---

2) 취득시점 전에 대가를 지급한 경우

상품(또는 원재료) 취득 전에 매출처에게 대가를 지급한 경우 대가지급시점에서 상품(또는 원재료) 취득을 인식하지 않고 지급한 대가만큼 상품(또는 원재료)을 인도받을 "권리"가 발생된 것이므로 이를 "선급금"의 자산계정으로 처리한다. "선급금"은 상품(또는 원재료) 취득시점에서 "상품(또는 원재료)"로 대체시킨다.

구 분	회계처리[주]			
대가지급	(차) 선급금	×××	(대) 보통예금 등	×××
	부가세대급금	×××		
상품수취	(차) 상품	×××	(대) 선급금	×××

주) 상기 회계처리는 선급금 지급시점(공급시기 이전시점)에 세금계산서를 수취하는 경우이며, 상품 인수시점(공급시기)에 세금계산서를 수취하는 경우에는 다음과 같이 회계처리한다.

구 분	회계처리			
대가지급	(차) 선급금	×××	(대) 보통예금 등	×××
상품수취	(차) 상품	×××	(대) 선급금	×××
	부가세대급금	×××		

분개예제 12

1. 원재료 매입대금으로 110만원(부가가치세 포함)을 현금으로 선급하고, 세금계산서를 발급받다.

   (차) 선급금   1,000,000   (대) 현금   1,100,000
        부가세대급금   100,000

2. 상기 '1.'의 원재료를 인도받다.

   (차) 원재료   1,000,000   (대) 선급금   1,000,000

3. 원재료 매입대금으로 110만원(부가가치세 포함)을 현금으로 선급하다.

   (차) 선급금   1,100,000   (대) 현금   1,100,000

4. 상기 '3.'의 원재료를 인도받고, 세금계산서를 수취하다.

   (차) 원재료   1,000,000   (대) 선급금   1,100,000
        부가세대급금   100,000

3) 취득시점 후에 대가를 지급하기로 하는 경우

상품(또는 원재료) 취득 후에 대가를 지급하기로 한 경우에도 상품(또는 원재료) 취득시점에서 "상품(또는 원재료)"를 인식한다.

이때, 지급하기로 한 매입대가는 신용취득의 경우 "(장기)외상매입금"의 계정과목으로, 어음을 발행한 경우 "(장기)지급어음"의 계정과목으로 하여 매입채무로 분류한다.

만약, 계약에 따라 매입대가에 유의적인 금융요소(예: 정상신용조건의 매입가격과 실제 지급액과의 차이)가 포함되어 있는 경우 해당 금액은 "현재가치할인차금"의 계정과목으로 하여 해당 부채의 차감항목으로 계상한 후 유효이자율법에 따라 상각하여 이자비용으로 대체한다.

① 외상매입 또는 단기할부매입

구 분	회계처리			
상품 (원재료) 인수시점	(차) 상품 　　 원재료 　　 현재가치할인차금 　　 (부채(-))주1) 　　 부가세대급금	××× ××× ××× ×××	(대) 외상매입금 　　 지급어음	××× ×××
지급(결제) 시점	(차) 외상매입금 (차) 지급어음	××× ×××	(대) 보통예금 (대) 당좌예금 　　 당좌차월	××× ××× ×××
결산시점	(차) 이자비용	×××주2)	(대) 현재가치할인차금 　　 (부채(-))	×××

주1) 외상매입금과 지급어음 계정과목의 차감항목임을 의미한다.
주2) 명목금액과 현재가치 차액인 현재가치할인차금 중 유효이자율법에 따라 상각된 이자비용을 말한다.

② 장기외상(할부)매입

구 분	회계처리			
상품 (원재료) 인수시점	(차) 상품 　　 원재료 　　 현재가치할인차금 　　 (부채(-))	××× ××× ×××	(대) 장기외상매입금 　　 장기지급어음	××× ×××
지급(결제) 시점	(차) (장기)외상매입금 　　 부가세대급금 (차) (장기)지급어음 　　 부가세대급금	××× ××× ××× ×××	(대) 보통예금 (대) 당좌예금 　　 당좌차월	××× ××× ×××
결산시점	(차) 이자비용	×××	(대) 현재가치할인차금 　　 (부채(-))	×××

제2절_ 매출과 매입

(차) 장기외상매입금 등	×××주)	(대) 외상매입금 등	×××
현재가치할인차금	×××	현재가치할인차금	×××
(유동부채(-))		(비유동부채(-))	

주) 장기외상매입금(장기지급어음)의 회수기일이 재무상태표일로부터 정상영업주기 이내로 도래하는 경우 유동부채인 외상매입금(지급어음)으로 유동성대체한다. 이때, 해당 채무의 차감항목인 현재가치할인차금도 함께 유동성대체 하는 것에 유의한다.

분개예제 13

1. 상품을 660만원(부가가치세 포함)에 3개월 후 결제조건으로 외상매입하고, 세금계산서를 발급받다.

   (차) 상품　　　　　　　　　6,000,000　　(대) 외상매입금　　　　6,600,000
   　　 부가세대급금　　　　　　 600,000

2. 상기 '1.'의 외상매입금을 보통예금에서 지급하다.

   (차) 외상매입금　　　　　　6,600,000　　(대) 보통예금　　　　　6,600,000

3. 원재료를 880만원(부가가치세 포함)에 매입하여 만기 3개월 어음을 발행하고, 적법하게 세금계산서를 발급받다.

   (차) 원재료　　　　　　　　8,000,000　　(대) 지급어음　　　　　8,800,000
   　　 부가세대급금　　　　　　 800,000

4. 상기 '3.'의 지급어음의 만기가 도래하여 당좌예금에서 결제되다.

   (차) 지급어음　　　　　　　8,800,000　　(대) 당좌예금　　　　　8,800,000

5. 상품을 800만원(부가가치세 별도, 할부이자 40만원 포함)에 8개월 할부로 매입하다.
   단, 적법하게 세금계산서를 발급받다.

   (차) 상품　　　　　　　　　7,600,000　　(대) 할부매입금　　　　8,800,000
   　　 현재가치할인차금　　　　 400,000
   　　 (할부매입금(-))
   　　 부가세대급금　　　　　　 800,000

6. 할부대금 지급약정일에 상기 '5.'의 할부금액이 결제되다.

   (차) 할부매입금　　　　　　1,100,000　　(대) 보통예금　　　　　1,100,000

7. 상품을 1,600만원(부가가치세 별도, 할부이자 80만원 포함)에 16개월 할부로 매입하다.

(차)	상품	15,200,000	(대)	장기할부매입금	16,000,000
	현재가치할인차금	800,000			
	(장기할부매입금(−))				

8. 할부대금 지급약정일에 상기 '7.'의 할부금액이 결제되고, 적법하게 세금계산서를 발급하다.

(차)	장기할부매입금	1,000,000	(대)	보통예금	1,100,000
	부가세대급금	100,000			

9. 장기외상매입금 1,000만원(현재가치할인차금 100만원)의 지급기일이 재무상태표일로부터 정상영업주기 이내로 도래하다.

(차)	장기외상매입금	10,000,000	(대)	외상매입금	10,000,000
	현재가치할인차금	1,000,000		현재가치할인차금	1,000,000
	(외상매입금(−))			(장기외상매입금(−))	

사례 7 상기업 매출과 매입(1)

1. 자료

   다팔아(주)가 모두사(주)에게 상품 100개를 개당 100원에 판매하다.
   (상황 1) 상품인수도시점에서 판매대가(부가가치세 포함)를 보통예금으로 수수하면서 세금계산서를 발급한 경우
   (상황 2) 상품을 인수도하면서 세금계산서를 발급한 후, 3개월 뒤에 판매대가(부가가치세 포함)를 보통예금으로 수수하기로 한 경우
   (상황 3) 상품인수도시점에서 세금계산서를 발급하면서 판매대가(부가가치세 포함)에 대해 3개월 만기의 어음을 수수하고, 3개월 후 어음 만기시 당좌결제한 경우
   (상황 4) 상품인수도 전에 판매대가(부가가치세 포함)를 보통예금으로 수수하고, 상품인수도 시점에서 세금계산서를 발급한 경우
   (상황 5) 상품인수도 전에 판매대가(부가가치세 포함)를 보통예금으로 수수하면서 세금계산서를 발급하고, 이후 상품을 인수도한 경우

2. 각 상황별 양사의 회계처리. 단, 분류는 생략하기로 한다.

   (1) (상황 1)

      상품인수도와 동시에 대가를 수수하였으므로, 다팔아(주)는 "매출"을 인식하고 모두사(주)는 "상품" 취득 회계처리를 한다.

다팔아(주)				모두사(주)			
보통예금	11,000	매출	10,000	상품	10,000	보통예금	11,000
		부가세예수금	1,000	부가세대급금	1,000		

(2) (상황 2)

상품인수도 후 대금을 결제하기로 한바, 다팔아(주)는 인수도시점에서 "외상매출금"을 인식하는 반면 모두사(주)는 "외상매입금"을 인식한다.

구분	다팔아(주)				모두사(주)			
상품 인수도	외상매출금	11,000	매출	10,000	상품	10,000	외상매입금	11,000
			부가세예수금	1,000	부가세대급금	1,000		
대가수수	보통예금	11,000	외상매출금	11,000	외상매입금	11,000	보통예금	11,000

(3) (상황 3)

상품인수도시점에서 어음으로 대금을 결제한바, 다팔아(주)는 인수도시점에서 "받을어음"을 인식하는 반면 모두사(주)는 "지급어음"을 인식한다.

구분	다팔아(주)				모두사(주)			
상품 인수도	받을어음	11,000	매출	10,000	상품	10,000	지급어음	11,000
			부가세예수금	1,000	부가세대급금	1,000		
대가수수	보통예금	11,000	받을어음	11,000	지급어음	11,000	당좌예금	11,000

(4) (상황 4)

상품인수도시점 이전에 대금을 수수한바, 다팔아(주)는 대금결제시점에서 "선수금"을 인식하는 반면 모두사(주)는 "선급금"을 인식한다. 이때, 세금계산서는 상품인수도 시점에 발급하였는 바 상품인수도시점에 "부가세예수금"과 "부가세대급금"을 인식함에 유의한다.

구분	다팔아(주)				모두사(주)			
대가수수	보통예금	11,000	선수금	11,000	선급금	11,000	보통예금	11,000
상품 인수도	선수금	11,000	매출	10,000	상품	10,000	선급금	11,000
			부가세예수금	1,000	부가세대급금	1,000		

(5) (상황 5)

상품인수도 전에 대금을 수수하면서 세금계산서를 발급한 바, 다팔아(주)는 대금결제시점에서 "선수금" 및 "부가세예수금"을 인식하는 반면 모두사(주)는 "선급금" 및 "부가세대급금"을 인식한다.

구분	다팔아(주)				모두사(주)			
대가수수	보통예금	11,000	선수금	10,000	선급금	10,000	보통예금	11,000
			부가세예수금	1,000	부가세대급금	1,000		
상품 인수도	선수금	10,000	매출	10,000	상품	10,000	선급금	10,000

사례 8 　상기업 매출과 매입(2)

1. 자료

   다팔아(주)가 모두사(주)에게 상품 100개를 개당 100원에 외상판매하다.
   (상황 1) 세금계산서를 발급한 경우
   (상황 2) 세금계산서를 발급하지 않은 경우
   (상황 3) 영수증을 발급한 경우

2. 각 상황별 양사의 회계처리. 단, 분류는 생략하기로 한다.

   (1) (상황 1)

   세금계산서를 적법하게 발급하였으므로, 부가가치세에 대해 다팔아(주)는 "부가세예수금"을 인식하는 반면 모두사(주)는 "부가세대급금"을 인식한다.

다팔아(주)				모두사(주)			
외상매출금	11,000	매출	10,000	상품	10,000	외상매입금	11,000
		부가세예수금	1,000	부가세대급금	1,000		

   (2) (상황 2)

   세금계산서를 발급하지 않았으므로, 다팔아(주)는 수입액 중 부가가치세 해당분[27]을 "부가세예수금"으로 인식하는 반면 모두사(주)는 지급액 모두를 "상품"으로 인식한다.

다팔아(주)				모두사(주)			
외상매출금	11,000	매출	10,000	상품	11,000	외상매입금	11,000
		부가세예수금	1,000	부가세대급금	–		

   (3) (상황 3)

   영수증은 세금계산서에 해당되지 않아 매입자는 매입세액공제를 받을 수 없다.[28] 따라서, 상황2와 마찬가지로 다팔아(주)는 수입액 중 부가가치세 해당분을 "부가세예수금"으로 인식하는 반면 모두사(주)는 지급액 모두를 "상품"으로 인식한다.

다팔아(주)				모두사(주)			
외상매출금	11,000	매출	10,000	상품	11,000	외상매입금	11,000
		부가세예수금	1,000	부가세대급금	–		

---

[27] 수입액에서 부가가치세액의 포함여부가 불분명한 경우 10/110을 부가가치세로 본다.

[28] 예외적으로 다음에 해당되는 경우 영수증에 해당하는 신용카드매출전표 등을 발급받은 경우에도 매입세액이 공제된다.
　1. 거래상대방이 일반과세자로서, 다음 사업을 영위하는 사업자가 아닐 것
　　가. 목욕, 이발·미용업
　　나. 여객운송업(전세버스 운송사업 제외)

제2절_ 매출과 매입

사례 9 장기할부 매출과 매입

1. 자료

   20×1.6.30. 다팔아(주)가 모두사(주)에게 다음과 같은 조건으로 상품을 할부판매하고, 부가가치세법에 따라 적법하게 세금계산서를 발급하다.
   (1) 총판매금액(부가가치세별도) : 16,000,000원(1,600,000원)
   (2) 상품의 현금판매금액 : 15,200,000원
   (3) 할부조건 : 16개월 할부판매, 매월 말일 결제

2. 유효이자율과 유효이자율법에 의한 상각표

   주어진 장기할부판매에 대해 '제1장 제3절' 〈사례 14〉와 같은 방법으로 엑셀을 이용하여 유효이자율법에 의한 상각표를 작성하여 보면 다음과 같으며, 유효이자율은 약 7.2969%이다.

회차	일자	유효이자^{주1)}	수취액^{주2)}	원금회수액^{주3)}	장부금액^{주4)}
0	20×1-06-30				15,200,000
1	20×1-07-31	94,200	1,000,000	905,800	14,294,200
2	20×1-08-31	88,587	1,000,000	911,413	13,382,787
3	20×1-09-30	80,263	1,000,000	919,737	12,463,050
4	20×1-10-31	77,239	1,000,000	922,761	11,540,289
5	20×1-11-30	69,213	1,000,000	930,787	10,609,502
6	20×1-12-31	65,751	1,000,000	934,249	9,675,253
7	20×2-01-31	59,961	1,000,000	940,039	8,735,214
8	20×2-02-28	48,897	1,000,000	951,103	7,784,111
9	20×2-03-31	48,241	1,000,000	951,759	6,832,352
10	20×2-04-30	40,977	1,000,000	959,023	5,873,329
11	20×2-05-31	36,399	1,000,000	963,601	4,909,728
12	20×2-06-30	29,446	1,000,000	970,554	3,939,174
13	20×2-07-31	24,413	1,000,000	975,587	2,963,587

   다. 입장권을 발행하여 경영하는 사업
   라. 국민건강보험법 제41조 제3항에 따라 요양급여의 대상에서 제외되는 법 소정 진료용역
   마. 부가가치세법 시행령 제35조 제5호 단서에 해당하지 아니하는 것으로서 수의사가 제공하는 동물의 진료용역
   바. 무도학원 및 자동차운전학원의 용역을 공급하는 사업
2. 거래상대방으로부터 세금계산서 대신 신용카드매출전표 등을 수취하고, 부가가치세법(또는 법인세법)에 따라 보관할 것
3. 예정신고, 확정신고, 수정신고, 경정청구, 기한후과세표준 신고와 함께 신용카드매출전표등수취명세서를 제출할 것
4. 매입세액불공제 사유에 해당되지 아니할 것

14	20×2-08-31	18,367	1,000,000	981,633	1,981,954
15	20×2-09-30	11,887	1,000,000	988,113	993,841
16	20×2-10-31	6,159	1,000,000	993,841	-
합계		800,000	16,000,000	15,200,000	

주1) 유효이자 = 장부금액×유효이자율×경과일수/365
주2) 수취액 = 채권회수액(원리금회수액) = 16,000,000/16
주3) 원금회수액 = 수취액 - 유효이자
주4) 장부금액 = 직전 장부금액 + 유효이자 - 수취액 = 직전 장부금액 - 원금회수액

3. 각 시점별 회계처리

주어진 장기할부판매에 대해 다팔아(주)와 모두사(주)의 각 시점별 회계처리를 나타내어 보면 다음과 같다.

(1) 다팔아(주)

일자	회계처리				
20×1. 6.30.	(차) 장기할부매출금	16,000,000	(대) 매출 현재가치할인차금 (장기할부매출금(-))	15,200,000 800,000	
20×1. 7.30. ~12.31.	(차) 보통예금	1,100,000	(대) 장기할부매출금 부가세예수금	1,000,000 100,000	
20×1. 12.31.	(차) 현재가치할인차금 (장기할부매출금(-)) (차) 단기할부매출금 현재가치할인차금 (장기할부매출금(-))	475,253 10,000,000 324,747	(대) 이자수익 (대) 장기할부매출금 현재가치할인차금 (단기할부매출금(-))	475,253 10,000,000 324,747	
20×2. 1.31. ~10.31.	(차) 보통예금	1,100,000	(대) 단기할부매출금 부가세예수금	1,000,000 100,000	
20×2. 10.31.	(차) 현재가치할인차금 (단기할부매출금(-))	324,747	(대) 이자수익	324,747	

(2) 모두사(주)

일자	회계처리				
20×1. 6.30.	(차) 상품 현재가치할인차금 (장기할부매입금(-))	15,200,000 800,000	(대) 장기할부매입금	16,000,000	

20×1. 7.30. ~12.31.	(차) 장기할부매입금 부가세대급금	1,000,000 100,000	(대) 보통예금	1,100,000
20×1. 12.31.	(차) 이자비용	475,253	(대) 현재가치할인차금 (장기할부매입금(-))	475,253
	(차) 장기할부매입금 현재가치할인차금 (단기할부매입금(-))	10,000,000 324,747	(대) 단기할부매입금 현재가치할인차금 (장기할부매입금(-))	10,000,000 324,747
20×2. 1.31. ~10.31.	(차) 단기할부매입금 부가세대급금	1,000,000 100,000	(대) 보통예금	1,100,000
20×2. 10.31.	(차) 이자비용	324,747	(대) 현재가치할인차금 (단기할부매입금(-))	324,747

4. 매출과 매입 수정

(1) 의 의

상품 등을 매출(또는 매입)한 이후에 품질하자 등의 이유로 매출(또는 매입)한 상품 등이 반품되거나 공급가액에 감액이 발생하는 경우 또는 외상매출금 등을 채무자가 조기에 상환하게 될 경우 약정상 채권금액의 일부를 감액하여 주는 경우도 있을 수 있다. 이러한 경우 매출과 매입이 수정되어져야 하는데 이에 대해 살펴보자.

(2) 매출환입(또는 매입환출)

① 의 의

상품 등을 매출(또는 매입)한 이후에 품질하자 등의 이유로 매출(또는 매입)한 상품 등이 반품되는 경우 이를 매출환입(또는 매입환출)이라고 한다.

매출환입(또는 매입환출)이 발생하면 매출자(또는 매입자)는 반품 수량만큼 매출(또는 매입)을 적게 한 것이 된다. 따라서, 해당 매출(또는 매입)뿐 아니라 부가가치세도 취소하며, 수정세금계산서를 발행(또는 수취)하여야 한다.[29]

---

[29] '작성연월일'은 매출환입 발생일, '공급가액과 세액'란은 매출환입으로 인한 공급가액 및 세액 감소금액을 (-)로 표시하여 발행한다.

② 회계처리

매출환입(또는 매입환출)의 회계처리는 다음과 같다. 단, 외상거래를 가정하기로 한다.

구 분	회계처리			
매출환입	(차) 매 출[주1] 부가세예수금	××× ×××	(대) 외상매출금	×××
매입환출	(차) 외상매입금	×××	(대) 상품 등[주2] 부가세대급금	××× ×××

주1) "매출환입"의 별도 계정과목을 사용하여도 무방하다. 다만, 결산시 다음과 같은 결산수정분개를 하여야 한다.
(차) 매출 ××× (대) 매출환입 ×××

주2) "매입환출"의 별도 계정과목을 사용하여도 무방하다. 다만, 결산시 다음과 같은 결산수정분개를 하여야 한다.
(차) 매입환출 ××× (대) 상품 등 ×××

분개예제 14

1. 외상매출한 상품 중 330만원(부가가치세 포함)에 해당하는 상품을 하자로 인해 사후 반품받고, 수정세금계산서를 발급하다.

   (차) 매출   3,000,000   (대) 외상매출금   3,300,000
        부가세예수금   300,000

2. 외상매입한 상품 중 330만원(부가가치세 포함)에 해당하는 상품을 하자로 인해 사후 반품하고, 수정세금계산서를 발급받다.

   (차) 외상매입금   3,300,000   (대) 상품   3,000,000
                                              부가세대급금   300,000

(3) 매출에누리(또는 매입에누리)

① 의 의

상품 등을 매출(또는 매입)한 이후에 품질하자 등의 이유로 물품대를 감액하는 경우 이를 매출에누리(또는 매입에누리)라고 한다.

매출에누리(또는 매입에누리)가 발생하면 매출환입(또는 매입환출)과 마찬가지로 매출자(또는 매입자)는 감액된 물품대만큼 매출(또는 매입)을 적게 한 것이 되므로, 해당 매출(또는

매입)뿐 아니라 부가가치세도 취소하며 수정세금계산서를 발행(또는 수취)하여야 한다.[30]

② 회계처리

매출에누리(또는 매입에누리)의 회계처리는 다음과 같다. 단, 외상거래를 가정하기로 한다.

구 분	회계처리			
매출에누리	(차) 매 출[주1] 　　　부가세예수금	××× ×××	(대) 외상매출금	×××
매입에누리	(차) 외상매입금	×××	(대) 상품 등[주2] 　　　부가세대급금	××× ×××

주1) "매출에누리"의 별도 계정과목을 사용하여도 무방하다. 다만, 결산시 다음과 같은 결산수정분개를 하여야 한다.
　　(차) 매출　　　　　　　×××　　(대) 매출에누리　　　×××

주2) "매입에누리"의 별도 계정과목을 사용하여도 무방하다. 다만, 결산시 다음과 같은 결산수정분개를 하여야 한다.
　　(차) 매입에누리　　　　×××　　(대) 상품 등　　　　×××

분개예제 15

1. 외상매출한 상품 중 하자가 발견되어 매출대금 110만원(부가가치세 포함)을 감액조정하고, 수정세금계산서를 발급하다.

   (차) 매출　　　　　　　1,000,000　　(대) 외상매출금　　　1,100,000
   　　　부가세예수금　　　　100,000

2. 외상매입한 상품 중 하자가 발견되어 매입대금 110만원(부가가치세 포함)을 감액조정하고, 수정세금계산서를 발급받다.

   (차) 외상매입금　　　　1,100,000　　(대) 상품　　　　　　1,000,000
   　　　　　　　　　　　　　　　　　　　　　부가세대급금　　　100,000

---

30) '매출에누리' 발생시 수정세금계산서 발행 방법은 '매출환입'의 경우와 동일하다.

(4) 매출할인(또는 매입할인)

① 의 의

외상매출을 하는 경우 일반적으로 지급기일을 약정하게 되는데 해당 지급기일 이전에 채무자가 채무를 조기상환 하는 경우 채권자는 회수일로부터 약정 지급기일까지의 기간동안 자금부담이 완화되어 기간이익을 실현하게 된다. 이에 채권자는 채무자에게 조기상환 대가로 채권금액의 일부를 감액하여 주게 되는데, 이를 매출할인(또는 매입할인)이라고 한다.

매출할인(또는 매입할인)이 발생한 경우 매출자(또는 매입자)는 매출에누리와환입(또는 매입에누리와환출)과 마찬가지로 할인된 금액만큼 매출(또는 매입)을 적게 한 것이므로 해당 매출(또는 매입)뿐 아니라 부가가치세도 취소하며 수정세금계산서를 발행(또는 수취)하여야 한다.[31]

② 회계처리

매출할인(또는 매입할인)의 회계처리는 다음과 같다. 단, 외상거래를 가정하기로 한다.

구 분		회계처리				
매출할인	결제분	(차)	보통예금	×××	(대) 외상매출금	×××
	할인분	(차)	매 출[주1] 부가세예수금	××× ×××	(대) 외상매출금	×××
매입할인	결제분	(차)	외상매입금	×××	(대) 보통예금	×××
	할인분	(차)	외상매입금	×××	(대) 상품 등[주2] 부가세대급금	××× ×××

주1) "매출할인"의 별도 계정과목을 사용하여도 무방하다. 다만, 결산시 다음과 같은 결산수정분개를 하여야 한다.
    (차) 매출   ×××   (대) 매출할인   ×××

주2) "매입할인"의 별도 계정과목을 사용하여도 무방하다. 다만, 결산시 다음과 같은 결산수정분개를 하여야 한다.
    (차) 매입할인   ×××   (대) 상품 등   ×××

---

31) 한편, 매출에누리, 매출환입, 매출할인과 달리 공급가액에서 공제하지 아니하는 금액에는 다음과 같은 것이 있다. 이러한 경우에는 수정세금계산서를 발행하지 않음에 유의한다.
   1. 판매장려금
   2. 대손금

매출과 매입의 수정

구 분		매출 또는 매입	부가가치세	수정세금계산서
매출자	매출환입	매출차감	차감	발행
	매출에누리			
	매출할인			
매입자	매입환출	매입차감	차감	수취
	매입에누리			
	매입할인			

분개예제 16

1. 거래처가 외상매출금 1억원을 조기에 결제함에 따라 계약에 따른 결제대금 중 110만원(부가가치세 포함)을 차감하고 9,890만원을 보통예금으로 지급받다.

(차) 보통예금	98,900,000	(대) 외상매출금	100,000,000
매출	1,000,000		
부가세예수금	100,000		

2. 상품에 대한 외상매입금 1억원을 조기에 결제함에 따라 계약에 따른 결제대금 중 110만원(부가가치세 포함)을 차감하고 9,890만원을 보통예금에서 지급하다.

(차) 외상매입금	100,000,000	(대) 보통예금	98,900,000
		상품	1,000,000
		부가세대급금	100,000

사례 10 매출과 매입의 수정

1. 자료
   (1) 다팔아(주)가 모두사(주)에게 상품 100개를 개당 100원에 외상판매하다.
   (2) 이중 10개가 하자로 인해 반품되다.
   (3) 외상대금의 조기 결제로 인해 물품대의 2%를 감액하여 주다.
   (4) 다팔아(주)는 적법하게 세금계산서를 발급하다.

2. 각 시점별 양사의 회계처리. 단, 분류는 생략한다.

구분	다팔아(주)				모두사(주)			
매출시	외상매출금	11,000	매출 부가세예수금	10,000 1,000	상품 부가세대급금	10,000 1,000	외상매입금	11,000
반품시	매출 부가세예수금	1,000 100	외상매출금	1,100	외상매입금	1,100	상품 부가세대급금	1,000 100
결제시	보통예금 매출^{주)} 부가세예수금	9,702 180 18	외상매출금 외상매출금	9,702 198	외상매입금 외상매입금	9,702 198	보통예금 상품 부가세대급금	9,702 180 18

주) 매출할인액 = 외상매출금 중 물품대 잔액 × 2% = (10,000 - 1,000) × 2% = 180

5. 용역제공 기업의 수익인식

(1) 수익인식

용역의 제공은 대부분의 경우 재화나 용역에 대한 통제를 기간에 걸쳐 이전, 즉 기간에 걸쳐 수행의무를 이행하므로 기간에 걸쳐 수익을 인식한다. 다음 기준 중 어느 하나를 충족하면 기간에 걸쳐 수행의무를 이행하는 것이다.

① 고객은 기업이 수행하는 대로 기업의 수행에서 제공하는 효익을 동시에 얻고 소비한다.(예: 일상적이고 반복적인 용역(예: 청소용역) 등 지금까지 완료한 업무를 다시 수행할 필요가 없는 경우)

② 기업이 수행하여 만들어지거나 가치가 높아지는 대로 고객이 통제하는 자산(예: 재공품)을 기업이 만들거나 그 자산 가치를 높인다.(예: 고객의 토지에 건설하는 건물)

③ 기업이 수행하여 만든 자산이 기업 자체에는 대체 용도가 없고, 지금까지 수행을 완료한 부분에 대해 집행 가능한 지급청구권이 기업에 있다.

상기 요건이 모두 충족되는 경우에는 보고기간말에 그 수행의무의 진행률에 따라 수익을 인식한다. 즉 용역제공의 성과정도에 따라 용역이 제공되는 회계기간에 걸쳐 수익을 인식하는 "진행기준"에 따라 수익을 인식한다.

> **KEY POINT**
>
> 서비스기업의 수익인식기준
>
> 　　발생주의, 진행기준

(2) 진행기준에 의한 이익인식

진행기준에 의한 이익인식은 다음과 같이 한다.

① 당기 비용 산정

용역제공으로 인해 당기에 실제 발생한 계약원가(계약에 직접 관련되는 원가)를 당기비용으로 한다. 계약원가는 주로 감독자를 포함한 용역제공에 직접 관여된 인력에 대한 노무원가, 재료원가 및 기타원가와 관련된 간접원가로 구성된다.[32]

② 예정원가 추정

차기 이후 용역제공으로 발생될 것으로 예상되는 원가를 추정한다.

③ 진행률 산정

기업은 수행된 용역을 신뢰성 있게 측정할 수 있는 다양한 방법으로 진행률을 결정할 수 있다. 예를 들어 산출법(예: 작업수행정도 비율)과 투입법(예: 수행용역량 비율) 등으로 진행률을 결정할 수 있으나, 대부분의 경우 투입법 중 원가비율로 진행률을 산정한다. 즉 용역제공으로 인해 발생될 것으로 추정되는 총원가에서 당기말까지 실제 발생한 누적원가가 차지하는 비율로 한다.

$$진행률 = \frac{당기말까지의\ 누적\ 발생원가}{당기말까지의\ 누적\ 발생원가 + 차기이후\ 예상\ 발생원가}$$

---

[32] 판매와 일반관리 인력과 관련된 노무원가 및 기타원가를 제외한 금액으로 한다.

KEY POINT

진행률 산정 유의사항

고객으로부터 받은 중도금이나 선수금은 용역수행정도를 반영하지 못하는 경우가 많으므로 이를 기준으로 진행률을 산정하지 못하지만, 기업이 지금까지 수행을 완료한 정도가 고객에게 주는 가치에 직접 상응하는 금액을 고객에게서 받을 권리가 있다면(예: 기업이 제공한 용역 시간당 고정금액을 청구할 수 있는 용역계약), 기업은 청구권이 있는 금액으로 수익을 인식하는 실무적 간편법을 쓸 수 있다.

④ 당기수익 산정

'③'에서 산정한 진행률을 근거로 다음 산식에 따라 당기수익을 산정한다.

$$당기수익 = 용역제공 \ 수입금액 \times 진행률 - 전기까지 \ 인식한 \ 수익$$

산식에서 알 수 있듯이 진행률이 산정되어야 당기수익을 산정할 수 있으며 진행률은 당기말까지 발생된 누적원가를 파악하여야 하므로, 당기수익은 기말시점 되서야 인식할 수 있다.

⑤ 당기이익 산정

당기이익은 당기수익[④]에서 당기비용[①]을 차감한 금액이 된다.

사례 11 ▸ 서비스기업 수익인식 (1)

1. 자료

(1) 용역제공으로 인한 총수입금액(부가가치세 포함)은 1,650이다.
(2) 용역제공 기간별 발생원가 내역은 다음과 같으며, 진행률은 원가비율로 산정한다.

구 분	1기	2기	3기
실제발생원가	300	300	500
차기발생예상원가	700	600	–

(3) 용역대금은 다음과 같이 청구하고 회수하였으며, 부가가치세법에 따라 세금계산서를 적법하게 발급하였다.

구 분	1기	2기	3기
청구액(부가가치세 포함)	550	220	880
회수액(부가가치세 포함)	450	120	1,080

2. 기간별 진행률 계산

구 분	1기	2기	3기
실제발생원가	300	300	500
누적발생원가(a)주)	300	600	1,100
차기발생예상원가(b)	700	600	–
총예상원가(a+b = c)	1,000	1,200	1,100
진행률(a/c = d)	30%	50%	100%

주) 누적발생원가 = 전기말 누적발생원가 + 당기 발생원가

3. 기간별 용역손익 계산

구 분	1기	2기	3기
진행률(d)	30%	50%	100%
총용역수익(e)	1,500	1,500	1,500
누적용역수익(e×d)	450	750	1,500
당기용역수익주)	450	300	750
당기용역원가	300	300	500
당기용역이익	150	–	250

주) 당기 용역수익 = 당기말 누적용역수익 – 전기말 누적용역수익

(3) 회계처리

① 기중의 회계처리

㉠ 용역원가 발생시

용역제공으로 인해 원가가 발생할 경우 "미성공사"로 처리하여 재고자산으로 분류한다. 해당 미성공사 잔액은 결산시점에 용역원가로 대체한다.

(차) 미성공사 ××× (대) 보통예금 ×××
또는 미지급금 등

㉡ 용역대금 청구시

용역제공에 대한 대금을 청구하는 경우 해당 금액을 "진행청구액"으로 계정처리하여 매입채무로 분류하고, 해당 금액과 부가가치세의 합계액을 "계약미수금"으로 계정처리하고 매출채권으로 분류한다.

(차) 계약미수금 ××× (대) 진행청구액 ×××
부가세예수금 ×××

ⓒ 용역대금 회수시

용역제공에 대한 대금을 회수하는 경우 이미 인식한 "계약미수금" 잔액을 감소시킨다.

| (차) 보통예금 | ××× | (대) 계약미수금 | ××× |

② 결산수정분개

  ⓐ 원가대체

결산시점에서는 이미 인식하여 미성공사로 처리한 용역원가를 당기비용으로 인식한다.

| (차) 용역원가 | ××× | (대) 미성공사 | ××× |

  ⓑ 수익인식

결산시점에서는 용역제공으로 인한 수익을 진행기준에 따라 산정하고, 이를 다음과 같이 인식한다.

| (차) 미성공사 | ××× | (대) 용역매출 | ××× |

  ⓒ 초과청구공사(미청구공사)의 인식

결산시점에서는 다음과 같이 "진행청구액" 잔액과 결산시점에서 당기 수익을 인식함에 따라 발생한 "미성공사"를 서로 상계하고, 초과청구공사(또는 미청구공사)를 인식하는 결산분개를 한다. 이때, 전기에 이미 인식한 초과청구공사(또는 미청구공사) 잔액이 있는 경우 이를 고려하여 함께 회계처리함에 유의한다.

| (차) 진행청구액 | ××× | (대) 미성공사 | ××× |
| 미청구공사[주1] | ××× | 초과청구공사[주2] | ××× |

    주1) 미성공사 잔액이 진행청구액보다 클 때 인식하며, 기업이 대가를 받을 무조건적 권리를 표시하는 수취채권(계약미수금)과 재무제표에 구분하여 표시한다.
    주2) 미성공사 잔액이 진행청구액보다 작을 때 인식한다.

사례 12 　서비스기업 수익인식(2)

1. 자료

   〈사례 11〉과 동일

2. 용역제공 기간별 회계처리. 단, 분류는 생략한다.

   (1) 1기

용역대금청구	(차)	계약미수금	550	(대)	진행청구액	500
					부가세예수금	50
용역대금회수	(차)	보통예금	450	(대)	계약미수금	450
용역원가발생	(차)	미성공사	300	(대)	보통예금 등	300
용역원가대체	(차)	용역원가	300	(대)	미성공사	300
용역수익인식	(차)	미성공사	450	(대)	용역매출	450
초과청구공사 인식	(차)	진행청구액	500	(대)	미성공사	450
					초과청구공사	50

   (2) 2기

용역대금청구	(차)	계약미수금	220	(대)	진행청구액	200
					부가세예수금	20
용역대금회수	(차)	보통예금	120	(대)	계약미수금	120
용역원가발생	(차)	미성공사	300	(대)	보통예금 등	300
용역원가대체	(차)	용역원가	300	(대)	미성공사	300
용역수익인식	(차)	미성공사	300	(대)	용역매출	300
미청구공사 인식	(차)	진행청구액	200	(대)	미성공사	300
		초과청구공사	50			
		미청구공사	50			

   (3) 3기

용역대금청구	(차)	계약미수금	880	(대)	진행청구액	800
					부가세예수금	80
용역대금회수	(차)	보통예금	1,080	(대)	계약미수금	1,080
용역원가발생	(차)	미성공사	500	(대)	보통예금 등	500
용역원가대체	(차)	용역원가	500	(대)	미성공사	500
용역수익인식	(차)	미성공사	750	(대)	용역매출	750
미청구공사 제거	(차)	진행청구액	800	(대)	미성공사	750
					미청구공사	50

제 3 절

채권과 채무

이 절에서는 채권과 채무에 대한 다음의 회계처리를 살펴보기로 한다.
① 외상매출금과 받을어음 회계처리
② 외상매입금과 지급어음 회계처리
③ 선급금과 선수금 회계처리
④ 미수수익, 선급비용, 미지급비용 및 선수수익 회계처리
⑤ 미수금과 미지급금 회계처리
⑥ 대여금과 차입금 회계처리
⑦ 채권의 손상차손(대손) 회계처리
⑧ 받을어음 할인 회계처리
⑨ 채무의 면제 회계처리

1. 외상매출금과 받을어음

(1) 의 의

재고자산을 판매함에 따라 발생된 매출채권을 말한다. 따라서, 재고자산 이외의 자산을 처분함에 따라 발생되는 채권인 "미수금"과 구별된다.

(2) 회계처리

1) 계정과목 분류

"외상매출금"은 재고자산을 신용거래로 판매함에 따라 발생된 채권을 말하며, "받을어음"은 재고자산을 판매하고 수취한 어음(선일자수표 포함)을 말한다.

2) 유동성 분류

발생일로부터 회수기일까지의 기간이 정상영업주기 이내인 외상매출금(또는 받을어음)은 유동자산으로 처리하며, 정상영업주기를 초과하는 외상매출금(또는 받을어음)은 비유동자산의 "장기외상매출금(또는 장기받을어음)"으로 처리한다.

비유동자산으로 분류된 "장기외상매출금(또는 장기받을어음)"의 회수기일이 재무상태표일로부터 정상영업주기 이내로 도래하는 경우에는 유동자산의 "외상매출금(또는 받을어음)"으로 유동성대체한다. 이때, 해당 채권의 차감항목인 현재가치할인차금도 함께 유동성대체 하는 것에 유의한다.

3) 발생 및 회수

외상매출금(받을어음)이 발생하는 것은 자산의 증가이므로 분개시 차변에 기록하며, 회수하는 것은 자산의 감소이므로 분개시 대변에 기록한다.

분개예제 17

1. 상품을 660만원(부가가치세 포함)에 3개월 후 결제조건으로 외상판매하다. 단, 세금계산서를 적법하게 발급하다.

   (차) 외상매출금   6,600,000   (대) 매출   6,000,000
                                       부가세예수금   600,000

2. 상기 '1.'의 외상매출금이 회수되어 보통예금으로 입금되다.

   (차) 보통예금   6,600,000   (대) 외상매출금   6,600,000

3. 제품을 880만원(부가가치세 포함)에 판매하고 3개월 만기 어음을 수취하다. 단, 세금계산서를 적법하게 발급하다.

   (차) 받을어음   8,800,000   (대) 매출   8,000,000
                                       부가세예수금   800,000

4. 상기 '3.'의 받을어음을 만기에 은행에 추심의뢰하여 어음금액이 보통예금에 입금되다.

| (차) 보통예금 | 8,800,000 | (대) 받을어음 | 8,800,000 |

5. 제품을 800만원(부가가치세 별도, 할부이자 40만원 포함)에 8개월 할부로 판매하다.
   단, 적법하게 세금계산서를 발급하다.

(차) 할부매출금	8,800,000	(대) 매출	7,600,000
		현재가치할인차금	400,000
		(할부매출금(-))	
		부가세예수금	800,000

6. 할부대금 회수 약정일에 상기 '5.'의 할부금액이 회수되다.

| (차) 보통예금 | 1,100,000 | (대) 할부매출금 | 1,100,000 |

7. 제품을 1,600만원(부가가치세 별도, 할부이자 80만원 포함)에 16개월 할부로 판매하다.

(차) 장기할부매출금	16,000,000	(대) 매출	15,200,000
		현재가치할인차금	800,000
		(장기할부매출금(-))	

8. 할부대금 회수 약정일에 상기 '7.'의 할부금액이 회수되고, 적법하세 세금계산서를 발급하다.

| (차) 보통예금 | 1,100,000 | (대) 장기할부매출금 | 1,000,000 |
| | | 부가세예수금 | 100,000 |

9. 장기외상매출금 1,000만원(현재가치할인차금 100만원)의 회수기일이 재무상태표일로부터 정상영업주기 이내로 도래하다.

(차) 외상매출금	10,000,000	(대) 장기외상매출금	10,000,000
현재가치할인차금	1,000,000	현재가치할인차금	1,000,000
(장기외상매출금(-))		(외상매출금(-))	

2. 외상매입금과 지급어음

(1) 의 의

재고자산을 취득함에 따라 발생된 매입채무를 말한다. 따라서, 재고자산 이외의 자산을 취득함에 따라 발생되는 채무인 "미지급금"과 구별된다.

(2) 회계처리

1) 계정과목 분류

"외상매입금"은 재고자산을 신용거래로 취득함에 따라 발생된 채무를 말하며, "지급어음"은 재고자산을 취득하고 지급한 어음(선일자수표 포함)을 말한다.

2) 유동성 분류

발생일로부터 지급기일까지의 기간이 정상영업주기 이내인 외상매입금(또는 지급어음)은 유동부채로 처리하며, 정성영업주기를 초과하는 외상매입금(또는 지급어음)은 비유동부채의 "장기외상매입금(또는 장기지급어음)"으로 처리한다.

비유동부채로 분류된 "장기외상매입금(또는 장기지급어음)"의 지급기일이 재무상태표일로부터 정상영업주기 이내로 도래하는 경우에는 유동부채의 "외상매입금(또는 지급어음)"으로 유동성대체한다. 이때, 해당 채무의 차감항목인 현재가치할인차금도 함께 유동성대체 하는 것에 유의한다.

3) 발생 및 지급

외상매입금(지급어음)이 발생하는 것은 부채의 증가이므로 분개시 대변에 기록하며, 지급하는 것은 부채의 감소이므로 분개시 차변에 기록한다.

분개예제 18

1. 상품을 660만원(부가가치세 포함)에 3개월 후 결제조건으로 외상매입하고, 세금계산서를 발급받다.

   (차) 상품　　　　　　　6,000,000　　(대) 외상매입금　　　　6,600,000
   　　 부가세대급금　　　　 600,000

2. 상기 '1.'의 외상매입금을 보통예금에서 지급하다.

   (차) 외상매입금　　　　6,600,000　　(대) 보통예금　　　　　6,600,000

3. 원재료를 880만원(부가가치세 포함)에 매입하여 만기 3개월 어음을 발행하고, 적법하게 세금계산서를 발급받다.

   (차) 원재료　　　　　　8,000,000　　(대) 지급어음　　　　　8,800,000
   　　 부가세대급금　　　　 800,000

4. 상기 '3.'의 지급어음의 만기가 도래하여 당좌예금에서 결제되다.

   (차) 지급어음　　　　　8,800,000　　(대) 당좌예금　　　　　8,800,000

5. 상품을 800만원(부가가치세 별도, 할부이자 40만원 포함)에 8개월 할부로 매입하다. 단, 적법하게 세금계산서를 발급받다.

   (차) 상품　　　　　　　7,600,000　　(대) 할부매입금　　　　8,800,000
   　　 현재가치할인차금　　 400,000
   　　 (할부매입금(-))
   　　 부가세대급금　　　　 800,000

6. 할부대금 지급약정일에 상기 '5.'의 할부금액이 결제되다.

   (차) 할부매입금　　　　1,100,000　　(대) 보통예금　　　　　1,100,000

7. 상품을 1,600만원(부가가치세 별도, 할부이자 80만원 포함)에 16개월 할부로 매입하다.

   (차) 상품　　　　　　　15,200,000　　(대) 장기할부매입금　　16,000,000
   　　 현재가치할인차금　　　800,000
   　　 (장기할부매입금(-))

8. 할부대금 지급약정일에 상기 '7.'의 할부금액이 결제되고, 적법하세 세금계산서를 발급받다.

(차) 장기할부매입금	1,000,000	(대) 보통예금	1,100,000
부가세대급금	100,000		

9. 장기외상매입금 1,000만원(현재가치할인차금 100만원)의 지급기일이 재무상태표일로부터 정상영업주기 이내로 도래하다.

(차) 장기외상매입금	10,000,000	(대) 외상매입금	10,000,000
현재가치할인차금	1,000,000	현재가치할인차금	1,000,000
(외상매입금(-))		(장기외상매입금(-))	

3. 선급금과 선수금

(1) 선급금

1) 의의

자산 취득을 위해 미리 선급한 금액을 말한다. 즉 자산 취득시점 이전에 자산 취득을 위해 선급한 원가를 말하며, 용역을 제공받기 위해 미리 지급한 금액도 포함한다.

2) 회계처리

① 유동성 분류

지출일로부터 관련 자산 취득시점까지의 기간이 1년 또는 정상영업주기 이내인 선급금은 유동자산으로 처리하며, 이외의 선급금은 비유동자산의 "장기선급금"으로 처리한다. 또한, 비유동자산으로 분류된 "장기선급금"과 관련된 자산 취득시점까지의 기간이 재무상태표일로부터 1년 또는 정상영업주기 이내로 도래하는 경우에는 유동자산의 "선급금"으로 유동성대체한다. 이때, 해당 채권의 차감항목인 현재가치할인차금도 함께 유동성대체 하는 것에 유의한다.

② 지출 및 관련 자산의 취득

자산 취득을 위해 선급금이 발생한 경우 자산의 증가이므로 분개시 차변에 기록하며, 관련 자산의 취득이 완료되어 관련 자산의 취득을 인식하는 시점에는 분개시 대변에 기록한다.

분개예제 19

1. 상품 매입대금 중 계약금으로 550만원(부가가치세 포함)을 보통예금에서 선지급하고, 세금계산서를 발급받다.

(차)	선급금	5,000,000	(대)	보통예금	5,500,000
	부가세대급금	500,000			

2. 상기 '1'의 상품을 인도받고 잔금 550만원(부가가치세 포함)을 보통예금에서 지급하다. 단, 적법하게 세금계산서를 발급받다.

(차)	상품	10,000,000	(대)	보통예금	5,500,000
	부가세대급금	500,000		선급금	5,000,000

(2) 선수금

1) 의의

자산을 매각하기 전에 미리 수령한 금액을 말한다. 즉, 자산 매각시점 이전에 자산 매각대금을 선수한 경우 해당 금액을 말하며, 용역 제공대가를 선수한 금액도 포함한다.

2) 회계처리

① 유동성 분류

수령일로부터 관련 자산 매각시점까지의 기간이 1년 또는 정상영업주기 이내인 선수금은 유동부채로 처리하며, 이외의 선수금은 비유동부채의 "장기선수금"으로 처리한다. 또한, 비유동부채로 분류된 "장기선수금"과 관련된 자산 매각시점까지의 기간이 재무상태표일로부터 1년 또는 정상영업주기 이내로 도래하는 경우에는 유동부채의 "선수금"으로 유동성대체한다. 이때, 해당 채무의 차감항목인 현재가치할인차금도 함께 유동성대체 하는 것에 유의한다.

② 수령 및 관련 자산의 매각

자산 매각으로 선수금이 발생한 경우 부채의 증가이므로 분개시 대변에 기록하며, 관련 자산의 매각이 완료되어 수익을 인식하는 시점에는 분개시 차변에 기록한다.

제3절_ 채권과 채무

분개예제 20

1. 상품 매각대금 중 계약금으로 550만원(부가가치세 포함)을 보통예금으로 선수하고, 세금계산서를 발급하다.

   (차) 보통예금   5,500,000   (대) 선수금   5,000,000
                                    부가세예수금   500,000

2. 상기 '1'의 상품을 인도 후 잔금 550만원(부가가치세 포함)을 보통예금을 지급받고 세금계산서를 발급하다.

   (차) 보통예금   5,500,000   (대) 매출   10,000,000
        선수금   5,000,000   부가세예수금   500,000

3. 공장부지 토지 매각대금 중 중도금으로 보통예금으로 5억원을 지급받다.

   (차) 보통예금   500,000,000   (대) 선수금   500,000,000

4. 상기 '3.'의 토지(장부금액 12억원)에 대한 잔금 5억원을 보통예금으로 지급받고, 소유권을 이전하다. 다만, 해당 토지에 대한 선수금 잔액은 10억원이다.

   (차) 보통예금   500,000,000   (대) 토지   1,200,000,000
        선수금   1,000,000,000   유형자산처분이익   300,000,000

4. 미수수익, 선급비용, 미지급비용 및 선수수익

(1) 미수수익

1) 의 미
기간 경과에 따라 발생한 당기 수익 중 차기에 회수될 금액을 말한다.

2) 회계처리
① 결산수정분개

발생주의에 따라 당기분에 해당되는 수익이나 아직 인식하지 않은 금액을 다음과 같이 회계처리 한다.

(차) 미수수익   ×××   (대) ××수익   ×××

② 기초재수정분개

전기말 결산시점에서 발생주의에 따라 인식된 미수수익을 기초시점에서 다음과 같이 재수정함으로써 기중의 회계처리가 현금주의에 따라 이루어질 수 있도록 한다.

(차) 미수수익   (−)×××   (대) ××수익   (−)×××

또는

(차) ××수익   ×××   (대) 미수수익   ×××

분개예제 21

1. 12/31 대여금에 대한 미수이자 500만원을 인식하다.

    (차) 미수수익   5,000,000   (대) 이자수익   5,000,000

2. 1/1 상기 '1.'의 미수수익을 재수정분개하다.

    (차) 미수수익   (−)5,000,000 (대) 이자수익   (−)5,000,000

---

(2) 선급비용

1) 의미

당기에 지급된 비용 중 차기 비용 해당분을 말한다.

2) 회계처리

① 비용 지급시

당기에 지급한 비용 중 차기 비용이 포함된 경우 해당 비용을 지출시점에서 다음과 같이 회계처리 한다.

(차) ××비용   ×××   (대) 보통예금 등   ×××
    선급비용   ×××

② 기초재수정분개

전기에 발생주의에 따라 인식된 선급비용을 기초시점에서 다음과 같이 재수정함으로써 기중의 회계처리가 현금주의에 따라 이루어질 수 있도록 한다.

(차) ××비용   ×××   (대) 선급비용   ×××

분개예제 22

1. 7/1 본사건물에 대한 1년분 화재보험료로 120만원을 보통예금에서 지급하다. 단, 보험가입기간은 7.1.부터 내년 6.30.까지이다.

   (차) 보험료　　　　　　　　600,000　　（대) 보통예금　　　　　　1,200,000
   　　 선급비용　　　　　　　600,000

2. 1/1 상기 '1.'의 선급비용을 재수정분개하다.

   (차) 보험료　　　　　　　　600,000　　（대) 선급비용　　　　　　　600,000

3. 7/1 차입금에 대한 보증보험료 120만원을 보통예금에서 지급하다. 단, 보증기간은 지급일로부터 2년간이다.

   (차) 보증보험료　　　　　　300,000　　（대) 보통예금　　　　　　1,200,000
   　　 선급비용　　　　　　　600,000
   　　 장기선급비용　　　　　300,000

4. 1/1 상기 '3.'의 선급비용을 재수정분개하다.

   (차) 보증보험료　　　　　　600,000　　（대) 선급비용　　　　　　　600,000
   　　 선급비용　　　　　　　300,000　　　　　 장기선급비용　　　　　300,000

(3) 미지급비용

1) 의미

기간 경과에 따라 발생한 당기 비용 중 차기에 지급될 금액을 말한다.

2) 회계처리

① 결산수정분개

발생주의에 따라 당기분에 해당되는 비용이나 아직 인식하지 않은 금액을 다음과 같이 회계처리 한다.

   (차) ××비용　　　　　　　×××　　（대) 미지급비용　　　　　　　×××

② 기초재수정분개

전기말 결산시점에서 발생주의에 따라 인식된 미지급비용을 기초시점에서 다음과 같이 재수정함으로써 기중의 회계처리가 현금주의에 따라 이루어질 수 있도록 한다.

| (차) ××비용 | (-)××× | (대) 미지급비용 | (-)××× |

또는

| (차) 미지급비용 | ××× | (대) ××비용 | ××× |

분개예제 23

1. 12/31 차입금에 대한 미지급이자 500만원을 인식하다.

| (차) 이자비용 | 5,000,000 | (대) 미지급비용 | 5,000,000 |

2. 1/1 상기 '1.'의 미지급비용을 재수정분개하다.

| (차) 이자비용 | (-)5,000,000 | (대) 미지급비용 | (-)5,000,000 |

(4) 선수수익

1) 의미

당기에 수령한 수익 중 차기 수익 해당분을 말한다.

2) 회계처리

① 수익 수령시

당기에 수령한 수익 중 차기 수익이 포함된 경우 해당 수익을 수령시점에서 다음과 같이 회계처리 한다.

| (차) 보통예금 등 | ××× | (대) ××수익 | ××× |
| | | 선수수익 | ××× |

② 기초재수정분개

전기에 발생주의에 따라 인식된 선수수익을 기초시점에서 다음과 같이 재수정함으로써 기중의 회계처리가 현금주의에 따라 이루어질 수 있도록 한다.

| (차) 선수수익 | ××× | (대) ××수익 | ××× |

분개예제 24

1. 7/1 임대료 2,000만원이 보통예금으로 입금되다. 단, 해당 임대료는 7.1.부터 내년 6.30.까지의 임대료이다.

    (차) 보통예금　　　　　　　20,000,000　　(대) 임대료수익　　　　　　10,000,000
    　　　　　　　　　　　　　　　　　　　　　　　　선수수익　　　　　　　10,000,000

2. 1/1 상기 '1.'의 선수수익을 재수정분개하다.

    (차) 선수수익　　　　　　　10,000,000　　(대) 임대료수익　　　　　　10,000,000

5. 미수금과 미지급금

(1) 미수금

1) 의 의

"미수금"이란 재고자산의 판매활동 등 일반적 상거래 외에서 발생한 미수채권을 말한다. "미수금"은 일반적 상거래에서 발생되는 "외상매출금(받을어음)"과 구별되며, 기간 경과분 수익을 인식하는 "미수수익"과도 구별된다.

2) 회계처리

미수금은 자산이므로 분개시 증가는 차변에, 감소는 대변에 기록한다.

(2) 미지급금

1) 의의

"미지급금"이란 재고자산의 매입활동 등 일반적 상거래 외에서 발생한 미지급채무를 말한다. "미지급금"은 일반적 상거래에서 발생되는 "외상매입금(지급어음)"과 구별되며, 기간 경과분 비용을 인식하는 "미지급비용"과도 구별된다.

2) 회계처리

미지급금은 부채이므로 분개시 증가는 대변에, 감소는 차변에 기록한다.

사례 13 — 미수금과 미지급금(1)

1. 자료
   (상황1) (주)대박은 (주)왕대박에게 공장부지 토지를 1억원에 장부금액으로 매각하고, 매각대금은 매각 후 1개월 뒤 보통예금으로 회수하기로 하다.
   (상황2) (주)대박은 (주)왕대박에게 상품을 1억원에 판매하고, 판매대금은 판매 후 1개월 뒤 보통예금으로 회수하기로 하다.

2. (주)대박의 판매(매각)시점 회계처리
   공장부지 토지를 매각하여 발생한 채권은 주요 영업활동 이외의 거래에서 발생한 채권이므로 "미수금"의 계정과목으로 처리하나, 상품을 판매하여 발생한 채권은 주요 영업활동에서 발생한 채권이므로 "외상매출금"의 계정과목으로 회계처리한다. 즉, 각 상황별로 다음과 같이 회계처리한다.

구 분	회계처리			
상황1	(차) 미수금	100,000,000	(대) 토지	100,000,000
상황2	(차) 외상매출금	100,000,000	(대) 매출	100,000,000

3. (주)왕대박의 취득시점 회계처리
   공장부지 토지를 취득하여 발생한 채무는 주요 영업활동 이외의 거래에서 발생한 채무이므로 "미지급금"의 계정과목으로 처리하나, 상품을 취득하여 발생한 채무는 주요 영업활동에서 발생한 채무이므로 "외상매입금"의 계정과목으로 회계처리한다. 즉, 각 상황별로 다음과 같이 회계처리한다.

구 분	회계처리			
상황1	(차) 토지	100,000,000	(대) 미지급금	100,000,000
상황2	(차) 상품	100,000,000	(대) 외상매입금	100,000,000

사례 14 — 미수금과 미지급금(2)

1. 자료
   (1) 20×1.7.1. (주)대박은 (주)피박에게 만기 1년, 이자율 10%, 원리금 후취조건으로 1억원을 대여하다.
   (2) 양사의 결산일은 매년 12.31.이며, 발생주의에 따른 기간경과이자는 월할계산한다. 또한, 기초재수정분개는 하지 않는다.
   (3) (주)피박은 만기일에 원금은 상환하였으나, 이자는 1개월 후에 지급하기로 하다.

2. (주)대박의 각 시점별 회계처리
   결산일에 발생주의에 따라 기간 경과분 발생이자 상당액을 "미수수익"의 계정과목으로 회계처리 한다. 이때, 결산일에 인식한 채권(미수수익)은 금전소비대차약정에 따라 수취권리가 확정된 것은 아니다. 반면, 만기시점에서 수취권리가 확정된 대여금에 대한 이자를 회수하지 못함에 따라 발생된 채권은 주요 영업활동 이외의 거래에서 발생한 확정채권이므로 "미수금"의 계정과목으로 회계처리 한다.

일자	회계처리				
×1.7.1.	(차) 단기대여금	100,000,000	(대) 보통예금	100,000,000	
×1.12.31.	(차) 미수수익	5,000,000	(대) 이자수익	5,000,000	
×2.6.30.	(차) 보통예금	100,000,000	(대) 단기대여금	100,000,000	
	(차) 미수금	10,000,000	(대) 이자수익	5,000,000	
			미수수익	5,000,000	

3. (주)피박의 각 시점별 회계처리

결산일에 발생주의에 따라 기간 경과분 발생이자 상당액을 "미지급비용"의 계정과목으로 회계처리 한다. 이때, 결산일에 인식한 채무(미지급비용)는 금전소비대차약정에 따라 지급의무가 확정된 것은 아니다. 반면, 만기시점에서 지급의무가 확정된 차입금에 대한 이자를 지급하지 못함에 따라 발생된 채무는 주요 영업활동 이외의 거래에서 발생한 확정채무이므로 "미지급금"의 계정과목으로 회계처리 한다.

일자	회계처리				
×1.7.1.	(차) 보통예금	100,000,000	(대) 단기차입금	100,000,000	
×1.12.31.	(차) 이자비용	5,000,000	(대) 미지급비용	5,000,000	
×2.6.30.	(차) 단기차입금	100,000,000	(대) 보통예금	100,000,000	
	(차) 이자비용 미지급비용	5,000,000 5,000,000	(대) 미지급금	10,000,000	

6. 대여금

(1) 의 의

일정한 기한 내에 원금의 상환과, 일정한 이자를 지급받는다는 채권·채무 계약(금전소비대차계약)에 따라 대여된 자금을 말한다.

(2) 회계처리

1) 계정과목 분류

관리목적 차원에서 보다 유용하므로 자금을 대여하는 상대방에 따라 다음과 같이 계정과목을 구분하여 처리한다.
① 주주, 임원, 종업원 : 주주·임원·종업원대여금
② 특수관계 회사 : 관계회사대여금
③ 기타 : 대여금

> **KEY POINT**
>
> **대여금과 가지급금**
>
> 실무상 대여금의 계정과목으로 "가지급금"을 사용하는 경우가 있는데, 이는 법인세법상 "특수관계자에 대한 대여금"을 가지급금이라 하기 때문이다.
> 그러나, 기업회계상 가지급금은 "원인모를 현금유출액"으로 법인세법상 가지급금과 다른 의미에 해당되며, 법인세법상 가지급금에 해당되는 경우 세법상 여러 불이익을 당하게 되므로 특수관계자에 대한 대여금이 발생할 경우 기업회계상 가지급금과 별도로 구분표시 하는 것이 보다 좋을 것으로 판단된다.
> 또한 재무상태표 작성시 기업회계상 미결산계정인 가지급금을 표시할 수 없으므로, 가지급금 잔액에 대해서는 원인을 규명하여 적절한 계정과목으로 대체처리하여야 한다.

분개예제 25

1. **보통예금에서 1억원을 인출하여 대표이사에게 1년 만기로 대여하다.**

    (차) 대표이사단기대여금   100,000,000   (대) 보통예금   100,000,000

2. **보통예금에서 5억원을 인출하여 관계회사에게 2년 만기로 대여하다.**

    (차) 관계회사장기대여금   500,000,000   (대) 보통예금   500,000,000

3. **종업원에게 일시가불금으로 200만원을 현금대여하다.**

    (차) 종업원단기대여금   2,000,000   (대) 현금   2,000,000

4. **대표이사가 현금 100만원을 인출하여 가다.**

    (차) 가지급금   1,000,000   (대) 현금   1,000,000

5. 대표이사가 상기 '4.'의 현금 사용내역을 다음처럼 지출하고, 잔액을 반납하다.
   - 거래처 접대비용 : 880,000원(부가가치세 포함)
   - 택시요금 : 50,000원

(차)	접대비^{주)}	880,000	(대)	가지급금	1,000,000
	여비교통비	50,000			
	현금	70,000			

   주) 접대비와 관련된 부가가치세는 매입세액 불공제 대상이므로, 접대비에 포함하여 비용처리 한다.

2) 유동성분류

대여일로부터 회수기일까지의 기간이 1년 이내인 대여금은 유동자산의 "단기대여금"으로, 1년 초과인 대여금은 비유동자산의 "장기대여금"으로 처리한다.

3) 회계처리

① 기중의 회계처리

㉠ 대여금의 대여 및 회수

대여금을 대여하는 것은 자산의 증가이므로 분개시 차변에 기록하며, 회수하는 것은 자산의 감소이므로 분개시 대변에 기록한다.

㉡ 대여금 이자 수취시

대여금 이자를 수취할 경우 이자 전액을 지급받지 못하고 일부를 법인세와 법인지방소득세로 원천징수 및 특별징수 당하게 된다. 즉, 이자 수취시 다음과 같이 회계처리 한다.

(차)	보통예금 등^{주1)}	×××	(대)	선수수익^{주3)}	×××
	선급법인세^{주2)}	×××		이자수익^{주4)}	×××

주1) 순현금유입액
주2) 이자에 대해 원천징수 및 특별징수당한 법인세와 법인지방소득세
주3) 이자 수취조건이 선취조건일 때만 발생하며, 총이자수익액 중 차기분 이자해당액으로 다음과 같이 계산된다.

$$\text{선수이자} = \text{대여금액} \times \text{대여금 연이자율} \times \frac{\text{일수}}{365(366)}$$

이때, 산식에서 "일수"는 결산일의 다음날부터 다음 이자수취일까지의 일자를 말한다.
주4) 대차차액. 선취조건일 경우에는 총이자수익액 중 당기분 이자해당액을 말하며, 후취조건일 경우에는 총이자수익액을 말한다.

분개예제 26

1. 관계회사 대여금 5억원의 만기가 도래하여 이자 4,000만원에 대한 원천징수세액과 특별징수세액 1,100만원을 차감한 5억2,900만원이 보통예금으로 입금되다.

    (차) 보통예금　　　　　529,000,000　　(대) 관계회사단기대여금　500,000,000
    　　 선급법인세　　　　 11,000,000　　　　 이자수익　　　　　　 40,000,000

2. 7/1 대여금 이자 1년분 2,000만원 중 원천징수세액과 특별징수세액 550만원을 제외한 1,450만원이 보통예금으로 입금되다. 단, 해당 이자는 7.1.부터 내년 6.30.까지의 이자이다.

    (차) 보통예금　　　　　 14,500,000　　(대) 이자수익　　　　　　 10,000,000
    　　 선급법인세　　　　　5,500,000　　　　 선수수익　　　　　　 10,000,000

② 결산수정분개

　㉠ 대여금 유동성대체

　　비유동자산으로 분류되었던 장기대여금 중 재무상태표일로부터 대여금의 회수기일까지의 기간이 1년 이내로 도래하는 대여금은 유동자산의 단기대여금으로 대체하는 다음 결산수정분개를 한다. 이때, 해당 채권의 차감항목인 현재가치할인차금도 함께 유동성대체한다.[33]

　　(차) 단기대여금　　　　　×××　　(대) 장기대여금　　　　　×××
    　　　현재가치할인차금　　×××　　　　 현재가치할인차금　　×××
    　　　(장기대여금(-))　　　　　　　　　　(단기대여금(-))

---

[33] 대여금과 수취채권은 최초 인식 후 유효이자율법을 사용하여 상각후원가로 측정한다. 다만, 유효이자율과 약정에 따라 수취하는 액면이자율이 일치하는 경우 현재가치할인차금은 발생하지 않는다.

사례 15 대여금의 유동성분류

1. 자료
   (1) 20×1.7.1. (주)대여가 (주)차입에게 1억원 대여
   (2) 회수기일은 20×4.6.30.

2. (주)대여의 각 시점별 대여금 계정과목

20×1.7.1.	20×1.12.31.	20×2.12.31.	20×3.12.31.
장기대여금	장기대여금	장기대여금	단기대여금

분개예제 27

1. 비유동자산으로 분류된 장기대여금 1억원(현재가치할인차금 500만원)의 만기가 1년 이내로 도래하다.

(차) 단기대여금	100,000,000	(대) 장기대여금	100,000,000
현재가치할인차금	5,000,000	현재가치할인차금	5,000,000
(장기대여금(−))		(단기대여금(−))	

ⓒ 대여금의 미수이자

이자 수취조건을 후취로 할 경우, 발생주의에 따라 최종 이자수취일로부터 결산일까지의 대여금 이자 발생분을 이자수익과 미수수익으로 인식하여야 하므로, 다음 결산수정분개를 한다.

(차) 미수수익 ××× (대) 이자수익 ×××

이때, 대여금 미수이자는 다음과 같이 계산하며, 산식에서 "경과일수"는 최종이자 수취일의 다음날로부터 결산일까지의 일자를 말한다.

$$\text{미수이자} = \text{대여금액} \times \text{대여금 연이자율} \times \frac{\text{일수}}{365(366)}$$

③ 기초재수정분개

전기에 발생주의에 따라 인식한 대여금 미수이자와 선수이자에 대해 당기초에 다음과 같이 기초재수정분개를 하여 회계연도 중 대여금 이자수취시 현금주의로 회계처리 할 수 있도록 한다.

㉠ 미수이자

 (차) 미수수익   (−)×××   (대) 이자수익   (−)×××

 또는

 (차) 이자수익   ×××   (대) 미수수익   ×××

㉡ 선수이자

 (차) 선수수익   ×××   (대) 이자수익   ×××

사례 16) 대여금

1. 자료
   (1) 20×1.7.1. (주)대여가 (주)차입에게 1억원 대여하다.
   (2) 만기일은 20×2.6.30., 연 이자율 10%, 이자는 만기시점에서 후취하기로 한다.
   (3) 원천징수세율과 특별징수세율은 각각 25%와 10%로 가정한다.
   (4) (주)대여의 결산일은 매년 12.31.이며, 발생주의에 의한 이자인식은 월할계산한다.

2. (주)대여의 각 시점별 회계처리

시점	차변	금액	대변	금액
×1.7.1.	(차) 단기대여금	100,000,000	(대) 보통예금	100,000,000
×1.12.31.	(차) 미수수익[주1]	5,000,000	(대) 이자수익	5,000,000
×2.1.1.	(차) 미수수익[주2]	(−)5,000,000	(대) 이자수익	(−)5,000,000
×2.6.30.	(차) 보통예금 선급법인세[주3]	107,250,000 2,750,000	(대) 단기대여금 이자수익	100,000,000 10,000,000

주1) 발생주의에 의한 대여일로부터 결산일까지의 발생이자 = 100,000,000 × 10% × 6/12
주2) 기초재수정분개
주3) 대여금 이자에 대한 원천징수세액과 특별징수세액 = 10,000,000 × 25%× 1.1

7. 차입금

(1) 의 의
일정한 기한 내에 원금의 지급과, 일정한 이자를 지급한다는 채권·채무 계약(금전소비대차계약)에 따라 차입된 자금을 말한다.

(2) 회계처리
1) 계정과목 분류
관리목적 차원에서 보다 유용하므로 자금을 차입하는 상대방에 따라 다음과 같이 계정과목을 구분하여 처리한다.
① 주주, 임원, 종업원 : 주주·임원·종업원차입금
② 특수관계 회사 : 관계회사차입금
③ 기타 : 차입금

> **KEY POINT**
>
> **차입금과 가수금**
>
> 실무상 차입금의 계정과목으로 "가수금"을 사용하는 경우가 있는데, 이는 법인세법상 "특수관계자에 대한 차입금"을 가수금이라 하기 때문이다.
> 그러나, 기업회계상 가수금은 "원인모를 현금유입액"으로 법인세법상 가수금과 다른 의미에 해당되므로 특수관계자에 대한 차입금이 발생할 경우 기업회계상 가수금과 별도로 구분표시 하는 것이 보다 좋을 것으로 판단된다.
> 또한 재무상태표 작성시 기업회계상 미결산계정인 가수금을 표시할 수 없으므로, 가수금 잔액에 대해서는 원인을 규명하여 적절한 계정과목으로 대체처리하여야 한다.

분개예제 28

1. 대표이사로부터 1억원을 만기 1년으로 차입하다.

    (차) 보통예금　　　　　　100,000,000　　(대) 대표이사단기차입금　　100,000,000

2. 관계회사로부터 1억원을 만기 2년으로 차입하다.

    (차) 보통예금　　　　　　100,000,000　　(대) 관계회사장기차입금　　100,000,000

3. 은행으로부터 5억원을 만기 1년으로 차입하다.

    (차) 보통예금　　　　　　500,000,000　　(대) 단기차입금　　　　　　500,000,000

4. 보통예금 통장 정리 중 원인불명의 입금액 500만원을 발견하다.

    (차) 보통예금　　　　　　5,000,000　　(대) 가수금　　　　　　　　5,000,000

5. 상기 '4.'의 원인불명 금액이 외상매출금 회수액임을 알게 되다.

    (차) 가수금　　　　　　　5,000,000　　(대) 외상매출금　　　　　　5,000,000

2) 유동성분류

차입일로부터 지급기일까지의 기간이 1년 이내인 차입금은 유동부채의 "단기차입금"으로, 1년 초과인 차입금은 비유동부채의 "장기차입금"으로 처리한다.

3) 회계처리

① 기중의 회계처리

　㉠ 차입금의 차입 및 상환

　　차입금을 차입하는 것은 부채의 증가이므로 분개시 대변에 기록하며, 상환하는 것은 부채의 감소이므로 분개시 차변에 기록한다.

　㉡ 차입금 이자 지급시

　　차입금 이자를 지급할 경우 이자 전액을 지급하지 않고 일부를 법인세와 법인지방소득세로 원천징수 및 특별징수 하게 되며, 해당 세액은 다음달 10일까지 국가 등에 납부하여야 한다. 즉, 이자 지급시 다음과 같이 회계처리 한다.

| (차) 선급비용[주1] | ××× | (대) 보통예금 등[주3] | ××× |
| 이자비용[주2] | ××× | 예수금[주4] | ××× |

주1) 이자 지급조건이 선급조건일 때만 발생하며, 총이자비용액 중 차기분 이자해당액으로 다음과 같이 계산된다.

$$선급이자 = 차입금액 \times 차입금\ 연이자율 \times \frac{일수}{365(366)}$$

이때, 산식에서 "일수"는 결산일의 다음날부터 다음 이자지급일까지의 일자를 말한다.
주2) 대차차액. 선급조건일 경우에는 총이자비용액 중 당기분 이자해당액을 말하며, 후급조건일 경우에는 총이자비용액을 말한다.
주3) 순현금유출액
주4) 이자에 대한 원천징수세액과 특별징수세액으로 다음달 10일까지 국가 등에 납부

분개예제 29

1. 만기 3년의 관계회사 차입금 5억원이 만기 도래하여 이자 4,000만원에 대한 원천징수세액과 특별징수세액 1,100만원을 차감한 5억2,900만원을 지급하다.

| (차) 유동성장기부채 | 500,000,000 | (대) 보통예금 | 529,000,000 |
| 이자비용 | 40,000,000 | 예수금 | 11,000,000 |

2. 7/1 차입금 이자 1년분 2,000만원 중 원천징수세액과 특별징수세액 550만원을 제외한 1,450만원을 보통예금으로 지급하다. 단, 해당 이자는 7.1부터 내년 6.30까지의 이자이다.

| (차) 이자비용 | 10,000,000 | (대) 보통예금 | 14,500,000 |
| 선급비용 | 10,000,000 | 예수금 | 5,500,000 |

② 결산수정분개

㉠ 차입금 유동성대체

비유동부채로 분류되었던 장기차입금 중 재무상태표일로부터 차입금의 지급기일까지의 기간이 1년 이내로 도래하는 차입금은 유동부채의 유동성장기부채로 대체하는 다음 결산수정분개를 한다. 이때, 해당 채무의 차감항목인 현재가치할인차금이 있는 경우 함께 유동성대체 한다.[34]

---

34) 원칙적으로 차입금 등 모든 금융부채는 최초 인식 후 유효이자율법을 사용하여 상각후원가로 측정한다. 다만, 유효이자율과 약정에 따라 지급하는 액면이자율이 일치하는 경우 현재가치할인차금은 발생하지 않는다.

(차) 장기차입금	×××	(대) 유동성장기부채	×××
현재가치할인차금	×××	현재가치할인차금	×××
(유동성장기부채(-))		(장기차입금(-))	

단기차입금으로 유동성대체 하지 않는 이유

단기차입금과 유동성장기부채가 동일하게 재무상태표일로부터 1년 이내에 지급되어지는 유동부채이나 단기차입금은 차입 당시부터 만기가 1년 이내인 차입금이지만 유동성장기부채는 차입당시에는 만기가 1년 초과였으나 기간경과로 인해 만기가 1년 이내로 도래한 것이므로 이를 구별하기 위해서이다. 이는 정보이용자에게 기업의 신용에 대해 보다 유용한 정보를 제공할 수 있기 때문이다.

사례 17. 차입금의 유동성분류

1. 자료
   (1) 20×1.7.1. (주)차입이 (주)대여에게 1억원 차입
   (2) 지급기일은 20×4.6.30.

2. (주)차입의 각 시점별 차입금 계정과목

20×1.7.1.	20×1.12.31.	20×2.12.31.	20×3.12.31.
장기차입금	장기차입금	장기차입금	유동성장기부채

분개예제 30

1. 12/31 장기차입금 1억원(현재가치할인차금 500만원)의 만기가 1년 이내로 도래하다.

(차) 장기차입금	100,000,000	(대) 유동성장기부채	100,000,000
현재가치할인차금	5,000,000	현재가치할인차금	5,000,000
(유동성장기부채(-))		(장기차입금(-))	

ⓒ 차입금의 미지급이자

이자 지급조건을 후급으로 할 경우, 발생주의에 따라 최종 이자지급일로부터 결산일까지의 차입금 이자 발생분을 이자비용과 미지급비용으로 인식하여야 하므로, 다음 결산수정분개를 한다.

(차) 이자비용　　　　　×××　　(대) 미지급비용　　　　　×××

이때, 차입금 미지급이자는 다음과 같이 계산하며, 산식에서 "경과일수"는 최종이자 지급일의 다음날로부터 결산일까지의 일자를 말한다.

$$미지급이자 = 차입금액 \times 차입금\ 연이자율 \times \frac{경과일수}{365(366)}$$

③ 기초재수정분개

전기에 발생주의에 따라 인식한 차입금 미지급이자와 선급이자에 대해 당기초에 다음과 같이 기초재수정분개를 하여 회계연도 중 차입금 이자지급시 현금주의로 회계처리 할 수 있도록 한다.

㉠ 미지급이자

　　(차) 이자비용　　　　(-)×××　　(대) 미지급비용　　　(-)×××

　　또는

　　(차) 미지급비용　　　　×××　　(대) 이자비용　　　　　×××

ⓒ 선급이자

　　(차) 이자비용　　　　　×××　　(대) 선급비용　　　　　×××

사례 18 차입금

1. 자료
   (1) 20×1.7.1. (주)차입이 (주)대여에게 1억원 차입하다.
   (2) 만기일은 20×2.6.30., 연 이자율은 10%, 이자는 만기시점에 후급한다.
   (3) 원천징수세율과 특별징수세율은 각각 25%와 10%로 가정한다.
   (4) (주)차입의 결산일은 매년 12.31.이며, 발생주의에 의한 이자인식은 월할계산한다.

2. (주)차입의 각 시점별 회계처리

×1.7.1.	(차)	보통예금	100,000,000	(대)	단기차입금	100,000,000
×1.12.31.	(차)	이자비용	5,000,000	(대)	미지급비용주1)	5,000,000
×2.1.1.	(차)	이자비용	(-)5,000,000	(대)	미지급비용주2)	(-)5,000,000
×2.6.30.	(차)	단기차입금	100,000,000	(대)	보통예금	107,250,000
		이자비용	10,000,000		예수금주3)	2,750,000

주1) 발생주의에 의한 차입일로부터 결산일까지의 발생이자 = $100,000,000 \times 10\% \times 6/12$
주2) 기초재수정분개
주3) 차입금 이자에 대한 원천징수세액과 특별징수세액 = $10,000,000 \times 25\% \times 1.1$

8. 채권의 손상차손(대손)

(1) 의 의

채권의 손상차손(대손)이란 기업이 보유하고 있는 채권이 채무자의 파산 등의 사유로 회수가 불가능하게 되는 경우를 말한다. 이러한 손상차손이 발생하게 되면 즉 채권금액과 회수금액과의 차액만큼 손실이 발생되므로 이를 당기비용 처리한다.

이때, 손상차손이 가능한 채권에는 상거래에서 발생한 매출채권(외상매출금, 받을어음) 외에도 대여금, 미수수익, 미수금 등 모든 수취채권이 포함된다.

(2) 회계처리

기업회계기준에 따른 채권 중 매출채권이나 계약자산의 손상차손 회계처리는 다음과 같다.

1) 결산시점

① 손상차손(환입) 인식

매 결산시점에 다음 중 하나를 충족하는 매출채권이나 계약자산은 항상(반드시) 전체기간 기대신용손실에 해당하는 금액으로 손실충당금을 측정하고, 기대신용손실의 변동액을 손상차손(환입)으로 당기손익에 인식한다.

㉠ 유의적인 금융요소를 포함하고 있지 않은 경우
㉡ 고객이 대가를 지급하는 기간이 1년 이내로 예상되는 경우
㉢ 유의적인 금융요소가 있으나, 전체기간 기대신용손실에 해당하는 금액으로 손실충당금을 측정하는 것을 회계정책으로 선택한 경우

기대신용손실의 측정

1. 금융상품의 기대신용손실은 다음 사항을 반영하도록 측정한다.
   (1) 일정 범위의 발생 가능한 결과를 평가하여 산정한 금액으로서 편의가 없고 확률로 가중한 금액
   (2) 화폐의 시간가치
   (3) 보고기간 말에 과거사건, 현재 상황과 미래 경제적 상황의 예측에 대한 정보로서 합리적이고 뒷받침될 수 있으며 과도한 원가나 노력 없이 이용할 수 있는 정보

2. 기대신용손실을 측정하기 위해 기대 현금 부족액을 추정할 때 계약조건의 일부이지만 별도로 인식하지 않는 담보나 그 밖의 신용보강에서 기대되는 현금흐름을 반영한다.

3. 기대신용손실은 최초 인식시점에 산정한 유효이자율이나 이에 근사한 이자율로 보고기간 말을 기준으로 할인하며, 예상되는 채무불이행 발생일이나 그 밖의 날짜를 기준으로 할인하지 않는다.

4. 관련 정보를 빠짐없이 모두 조사할 필요는 없으나 기대신용손실의 추정에 관련성이 있고 과도한 원가나 노력 없이 이용할 수 있는 합리적이고 뒷받침될 수 있는 모든 정보를 고려해야 한다. 이용하는 정보에는 차입자 특유의 요인, 일반적인 경제 환경, 보고기간 말에 현재 상황에 대한 평가뿐만 아니라 미래에 상황이 어떻게 변동할 것인지에 대한 평가가 포함된다. 내부(기업 특유의) 자료, 외부 자료와 같이 다양한 자료 원천을 사용할 수 있다. 가능한 자료 원천으로서 내부적인 과거 신용손실 경험, 내부 등급, 다른 기업의 신용손실 경험, 외부 등급, 보고서, 통계치를 들 수 있다. 기업 특유의 자료 원천이 없거나 충분하지 않은 경우에는 비교 가능한 금융상품(또는 금융상품 집합)에 대한 비슷한 기업들의 경험을 사용할 수 있다.

② 회계처리

손상차손과 손상차손환입의 회계처리는 다음과 같다(예: 외상매출금).

구 분	회계처리			
손상차손	(차) 대손상각비[주1] (관리비)	×××	(대) 손실충당금[주2] (외상매출금(-))	×××
손상차손 환입	(차) 손실충당금[주2] (외상매출금(-))	×××	(대) 손실충당금환입[주3] (관리비(-))	×××

주1) "손상차손"의 계정과목을 사용하여도 되며, 매출채권과 계약자산이 아닌 경우에는 "기타의대손상각비"의 계정과목으로 하여 기타비용 처리한다.
주2) 손실충당금이 아닌 해당 자산의 장부금액에서 직접 차감하거나 가산하여도 되며, 매출채권과 계약자산이 아닌 경우에도 동일한 계정과목을 사용한다.
주3) "손상차손환입"의 계정과목을 사용하여도 되며, 매출채권과 계약자산이 아닌 경우에도 동일한 계정과목을 사용하되 기타수익으로 처리한다.

KEY POINT

손실충당금 계정을 사용하는 것이 보다 좋은 이유

손상차손 회계처리에서 채권계정을 직접 조정하는 것보다 손실충당금과 같이 평가성충당금으로 조정하여 회계처리하는 것이 보다 좋은데, 그 이유는 다음과 같다.
1. 대손이 실제 발생된 것이 아니다.
2. 채권계정을 직접 차감할 경우 채권 잔액이 실제 회수하여야 할 채권금액과 달라져 외상매출금 청구시 올바른 금액을 청구하지 못하는 실수가 발생할 수 있다.
3. 외부감사시 채권조회서를 보낼 때 대손추정액이 차감된 채권 잔액으로 조회서를 보냄으로써 적절한 외부감사 절차가 이루어질 수 없을 뿐 아니라, 이후 거래처와 오해의 소지가 발생할 가능성이 있다.

분개예제 31

1. 12/31 외상매출금 잔액 1억원 중 200만원이 손상된 것으로 판단된다. 단, 손상차손 검토 전 손실충당금 잔액은 50만원이다.

   (차) 대손상각비   1,500,000   (대) 손실충당금   1,500,000
        (관리비)   (외상매출금(-))

2. 12/31 대여금 잔액 1억원 중 200만원이 손상된 것으로 판단된다. 단, 손상차손 검토 전 손실충당금 잔액은 50만원이다.

   (차) 기타의대손상각비   1,500,000   (대) 손실충당금   1,500,000
        (기타비용)   (대여금(-))

3. 12/31 외상매출금 잔액 1억원 중 200만원이 손상된 것으로 판단된다. 단, 손상차손 검토 전 손실충당금 잔액은 300만원이다.

   (차) 손실충당금   1,000,000   (대) 손실충당금환입   1,000,000
        (외상매출금(-))   (관리비(-))

4. 12/31 미수금 잔액 1억원 중 200만원이 손상된 것으로 판단된다. 단, 손상차손 검토 전 손실충당금 잔액은 300만원이다.

   (차) 손실충당금   1,000,000   (대) 손실충당금환입   1,000,000
        (미수금(-))   (기타수익)

2) 채권 회수시점(대손시점)

회계연도 중 채권 회수시점에서 손상차손(대손)이 실제로 발생할 경우에는 이미 설정되어 있는 손실충당금 잔액과 대손된 채권금액을 서로 상계하는 회계처리를 한다. 다만, 손실충당금 잔액보다 더 많은 금액이 대손될 경우에는 추가 대손금액을 대손상각비 등으로 비용처리한다.

구 분	회계처리			
손실충당금 잔액 〈 대손금액	(차) 손실충당금 (외상매출금(-)) 대손상각비[주] (관리비)	××× ×××	(대) 외상매출금	×××

주) 매출채권과 계약자산이 아닌 경우 "기타의대손상각비"의 계정과목으로 하여 기타비용으로 처리한다.

분개예제 32

1. 외상매출금 200만원을 회수하지 못하게 되다. 단, 손실충당금 잔액은 1,000만원이다.

   (차) 손실충당금   2,000,000   (대) 외상매출금   2,000,000
   　　(외상매출금(-))

2. 외상매출금 1,000만원을 회수하지 못하게 되다. 단, 손실충당금 잔액은 800만원이다.

   (차) 손실충당금   8,000,000   (대) 외상매출금   10,000,000
   　　(외상매출금(-))
   　　대손상각비   2,000,000
   　　(관리비)

3. 미수금 1,000만원을 회수하지 못하게 되다. 단, 손실충당금 잔액은 800만원이다.

   (차) 손실충당금   8,000,000   (대) 미수금   10,000,000
   　　(미수금(-))
   　　기타의대손상각비   2,000,000
   　　(기타비용)

3) 대손처리된 채권 회수시점

회계연도 중 이미 대손처리 한 채권이 회수될 경우에는 다음과 같이 대손 분개를 취소하여 채권을 인식한 후 해당 채권을 회수하는 회계처리를 한다.

구 분	회계처리^{주)}			
대손 취소	(차) 외상매출금 등	×××	(대) 손실충당금 (외상매출금 등(-))	×××
채권 회수	(차) 보통예금	×××	(대) 외상매출금 등	×××

주) 다음과 같이 하나의 분개로 하여도 무방하다.

    (차) 보통예금   ×××   (대) 손실충당금   ×××
                                              (외상매출금 등(-))

분개예제 33

1. 대손처리된 외상매출금 200만원이 회수되다.

    (차) 외상매출금   2,000,000   (대) 손실충당금   2,000,000
                                                (외상매출금(-))

    (차) 보통예금   2,000,000   (대) 외상매출금   2,000,000

2. 대손처리된 부도어음 200만원이 회수되다.

    (차) 부도어음   2,000,000   (대) 손실충당금   2,000,000
                                                (부도어음(-))

    (차) 보통예금   2,000,000   (대) 부도어음   2,000,000

사례 19 대 손

1. 자료

  (1) 20×1년말 현재 외상매출금 잔액은 1,500,000원이며, 이중 손상차손이 발생한 채권 금액은 150,000원이다. 단, 손실충당금 설정전 장부잔액은 100,000원이다.

  (2) 20×2년 중 외상매출금 200,000원이 대손되다.

  (3) 20×2년말 현재 외상매출금 잔액은 3,000,000원이며, 이중 손상차손이 발생한 채

권금액은 300,000원이다.
- (4) 20×3년 중 외상매출금 150,000원이 대손되다.
- (5) 20×3년 중 20×2년에 대손처리된 외상매출금 중 100,000원이 회수되다.
- (6) 20×3년말 현재 외상매출금 잔액은 2,000,000원이며, 이중 손상차손이 발생한 채권금액은 200,000원이다.
- (7) 결산일은 매년 12월 31일이다.

2. 각 시점별 회계처리

   (1) 20×1.12.31.

(차)	대손상각비 (관리비)	50,000	(대) 손실충당금 (외상매출금(-))	50,000

   (2) 20×2년 중 대손발생시

(차)	손실충당금 (외상매출금(-))	150,000	(대) 외상매출금	200,000
	대손상각비 (관리비)	50,000		

   (3) 20×2.12.31.

(차)	대손상각비 (관리비)	300,000	(대) 손실충당금 (외상매출금(-))	300,000

   (4) 20×3년 중 대손발생시

(차)	손실충당금 (외상매출금(-))	150,000	(대) 외상매출금	150,000

   (5) 20×3년 중 대손채권 회수시

(차)	외상매출금	100,000	(대) 손실충당금 (외상매출금(-))	100,000
(차)	보통예금	100,000	(대) 외상매출금	100,000

   (6) 20×3.12.31.

(차)	손실충당금 (외상매출금(-))	50,000	(대) 손실충당금환입 (관리비(-))	50,000

사례 20 손상차손과 환입

1. 자료
   (1) 20×1.1.1. 다팔아(주)가 모두사(주)에게 다음과 같은 조건으로 토지를 판매하다.
      ① 총판매금액(원리금) : 12억원
      ② 토지의 현금판매금액 : 10억원
      ③ 결제조건 : 매 6월마다 1.5억원 원리금 균등상환(최초 결제일 20×1.6.30.)
      ④ 토지의 장부금액 : 8억원
   (2) 20×2.12.31. 현재 20×3.1.1. 이후 회수하여야 할 원리금 중 80%만 회수될 것으로 추정되었으며, 20×3년 중 예상대로 회수되다.
   (3) 20×3.12.31. 현재 20×4.1.1. 이후 회수하여야 할 원리금 중 90%가 회수될 것으로 추정되었으며, 20×4년 중 예상대로 회수되다.

2. 다팔아(주)의 각 시점별 회계처리(유동성대체는 생략)
   (1) 매각시점(20×1.1.1.) 회계처리
      ① 유효이자율과 유효이자율법에 의한 상각표
      주어진 장기할부판매에 대해 '제1장 제3절' 〈사례 14〉와 같은 방법으로 엑셀을 이용하여 유효이자율법에 의한 상각표를 작성하여 보면 다음과 같으며, 유효이자율은 약 8.4957%이다.

일 자	유효이자[주1]	수취액[주2]	원금회수액[주3]	장부금액[주4]
20×1-01-01				1,000,000,000
20×1-06-30	41,896,850	150,000,000	108,103,150	891,896,850
20×1-12-31	38,198,062	150,000,000	111,801,938	780,094,912
20×2-06-30	32,865,095	150,000,000	117,134,905	662,960,007
20×2-12-31	28,393,179	150,000,000	121,606,821	541,353,186
20×3-06-30	22,806,999	150,000,000	127,193,001	414,160,185
20×3-12-31	17,737,607	150,000,000	132,262,393	281,897,792
20×4-06-30	11,941,859	150,000,000	138,058,141	143,839,651
20×4-12-31	6,160,349	150,000,000	143,839,651	–
합계	200,000,000	1,200,000,000	1,000,000,000	

주1) 유효이자 = 장부금액 × 유효이자율 × 경과일수/365
주2) 수취액 = 채권회수액(원리금회수액) = 1,200,000,000/8 = 150,000,000
주3) 원금회수액 = 수취액 – 유효이자
주4) 장부금액 = 직전 장부금액 + 유효이자 – 수취액 = 직전 장부금액 – 원금회수액

② 회계처리

(차)	장기미수금	1,200,000,000	(대)	토지	800,000,000
				현재가치할인차금	200,000,000
				(장기미수금(-))	
				유형자산처분이익	200,000,000

(2) 20×1.6.30.부터 20×2.12.31.까지의 회계처리(손상차손 검토전)

일자	회계처리				
20×1. 6.30.	(차) 보통예금	150,000,000	(대)	장기미수금	150,000,000
20×1. 12.31.	(차) 보통예금	150,000,000	(대)	장기미수금	150,000,000
	(차) 현재가치할인차금 (장기미수금(-))	80,094,912	(대)	이자수익	80,094,912
20×2. 6.30.	(차) 보통예금	150,000,000	(대)	장기미수금	150,000,000
20×2. 12.31.	(차) 보통예금	150,000,000	(대)	장기미수금	150,000,000
	(차) 현재가치할인차금 (장기미수금(-))	61,258,274	(대)	이자수익	61,258,274

(3) 20×2.12.31. 손상차손 회계처리

① 손상차손 검토 전과 검토 후 부분재무상태표

계정과목	검토 전	검토 후	변동액[4]
장기미수금	600,000,000	600,000,000	–
현재가치할인차금	(58,646,814)	(46,917,451)[3]	11,729,363
손실충당금	–	(120,000,000)[2]	(120,000,000)
장부금액	541,353,186	433,082,549[1]	(108,270,637)

주1) 20×2.12.31. 현재 20×3.1.1. 이후 회수하여야 할 원리금 중 80%만 회수될 것으로 추정되므로, 20×2.12.31. 현재 미래현금흐름의 현재가치는 다음과 같다.
∴ 미래현금흐름의 현재가치 = 541,353,186×80% = 433,082,549

주2) 손실충당금은 미래현금흐름(명목금액) 중 회수하지 못할 것으로 추정되는 금액, 즉 대손이 예상되는 미래 현금액으로 한다.
∴ 600,000,000(손상차손이 없을 경우 미래현금흐름) × 20%

주3) 현재가치할인차금 = 명목금액-미래현금흐름의 현재가치
= 600,000,000-120,000,000-433,082,549=46,917,451

주4) 변동액은 손상차손으로 인식한다. 사례의 경우 매출채권과 계약자산이 아닌 채권의 손상차손이므로 "기타의대손상각비"의 계정과목으로 하여 기타비용으로 처리한다.

② 손상차손 회계처리

(차)	기타의대손상각비	108,270,637	(대)	손실충당금	120,000,000
	(기타비용)			(장기미수금(-))	
	현재가치할인차금	11,729,363			
	(장기미수금(-))				

③ 20×2.12.31. 손상차손 검토 후 유효이자율법에 의한 상각표

일자	유효이자	수취액	원금회수액	장부금액
20×2-12-31				433,082,549
20×3-06-30	18,245,599	120,000,000	101,754,401	331,328,148
20×3-12-31	14,190,086	120,000,000	105,809,914	225,518,234
20×4-06-30	9,553,487	120,000,000	110,446,513	115,071,721
20×4-12-31	4,928,279	120,000,000	115,071,721	-
합계	46,917,451	480,000,000	433,082,549	

(4) 20×3.6.30.부터 20×3.12.31.까지의 회계처리(손상차손환입 검토전)

일자	회계처리				
20×3. 6.30.	(차) 보통예금 손실충당금 (장기미수금(-))	120,000,000 30,000,000	(대)	장기미수금	150,000,000
20×3. 12.31.	(차) 보통예금 손실충당금 (장기미수금(-))	120,000,000 30,000,000	(대)	장기미수금	150,000,000
	(차) 현재가치할인차금 (장기미수금(-))	32,435,685	(대)	이자수익	32,435,685

(5) 20×3.12.31. 손상차손 환입 회계처리

① 손상차손환입 검토 전과 검토 후 부분재무상태표

계정과목	검토 전	검토 후	변동액[주4]
장기미수금	300,000,000	300,000,000	-
현재가치할인차금	(14,481,766)	(16,291,987)[주3]	(1,810,221)
손실충당금	(60,000,000)	(30,000,000)[주2]	30,000,000
장부금액	541,353,186	253,708,013[주1]	28,189,779

주1) 20×3.12.31. 현재 20×4.1.1. 이후 회수하여야 할 원리금 중 90%만 회수될 것으로 추정되므로, 20×3.12.31. 현재 미래현금흐름의 현재가치는 다음과 같다. 다만, 해당 금액은 손상차손이 없었을 경우 상각후원가를 초과할 수 없음에 유의한다.

∴ 미래현금흐름의 현재가치 = 281,897,792×90% = 253,708,013

→ 한도(손상차손이 없었을 경우 20×3.12.31. 현재 상각후원가)= 281,897,792

주2) 손실충당금은 미래현금흐름(명목금액) 중 회수하지 못할 것으로 추정되는 금액, 즉 대손이 예상되는 미래 현금액으로 계상한다.
∴ 300,000,000(손상차손이 없을 경우 미래현금흐름)×10%
주3) 현재가치할인차금 = 명목금액-미래현금흐름의 현재가치
= 300,000,000-30,000,000-253,708,013=16,291,987
주4) 변동액은 손상차손환입액에 해당된다. 다만, 이미 인식한 손상차손 108,270,637원을 초과할 수 없음에 유의한다. 사례의 경우 매출채권과 계약자산이 아닌 채권의 손상차손환입액이므로 "손실충당금환입"의 계정과목으로 하여 기타수익으로 처리한다.

② 회계처리

(차)	손실충당금 (장기미수금(-))	30,000,000	(대)	손실충당금환입 (기타수익)	28,189,779
				현재가치할인차금 (장기미수금(-))	1,810,221

③ 20×3.12.31. 손상차손환입 검토 후 유효이자율법에 의한 상각표

일자	유효이자	수취액	원금회수액	장부금액
20×3-12-31				253,708,013
20×4-06-30	10,747,673	135,000,000	124,252,327	129,455,686
20×4-12-31	5,544,314	135,000,000	129,455,686	-
합계	16,291,987	270,000,000	253,708,013	

(6) 20×4.6.30.부터 20×4.12.31.까지의 회계처리

일자	회계처리				
20×4. 6.30.	(차)	보통예금 손실충당금 (장기미수금(-))	135,000,000 15,000,000	(대) 장기미수금	150,000,000
20×4. 12.31.	(차)	보통예금 손실충당금 (장기미수금(-))	135,000,000 15,000,000	(대) 장기미수금	150,000,000
	(차)	현재가치할인차금 (장기미수금(-))	16,291,987	(대) 이자수익	16,291,987

9. 받을어음 할인

(1) 의 의

상품 등을 매출하고 수취한 어음을 어음 만기일 이전에라도 금융기관을 통해 현금화할 수 있는데 이를 "어음할인"이라고 하며, 어음을 만기일 이전에 할인하여 준 해당 금융기관은 만기일에 해당 어음을 현금화하게 된다. 따라서 금융기관은 어음할인일로부터 만기일까지의 기간에 대해 기간이익을 상실하게 되므로, 어음금액의 일부만을 지급한다.

(2) 회계처리

① 양도거래에 해당하는 경우

어음할인이 금융자산의 양도거래에 해당하는 경우, 어음 액면금액과 할인시 현금수취금액과의 차액을 "매출채권처분손실"의 계정과목으로 하여 기타비용으로 처리한다.

(차) 보통예금	×××	(대) 받을어음	×××
매출채권처분손실	×××		

② 담보제공거래에 해당하는 경우

어음할인이 금융자산의 담보제공거래에 해당하는 경우, 어음을 자산으로 계속하여 인식하고 수취한 대가는 금융부채로 인식한다. 다만, 수취한 대가가 어음 액면금액보다 작은 경우에는 해당 차액을 이자비용으로 처리한다.

(차) 보통예금	×××	(대) 단기차입금	×××
이자비용	×××		

어음 만기시점에는 단기차입금을 어음으로 상환하는 회계처리를 한다.

(차) 단기차입금	×××	(대) 받을어음	×××

분개예제 34

1. 받을어음 1,000만원을 할인하여 수취한 950만원을 보통예금에 입금시키다. 다만, 해당 어음 할인은 금융자산의 양도거래에 해당한다.

(차) 보통예금	9,500,000	(대) 받을어음	10,000,000
매출채권처분손실	500,000		

2. 받을어음 1,000만원을 금융기관에 담보제공하고 1,000만원을 차입하다. 다만, 차입과 관련하여 수수료 등 50만원이 발생하다.

(차) 보통예금	9,500,000	(대) 단기차입금	10,000,000
이자비용	500,000		

3. '2.'의 받을어음 만기가 도래하다.

(차) 단기차입금	10,000,000	(대) 받을어음	10,000,000

KEY POINT

금융자산의 양도 등

1. 금융자산의 양도
 금융자산의 현금흐름을 수취할 계약상의 권리를 양도한 경우 등 금융자산을 양도한 경우 양도자는 해당 금융자산의 소유에 따른 위험과 보상의 보유정도를 평가하여 다음과 같이 회계처리한다.
 (1) 양도자가 금융자산의 소유에 따른 위험과 보상의 대부분을 이전
  ① 해당 금융자산의 장부금액과 수취한 대가의 차액을 당기손익으로 인식한다. 다만, 해당 금융자산(지분상품 제외)과 관련된 기타포괄손익누계액은 당기손익에 가감한다.
  ② 양도함으로써 발생하거나 보유하게 된 권리와 의무는 각각 자산과 부채로 인식한다.
 (2) 양도자가 금융자산의 소유에 따른 위험과 보상의 대부분을 보유
  ① 해당 금융자산을 계속하여 인식하고, 수취한 대가는 금융부채로 인식한다.
  ② 후속기간에 해당 금융자산에서 발생하는 모든 수익과 금융부채에서 발생하는 모든 비용을 인식한다.
 (3) (1) 및 (2) 외의 경우로서,
  ① 양도자가 해당 금융자산을 통제하고 있지 않는 경우
   상기 (1)처럼 회계처리 한다.
  ② 양도자가 해당 금융자산을 통제하고 있는 경우
   해당 금융자산에 대하여 지속적으로 관여하는 정도까지 해당 금융자산을 계속하여 인식한다.

2. 어음의 부도
 어음의 부도란 어음 만기일에 어음 발행인이 지급을 거절한 경우를 말하며, 해당 어음은 "부도어음"이라 한다. 부도어음은 "받을어음"과 별도로 "부도어음"의 계정과목으로 하여 비유동자산으로 분류하고, 결산시점에 충분한 손상차손을 인식하도록 한다.

3. 어음의 배서
 어음을 거래처 등에게 배서한 경우 회계처리는 다음과 같다.

---

35) 이를 '소구권'이라 한다.

(차) ××자산	×××	(대) 받을어음	×××
××부채	×××		
××비용	×××		

어음을 배서한 경우 어음을 배서받은 거래처는 만기일에 발행인에게 어음금액에 대해 지급을 제시하게 된다. 만약, 발행인이 지급을 거절하게 되면 어음을 배서받은 거래처는 배서인에게 그 어음금액을 지급할 것을 요구[35]하게 되며, 배서인은 이를 지급하여야 한다. 즉 배서한 어음(금융기관에 할인한 어음 포함)은 주석사항에 해당되는 우발부채에 해당된다.

분개예제 35

1. 추심의뢰한 받을어음 1,000만원이 부도어음으로 판명되다.

(차) 부도어음	10,000,000	(대) 받을어음	10,000,000

2. 미지급금을 상환하기 위해 받을어음 1,000만원을 배서하다.

(차) 미지급금	10,000,000	(대) 받을어음	10,000,000

3. 상기 '3.'의 배서어음이 만기일에 부도어음으로 판명되어, 해당 부채를 보통예금으로 상환하다.

(차) 부도어음	10,000,000	(대) 보통예금	10,000,000

4. 12/31 상기 '2. 및 4.'의 부도어음 전액에 대해 손상차손을 인식하다.

(차) 대손상각비	20,000,000	(대) 손실충당금	20,000,000
(관리비)		(부도어음(-))	

10. 채무의 면제

(1) 의 의

채무자가 재무적 곤경에 처할 경우 채무를 약정대로 상환하지 못하게 된다. 이러한 경우 채권자는 채무자의 합의에 따라 채무의 원리금을 감면하여 주기도 하는데 이를 "채무의 면제"라 한다.

(2) 회계처리

기업회계기준에서는 채무자가 채무를 면제받을 경우 "채무조정이익"(또는 "채무면제이익")의 계정과목으로 하여 기타수익 처리하도록 하고 있다.

(차) 차입금	×××	(대) 채무조정이익	×××
또는 미지급금		또는 채무면제이익	
또는 외상매입금 등			

분개예제 36

1. 재무적곤경으로 인해 채권자로부터 장기차입금 10억원을 면제받다.

(차) 장기차입금	1,000,000,000	(대) 채무면제이익	1,000,000,000

제 4 절

재고자산과 매출원가

이 절에서는 다음의 회계처리에 대해 살펴보기로 한다.
① 상기업의 재고자산과 매출원가
② 제조기업의 재고자산과 매출원가

1. 상기업의 재고자산

(1) 의 미

상기업의 재고자산이란 기업의 정상적인 영업과정에서 판매목적으로 보유중인 자산을 말한다. 따라서, 부동산매매업을 주요 목적사업으로 하는 상기업이 매매를 목적으로 보유하고 있는 토지 등은 재고자산으로 분류된다.

(2) 계정과목

상기업의 재고자산은 일반적으로 다음과 같이 분류된다.

① **상품**
  다른 기업의 상품 또는 제품 등을 주요 영업활동을 위해 판매목적으로 매입하여 보유하고 있는 것

② **미착상품**
  매입한 상품 중 아직 도착하지 않은 상품

③ 적송품36)

위탁자가 수탁자에게 판매를 위탁하기 위해 적송한 상품

분개예제 37

1. 상품을 660만원(부가가치세 포함)에 현금매입하고 세금계산서를 발급받다.

   (차) 상품　　　　　　　　　6,000,000　　(대) 현금　　　　　　　　　6,600,000
   　　 부가세대급금　　　　　　 600,000

2. 상품을 660만원(부가가치세 포함)에 현금매입하고 세금계산서를 발급받다. 다만, 해당 상품은 아직 운송 중에 있다.

   (차) 미착상품　　　　　　　6,000,000　　(대) 현금　　　　　　　　　6,600,000
   　　 부가세대급금　　　　　　 600,000

3. 상기 '2.'의 상품이 도착하다.

   (차) 상품　　　　　　　　　6,000,000　　(대) 미착상품　　　　　　　6,000,000

2. 상기업의 매출원가

(1) 의 의

상기업의 매출원가는 상품이 판매될 때마다 파악하는 것이 아니라 기말에 일괄하여 산정하게 되는데, 이를 "매출원가 산정"이라고 한다. 매출원가를 산정하기 위해서는 다음의 절차를 거친다.

① 거래증빙에 의한 재고수불부 작성
② 기말재고평가
　　㉠ 수량파악
　　㉡ 단가산정
③ 매출원가 산정

이하 각 산정과정에 대해 살펴보기로 한다.

---

36) 적송품의 경우 회계처리 없이 적송된 상품의 수량만을 재고수불부 등에 비망기록하여도 무방하다.

(2) 재고수불부

1) 의 의

재고수불부란 회계기간 동안 재고의 물량흐름을 파악하기 위해 재고자산(상품 등)의 입·출내역을 거래증빙(세금계산서, 거래명세서 등)을 기초로 하여 작성하는 보조부를 말한다. 양식은 다음과 같다.

재고수불부

날짜	적 요	입 고			출 고			잔 고		
		수량	단가	금액	수량	단가	금액	수량	단가	금액

2) 작성방법

재고수불부 작성방법에는 기말단가기록법과 계속단가기록법이 있다.

① **기말단가기록법**

기말단가기록법이란 회계연도 중에는 출고란과 잔고란의 단가와 금액을 기입하지 않고, 결산시점에 원가흐름의 가정에 따라 일괄하여 파악한 후 기록하는 방법이다. 이때, 원가흐름의 가정이란 물량흐름에 대한 일정한 가정으로 대표적으로 총평균법, 선입선출법이 있다. 기말단가기록법에 의한 재고수불부 작성방법은 다음과 같다.

㉠ 입고란

재고자산이 입고될 때에는 거래증빙에 근거하여 수량과 단가를 모두 파악할 수 있으므로 이를 모두 기록한다.

㉡ 출고란

재고자산이 출고될 때에는 거래증빙에 근거하여 수량만을 파악하여 기록한다. 이때, '판매단가'를 '단가'란에 기입해서는 안되는 것에 유의한다. 이는 재고수불부상 '단가'는 '취득원가'를 의미하지 '판매단가'를 의미하지 않기 때문이다.

㉢ 잔고란

출고란의 단가를 기입하지 않기 때문에 잔고란에서도 '수량'만 기록하고 '단가'는 기록하지 않는다.

② **계속단가기록법**

계속단가기록법이란 회계연도 중에 출고란과 잔고란의 단가를 모두 기입하는 방법을 말한다. 계속단가기록법에서도 기말단가기록법과 마찬가지로 원가흐름의 가정이 있으며 대표적으로 이동평균법, 선입선출법이 있다.

계속단가기록법에 의한 재고수불부 작성방법은 다음과 같다.

㉠ 입고란

기말단가기록법과 동일하게 재고자산이 입고될 때에는 거래증빙에 근거하여 수량과 단가를 모두 파악할 수 있으므로 이를 모두 기록한다.

㉡ 출고란 및 잔고란

재고자산이 출고될 때에는 수량은 거래증빙에 근거하여 파악하고, 단가는 원가흐름의 가정에 따라 파악하여 기록한다.

(3) 기말재고평가

1) 수량파악

기말 재고자산의 수량은 재고수불부상 잔고란 수량과 기말 실지 재고조사(재고실사)를 통해 얻어진 수량을 비교하여 재고 감모량을 파악하는 혼합법을 사용한다. 즉, 다음과 같이 수량을 파악한다.

① 기초재고 수량, 당기매입 수량 및 당기판매 수량

재고수불부 입고란과 출고란의 수량으로 한다.

② 기말재고 수량

재고수불부상 잔고수량으로 하지 않고 재고실사(실지 재고조사)를 통해 파악한 수량으로 한다.

③ 재고감모수량

재고수불부상 잔고 수량과 재고실사를 통해 파악한 기말재고 수량과의 차이로 파악하며, 해당 감모수량에 대해서는 원인을 규명하여 그 원인에 따라 적절히 회계처리 한다. 예를 들어 원인이 규명되지 않는 감모분에 대한 재고자산의 원가는 "재고감모손실"의 계정과목으로 하여 기타비용으로 처리한다.

사례 21 재고수량산정

1. 자료
   (1) 재고수불부

날짜	적 요	입고 수량	입고 단가	입고 금액	출고 수량	출고 단가	출고 금액	잔고 수량	잔고 단가	잔고 금액
1/1	전기이월	100	100					100	100	
3/1	매입	200	120					300		
5/1	판매				200			100		
7/1	매입	300	150					400		
9/1	판매				200			200		
11/1	매입	400	200					600		
12/1	판매				200			400		
12/31	기말재고							400		

   (2) 재고실사 수량 : 300개

2. 기말재고수량과 감모량 파악
   (1) 기말재고수량
   기말재고수량은 재고수불부상 잔고수량이 아닌 재고실사를 통해 파악한 수량으로 하므로, 사례의 경우 300개이다.

   (2) 감모량
   감모량은 재고수불부상 잔고수량과 재고실사 수량과의 차이로 사례의 경우 100개 이다.

2) 단가산정

① 의 의

기말 재고자산의 단가를 산정하기 위해서는 재고자산의 물량흐름에 대해 일정한 가정이 있어야 하는데 이를 "원가흐름의 가정"이라고 한다. 원가흐름의 가정에는 여러 방법이 있으나, 대표적으로 가중평균법(총평균법, 이동평균법), 선입선출법이 있다.[37]

---

[37] 개별법은 식별되는 재고자산별로 특정한 원가를 부과하는 방법으로 통상적으로 상호교환 가능한 대량의 재고자산 항목에 개별법을 적용하는 것은 적절하지 않다. 이는 기말 재고로 남아있는 항목을 선택하는 방식을 이용하여 손익을 자의적으로 조정할 수도 있기 때문이다.

② 가중평균법

가중평균법은 기초 재고자산과 회계기간 중에 매입하거나 생산된 재고자산이 구별 없이 판매 또는 사용된다고 원가흐름을 가정하여 기초 재고자산과 회계기간 중에 매입하거나 생산된 재고자산의 원가를 가중평균하여 단위원가를 산정하는 방법이다. 이 경우 평균은 기업의 상황에 따라 주기적으로 계산하거나 매입 또는 생산할 때마다 계산할 수 있는데, 주기적으로 평균단가를 산정하는 방법(기말단가기록법)을 "총평균법", 매입 또는 생산할 때마다 평균단가를 산정하는 방법(계속단가기록법)을 "이동평균법"이라 한다. 기업의 상황에 따라 총평균법 또는 이동평균법을 적용할 수 있으나 계속성의 원칙에 따라 적용방법의 일관성을 유지하여야 한다.

③ 선입선출법

선입선출법은 가장 먼저 매입 또는 생산된 재고자산이 먼저 판매된다고 가정하여 기말 재고자산의 단가를 산정하는 방법이다. 선입선출법에 의할 경우 기말 재고자산의 단가는 가장 최근에 매입한 재고자산의 단가로 구성되며 계속단가기록법과 기말단가기록법의 결과가 일치한다. 일반적 물량흐름과 일치하며, 물가상승시 다른 방법에 비해 이익을 가장 크게 보고하는 장점이 있다.

④ 후입선출법

후입선출법은 가장 최근에 매입 또는 생산한 재고자산이 먼저 판매된다고 가정하여 기말 재고자산의 단가를 산정하는 방법이다. 후입선출법에 의할 경우 기말 재고자산의 단가는 가장 먼저 매입 또는 생산한 재고자산의 단가로 구성되며 일반적 물량흐름과 일치하지 않는다. 후입선출법은 한국채택국제회계기준에서 인정하고 있지 않는 단가산정 방법이다.

사례 22 단가산정

1. 자료

    (1) 다음은 (주)대박의 상품수불부이다.

날짜	적 요	입고			출고			잔고		
		수량	단가	금액	수량	단가	금액	수량	단가	금액
1/1	전기이월	100	100	10,000				100	100	10,000
3/1	매 입	200	120	24,000				300		
5/1	판 매				200			100		
7/1	매 입	300	150	45,000				400		
9/1	판 매				200			200		

11/1	매 입	400	200	80,000				600	
12/1	판 매				200			400	
12/31	계 기말재고	1,000		159,000	600			400	

(2) 기말 실사에 따라 파악된 (주)대박의 기말 재고수량은 400개이다.

2. 기말단가기록법에 의한 단가산정

   (1) 총평균법

   ① 기말재고단가의 산정

   ∴ 기말재고단가 = 평균단가
   = (100×@100+200×@120+300×@150+400×@200)÷1,000 = @159

   ② 재고수불부 작성

   평균법은 모든 재고의 단가가 평균단가로 동일하므로 다음과 같이 평균단가를 출고란 및 잔고란의 단가란에 기입하여 재고수불부를 작성한다.

날짜	적 요	입 고			출 고			잔 고		
		수량	단가	금액	수량	단가	금액	수량	단가	금액
1/1	전기이월	100	100	10,000				100	159	
3/1	매 입	200	120	24,000				300	159	
5/1	판 매				200	159		100	159	
7/1	매 입	300	150	45,000				400	159	
9/1	판 매				200	159		200	159	
11/1	매 입	400	200	80,000				600	159	
12/1	판 매				200	159		400	159	
12/31	계 기말재고	1,000		159,000	600	159	95,400	400	159	63,600

   (2) 선입선출법

   ① 기말재고단가의 산정

   기말재고단가는 가장 최근에 매입한 재고자산의 단가로 구성되므로, @200이 된다.

   ② 재고수불부 작성

   선입선출법에 의할 경우 먼저 입고된 재고가 먼저 출고되므로 이에 유의하여 재고수불부를 작성하면 다음과 같다.

제4절 _ 재고자산과 매출원가

날짜	적요	입고			출고			잔고		
		수량	단가	금액	수량	단가	금액	수량	단가	금액
1/1	전기이월	100	100	10,000				100	100	10,000
3/1	매 입	200	120	24,000				100	100	10,000
								200	120	24,000
5/1	판 매				100	100	10,000			
					100	120	12,000	100	120	12,000
7/1	매 입	300	150	45,000				100	120	12,000
								300	150	45,000
9/1	판 매				100	120	12,000			
					100	150	15,000	200	150	30,000
11/1	매 입	400	200	80,000				200	150	30,000
								400	200	80,000
12/1	판 매				200	150	30,000	400	200	80,000
12/31	계	1,000		159,000	600		79,000			
	기말재고							400	200	80,000

3. 계속단가기록법에 의한 단가산정

   (1) 이동평균법

   이동평균법에 의할 경우 직전 재고분과 직전 판매분 이후 매입분의 평균단가가 출고되는 재고의 단가가 되므로 이에 유의하여 재고수불부를 작성하여 보면 다음과 같다.

날짜	적요	입고			출고			잔고		
		수량	단가	금액	수량	단가	금액	수량	단가	금액
1/1	전기이월	100	100	10,000				100	100	10,000
3/1	매 입	200	120	24,000				300	113.33	34,000
5/1	판 매				200	113.33	22,667	100	113.33	11,333
7/1	매 입	300	150	45,000				400	140.83	56,333
9/1	판 매				200	140.83	28,167	200	140.83	28,166
11/1	매 입	400	200	80,000				600	180.28	108,166
12/1	판 매				200	180.28	36,055	400	180.28	72,111
12/31	계	1,000		159,000	600		86,889			
	기말재고							400	180.28	72,111

   (2) 선입선출법

   선입선출법에 의할 경우 먼저 입고된 재고가 먼저 출고되므로 이에 유의하여 재고수불부를 작성하면 다음과 같다.

날짜	적요	입고			출고			잔고		
		수량	단가	금액	수량	단가	금액	수량	단가	금액
1/1	전기이월	100	100	10,000				100	100	10,000
3/1	매 입	200	120	24,000				100	100	10,000
								200	120	24,000
5/1	판 매				100	100	10,000			
					100	120	12,000	100	120	12,000
7/1	매 입	300	150	45,000				100	120	12,000
								300	150	45,000
9/1	판 매				100	120	12,000			
					100	150	15,000	200	150	30,000
11/1	매 입	400	200	80,000				200	150	30,000
								400	200	80,000
12/1	판 매				200	150	30,000	400	200	80,000
12/31	계	1,000		159,000	600		79,000			
	기말재고							400	200	80,000

3) 저가법

① 의 의

저가법은 결산일 현재 재고자산의 순실현가능가치가 취득원가보다 하락한 경우 재고자산의 재무상태표 금액을 순실현가능가치로 결정하는 것을 말한다.

② 발생사유

다음과 같은 사유가 발생하면 재고자산 순실현가능가치가 취득원가 이하로 하락할 수 있으므로, 저가법 적용 여부를 검토하여야 한다.

㉠ 물리적으로 손상된 경우

㉡ 완전히 또는 부분적으로 진부화된 경우

㉢ 판매가격이 하락한 경우

㉣ 완성하거나 판매하는 데 필요한 원가가 상승하는 경우

③ 순실현가능가치

순실현가능가치란 제품이나 상품의 정상적인 영업과정에서의 예상 판매금액에서 예상되는 추가 완성원가와 판매비용을 차감한 금액을 말한다.

순실현가능가치를 추정할 때에는 추정일 현재 사용가능한 가장 신뢰성 있는 증거에 기초하여야 하며[38], 재고자산의 보유 목적도 고려하여야 한다.[39] 또한, 원재료의 현행대체원가는

순실현가능가치에 대한 최선의 이용가능한 측정치가 될 수 있다.[40]

④ 저가법 적용방법

저가법은 항목별로 적용하되, 재고자산 항목이 유사한 목적 또는 용도를 갖는 동일한 제품군과 관련되고 동일한 지역에서 생산되어 판매되며 실무적으로 동일한 제품군에 속하는 다른 항목과 구분하여 평가할 수 없는 경우에는 서로 유사하거나 관련있는 항목들은 통합하여 적용하는 것도 가능하다.

⑤ 저가법 평가손실 회계처리

저가법 적용에 따라 발생한 저가법 평가손실은 발생한 기간에 당기 비용으로 처리한다. 또한, 저가법의 적용에 따른 평가손실을 초래했던 상황이나 사건이 해소되어 새로운 순실현가능가치가 장부금액보다 상승한 경우에는 최초의 장부금액을 초과하지 않는 범위 내에서 평가손실을 환입하며, 재고자산평가손실의 환입은 환입이 발생한 기간의 비용으로 인식된 재고자산 금액의 차감액으로 인식한다.

재고자산 평가손실 및 평가손실환입 회계처리

구 분	회계처리				
평가손실	(차) 매출원가	×××	(대) 평가충당금 (상품(-))		×××
평가손실환입	(차) 평가충당금 (상품(-))	×××	(대) 매출원가		×××

(4) 매출원가 산정

1) 판매가능재고액 산정

"판매가능재고액"이란 판매가능한 재고자산의 총액을 말하며 매출원가 산정전 재고자산의 계정별 원장 장부잔액을 의미한다.

---

[38] 예를 들어 보고기간 후 사건이 보고기간말 존재하는 상황에 대하여 확인하여 주는 경우 해당 사건과 직접 관련된 가격이나 원가의 변동을 고려하여 추정하여야 한다.
[39] 예를 들어 확정판매계약을 이행하기 위하여 보유하는 재고자산의 순실현가능가치는 계약가격에 기초하며, 보유하고 있는 재고자산의 수량이 확정판매계약의 이행에 필요한 수량을 초과하는 경우에는 해당 초과수량의 순실현가능가치는 일반 판매가격에 기초한다.
[40] 완성될 제품이 원가 이상으로 판매될 것으로 예상되는 경우 그 생산에 투입하기 위해 보유하는 원재료 및 기타 소모품을 감액하지 않으나, 원재료 가격(현행대체원가)이 하락하여 제품의 원가가 순실현가능가치를 초과할 것으로 예상된다면 해당 원재료를 순실현가능가치로 감액한다.

> 판매가능재고액 = 기초재고액 + 당기매입재고액
> = 매출원가 산정 전 재고자산 장부금액

이때, 기초재고액은 전기말 재무상태표상 기초재고자산금액을 말한다. 즉 기초재고자산에 대해 평가충당금이 있는 경우 해당 금액을 차감한 금액을 의미한다.

2) 기말재고액 산정
"기말재고액"이란 상기 '(3)'에서 산출되어진 기말재고금액을 말하며, 기말재고자산에 대해 저가법 평가손실이 있는 경우 해당 평가충당금을 차감한 금액을 의미한다.

3) 타계정대체액 산정
① 의 의

"타계정대체액"이란 주요 영업활동으로 판매되지 않고, 기타 영업활동에 사용되거나 원인불명으로 분실된 재고자산의 취득원가를 말한다.

기타 영업활동에 사용되는 예로는 다음이 있다.
㉠ 거래처에 접대목적으로 사용되는 경우
㉡ 광고선전목적으로 사용되는 경우
㉢ 종업원의 급여 또는 복리후생목적으로 사용되는 경우
㉣ 견본품으로 사용되는 경우

② 회계처리
㉠ 기타 영업활동에 사용되는 경우
해당 계정과목으로 비용처리 한다. 즉, 다음과 같이 회계처리 한다.

구 분	회계처리			
접 대	(차) 접대비	×××	(대) 상품	×××
광고선전	(차) 광고선전비	×××	(대) 상품	×××
급 여	(차) 급여	×××	(대) 상품	×××
복리후생	(차) 복리후생비	×××	(대) 상품	×××
견 본	(차) 견본비	×××	(대) 상품	×××

㉡ 원인불명으로 분실된 경우
원인불명으로 분실된 경우에는 이를 비정상감모손실로 보아 "재고자산감모손실"의 계정과목으로 "기타비용"처리한다. 즉, 다음의 결산수정분개를 한다.

|(차) 재고자산감모손실 | ××× | (대) 상품 | ××× |

> **KEY POINT**
>
> **재고자산 감모의 회계처리와 비정상 재고자산 감모의 세무처리**
>
> 1. 재고자산 감모의 회계처리
>   감모가 발생된 경우에는 그 원인을 규명하여 원인이 밝혀진 경우에는 그 원인에 따라 해당 계정과목으로 비용처리한다.
>   반면, 원인이 밝혀지지 않은 경우에는 "재고자산감모손실"의 계정과목으로 비용처리한다.
>
> 2. 비정상 재고자산 감모의 세무처리
>   원인불명 재고감모가 발생된 경우 세법에서는 대표이사가 이를 개인적으로 판매하여 유용한 것으로 보아 다음의 불이익을 부과한다.
>   (1) 판매대금을 법인 소득에서 누락한 것으로 보아 법인세 과세
>   (2) 판매대금의 10%에 해당하는 부가가치세를 납부하지 않았으므로 부가가치세 징수
>   (3) 법인 소득에서 누락된 판매대금을 급여로 지급한 것으로 보아 소득세 과세
>   (4) 세법을 위반하였으므로 가산세 징수
>   따라서, 재고자산을 담당하는 기업 실무자는 원인불명의 재고감모가 발생하지 않도록 철저히 관리하여야 할 것이다.

4) 매출원가 산정

① 의의

"매출원가"는 판매가능재고액에서 기말재고금액과 타계정대체액을 차감한 금액을 말한다. 즉, 다음과 같이 계산된다.

$$\text{매출원가} = \text{판매가능재고액} - \text{기말재고액} - \text{타계정대체액}$$

② 회계처리

산정된 매출원가는 결산수정분개를 통해 비용처리 한다. 즉, 다음과 같이 회계처리 한다.

(차) 매출원가	×××	(대) 상품	×××
평가충당금^{주1)}	×××	평가충당금^{주2)}	×××
(상품(-))		(상품(-))	

주1) 기초재고자산에 대한 평가충당금 전액을 환입하고 해당 금액을 매출원가에서 차감한다.
주2) 기말재고자산에 대한 평가충당금 전액을 설정하고 해당 금액을 매출원가에 가산한다.

③ 손익계산서

손익계산서상 매출원가는 다음과 같이 표시한다.

매출원가		×××
기초상품재고액	×××	
당기상품매입액	×××	
계	×××	
기말상품재고액	(×××)	
타계정대체액	(×××)	

분개예제 38

1. 12/31 매출된 상품의 원가 1억원을 원가대체하다. 다만, 기초 상품의 평가충당금은 1,000만원이며, 기말 상품의 평가충당금은 1,200만원이다.

(차) 매출원가	102,000,000	(대) 상품	100,000,000
평가충당금 　(상품(-))	10,000,000	평가충당금 　(상품(-))	12,000,000

사례 23 · 상기업의 매출원가

1. 자료

(1) 다음은 (주)대박의 상품수불부이다.

날짜	적요	입고			출고			잔고		
		수량	단가	금액	수량	단가	금액	수량	단가	금액
1/1	전기이월	100	100	10,000				100	100	10,000
3/1	매 입	200	120	24,000				300		
5/1	판 매				200			100		
7/1	매 입	300	150	45,000				400		
9/1	판 매				200			200		
11/1	매 입	400	200	80,000				600		
12/1	판 매				200			400		
12/31	계 기말재고	1,000		159,000	600			400		

(2) 기말 실사에 따라 파악된 (주)대박의 기말 재고수량은 300개이며, 재고자산 감모의 원인은 알 수 없다.

(3) (주)대박은 선입선출법과 기말단가기록법을 적용하여 재고자산을 평가한다.

(4) 기초 상품의 평가충당금은 1,000이며, 기말 상품의 순실현가능가치는 @190이다.

2. 기말재고평가

  (1) 수량파악

      ① 당기판매수량 : 600개

      ② 비정상 재고감모량 : 100개

      ③ 기말재고수량 : 300개

  (2) 단가산정

      ① 선입선출법 적용

        선입선출법하에서 기말재고의 단가는 가장 최근에 매입한 재고자산의 단가로 구성되므로, @200이 된다.

      ② 저가법 적용

        기말재고의 취득원가 @200보다 순실현가능가치 @190이 더 작으므로, 기말재고의 재무상태표 금액을 @190으로 결정한다. 이때, 취득원가와 순실현가능가치의 차이 3,000(= 300×@10)은 "평가충당금"의 계정과목으로 하여 기말 상품의 차감항목으로 재무상태표에 표시한다.

  (3) 재고수불부 작성

    선입선출법에 의한 재고수불부를 작성하여 보면 다음과 같다. 다만, 감모량을 출고란에 기입하여 기말재고수량을 300으로 하며, 수불부는 취득원가로 작성됨에 유의한다.

날짜	적요	입고 수량	입고 단가	입고 금액	출고 수량	출고 단가	출고 금액	잔고 수량	잔고 단가	잔고 금액
1/1	전기이월	100	100	10,000				100	100	10,000
3/1	매 입	200	120	24,000				100	100	10,000
								200	120	24,000
5/1	판 매				100	100	10,000			
					100	120	12,000	100	120	12,000
7/1	매 입	300	150	45,000				100	120	12,000
								300	150	45,000
9/1	판 매				100	120	12,000			
					100	150	15,000	200	150	30,000
11/1	매 입	400	200	80,000				200	150	30,000
								400	200	80,000
12/1	판 매				200	150	30,000	400	200	80,000
12/31	감 모				100	200	20,000	300	200	60,000
	계				700		99,000			
	기말재고	1,000		159,000				300	200	60,000

3. 매출원가 산정
   (1) 판매가능재고액 = 기초상품재고액 + 당기상품매입액
                    = (10,000 − 1,000) + 149,000 = 158,000
   (2) 기말상품재고액 = 취득원가 − 평가충당금 = 300×@200 − 300×@10 = 57,000
   (3) 타계정대체액(비정상 재고감모액) = 100×@200 = 20,000
   (4) 매출원가 = 판매가능재고액 − 기말상품재고액 − 타계정대체액
              = 158,000 − 57,000 − 20,000 = 81,000

4. 결산수정분개
   (1) **비정상감모손실**

   원인불명으로 감모된 재고자산은 "재고자산감모손실"의 계정과목으로 하여 기타비용으로 회계처리한다.

(차) 재고자산감모손실	20,000	(대) 상품	20,000

   (2) **매출원가**

   재고수불부에서 매출로 기록된 상품의 취득원가를 매출원가로 대체한다. 또한, 기초 재고자산의 평가충당금 전액을 환입하여 매출원가에서 차감하고, 기말 재고자산의 평가충당금 전액을 설정하고 매출원가에 가산한다.

(차) 매출원가	81,000	(대) 상품	79,000
평가충당금 (상품(−))	1,000	평가충당금 (상품(−))	3,000

5. 부분재무상태표

	당기	전기
재고자산		
상 품	60,000	10,000
평가충당금	(3,000)	(1,000)

6. 부분포괄손익계산서

매출원가		81,000
기초상품재고액	9,000	
당기상품매입액	149,000	
계	158,000	
기말상품재고액	(57,000)	
타계정대체액	(20,000)주)	
⋯⋯⋯⋯⋯⋯		
기타비용		
재고자산감모손실	20,000	

   주) 기타비용으로 인식된 재고감모손실액을 의미함

3. 제조기업의 재고자산

(1) 의 미
제조기업의 재고자산은 기업의 정상적인 영업과정에서 판매를 위하여 보유중이거나 생산중인 자산과 생산에 사용될 원재료나 소모품을 말한다.

(2) 계정과목 분류
제조기업의 재고자산은 일반적으로 다음과 같이 분류된다.

① 원재료
   제품(또는 반제품)을 만들기 위한 원료, 재료, 매입부품, 미착원재료 등

② 재공품
   제품 또는 반제품의 제조를 위해 재료원가와 노무원가 및 기타 제조원가를 투입하여 제조과정 중에 있는 것

③ 반제품
   자가제조한 중간제품과 부분품 등

④ 제품
   판매목적으로 자신이 제조한 생산품, 부산물 등

⑤ 소모품(또는 저장품)
   1년내에 소모될 소모품, 공기구비품, 부분품, 기타 저장품

분개예제 39

1. 제품 생산을 위하여 원재료 1,100만원(부가가치세 포함)을 외상매입하고 세금계산서를 발급받다.

   (차) 원재료   10,000,000   (대) 외상매입금   11,000,000
        부가세대급금   1,000,000

2. 기계장치의 교환 부품을 1,100만원(부가가치세 포함)에 외상구입하고, 세금계산서를 발급받다. 단, 해당 부품은 1년 이내에 사용할 예정이다.

   (차) 저장품   10,000,000   (대) 외상매입금   11,000,000
        부가세대급금   1,000,000

4. 제조기업의 매출원가

(1) 의 의

제조기업도 상기업과 마찬가지로 기말에 일괄하여 매출원가를 산정한다. 다만, 제조기업은 상기업과 달리 원재료를 가공하여 제품을 완성한 후 이를 판매하는 것이므로 상기업보다 복잡한 절차를 거쳐 매출원가가 산정된다.

이러한 과정을 간략한 도표로 나타내어 보면 다음과 같다.

제조기업의 매출원가 산정흐름

원재료			
기초	×××	제조	×××
매입	×××	기말	×××
	×××		×××

노무원가			
발생	×××	제조	×××
	×××		×××

기타 제조원가			
발생	×××	제조	×××
	×××		×××

재공품(제조)			
기초	×××	완성	×××
당기투입			
재료원가	×××		
노무원가	×××		
기타제조원가	×××	기말	×××
	×××		×××

제 품			
기초	×××	매출(⑤)	×××
완성	×××	기말	×××
	×××		×××

상기 제조기업의 매출원가 산정흐름을 보면 다음의 결산수정분개들이 이루어져야 함을 알 수 있다.

제4절 _ 재고자산과 매출원가

도표상 번호	회계처리[주3]				
①[주1]	(차)	재공품	×××	(대) 원재료	×××
②	(차)	재공품	×××	(대) 노무원가 (제조원가)	×××
③	(차)	재공품	×××	(대) 제계정[주2] (제조원가)	×××
④	(차)	제품	×××	(대) 재공품	×××
⑤	(차)	매출원가	×××	(대) 제품	×××

주1) 다음과 같이 분개로 하여도 무방하다.
    (차) 원재료비 ××× (대) 원재료 ×××
        (제조원가)
    (차) 재공품 ××× (대) 원재료비 ×××
                            (제조원가)

주2) 발생된 비용 계정과목(예 : 외주가공비, 전력비, 가스수도비, 수선비, 복리후생비, 특허권사용료 등)을 사용하여 회계처리한다.

주3) 실무적으로는 상기 결산분개를 직접 입력하는 것이 아니라, 통상적으로 기말 원재료, 재공품 및 제품 평가금액을 회계프로그램에 입력하면 분개가 자동으로 이루어지며 이는 상기업의 매출원가 산정의 경우도 마찬가지이다.

(2) 제조원가(제조원가명세서)

"제조원가"란 해당 회계연도 중 제품을 제조하기 위해 지출된 제비용을 말하며, 크게 재료원가(원재료비), 노무원가(노무비), 기타 제조원가로 구성된다. 또한, 제조원가 내역을 구체적으로 표시하는 명세서를 "제조원가명세서"라 한다.

1) 재료원가(원재료비)

"재료원가"는 제품을 제조하기 위해 해당 회계연도 중 투입된 원재료의 취득원가를 말하며 비정상적으로 낭비된 부분은 제외한다.

2) 노무원가(노무비)

"노무원가"는 제품을 제조하기 위해 해당 회계연도 중 공정에 투입된 임직원의 인건비를 말한다. 해당 인건비에는 임직원(일용직 포함)에 대한 급여(상여, 수당 등) 뿐 아니라 퇴직급여(해고급여 포함)도 포함되나, 비정상적으로 낭비된 부분은 제외한다.

3) 기타 제조원가

"기타 제조원가"는 제품을 제조하기 위해 해당 회계연도 부수적으로 발생하는 제비용을 말한다. 이러한 기타 제조원가에는 대표적으로 임직원에 대한 복리후생비, 원재료에 대한 외주가공비, 기계장치에 대한 감가상각비·수선비, 공장 및 기계장치에 대한 보험료 등이 있다.

> **KEY POINT**
>
> **전환원가**
>
> 1. 전환원가의 구성
>   전환원가는 직접노무원가 등 생산량과 직접 관련된 원가와 원재료를 완제품으로 전환하는데 발생하는 고정·변동제조간접원가의 체계적인 배부액으로 구성된다.
>
> 2. 고정·변동제조간접원가의 배부
>   (1) 고정제조간접원가 : 공장 건물이나 기계장치의 감가상각비와 수선유지비 및 공장 관리비처럼 생산량과는 상관없이 비교적 일정한 수준을 유지하는 간접 제조원가를 말하며, 다음과 같이 배부한다.
>   ① 생산설비의 정상조업도[41]에 기초하여 전환원가에 배부하되, 실제조업도가 정상조업도와 유사한 경우에는 실제조업도를 사용할 수 있다.
>   ② 생산단위당 고정제조간접원가 배부액은 낮은 조업도나 유휴설비로 인해 증가되지 않으며, 배부되지 않은 고정제조간접원가는 발생한 기간의 비용으로 인식한다.
>   ③ 비정상적으로 많은 생산이 이루어진 기간에는 재고자산이 원가 이상으로 측정되지 않도록 생산단위당 고정제조간접원가 배부액을 감소시켜야 한다.
>   (2) 변동제조간접원가 : 변동제조간접원가는 간접재료원가나 간접노무원가처럼 생산량에 따라 직접적으로 또는 거의 직접적으로 변동하는 간접 제조원가를 말하며, 생산설비의 실제 사용에 기초하여 각 생산단위에 배부한다.
>
> 3. 하나의 생산과정을 통하여 동시에 둘 이상의 제품이 생산되는 경우
>   원칙적으로 상기 '1. 및 2.'에 따라 각 제품별로 전환원가를 배부하나, 연산품이 생산되거나 주산물과 부산물이 생산되는 경우 다음과 같이 전환원가를 배부한다.
>   (1) 제품별 전환원가를 분리하여 식별할 수 없는 경우
>   전환원가를 합리적이고 일관성 있는 방법으로 각 제품에 배부한다.[42]
>   (2) 부산물 원가
>   대부분 부산물은 중요하지 않으며 통상 순실현가능가치로 측정하여 주산물의 원가에서 차감한다. 따라서 주산물의 장부금액은 원가와 중요한 차이가 없으며 부산물에서는 수익이 발생하지 않는다.

---

[41] 정상적인 상황에서 상당한 기간동안 평균적으로 달성할 수 있을 것으로 예상되는 생산량으로 계획된 유지활동에 따른 조업도 손실을 고려한 것을 말한다.
[42] 예를 들어, 각 제품을 분리하여 식별가능한 시점 또는 완성 시점의 제품별 상대적 판매가치를 기준으로 배부할 수 있다.

4) 제조원가명세서

"제조원가명세서"는 원재료 및 재공품 계정 차변과 대변의 변동내역을 표시하는 명세서이다. 즉, 재료원가, 노무원가, 기타 제조원가의 제조원가가 재공품으로 대체되는 계정과목 상호간의 흐름을 표시하기 위해 기업회계기준에서는 다음과 같은 "제조원가명세서"를 재무제표의 부속명세서로 사용하도록 하고 있다.

제조원가명세서

과 목	당 기	전 기
Ⅰ. 재　　료　　원　　가		
1. 기　초　재　료　재　고　액		
2. 당　기　재　료　매　입　액		
3. 기　말　재　료　재　고　액		
Ⅱ. 노　　무　　원　　가		
1. 급　　　　　　　　　　여		
2. 퇴　　직　　급　　　　여		
3. 해　　고　　급　　　　여		
4. 잡　　　　　　　　　　급		
Ⅲ. 기　타　제　조　원　가		
1. 전　　　　력　　　　　비		
2. 가　　스　　수　　도　비		
3. 운　　　　　　　　　　임		
4. 감　　가　　상　　각　비		
5. 수　　　　선　　　　　비		
6. 소　　　모　　　품　　비		
7. 세　　금　　과　　공　과		
8. 임　　　　차　　　　　료		
9. 보　　　　험　　　　　료		
10. 복　　리　　후　　생　비		
11. 여　　비　　교　　통　비		
12. 통　　　　신　　　　　비		
13. 특　허　권　사　용　료		
14. ………………………………		
15. 잡　　　　　　　　　　비		
Ⅳ. 당　기　총　제　조　비　용		
Ⅴ. 기　초　재　공　품　원　가		
Ⅵ. 합　　　　　　　　　　　계		
Ⅶ. 기　말　재　공　품　원　가		
Ⅷ. 타　계　정　대　체　액		
Ⅸ. 당　기　제　품　제　조　원　가		

(3) 기타사항

상기업과 동일하므로 '2. 상기업의 매출원가'의 '(2)부터 (4)까지'를 참고하기 바란다.

분개예제 40

---

1. 12/31 제품 제조를 위해 당기에 투입된 재료원가가 8억원으로 측정되어, 해당 재료원가를 재공품으로 대체하다.

(차)	원재료비 (제조원가)	800,000,000	(대)	원재료	800,000,000
	재공품	800,000,000		원재료비 (제조원가)	800,000,000

2. 당기 중 발생한 노무원가와 기타 제조원가 내역은 다음과 같다. 특별한 언급이 없는 경우에는 보통예금으로 지출하였다.

구 분	계정과목	잔 액	비 고
노무원가	급 여	170,000,000	보통예금 지출분
		30,000,000	미지급금 계상분
	퇴직급여	20,000,000	확정급여채무 설정액
기타 제조원가	복리후생비	30,000,000	보통예금 지출분
	감가상각비	40,000,000	기계장치 감가상각비
	수선비	10,000,000	보통예금 지출분
	외주가공비	150,000,000	보통예금 지출분
		50,000,000	미지급금 계상분
	전력비	10,000,000	보통예금 지출분
	가스수도비	10,000,000	보통예금 지출분
	임차료	30,000,000	보통예금 지출분
		5,000,000	미지급비용 계상분
	보험료	10,000,000	보통예금 지출분
		2,000,000	미지급비용 계상분
	소모품비	5,000,000	보통예금 지출분
	통신비	8,000,000	보통예금 지출분
	특허권사용료	200,000000	보통예금 지출분
		20,000,000	미지급금 계상분

(차) 급여	200,000,000	(대) 보통예금	633,000,000
퇴직급여	20,000,000	미지급비용	7,000,000
복리후생비	30,000,000	미지급금	100,000,000
감가상각비	40,000,000	감가상각누계액	40,000,000
수선비	10,000,000	(기계장치(-))	
외주가공비	200,000,000	확정급여채무	20,000,000
전력비	10,000,000		
가스수도비	10,000,000		
임차료	35,000,000		
보험료	12,000,000		
소모품비	5,000,000		
통신비	8,000,000		
특허권사용료	220,000,000		
(이상 제조원가)			

3. 12/31 상기 '2.'의 노무원가와 기타 제조원가를 재공품으로 대체하다.

(차) 재공품	800,000,000	(대) 급여	200,000,000
		퇴직급여	20,000,000
		복리후생비	30,000,000
		감가상각비	40,000,000
		수선비	10,000,000
		외주가공비	200,000,000
		전력비	10,000,000
		가스수도비	10,000,000
		임차료	35,000,000
		보험료	12,000,000
		소모품비	5,000,000
		통신비	8,000,000
		특허권사용료	220,000,000
		(이상 제조원가)	

4. 재공품 중 당기 완성된 제품은 16억원이다.

(차) 제품	1,600,000,000	(대) 재공품	1,600,000,000

5. 12/31 매출된 제품의 원가 23억원을 원가대체하다.

(차) 매출원가	2,300,000,000	(대) 제품	2,300,000,000

사례 24 제조기업의 매출원가

1. 자료

다음은 제조업을 영위하는 대박(주)의 당기 재고자산 관련 내역이다.

(1) 재료원가

원 재 료

기 초	50,000 (500개, @100)	재 공 품	800개
매 입	100,000 (500개, @200)	기 말	200개
	150,000		

(2) 노무원가

노 무 원 가

| 발 생 | 200,000 | 재 공 품 | |

(3) 기타 제조원가

기 타 제 조 원 가

| 발 생 | 120,000 | 재 공 품 | |

(4) 재공품

재공품(제 조)

기 초		당기완성(제품)	300개
재료원가	30,000		
가공원가	40,000		
당 기		기말(완성도 50%)	200개

(5) 제품

제 품

기 초	300,000 (300개, @1,000)	매 출	500개
제 조	300개	기 말	100개

(6) 대박(주)는 재고자산을 총평균법을 적용하여 평가한다.

(7) 원재료는 공정초기에 모두 투입되며, 가공은 공정 전체적으로 일정하게 이루어진다.

(8) 기말제품의 순실현가능가치는 @1,050이며, 기초제품의 평가충당금은 없다.

2. 당기제품제조원가
   (1) 재료원가

   대박(주)는 원재료를 총평균법으로 평가하는 바, 평균단가와 원재료수불부를 완성하여 보면 다음과 같다.

   ① 평균단가 = 150,000 ÷ 1,000개 = @150

   ② 원재료수불부

원 재 료			
기 초	50,000	재 공 품	120,000[주1]
	(500개, @100)		(800개, @150)
매 입	100,000	기 말	30,000[주2]
	(500개, @200)		(200개, @150)
	150,000		150,000

   주1) 원재료 중 제품을 만들기 위해 당기 투입된 금액 = 800개 × @150
       해당 금액은 재공품 계정으로 대체된다.
   주2) 기말 원재료 금액 = 200개 × @150

   (2) 재공품
   ① 당기총제조비용

   당기총제조비용은 당기에 제품을 만들기 위해 추가적으로 투입된 재료원가, 노무원가, 기타 제조원가의 합계액을 말한다. 해당 금액은 기초재공품 금액과 합계되어 당기제품제조원가 및 기말재공품으로 배부된다. 주어진 자료에 따라서 대박(주)의 당기총제조비용을 산출하여 보면 다음과 같다.

   ∴ 당기총제조비용
     = 재료원가 당기발생액+노무원가 당기발생액+기타제조원가 당기발생액
     = 120,000 + 200,000 + 120,000 = 440,000

   ② 단위당 재료원가

   원재료는 제조과정 초기에 모두 투입되므로 당기 완성제품 1 단위와 기말재공품 1 단위당 동일한 금액의 재료원가가 배부되어야 한다.

   ∴ 1 단위당 재료원가 배부액
     = (30,000 + 120,000) ÷ 500개 = @300

   따라서, 기초재공품과 당기완성제품 1 단위당 300원의 재료원가가 배부된다.

   ③ 단위당 가공원가

   가공원가는 제조과정 전체에 골고루 투입된다고 볼 수 있고 기말재공품의 완성도가 50%이므로, 기말 재공품 1 단위당 가공원가는 당기 완성제품 1 단위당 가공원가의 50%가 배부되어야 한다. 즉, 기말 재공품 1 단위는 당기 완성제품 0.5 단위에 해당되는 가공원가가 배부되어야 한다. 따라서, 당기 완성제품 1 단위당 가공원가 배부액은 다음과 같다.

∴ 당기 완성제품 1 단위당 가공원가 배부액
= (40,000 + 320,000) ÷ (300개 + 200개 × 50%) = @900

즉, 당기 완성제품 1 단위당 가공원가 배부액은 900이지만, 기말 재공품 1 단위당 가공원가 배부액은 450이 된다.

④ 재공품수불부

상기 ①부터 ③까지에 따라 재공품수불부를 완성하여 보면 다음과 같다.

제 조 (재공품)

기 초		당기완성(제품)	
재료원가	30,000	재료원가	90,000[주1]
가공원가	40,000	가공원가	270,000[주3]
당 기		기 말	
재료원가	120,000	재료원가	60,000[주2]
노무원가	200,000	가공원가	90,000[주4]
기타제조원가	120,000		
	510,000		510,000

주1) 당기 완성제품에 배부된 재료원가 = 300개 × @300
주2) 기말 재공품에 배부된 재료원가 = 200개 × @300
주3) 당기 완성제품에 배부된 가공원가 = 300개 × @900
주4) 기말 재공품에 배부된 가공원가 = 200개 × 50% × @900

(3) 제조원가명세서

원재료수불부 및 재공품수불부에 따라 대박(주)의 제조원가명세서를 작성하여 보면 다음과 같다.

과 목		금 액
I. 재 료 원 가		120,000
1. 기 초 재 료 재 고 액	50,000	
2. 당 기 재 료 매 입 액	100,000	
3. 기 말 재 료 재 고 액	(30,000)	
II. 노 무 원 가		200,000
III. 기 타 제 조 원 가		120,000
IV. 당 기 총 제 조 비 용		440,000
V. 기 초 재 공 품 원 가		70,000
VI. 합 계		510,000
VII. 기 말 재 공 품 원 가		(150,000)
VIII. 타 계 정 대 체 액		–
IX. 당 기 제 품 제 조 원 가		360,000

3. 매출원가

제품도 총평균법으로 평가하는바, 평균단가와 제품수불부를 완성하여 보면 다음과 같다.

(1) 제품 단위당 평균단가(취득원가)
= (300,000 + 360,000) ÷ 600개 = @1,100

(2) 제품 수불부 작성

제 품

기 초	300,000	매 출	550,000[주2]
	(300개, @1,000)		(500개, @1,100)
당기완성	360,000[주1]	기 말	110,000[주3]
			(100개, @1,100)
	660,000		660,000

주1) 당기제품제조원가로 재공품수불부(또는 제조원가명세서) 참고
주2) 매출된 제품의 원가 = 500개 × @1,100
주3) 기말 제품의 원가 = 100개 × @1,100

(3) 저가법 적용

기말재고의 취득원가 @1,100보다 순실현가능가치 @1,050이 더 작으므로, 기말재고의 재무상태표 금액을 @1,050으로 결정한다. 이때, 취득원가와 순실현가능가치의 차이 5,000(= 100개 × @50)은 "평가충당금"의 계정과목으로 하여 매출원가에 가산하고 기말 상품의 차감항목으로 재무상태표에 표시한다.

4. 결산수정분개

상기 '1. 부터 3.까지'에 따라 대박(주)의 결산수정분개를 하여 보면 다음과 같다.

(차)	재공품	120,000	(대)	원재료비	120,000
				(제조원가)	
(차)	재공품	200,000	(대)	노무원가	200,000
				(제조원가)	
(차)	재공품	120,000	(대)	기타제조원가	120,000
				(제조원가)	
(차)	제품	360,000	(대)	재공품	360,000
(차)	매출원가	555,000	(대)	제품	550,000
				평가충당금	5,000
				(제품(−))	

5. 부분재무상태표

	당기	전기
재고자산		
원 재 료	30,000	50,000
재 공 품	150,000	70,000
제 품	110,000	300,000
평가충당금	(5,000)	–

6. 부분포괄손익계산서

제품수불부와 재무상태표를 참고하여 대박(주)의 부분포괄손익계산서를 작성하여 보면 다음과 같다.

매출원가		555,000
기초제품재고액	300,000	
당기제품제조원가	360,000	
계	660,000	
기말제품재고액	(105,000)	
타계정대체액	–	

KEY POINT

표준원가법

한국채택국제회계기준에서는 표준원가법도 인정하고 있다. 다만, 표준원가법에 따라 평가한 결과가 실제 원가와 유사한 경우에 편의상 사용할 수 있으며, 이러한 표준원가는 정기적으로 검토하고 필요한 경우 현재 상황에 맞게 조정하여야 한다.

제 5 절

유 형 자 산

이 절에서는 유형자산에 대한 다음의 회계처리에 대해서 살펴보기로 한다.
① 의의
② 최초인식
③ 감가상각
④ 후속원가
⑤ 손상차손
⑥ 처분
⑦ 재평가

1. 의 의

유형자산은 다음의 요건을 충족하는 자산을 말한다.

(1) 영업활동에 부수적으로 사용할 목적으로 보유할 것

유형자산은 영업활동에 부수적으로 사용할 목적으로 보유하는 자산으로, "영업활동에 부수적으로 사용할 목적"이라 함은 재화나 용역의 생산이나 제공, 타인에 대한 임대 또는 관리활동에 사용할 목적을 말한다. 따라서, 투자목적으로 보유하는 부동산은 투자부동산으로 분류하고, 판매활동목적으로 보유하는 자산은 재고자산으로 분류하여야 한다.

예를 들어 제조업 영위 법인이 공장 부지 토지를 보유한 경우에는 해당 토지는 유형자산으로, 임대수익이나 시세차익 목적으로 보유하는 토지는 투자부동산으로, 건설업 영위 법인이 아파트 건설 부지 토지를 보유한 경우 해당 토지는 재고자산으로 분류한다.

(2) 1년을 초과하여 사용하는 물리적 형태가 있는 자산

유형자산은 한 회계기간(통상 1년)을 초과하여 장기간 영업활동에 사용하는 물리적 형태가 있는 자산이다. 즉 장기간 기업의 수익창출에 기여하여야 한다. 이러한 이유로 기업회계기준에서는 유형자산을 비유동자산으로 분류하고 있다.

만약, 영업활동에 부수적으로 사용할 목적으로 보유하는 자산이나 예상사용기간이 1년 이하인 경우에는 "소모품(또는 저장품)"의 계정과목으로 하여 재고자산으로 분류한다.

2. 최초인식

유형자산은 취득시점에 취득원가로 측정된 금액을 해당 유형자산의 성격을 나타내는 계정과목으로 인식한다.

(1) 계정과목

유형자산의 계정과목으로는 다음과 같은 것이 있다.

① **토지**
    대지, 임야, 전답, 잡종지 등
② **건물**
    건물과 냉난방, 조명, 통풍 및 기타 부속설비
③ **구축물**
    선거, 교량, 안벽, 부교, 궤도, 저수지, 갱도, 굴뚝, 정원설비 및 기타의 토목설비, 공작물 등
④ **기계장치**
    기계와 장치, 운송설비(콘베어, 호이스트, 기중기 등) 및 기타의 부속설비
⑤ **선박**
    선박과 기타의 수상운반구
⑥ **차량운반구**
    철도차량, 자동차 및 기타의 육상운반구

⑦ 비품

사무실 인테리어, 컴퓨터, 프린터, 복사기 등

⑧ 건설중인자산

유형자산의 건설을 위한 재료원가, 노무원가, 기타 제조원가(건설을 위하여 지출한 도급금액 또는 취득한 기계 등 포함)

분개예제 41

1. 공장부지 토지를 보통예금 5억원에 구입하다.

   (차) 토지 500,000,000 (대) 보통예금 500,000,000

2. 본사 사옥을 11억원(부가가치세 포함)에 구입하고 세금계산서를 발급받다.

   (차) 건물 1,000,000,000 (대) 보통예금 1,100,000,000
   　　 부가세대급금 100,000,000

3. 금형을 3,300만원(부가가치세 포함)에 구입하고, 만기 6개월 어음을 지급하다. 단, 세금계산서를 발급받다.

   (차) 공구와기구 30,000,000 (대) 미지급금 33,000,000
   　　 부가세대급금 3,000,000

4. 사무실 컴퓨터를 1,100만원(부가가치세 포함)에 구입하고, 세금계산서를 발급받다.

   (차) 비품 10,000,000 (대) 보통예금 11,000,000
   　　 부가세대급금 1,000,000

5. 본사 사옥 부지 매입대금 중 중도금으로 보통예금에서 5억원을 인출하여 지급하다.

   (차) 건설중인자산 500,000,000 (대) 보통예금 500,000,000

6. 상기 '5'의 토지에 대한 잔금 5억원을 보통예금에서 인출하여 지급하고, 소유권을 이전받다. 다만, 해당 토지에 대한 취득대금 중 선급한 금액은 10억원이다.

   (차) 토지 1,500,000,000 (대) 보통예금 500,000,000
   　　　　　　　　　　　　　　　　　　　 건설중인자산 1,000,000,000

7. 건설중인 본사 사옥을 위해 1억원(부가가치세 포함)을 추가 지출하고, 세금계산서를 발급받다.

   (차) 건설중인자산　　　　　90,909,091　　(대) 보통예금　　　　　100,000,000
   　　　부가세대급금　　　　　 9,090,909

8. 건설중인 본사 사옥이 완성되다. 단, 건설중인자산의 장부금액은 5억원이다.

   (차) 건물　　　　　　　　　500,000,000　　(대) 건설중인자산　　　500,000,000

> **KEY POINT**
>
> **계정과목의 신설과 통합**
>
> 유형자산의 계정과목은 업종의 특성 등을 반영하여 신설하거나 통합할 수 있다. 즉, 해당 기업이 속한 업종의 특성상 특정 유형자산의 비중이 중요한 경우에는 별도의 과목을 신설하고, 중요하지 않다면 통합하여 적절한 과목으로 표시 할 수 있다. 예를 들면, 항공회사의 경우에는 항공기를, 해운회사의 경우는 선박을 별도의 과목으로 표시할 수 있다. 반면에 기계장치의 비중이 크지 않은 서비스 업종 등의 경우에는 기계장치를 기타의 유형자산으로 분류할 수 있다.

(2) 취득시점

유형자산의 취득시점은 경영진이 의도하는 방식으로 가동될 수 있는 장소와 상태에 이르게 된 때, 즉 본래 목적에 사용가능하게 된 날이다. 자산별 취득시점의 예는 다음과 같다.

구 분	취득시점
토지, 건물	사용가능일, 소유권이전 등기일, 잔금청산일 중 빠른 날
기계장치	정상제품 생산일

유형자산의 취득시점은 회계처리상 다음 세 가지 항목에 영향을 주므로 정확하게 파악하는 것이 중요하다.

① 취득원가

자산 취득원가에는 취득시점까지 발생한 취득부대비용이 가산되므로 취득시점에 따라 자산 취득원가가 달라질 수 있다.

② 계정과목

유형자산 취득시점에 다음 '(3)'에 설명하는 유형자산의 취득원가를 자산으로 계상한다. 따라서, 취득시점 이전에 지출된 취득원가는 "건설중인자산"으로 처리하여야 한다. 즉 유형자산 취득시점 이전에 해당 자산 취득과 관련된 원가가 지출된 경우 다음과 같이 회계처리 한다.

구 분	회계처리				
관련원가 지출시점	(차)	건설중인자산	×××	(대) 보통예금	×××
유형자산 취득시점	(차)	유형자산	×××	(대) 건설중인자산	×××

③ 감가상각비

감가상각대상 자산의 경우 자산 취득시점부터 감가상각을 하므로 취득시점에 따라 회계기간별 감가상각비가 달라질 수 있다.

사례 25 취득시점

1. 자료
   (1) 20×1.5.1. 건물매입 계약체결
   (2) 대금지급방법
       - 계약금 100(5.1. 지급)
       - 중도금 400(8.1. 지급)
       - 잔 금 200(10.1. 지급)
2. 잔금 지급시 소유권이 이전되며 사용가능한 경우
   (1) 취득시점
       잔금지급과 함께 소유권이 이전되며 같은 일자로 사용가능하므로 건물 취득시점은 20×1.10.1.이 되며 그 일자부터 감가상각을 개시한다.
   (2) 각 시점별 회계처리
       20×1.10.1.에 "건물" 취득을 인식하며, 이전에 지출된 금액은 "건설중인자산"처리한다. 각 시점별 회계처리는 다음과 같다.

20×1.5.1.	(차) 건설중인자산	100	(대) 보통예금	100
20×1.8.1.	(차) 건설중인자산	400	(대) 보통예금	400
20×1.10.1.	(차) 건물	700	(대) 건설중인자산	500
			보통예금	200

3. 중도금 지급시 사용가능한 경우
   (1) 취득시점
       중도금지급과 함께 사용가능하므로 건물 취득시점은 20×1.8.1.이 되며 그 일자부터 감가상각을 개시한다.
   (2) 각 시점별 회계처리
       20×1.8.1.에 "건물" 취득을 인식하며, 이전에 지출된 금액은 "건설중인자산"처리하고 잔금은 일반적 상거래와 관계없는, 지급되지 않은 확정채무이므로 "미지급금"으로 처리한다. 각 시점별 회계처리는 다음과 같다.

일자	차변		대변	
20×1.5.1.	(차) 건설중인자산	100	(대) 보통예금	100
20×1.8.1.	(차) 건물	700	(대) 건설중인자산	100
			보통예금	400
			미지급금	200
20×1.10.1.	(차) 미지급금	200	(대) 보통예금	200

(3) 취득원가

① 의 의

유형자산의 취득원가는 경영진이 의도하는 방식으로 가동될 수 있는 장소와 상태(취득시점)에 이르기까지 소요된 모든 지출액으로, 지급한 현금및현금성자산 또는 제공하거나 부담할 기타 대가의 공정가치로 측정한다.

② 취득원가의 구성

유형자산의 취득원가에는 구입가격 외에 다음의 금액이 포함되며 매입할인과 리베이트 등을 차감한 금액으로 한다. 또한, 대금지급이 일반적인 신용기간을 초과하여 이연되는 경우 현금가격상당액과 실제 총지급액과의 차액은 자본화하지 않는 한 신용기간에 걸쳐 이자로 인식한다.

㉠ 설치장소 준비 원가
㉡ 최초의 운송 및 취급 관련 원가
㉢ 설치원가 및 조립원가
㉣ 유형자산이 정상적으로 작동되는지 여부를 시험하는 과정에서 발생하는 원가
   단, 시험과정에서 생산된 재화(예: 시제품)의 순매각금액은 차감한다.
㉤ 전문가에게 지급하는 수수료
㉥ 유형자산의 매입 또는 건설과 직접적으로 관련되어 발생한 종업원급여
㉦ 유형자산의 취득과 관련하여 국공채 등을 불가피하게 매입하는 경우

해당 채권의 매입금액과 현재가치와의 차액

◎ 차입원가(자본화대상 금융비용)

㉢ 관세 및 환급불가능한 취득관련 세금

㉣ 특정기간 동안 재고자산을 생산하기 위해 유형자산을 사용한 결과로 해당 기간에 발생한 그 유형자산을 해체, 제거하거나 부지를 복구할 의무의 원가

KEY POINT

유형자산 취득원가

1. 유형자산의 취득원가에 포함되지 않는 원가
   (1) 새로운 시설을 개설하는 데 소요되는 원가
   (2) 새로운 상품과 서비스를 소개하는 데 소요되는 원가
      (예: 광고 및 판촉활동과 관련된 원가)
   (3) 새로운 지역에서 또는 새로운 고객층을 대상으로 영업을 하는 데 소요되는 원가
      (예: 직원 교육훈련비)
   (4) 관리 및 기타 일반간접원가
   (5) 유형자산이 경영진이 의도하는 방식으로 가동될 수 있는 장소와 상태에 이른 후에 발생하는 다음과 같은 원가
      ① 유형자산을 사용하거나 이전하는 과정에서 발생하는 원가
      ② 유형자산이 경영진이 의도하는 방식으로 가동될 수 있으나 아직 실제로 사용되지는 않고 있는 경우 또는 가동수준이 완전조업도 수준에 미치지 못하는 경우에 발생하는 원가
      ③ 유형자산과 관련된 산출물에 대한 수요가 형성되는 과정에서 발생하는 가동손실과 같은 초기 가동손실
      ④ 기업의 영업 전부 또는 일부를 재배치하거나 재편성하는 과정에서 발생하는 원가

2. 자가건설한 유형자산의 취득원가
   자가건설한 유형자산의 원가는 외부에서 구입한 유형자산에 적용하는 것과 같은 기준을 적용하여 결정한다. 예를 들어 어떤 기업이 자가건설한 유형자산과 유사한 자산을 정상적인 영업활동과정에서 판매를 위해 만든다면, 자가건설한 유형자산의 원가는 판매목적으로 건설하는 자산의 원가와 동일하다. 따라서 자가건설에 따른 내부이익과 자가건설 과정에서 원재료, 인력 및 기타 자원의 낭비로 인한 비정상적인 원가는 자산의 원가에 포함하지 않는다.

3. 유형자산의 건설 또는 개발과 관련하여 발생하는 부수적인 영업활동
   유형자산을 경영진이 의도하는 방식으로 가동하는 데 필요한 장소와 상태에 이르게 하기 위해 필요한 활동은 아니지만 유형자산의 건설 또는 개발과 관련하여 부수적인 영업활동이 이루어지는 경우[43], 해당 부수적인 영업활동은 유형자산을 경영진이 의도하는 방식으로 가동하는 데 필요한 장소와 상태에 이르게 하기 위해 필요한 활동이 아니므로 해당 영업활동에서 발생하는 수익과 관련 비용은 당기손익으로 인식하고 각각 수익과 비용항목으로 구분하여 표시한다.

사례 26 취득원가

1. 자료
   (1) 대박(주)는 새로운 기계장치를 3억원에 외부구입하였다.
   (2) 기계장치 취득과 관련하여 매입할인 100만원, 운송비 100만원, 설치비 300만원, 설계수수료 1,000만원, 시운전비 400만원, 시제품 매각이익 50만원 발생하였다.

2. 기계장치 취득원가
   ∴ 취득원가 = 300,000,000(매입원가) − 1,000,000(매입할인) + 1,000,000(운송비)
   + 3,000,000(설치비) + 10,000,000(설계수수료) + 4,000,000(시운전비)
   − 500,000(시제품매각이익) = 316,500,000

분개예제 42

1. 공장부지 토지에 대해 취득세, 등록면허세를 5,000만원 납부하다.

   (차) 토지　　　　　　　50,000,000　　(대) 보통예금　　　　　　50,000,000

2. 기계를 5억원(부가가치세 별도)에 외상구입하고 세금계산서를 발급받다. 단, 구입시 운반비 등 부대비용이 1,000만원(부가가치세 별도) 발생하고 보통예금에서 지급하다.

   (차) 기계장치　　　　　510,000,000　　(대) 미지급금　　　　　550,000,000
   　　 부가세대급금　　　 51,000,000　　　　 보통예금　　　　　 11,000,000

③ 유형자산의 취득과 관련하여 국·공채 등을 불가피하게 매입하는 경우

유형자산을 취득할 때 국·공채 등을 불가피하게 매입하는 경우 국·공채 등의 매입금액과 현재가치[44]의 차액은 반드시 관련 유형자산의 취득금액에 가산하여야 한다.

예를 들어 2,000만원의 차량을 취득할 때 200만원의 공채를 취득(매도목적 아님)하였고 해당 공채의 현재가치가 150만원이라면, 공채 취득금액과 현재가치의 차액 50만원은 차량 취득원가에 가산하여야 한다. 이때 회계처리를 예시하여 보면 다음과 같다.

   (차) 차량운반구　　　　20,500,000　　(대) 보통예금　　　　　22,000,000
   　　 AC금융자산　　　　 1,500,000

---

43) 예를 들어, 건설이 시작되기 전에 건설용지를 주차장 용도로 사용하는 경우가 있다.
44) 대부분의 경우 매입 즉시 국공채를 처분한다고 할 경우의 해당 처분금액을 현재가치로 할 수 있다.

④ 차입원가(자본화대상 금융비용)

유형자산 등을 취득할 때 취득자금이 부족할 경우가 있다. 이러한 경우 외부로부터 자금을 차입하여 유형자산 등을 취득하게 되는데, 이때 차입금에 대한 이자비용을 부담하게 된다. 이와 같이 자산 취득을 위해 불가피하게 부담하는 이자비용 등을 '차입원가'라 하며[45], 반드시 해당 차입원가를 자산 취득원가에 가산하여야 한다.[46]

예를 들어 1,000억원의 건물을 취득하기 위해 외부로부터 연이자율 6%에 500억원의 자금을 차입하였다고 하자. 건물 취득일까지 발생된 이자비용이 10억원이라고 가정하면, 해당 10억원을 건물의 원가로 계상한다. 회계처리를 예시하면 다음과 같다.

차입원가 지출시점	(차)	건설중인자산	1,000,000,000	(대)	보통예금	1,000,000,000
건물 취득시점	(차)	건물	101,000,000,000	(대)	건설중인자산	101,000,000,000

⑤ 자산 취득과 관련된 부가가치세

유형자산을 취득할 때 부담한 부가가치세는 세금계산서를 수취한 경우 국가로부터 돌려받을 수 있는바, "부가세대급금"의 계정과목으로 하여 "기타채권"으로 분류한다. 다만, 비영업용 소형승용자동차 취득·임차·보유에 따라 발생되는 부가가치세 매입세액, 접대비·면세사업·토지 관련 매입세액은 세금계산서를 수취하더라도 국가로부터 돌려받지 못한다.

예를 들어, 비영업용소형승용자동차를 2,000만원(부가가치세 200만원 별도)에 구입하였다면 해당 차량의 취득원가는 2,000만원이 아니라 2,200만원이 된다.

유형자산 취득과 관련된 부가가치세 회계처리

구분		부가가치세 회계처리				
세금계산서	취득자산					
수취	비영업용소형 승용자동차[주]	(차)	차량운반구	×××	(대) 보통예금	×××
	접대·면세사업· 토지 관련 등	(차)	××자산	×××	(대) 보통예금	×××

---

45) 적격자산(단기간 내에 생산되거나 제조되는 재고자산을 제외한 재고자산, 제조설비자산, 전력생산설비, 무형자산, 투자부동산, 생물용자산)의 취득, 건설 또는 제조와 직접 관련된 차입원가를 말한다. 한편, 종전 기업회계기준에서는 "자본화대상금융비용"이라 하였으며, 법인세법에서는 차입원가를 "건설자금이자"라 하며 법 소정요건에 해당되는 경우 자산 취득원가로 처리하도록 하고 있다.

46) 반면, 기타 차입원가는 발생기간에 이자비용으로 인식한다(예: 적격자산 취득이후 지출되는 차입원가).

	기타자산	(차) 부가세대급금 ××× (대) 보통예금 ×××
미수취	불문	(차) ××자산 ××× (대) 보통예금 ×××

주) 비영업용소형승용자동차란 다음의 자동차로서 운수업, 자동차판매업, 자동차임대업, 운전학원업, 기계경비업무를 하는 경비업(출동차량에 한정) 및 이와 유사한 업종에 직접 영업으로 사용하는 것을 제외한 자동차를 말한다.
1. 배기량이 2,000cc를 초과하는 승용자동차(정원 8명 이하인 것에 한정)와 캠핑용자동차
2. 배기량이 2,000cc 이하인 승용자동차(배기량이 1,000cc 이하의 것으로서 길이가 3.6m 이하이고 폭이 1.6m 이하인 것은 제외)와 이륜자동차
3. 전기승용자동차(정원 8명 이하의 자동차로 한정하되, 길이가 3.6m 이하이고 폭이 1.6m 이하인 것은 제외)

사례 27) 자산 취득 관련 부가가치세

1. 자료

    대박(주)는 유형자산을 2,200,000원(부가가치세 포함)에 취득하다.

    (1) 유형자산이 컴퓨터일 경우
        (상황 1) 세금계산서를 수취한 경우(매입세액공제대상)
        (상황 2) 세금계산서를 수취하지 않은 경우(매입세액불공제대상)

    (2) 유형자산이 비영업용소형승용자동차일 경우
        (상황 1) 세금계산서를 수취한 경우
        (상황 2) 세금계산서를 수취하지 않은 경우

2. 컴퓨터를 취득한 경우 각 상황별 취득시점 회계처리. 단, 분류는 생략한다.

상황1	(차) 비 품	2,000,000	(대) 보통예금	2,200,000
	부가세대급금	200,000		
상황2	(차) 비 품	2,200,000	(대) 보통예금	2,200,000
	부가세대급금	-		

3. 비영업용소형승용자동차를 취득한 경우 각 상황별 취득시점 회계처리. 단, 분류는 생략한다.

상황1	(차) 차량운반구	2,200,000	(대) 보통예금	2,200,000
	부가세대급금	-		
상황2	(차) 차량운반구	2,200,000	(대) 보통예금	2,200,000
	부가세대급금	-		

3. 감가상각

(1) 의 의

유형자산은 기업의 수익창출에 장기간 기여하는 자산이다. 따라서, 취득 즉시 취득금액을 비용처리 하기보다 수익창출에 기여할 것으로 추정되는 기간동안 취득금액을 적절히 배분하여 비용처리 하는 것이 보다 수익·비용대응의 원칙에 부합되는 회계처리이다.

이처럼 유형자산의 취득금액을 사용기간 동안 합리적인 방법을 적용하여 체계적으로 배분하는 것을 감가상각이라고 한다.

(2) 감가상각대상자산

일반적으로 각 유형자산별로 감가상각을 한다. 다만, 유형자산을 구성하는 일부의 원가가 해당 유형자산의 전체원가에 비교하여 유의적이라면 해당 유형자산을 감가상각할 때 그 부분은 별도로 구분하여 감가상각한다. 예를 들어 항공기 동체와 엔진은 별도로 구분하여 감가상각하는 것이 적절할 수 있다.

반면, 유형자산을 구성하고 있는 유의적인 부분에 해당 유형자산의 다른 유의적인 부분과 동일한 내용연수 및 감가상각방법을 적용하는 경우 감가상각액을 결정할 때 하나의 집단으로 통합할 수 있다.

KEY POINT

감가상각대상자산

1. 토지
   원칙적으로 토지는 내용연수가 무한하므로 감가상각하지 아니한다. 따라서, 토지와 건물을 동시에 취득하는 경우 이들은 분리가능한 자산이며 건물은 내용연수가 유한하므로 별개의 자산으로 회계처리한다.
   다만, 채석장이나 매립지 등과 같이 토지의 내용연수가 한정되는 경우 관련 경제적효익이 유입되는 형태를 반영하는 방법으로 토지를 감가상각한다. 또한, 토지의 원가에 해체, 제거 및 복구원가가 포함된 경우 해당 원가를 관련 경제적효익이 유입되는 기간에 감가상각하여야 한다.

2. 건설중인자산
   유형자산의 감가상각은 취득시점부터 시작하므로, 취득 중인 유형자산인 건설중인자산은 감가상각하지 않는다. 다만, 건설중인자산의 일부가 완성되어 해당 부분이 사업에 사용되는 경우 그 부분은 감가상각한다.

3. 유휴자산 등

유형자산의 감가상각은 취득시점(경영진이 의도하는 방식으로 자산을 가동하는 데 필요한 장소와 상태에 이른 때)부터 시작하며, 매각예정자산으로 분류되는(또는 매각예정으로 분류되는 처분자산집단에 포함되는) 날과 자산이 제거되는 날 중 이른 날에 중단한다. 따라서 유형자산이 가동되지 않거나 유휴상태가 되더라도 감가상각이 완전히 이루어지기 전까지는 감가상각을 중단하지 않는다. 그러나, 유형자산의 사용정도에 따라 감가상각을 하는 경우 생산활동이 이루어지지 않을 경우에는 감가상각을 하지 않을 수 있다.

(3) 감가상각계산요소

감가상각비를 계산하기 위해서는 다음의 감가상각계산요소를 파악하여야 한다.

1) 내용연수

① 의미

기업에서 자산이 사용가능할 것으로 기대되는 기간 또는 자산에서 얻을 것으로 기대되는 생산량이나 이와 유사한 단위 수량을 말한다.

② 결정

유형자산의 미래경제적효익은 주로 사용함으로써 소비되며 자산을 사용하지 않더라도 기술적 또는 상업적 진부화 및 마모나 손상 등의 요인으로 인하여 감소될 수 있다.[47] 따라서, 유형자산의 내용연수를 결정할 때에는 다음의 요소를 모두 고려한다.

㉠ 자산의 예상 생산능력이나 물리적 생산량을 토대로 한 자산의 예상사용수준

㉡ 자산을 교대로 사용하는 빈도, 수선·유지계획과 운휴 중 유지보수 등과 같은 가동요소를 고려한 자산의 예상 물리적 마모나 손상

㉢ 생산방법의 변화, 개선 또는 해당 자산에서 생산되는 제품 및 용역에 대한 시장수요의 변화로 인한 기술적 또는 상업적 진부화

㉣ 리스계약의 만료일 등 자산의 사용에 대한 법적 또는 이와 유사한 제한

---

[47] 즉 유형자산의 내용연수는 자산으로부터 기대되는 효용에 따라 결정한다. 예를 들어 기업의 유형자산관리정책에 따라 특정기간이 경과되거나 유형자산에 내재하는 미래경제적효익의 특정부분이 소비되면 처분하는 경우 유형자산의 내용연수는 일반적 상황에서의 경제적 내용연수보다 짧을 수 있으므로 유사한 자산에 대한 기업의 경험에 비추어 해당 유형자산의 내용연수를 추정하여야 한다.

2) 감가상각대상금액

취득원가에서 잔존가치를 차감한 금액을 말한다. 이때, 잔존가치는 자산이 이미 오래되어 내용연수 종료시점에 도달하였다는 가정하에 자산의 처분으로부터 현재 획득할 금액에서 추정 처분부대원가를 차감한 금액의 추정치를 말한다.

> **KEY POINT**
>
> **잔존가치 및 내용연수의 재검토**
>
> 유형자산의 잔존가치 및 내용연수는 적어도 매 회계연도말에 재검토한다. 재검토 결과 추정치가 종전 추정치와 다른 경우 회계추정의 변경으로 보아 그 변경의 효과를 그 영향이 미치는 기간에 따라 전진적으로 인식한다.

3) 감가상각방법

① 의미

유형자산의 감가상각대상금액을 해당 자산의 내용연수동안 체계적이고 합리적으로 각 회계기간에 배분하는 방법을 말한다.

② 결정

감가상각방법은 유형자산의 미래경제적효익이 소비되는 형태를 반영하여 합리적으로 결정하며, 예상 소비형태가 변하지 않는 한 매 회계기간에 일관성 있게 적용한다.

이러한 감가상각방법에는 대표적으로 정액법, 체감잔액법(예 : 정률법)이 있다.

㉠ 정액법

자산을 기간경과에 따라 일정하게 사용하는 경우 적절한 방법으로, 잔존가치가 변동하지 않는다고 가정할 때 매 기간 일정액의 감가상각액을 인식하는 방법이다.

㉡ 체감잔액법

자산을 초기에 많이 사용하고 기간이 경과할수록 사용빈도가 줄어드는 경우 적절한 방법으로, 자산의 내용연수 동안 감가상각액이 매 기간 감소하는 방법이다. 대표적으로 정률법이 있다.

감가상각방법의 재검토

유형자산의 감가상각방법은 적어도 매 회계연도말에 재검토한다. 재검토결과 자산에 내재된 미래 경제적효익의 예상되는 소비형태에 유의적인 변동이 있는 경우 감가상각방법을 변경한다. 감가상각방법의 변경은 회계추정의 변경으로 보아 그 변경의 효과를 그 영향이 미치는 기간에 따라 전진적으로 인식한다.

(4) 감가상각비

① 감가상각비 계산

정액법과 정률법에 의한 매기 감가상각비는 다음과 같이 계산한다.

구 분	매기 감가상각비
정액법	(취득원가-잔존가치) × 정액법 상각률 × $\dfrac{\text{해당 사용월수}}{12}$
정률법	장부금액 × 정률법 상각률 × $\dfrac{\text{해당 사용월수}}{12}$

상기 산식에서 앞서 살펴본 취득원가와 잔존가치를 제외한 각 계산요소들이 의미하는 바는 다음과 같다.

㉠ 장부금액

장부금액이란 취득원가에서 전기말까지 감가상각비로 인식한 금액의 누계액(감가상각누계액)과 손상차손누계액을 차감한 금액을 말한다.[48]

㉡ 상각률

내용연수와 감가상각방법에 따라 변동되는 비율로 감가상각방법별로 다음 산식에 따라 계산된다. 다만, 정률법상각률 계산시 잔존가치가 "0"인 경우에는 잔존가치를 "1"로 하여 상각률을 계산한다.

---

[48] 손상차손에 대해서는 아래 '5. 손상차손'을 참고하기 바란다.

$$정액법상각률 = \frac{1}{내용연수}$$

$$정률법상각률 = 1 - \left(\frac{잔존가치}{취득원가}\right)^{\frac{1}{내용연수}}$$

사례 28 ） 상각률

1. 자료
   (1) 취득원가 : 30,000,000원   (2) 잔존가치 : 1,500,000원
   (3) 내용연수 : 5년

2. 상각률
   (1) 정액법상각률 $= \dfrac{1}{내용연수} = \dfrac{1}{5} = 0.2$

   (2) 정률법상각률 $= 1 - \left(\dfrac{잔존가치}{취득원가}\right)^{\frac{1}{내용연수}} = 1 - \left(\dfrac{1,500,000}{30,000,000}\right)^{\frac{1}{5}} = 0.451$

ⓒ 해당 사용월수

해당 회계기간 동안 유형자산을 사용한 월수로 역에 따라 계산하되 1월 미만은 1월로 한다. 이와 같이 사용월수에 따라 감가상각비를 계산하는 방법을 "월할상각"이라 한다.

사례 29 ） 사용월수

1. 자료
   (1) 대박(주)는 20×1.7.13. 차량운반구를 취득하여, 20×3.4.8.에 매각
   (2) 대박(주)의 결산일은 매년 12.31.

2. 각 연도별 사용월수

연도	사용기간	사용월수
20×1	20×1.7.13.~12.31.	6
20×2	20×2.1.1.~12.31.	12
20×3	20×3.1.1.~ 4. 8.	4

사례 30 — 감가상각비(1)

1. 자료

   (1) 회사는 20×1.7.13. 비영업용소형승용자동차를 3,000만원(부가가치세 포함)에 취득하다.
   (2) 해당 승용차의 예상사용기간은 5년이며, 잔존가치는 150만원이다.
   (3) 회사의 결산일은 매년 12.31.이다.

2. 감가상각방법이 정액법일 경우 각 연도별 감가상각비

연도	취득원가	잔존가치	상각률	사용월수	당기 감가상각비	당기말감가 상각누계액
20×1	30,000,000	1,500,000	0.200	6	2,850,000	2,850,000
20×2	30,000,000	1,500,000	0.200	12	5,700,000	8,550,000
20×3	30,000,000	1,500,000	0.200	12	5,700,000	14,250,000
20×4	30,000,000	1,500,000	0.200	12	5,700,000	19,950,000
20×5	30,000,000	1,500,000	0.200	12	5,700,000	25,650,000
20×6	30,000,000	1,500,000	0.200	12	2,850,000[주)	28,500,000

주) 산식에 의한 20×6년의 감가상각비는 5,700,000원이나 내용연수가 종료한바, 기초 미상각잔액 4,350,000원 중 잔존가치 1,500,000원을 제외한 잔액 2,850,000원을 상각한다.

3. 감가상각방법이 정률법일 경우 각 연도별 감가상각비

연도	취득원가	전기말감가 상각누계액	상각률	사용월수	당기 감가상각비	당기말감가 상각누계액
20×1	30,000,000	-	0.451	6	6,765,000	6,765,000
20×2	30,000,000	6,765,000	0.451	12	10,478,985	17,243,985
20×3	30,000,000	17,243,985	0.451	12	5,752,962	22,996,947
20×4	30,000,000	22,996,947	0.451	12	3,158,376	26,155,323
20×5	30,000,000	26,155,323	0.451	12	1,733,949	27,889,272
20×6	30,000,000	27,889,272	0.451	12	610,728[주)	28,500,000

주) 산식에 의한 20×6년의 감가상각비는 951,938원이나 내용연수가 종료한바, 기초 미상각잔액 2,110,728원 중 잔존가치 1,500,000원을 제외한 잔액 610,728원을 전액 상각한다.

사례 31 감가상각비(2)

1. 자료
   (1) 회사는 20×1.7.13. 비영업용소형승용자동차를 3,000만원(부가가치세 포함)에 취득하다.
   (2) 취득시점 해당 승용차의 적절한 감가상각방법은 정률법, 내용연수는 5년, 잔존가치는 150만원이다.
   (3) 20×3.12.31. 감가상각방법, 내용연수 및 잔존가치에 대해 재검토 한 결과 감가상각방법은 정액법, 내용연수(경과연수 제외)는 6년, 잔존가치 756,015원으로 판단되다.
   (4) 회사의 결산일은 매년 12.31.이다.

2. 각 연도별 감가상각비
   (1) 20×1년 ~ 20×2년

연도	취득원가	전기말감가상각누계액	상각률	사용월수	당기감가상각비	당기말감가상각누계액
20×1	30,000,000	-	0.451	6	6,765,000	6,765,000
20×2	30,000,000	6,765,000	0.451	12	10,478,985	17,243,985

   (2) 20×3년 ~ 20×8년
   ① 감가상각대상금액 = 20×3.1.1. 장부금액 - 잔존가치
     = (30,000,000 - 17,243,985) - 756,015 = 12,000,000
   ② 상각률 = 1/내용연수 = 1/6
   ③ 각 연도별 감가상각비 = 감가상각대상금액 × 상각률 × 사용월수 /12
     = 12,000,000 × 1/6 × 12/12 = 2,000,000

② 감가상각비 회계처리

'①'에 따라 계산되어진 매기 감가상각비는 다음과 같이 회계처리한다.

(차) 감가상각비   ×××   (대) 감가상각누계액   ×××
    (관리비 등)   (자산(-)항목)주)

주) 이와 같이 자산의 차감항목으로 회계처리하는 방법을 "간접법"이라 한다.

이때, 감가상각비는 수익창출에 기여한 성격에 따라 관리비 등으로 배분한다.

분개예제 43

1. 12/31 본사 건물에 대해 감가상각비 2,500만원을 인식하다.

    (차) 감가상각비   25,000,000   (대) 감가상각누계액   25,000,000
         (관리비)   (건물(-))

2. 12/31 공장 건물에 대해 감가상각비 2,500만원을 인식하다.

    (차) 감가상각비   25,000,000   (대) 감가상각누계액   25,000,000
         (제조원가)   (건물(-))

4. 후속원가

유형자산을 취득한 이후에 자산과 관련되어 여러 지출이 발생할 수 있다. 이를 '후속원가'라 하며 다음과 같이 처리한다.

(1) 원칙

후속원가로 인해 해당 자산의 내용연수와 가치가 실질적으로 증가하는 경우 '자본적지출'이라 하며, 이외 지출은 '수익적지출'이라 한다. 자본적지출과 수익적지출의 회계처리는 다음과 같다.

① **자본적 지출**

  ㉠ 지출시점 회계처리

  취득이후 지출 중 자본적 지출에 해당되는 지출액은 지출시점에서 자산의 취득원가로 처리한다. 즉, 다음과 같이 회계처리 한다.

  (차) ××자산   ×××   (대) 보통예금 등   ×××

  ㉡ 감가상각비 회계처리

  자산에 대하여 자본적 지출이 발생되어 내용연수와 가치가 실질적으로 증가한 경우 잔존가치, 내용연수 및 감가상각방법을 재검토하여 변동된 내용에 따라 감가상각한다.

② **수익적 지출**

  취득이후 지출 중 수익적 지출에 해당되는 지출액은 다음과 같이 지출시점에서 적절한 비용

계정으로 처리한다. 따라서, 수익적 지출이 발생된 경우 감가상각계산요소가 변동된 것이 없으므로 지출 전과 동일하게 감가상각하면 된다.

(차) ××비용　　　　　×××　　　(대) 보통예금 등　　　　×××

(2) 수선과 유지원가

일상적인 수선·유지와 관련하여 발생하는 노무비, 소모품비, 사소한 부품원가는 자산 인식기준을 충족하지 못하므로 발생시점에 당기손익으로 인식한다. 즉 해당 유형자산의 장부금액에 포함하여 인식하지 않는다.

(3) 정기적 교체 원가

일부 유형자산의 경우 주요 부품이나 구성요소의 정기적 교체가 필요할 수 있다.[49] 또한 건물 인테리어 벽 대체와 같이 유형자산이 취득된 후 반복적이지만 비교적 적은 빈도로 대체되거나 비반복적으로 대체되는 경우도 있다. 이러한 경우 다음과 같이 처리한다.

구 분		회계처리
대체할 때 발생하는 원가	자산 인식기준 충족	해당 유형자산의 장부금액에 포함
	자산 인식기준 불충족	당기 손익으로 처리
대체되는 부분의 장부금액		장부에서 제거

(4) 정기적인 종합검사 원가

항공기와 같이 유형자산을 계속적으로 가동하기 위해서 해당 유형자산의 일부가 대체되는지 여부와 관계없이 결함에 대한 정기적인 종합검사가 필요한 경우가 있다. 이러한 경우 다음과 같이 처리한다.

구 분		회계처리
정기적인 종합검사 원가	자산 인식기준 충족	해당 유형자산의 장부금액에 포함
	자산 인식기준 불충족	당기 손익으로 처리
직전 종합검사 원가 중 장부금액		장부에서 제거

---

49) 예를 들어 용광로의 경우 일정시간 사용 후에 내화벽돌의 교체가 필요할 수 있으며, 항공기의 경우 좌석과 취사실 등의 내부설비를 항공기 동체의 내용연수 동안 여러 번 교체할 수 있다.

상기와 같은 회계처리는 해당 유형자산을 매입하거나 건설할 때 종합검사와 관련된 원가를 분리하여 인식하였는지 여부와 관계가 없다.

> **사례 32** 후속원가(자본적지출)
>
> 1. 자료
>   (1) (주)대박은 20×1.7.1. 상각자산을 3,000만원에 취득하다.
>   (2) 취득시점에서 내용연수는 5년, 잔존가치는 취득원가의 5%로 추정되다.
>   (3) 20×2.7.1. 후속원가 1,000만원 발생하였으며 자산인식 요건을 충족하다.
>   (4) 후속원가로 이후 예상사용기간이 8년으로 연장되었으며, 잔존가치는 20×2.7.1. 장부금액(후속원가 포함)의 5%로 추정되다.
>   (5) (주)대박의 결산일은 매년 12.31.이다.
> 2. 감가상각방법이 정액법일 경우 20×1~20×2년의 감가상각비
>   (1) 20×1년 감가상각비
>   (30,000,000−1,500,000)×0.2(5년, 정액)×6/12=2,850,000
>   (2) 20×2년 감가상각비
>   ① 20×2.1.1.~6.30.의 감가상각비
>   (30,000,000−1,500,000)×0.2(5년, 정액)×6/12=2,850,000
>   ② 20×2.7.1.~12.31.의 감가상각비
>   (40,000,000−5,700,000−1,715,000)×0.125(8년, 정액)×6/12=2,036,562
> 3. 감가상각방법이 정률법일 경우 20×1~20×2년의 감가상각비
>   (1) 20×1년 감가상각비
>   30,000,000×0.451(5년, 정률)×6/12=6,765,000
>   (2) 20×2년 감가상각비
>   ① 20×2.1.1.~6.30.의 감가상각비
>   (30,000,000−6,765,000)×0.451(5년, 정률)×6/12=5,239,493
>   ② 20×2.7.1.~12.31.의 감가상각비
>   (40,000,000−6,765,000−5,239,493)×0.312(8년, 정률)×6/12=4,367,299

5. 손상차손

(1) 의 의

손상차손이란 자산의 진부화 및 시장가치의 급격한 하락 등으로 인하여 유형자산의 회수가능액이 장부금액에 미달하게 되는 경우를 말한다. 이러한 손상차손이 발생하면 장부금액과 회수가능액의 차액을 손상차손으로 인식한다.

(2) 손상차손의 검토

매 보고기간말마다 자산손상을 시사하는 징후(손상차손 징후)가 있는지를 검토하여, 손상차손 징후가 있다면 해당 자산의 회수가능액을 추정한다. 손상차손 징후가 있는지를 검토할 때는 최소한 다음과 같은 외부정보와 내부정보를 고려한다.[50]

① 외부정보

　㉠ 회계기간 중에 자산의 시장가치가 시간의 경과나 정상적인 사용에 따라 하락할 것으로 기대되는 수준보다 유의적으로 더 하락하였다.

　㉡ 기업 경영상의 기술·시장·경제·법률 환경이나 해당 자산을 사용하여 재화나 용역을 공급하는 시장에서 기업에 불리한 영향을 미치는 유의적 변화가 회계기간 중에 발생하였거나 가까운 미래에 발생할 것으로 예상된다.

　㉢ 시장이자율(시장에서 형성되는 그 밖의 투자수익률 포함)이 회계기간 중에 상승하여 자산의 사용가치를 계산하는 데 사용되는 할인율에 영향을 미쳐 자산의 회수가능액을 중요하게 감소시킬 가능성이 있다.

　㉣ 기업의 순자산 장부금액이 해당 시가총액보다 크다.

② 내부정보

　㉠ 자산이 진부화되거나 물리적으로 손상된 증거가 있다.

　㉡ 회계기간 중에 기업에 불리한 영향을 미치는 유의적 변화[51]가 자산의 사용범위 및 사용방법에서 발생하였거나 가까운 미래에 발생할 것으로 예상된다.

　㉢ 자산의 경제적 성과가 기대수준에 미치지 못하거나 못할 것으로 예상되는 증거를 내부보고를 통해 얻을 수 있다.

---

[50] 이외에도 자산손상을 시사하는 다른 징후가 있는 경우 회수가능액을 추정한다.
[51] 예를 들어 자산의 유휴화, 해당 자산을 사용하는 영업부문을 중단하거나 구조조정하는 계획, 예상 시점보다 앞서 자산을 처분하는 계획, 그리고 비한정 내용연수를 유한 내용연수로 재평가하는 것 등이 있다.

(3) 손상차손환입의 검토

매 보고기간말마다 손상차손을 인식한 자산에 대해 과거기간에 인식한 손상차손이 더 이상 존재하지 않거나 감소된 것을 시사하는 징후(손상차손환입 징후)가 있는지를 검토하여, 손상차손환입 징후가 있는 경우 해당 자산의 회수가능액을 추정한다. 손상차손환입 징후가 있는지를 검토할 때에는 최소한 다음과 같은 외부정보와 내부정보를 고려한다.

① 외부정보
  ㉠ 자산의 시장가치가 회계기간 중에 유의적으로 증가하였다.
  ㉡ 기업 경영상의 기술·시장·경제·법률 환경이나 해당 자산을 사용하여 재화나 용역을 공급하는 시장에서 해당 기업에 유리한 영향을 미치는 유의적 변화가 회계기간 중에 발생하였거나 가까운 미래에 발생할 것으로 예상된다.
  ㉢ 시장이자율이 회계기간 중에 하락하여 자산의 사용가치를 계산하는 데 사용되는 할인율에 영향을 미쳐 자산의 회수가능액을 중요하게 증가시킬 가능성이 있다.

② 내부정보
  ㉠ 기업에 유리한 영향을 미치는 유의적 변화가 자산의 사용범위 및 사용방법에서 회계기간 중에 발생하였거나 가까운 미래에 발생할 것으로 예상된다. 이러한 변화에는 자산의 성능을 향상시키거나 자산이 속하는 영업을 구조조정하는 경우가 포함된다.
  ㉡ 자산의 경제적 성과가 기대수준을 초과하거나 초과할 것으로 예상되는 증거를 내부보고를 통해 얻을 수 있다.

(4) 회수가능액의 측정

회수가능액은 해당 자산의 순공정가치와 사용가치 중 큰 금액을 말한다. 이때, 순공정가치와 사용가치는 다음을 의미한다.[52]

① 순공정가치

측정일에 시장참여자 사이의 정상거래에서 자산 또는 현금창출단위를 매도하면서 수취하거나 부채를 이전하면서 지급하게 될 가격에서 처분부대원가를 차감한 금액을 말하며, 구속력 있는 매매계약을 통해 합의된 가격이 있는 경우 해당 가격에서 자산의 처분에 직접 귀속되는 증분원가를 조정한 금액이 가장 객관적인 순공정가치이다.

---

[52] 회수가능액을 측정할 때에 항상 순공정가치와 사용가치 모두를 추정할 필요는 없다. 왜냐하면 순공정가치나 사용가치 중 하나의 금액이 장부금액을 초과한다면 자산이 손상되지 않았으므로 다른 금액을 추정할 필요가 없기 때문이다. 자산손상을 시사하는 징후가 발생한 경우 대부분 사용가치보다는 순공정가치가 큰바, 순공정가치를 회수가능액으로 한다.

② 사용가치

자산에서 창출될 것으로 기대되는 미래현금흐름의 현재가치를 말하며, 다음을 고려하여 측정한다.
  ㉠ 자산에서 창출될 것으로 기대되는 미래현금흐름의 추정치
  ㉡ 미래현금흐름의 금액 및 시기의 변동가능성에 대한 기대치
  ㉢ 현행 무위험시장이자율로 표현되는 화폐의 시간가치
  ㉣ 자산의 본질적 불확실성에 대한 보상가격
  ㉤ 자산에서 창출될 것으로 기대되는 미래현금흐름의 가격을 결정할 때 시장참여자들이 반영하는 비유동성과 같은 그 밖의 요소들

(5) 회계처리

① 손상차손과 손상차손환입

손상차손과 손상차손 환입은 각각 기타비용과 기타수익으로 분류하여 다음과 같이 당기손익으로 인식한다.

구 분	회계처리				
손상차손	(차) 유형자산손상차손	×××	(대)	손상차손누계액 (자산(-)항목)주)	×××
손상차손환입	(차) 손상차손누계액 (자산(-)항목)	×××	(대)	유형자산손상차손환입	×××

주) 감가상각과 마찬가지로 간접법으로 회계처리한다.

다만, 손상차손환입으로 증가된 장부금액은 과거에 손상차손을 인식하기 전 장부금액의 감가상각 후 잔액을 초과할 수 없다. 즉 손상차손환입액 한도는 다음과 같다.

> 손상차손환입액 한도=Min[1, 2, 3]
> 1 = 회수가능액 - (기초 장부금액 - 당기 감가상각비)
> 2 = 손상차손이 없었을 경우 당기말 장부금액 - (기초 장부금액 - 당기 감가상각비)
> 3 = 이미 인식한 손상차손의 누계액

② 손상차손(환입)과 감가상각

결산시점에서 먼저 감가상각을 인식한 후 손상차손과 손상차손환입을 인식한다. 즉 손상차손을 계산할 때 장부금액은 해당 연도분 감가상각비를 반영한 후 금액으로 한다.

또한, 손상차손 또는 손상차손환입을 인식한 이후 회계기간에는 손상차손 또는 손상차손환입으로 인해 수정된 장부금액에서 잔존가치를 차감한 금액을 자산의 잔여내용연수에 걸쳐 감가상각한다.

사례 33) 손상차손과 손상차손환입

1. 자료
   (1) 20×0년 초에 기계장치를 10,000원에 취득하다.
   (2) 20×1년 말에 손상차손을 검토한 결과 손상차손 징후가 발생하였으며, 회수가능액이 4,000원으로 추정되다.
   (3) 20×4년 말에 손상차손환입을 검토한 결과 손상차손환입 징후가 발생하였으며, 회수가능액이 5,500원으로 추정되다.
   (4) 기계장치의 잔존가치는 없으며, 내용연수는 10년, 감가상각방법은 정액법이다.

2. 각 시점별 회계처리

시점		차변	금액		대변	금액
20×0년 초	(차)	기계장치	10,000	(대)	보통예금	10,000
20×0년 말	(차)	감가상각비 (제조원가)	1,000[주1]	(대)	감가상각누계액 (기계장치(-))	1,000
20×1년 말	(차)	감가상각비 (제조원가)	1,000[주1]	(대)	감가상각누계액 (기계장치(-))	1,000
	(차)	기계장치손상차손 (기타비용)	4,000[주2]	(대)	손상차손누계액 (기계장치(-))	4,000
20×2년 말 ~20×3년 말	(차)	감가상각비 (제조원가)	500[주3]	(대)	감가상각누계액 (기계장치(-))	500
20×4년 말	(차)	감가상각비 (제조원가)	500[주3]	(대)	감가상각누계액 (기계장치(-))	500
	(차)	손상차손누계액 (기계장치(-))	2,500[주4]	(대)	기계장치손상차손환입 (기타수익)	2,500
20×5년 말 ~20×9년 말	(차)	감가상각비 (제조원가)	1,000[주5]	(대)	감가상각누계액 (기계장치(-))	1,000

주1) 20×0년, 20×1년 감가상각비 = 10,000(취득원가) × 0.1(10년, 정액) × 12/12 = 1,000
주2) 20×1년말 손상차손 = 장부금액 - 회수가능액 = (10,000 - 2,000) - 4,000 = 4,000
주3) 20×2년~20×4년 감가상각비 = 4,000(기초 장부금액) × 0.125(8년, 정액) × 12/12 = 500
주4) 20×4년말 손상차손환입 = Min[①, ②, ③] = Min[3,000, 2,500, 4,000] = 2,500
   ① = 회수가능액 - (기초 장부금액 - 당기 감가상각비) = 5,500 - (3,000 - 500) = 3,000
   ② = 손상차손이 없었을 경우 당기말 장부금액 - (기초 장부금액 - 당기 감가상각비)
      = (10,000 - 1,000×5) - (3,000 - 500) = 2,500
   ③ = 이미 인식한 손상차손의 누계액 = 4,000
주5) 20×5년~20×9년 감가상각비 = 5,000(기초 장부금액) × 0.2(5년, 정액) × 12/12 = 1,000

6. 처 분

유형자산을 처분하는 경우에는 다음과 같이 회계처리 한다.

(1) 감가상각비 계상

처분하는 회계연도에도 회계연도 개시일로부터 처분일까지 수익창출에 기여하므로 사용한 기간에 대한 감가상각비를 인식한다.

(2) 처분손익 계상

자산의 장부금액과 처분금액과의 차액을 처분손익으로 하여 당기손익(기타손익)으로 인식한다. 이때, 장부금액은 취득원가에서 감가상각누계액과 손상차손누계액을 차감한 금액을 말한다. 처분시 회계처리를 예시하면 다음과 같다.

구 분	회계처리				
처분금액 〉장부금액	(차)	보통예금 또는 미수금[주1] 감가상각누계액[주2] 손상차손누계액[주2] (유형자산(-)항목)	××× ××× ×××	(대) ××자산[주2] 부가세예수금[주4] 유형자산처분이익[주3]	××× ××× ×××
처분금액 〈장부금액	(차)	보통예금 또는 미수금[주1] 감가상각누계액[주2] 손상차손누계액[주2] (유형자산(-)항목) 유형자산처분손실[주3]	××× ××× ××× ×××	(대) ××자산[주2] 부가세예수금[주4]	××× ×××

주1) 처분금액. 부가가치세를 거래징수해야 하는 경우에는 부가가치세를 포함한 금액으로 하며, 회수기일이 1년을 초과하는 경우 "장기미수금"의 계정과목으로 하여 비유동자산으로 분류한다.
주2) 처분하는 유형자산의 계정과목과 차감표시되는 감가상각누계액 및 손상차손누계액을 의미한다.
주3) 유형자산의 처분금액이 장부금액(= 취득원가 - 감가상각누계액 - 손상차손누계액)보다 큰 경우에 발생하며, 반대의 경우에는 차변에 "유형자산처분손실"의 계정과목으로 하여 기타비용으로 처리한다.
주4) 자산의 처분시 거래상대방에게 부가가치세를 거래징수하는 경우 발생한다.

분개예제 44

1. 건물을 3억원(부가가치세 별도)에 매각하고 세금계산서를 발급하다. 단, 건물의 취득원가는 10억원, 매각시 감가상각누계액 잔액은 5억원이다.

(차)	보통예금	330,000,000	(대)	건물	1,000,000,000
	감가상각누계액 (건물(-))	500,000,000		부가세예수금	30,000,000
	유형자산처분손실	200,000,000			

2. 기계장치를 2억원(부가가치세 별도)에 매각하고 대금은 1개월 후에 받기로 하다. 단, 기계장치의 취득원가는 3억원, 매각시 상각누계액 및 손상차손누계액 잔액은 각각 1억원이며, 세금계산서를 발급하다.

(차)	미수금	220,000,000	(대)	기계장치	300,000,000
	감가상각누계액 (기계장치(-))	100,000,000		부가세예수금	20,000,000
	손상차손누계액 (기계장치(-))	100,000,000		유형자산처분이익	100,000,000

사례 34 　 처 분

1. 자료
   (1) (주)대박은 20×1.7.13. 공장에서 사용할 트럭을 3,000만원(부가가치세 200만원 별도)에 취득하고, 적법하게 세금계산서를 수취하다.
   (2) (주)대박은 20×3.4.8. 해당 트럭을 1,500만원(부가가치세 별도)에 매각하고, 적법하게 세금계산서를 발급하다.
   (3) 해당 트럭의 내용연수는 5년, 잔존가치는 150만원으로 추정되며, 결산일은 매년 12.31.이다.

2. 감가상각방법이 정액법일 경우
   (1) 각 연도별 감가상각비

연도	취득원가	잔존가치	상각률	사용월수	당기 감가상각비	당기말감가 상각누계액
20×1	30,000,000	1,500,000	0.200	6	2,850,000	2,850,000
20×2	30,000,000	1,500,000	0.200	12	5,700,000	8,550,000
20×3	30,000,000	1,500,000	0.200	4	1,900,000	-

(2) 처분손익

= 처분금액-처분시점 장부금액
= 15,000,000-[30,000,000-(8,550,000+1,900,000)]
= (-)4,550,000[처분손실]

(3) 각 시점별 회계처리

시점						
20×1. 7.13.	(차)	차량운반구 부가세대급금	30,000,000 2,000,000	(대)	보통예금	32,000,000
20×1. 12.31.	(차)	감가상각비 (제조원가)	2,850,000	(대)	감가상각누계액 (차량운반구(-))	2,850,000
20×2. 12.31.	(차)	감가상각비 (제조원가)	5,700,000	(대)	감가상각누계액 (차량운반구(-))	5,700,000
20×3. 4.8.	(차)	감가상각비 (제조원가)	1,900,000	(대)	감가상각누계액 (차량운반구(-))	1,900,000
	(차)	보통예금 감가상각누계액 (차량운반구(-)) 유형자산처분손실	16,500,000 10,450,000 4,550,000	(대)	차량운반구 부가세예수금	30,000,000 1,500,000

3. 감가상각방법이 정률법일 경우

   (1) 각 연도별 감가상각비

연도	취득원가	전기말감가상각 누계액	상각률	사용월수	당기 감가상각비	당기말감가 상각누계액
20×1	30,000,000	-	0.451	6	6,765,000	6,765,000
20×2	30,000,000	6,765,000	0.451	12	10,478,985	17,243,985
20×3	30,000,000	17,243,985	0.451	4	1,917,654	-

   (2) 처분손익

   =처분금액-처분시점 장부금액
   =15,000,000-[30,000,000-(17,243,985+1,917,654)]
   =(+)4,161,639[처분이익]

   (3) 각 시점별 회계처리

시점						
20×1. 7.13.	(차)	차량운반구 부가세대급금	30,000,000 2,000,000	(대)	보통예금	32,000,000
20×1. 12.31.	(차)	감가상각비 (제조원가)	6,765,000	(대)	감가상각누계액 (차량운반구(-))	6,765,000
20×2. 12.31.	(차)	감가상각비 (제조원가)	10,478,985	(대)	감가상각누계액 (차량운반구(-))	10,478,985

20×3. 4.8.	(차)	감가상각비 (제조원가)	1,917,654	(대)	감가상각누계액 (차량운반구(-))		1,917,654
	(차)	보통예금 감가상각누계액 (차량운반구(-))	16,500,000 19,161,639	(대)	차량운반구 부가세예수금 유형자산처분이익		30,000,000 1,500,000 4,161,639

7. 재평가

(1) 의 의

기업은 다음과 같은 유형자산 분류별로 원가모형[53]이나 재평가모형 중 하나를 회계정책으로 선택하여 동일하게 적용하여야 한다. 이때, '재평가모형'이란 재평가일의 공정가치에서 이후의 감가상각누계액과 손상차손누계액을 차감한 재평가금액을 장부금액으로 하는 것을 말한다.

① 토지   ② 토지와 건물   ③ 기계장치   ④ 선박
⑤ 항공기   ⑥ 차량운반구   ⑦ 집기   ⑧ 사무용비품   ⑨ 생산용식물

(2) 적 용

재평가는 보고기간말에 자산의 장부금액이 공정가치와 중요하게 차이가 나지 않도록 주기적으로 수행하여야 한다. 재평가할 때 유의할 점은 다음과 같다.

① 특정 유형자산을 재평가할 때 해당 자산이 포함되는 유형자산 분류 전체를 동시에 재평가한다. 그러나 재평가가 단기간에 수행되며 계속적으로 갱신된다면 동일한 분류에 속하는 자산을 순차적으로 재평가할 수 있다.
② 재평가의 빈도는 재평가되는 유형자산의 공정가치 변동에 따라 달라진다. 유의적이고 급격한 공정가치의 변동 때문에 매년 재평가가 필요한 유형자산이 있는 반면에 공정가치의 변동이 경미하여 매 3년이나 5년마다 재평가하는 것으로 충분한 유형자산도 있다.

---

53) 앞서 설명한 '3. 감가상각'부터 '6. 처분'까지에 따라서 회계처리(평가)하는 것을 말한다.

(3) 공정가치

공정가치는 측정일에 시장참여자 사이의 정상거래에서 자산을 매도하면서 수취하거나 부채를 이전하면서 지급하게 될 가격을 말하며(이하 같다), 유형자산의 공정가치는 다음과 같이 결정한다.

구 분		공정가치 결정
일반적인 경우	토지, 건물	전문자격이 있는 평가인에 의한 시장에 근거한 증거를 기초로 수행된 평가
	설비장치, 기계장치	감정에 의한 시장가치
시장에 근거한 증거가 없고 거의 거래가 되지 않는 경우		이익접근법이나 상각후대체원가법을 사용

(4) 회계처리

① 재평가손익

재평가손익은 다음과 같이 회계처리한다.

구 분		회계처리
재평가 이익	전기 이전에 이미 인식한 재평가손실까지의 금액(A)	당기이익 처리[주]
	A를 초과하는 금액	재평가잉여금(기타포괄손익) 처리
재평가 손실	전기 이전에 이미 인식한 재평가잉여금까지의 금액(B)	재평가잉여금(기타포괄손익)의 감소로 처리
	B를 초과하는 금액	당기손실 처리

주) 재평가이익 중 당기이익 처리하는 금액은 전기 이전에 이미 인식한 재평가손실까지의 금액으로 하되, 이전에 인식한 재평가손실로 인하여 당기에 원가모형에 비해 과소인식하게 되는 감가상각비 과소계상액을 차감한 금액으로 한다. 이는 손상차손 환입액 인식시에 손상차손환입으로 인한 자산의 장부금액(회수가능액)이 손상차손을 반영하지 않은 감가상각 후 장부금액을 초과할 수 없도록 한 것과 동일한 논리이다.

② 장부금액의 조정

재평가시점의 감가상각누계액은 다음 중 하나의 방법으로 회계처리한다.

㉠ 재평가일의 감가상각누계액이 손상차손누계액을 고려한 후 총장부금액과 장부금액의 차이와 같아지도록 조정하는 방법(총액방법)

㉡ 총장부금액에서 감가상각누계액을 제거하는 방법(순액방법)

③ 재평가모형에서의 감가상각

재평가모형을 적용하는 자산도 원가모형을 적용하는 자산과 마찬가지로 감가상각한다. 다만, 재평가된 유형자산과 관련하여 기타포괄손익누계액에 계상된 재평가잉여금은 재평가된 금액에 근거한 감가상각액과 최초원가에 근거한 감가상각액의 차이만큼 감가상각할 때 이익잉여금으로 대체할 수 있다.

④ 재평가모형에서의 손상차손 또는 손상차손환입

재평가모형을 적용하는 자산도 원가모형을 적용하는 자산과 마찬가지로 손상차손 또는 손상차손환입을 인식한다. 다만, 재평가되는 자산의 손상차손과 손상차손환입은 각각 재평가손실과 재평가이익으로 보아 상기 ①과 같은 방법으로 회계처리한다.

⑤ 재평가모형에서의 처분

재평가된 유형자산이 폐기되거나 처분될 때에는 해당 자산과 관련하여 기타포괄손익누계액에 계상된 재평가잉여금 전부를 이익잉여금으로 대체할 수 있다.

사례 35 재평가모형(1)

1. 자료

   (1) 20×1년 초에 기계장치를 10,000원에 취득하였으며, 재평가모형으로 평가하기로 하다.
   (2) 각 연도말 기계장치의 공정가치는 다음과 같다.

연도	20×1년	20×2년	20×3년	20×4년
공정가치	8,800	6,930	3,696	2,402

   (3) 취득시점에 추정한 기계장치의 잔존가치는 없으며, 내용연수는 5년, 감가상각방법은 정액법이다. 또한, 재평가잉여금은 감가상각할 때 재평가된 금액에 근거한 감가상각액과 최초원가에 근거한 감가상각액의 차이만큼 이익잉여금으로 대체하기로 한다.

2. 총액방법으로 재평가 회계처리하는 경우 각 시점별 회계처리

시점	차변		대변	
20×1년 초	(차) 기계장치	10,000	(대) 보통예금	10,000
20×1년 말	(차) 감가상각비 (제조원가)	2,000^{주1)}	(대) 감가상각누계액 (기계장치(−))	2,000
	(차) 기계장치	1,000^{주2)}	(대) 감가상각누계액 (기계장치(−)) 재평가잉여금 (기타포괄손익누계액)	200^{주2)} 800^{주3)}
20×2년 말	(차) 감가상각비 (제조원가) 재평가잉여금 (기타포괄손익누계액)	2,200^{주4)} 200^{주5)}	(대) 감가상각누계액 (기계장치(−)) 미처분이익잉여금	2,200 200
	(차) 기계장치	550^{주6)}	(대) 감가상각누계액 (기계장치(−))	220^{주6)}

				재평가잉여금 (기타포괄손익누계액)		330[주7]
20×3년 말	(차)	감가상각비 (제조원가) 재평가잉여금 (기타포괄손익누계액)	2,310[주8] 310[주9]	(대)	감가상각누계액 (기계장치(-)) 미처분이익잉여금	2,310 310
	(차)	감가상각누계액 (기계장치(-)) 재평가잉여금 (기타포괄손익누계액) 재평가손실 (기타비용)	1,386[주10] 620[주11] 304[주11]	(대)	기계장치	2,310[주10]
20×4년 말	(차)	감가상각비 (제조원가)	1,848[주12]	(대)	감가상각누계액 (기계장치(-))	1,848
	(차)	기계장치	2,772[주13]	(대)	감가상각누계액 (기계장치(-)) 재평가이익 (기타수익) 재평가잉여금 (기타포괄손익누계액)	2,218[주13] 152[주14] 402[주14]
20×5년 말	(차)	감가상각비 (제조원가) 재평가잉여금 (기타포괄손익누계액)	2,402[주15] 402[주16]	(대)	감가상각누계액 (기계장치(-)) 미처분이익잉여금	2,402 402

주1) 20×1년 감가상각비 = 10,000(취득원가) × 0.2(5년, 정액) × 12/12 = 2,000
주2) ① 지수 = 공정가치/장부금액 = 8,800 / 8,000 = 1.1
　　　② 기계장치 조정액 = 10,000 × (1.1 − 1) = 1,000
　　　③ 감가상각누계액 조정액 = 2,000 × (1.1 − 1) = 200
주3) 대차차액
주4) 20×2년 감가상각비 = 8,800(기초 장부금액) × 0.25(4년, 정액) × 12/12 = 2,200
주5) 재평가잉여금 대체액 = 800(기초 장부금액) × 0.25(4년, 정액) × 12/12 = 200
주6) ① 지수 = 공정가치/장부금액 = 6,930 / 6,600 = 1.05
　　　② 기계장치 조정액 = (10,000 + 1,000) × (1.05 − 1) = 550
　　　③ 감가상각누계액 조정액 = (2,200 + 2,200) × (1.05 − 1) = 220
주7) 대차차액
주8) 20×3년 감가상각비 = 6,930(기초 장부금액) × 1/3(3년, 정액) × 12/12 = 2,310
주9) 재평가잉여금 대체액 = (800 − 200 + 330)(기초 장부금액) × 1/3(3년, 정액) × 12/12 = 310
주10) ① 지수 = 공정가치/장부금액 = 3,696 / 4,620 = 0.8
　　　② 기계장치 조정액 = (10,000 + 1,000 + 550) × (0.8 − 1) = (−)2,310
　　　③ 감가상각누계액 조정액 = (2,200 + 2,420 + 2,310) × (0.8 − 1) = (−)1,386
주11) 대차차액. 다만, 총재평가손실이 924 발생한바, 재평가잉여금 620을 우선 감소시키고 차액 304만을 재평가손실로 인식한다.
주12) 20×4년 감가상각비 = 3,696(기초 장부금액) × 0.5(2년, 정액) × 12/12 = 1,848
주13) ① 지수 = 공정가치/장부금액 = 2,402/1,848 = 1.3

② 기계장치 조정액 = (10,000 + 1,000 + 550 - 2,310) × (1.3 - 1) = 2,772
③ 감가상각누계액 조정액 = (2,200 + 2,420 + 924 + 1,848) × (1.3 - 1) = 2,218

주14) 대차차액. 총재평가이익이 554 발생한바, 재평가이익을 152만큼 인식하고 차액 402는 재평가잉여금으로 인식한다.
(Note) 재평가이익 = 이미 인식한 재평가손실-원가모형에 비해 과소인식한 당기 감가상각비
= 304 - (2,000 - 1,848) = 152

주15) 20×5년 감가상각비 = 2,402(기초 장부금액 전액)
주16) 재평가잉여금 대체액 = 402(기초 장부금액 전액)

3. 순액방법으로 재평가 회계처리하는 경우 각 시점별 회계처리

20×1년 초	상기 2.와 동일					
20×1년 말	(차)	감가상각비 (제조원가)	2,000	(대)	감가상각누계액 (기계장치(-))	2,000
	(차)	감가상각누계액 (기계장치(-))	2,000	(대)	기계장치 재평가잉여금 (기타포괄손익누계액)	1,200 800
20×2년 말	(차)	감가상각비 (제조원가) 재평가잉여금 (기타포괄손익누계액)	2,200 200	(대)	감가상각누계액 (기계장치(-)) 미처분이익잉여금	2,200 200
	(차)	감가상각누계액 (기계장치(-))	2,200	(대)	기계장치 재평가잉여금 (기타포괄손익누계액)	1,870 330
20×3년 말	(차)	감가상각비 (제조원가) 재평가잉여금 (기타포괄손익누계액)	2,310 310	(대)	감가상각누계액 (기계장치(-)) 미처분이익잉여금	2,310 310
	(차)	감가상각누계액 (기계장치(-)) 재평가잉여금 (기타포괄손익누계액) 재평가손실 (기타비용)	2,310 620 304	(대)	기계장치	3,234
20×4년 말	(차)	감가상각비 (제조원가)	1,848	(대)	감가상각누계액 (기계장치(-))	1,848
	(차)	감가상각누계액 (기계장치(-))	1,848	(대)	기계장치 재평가이익 (기타수익) 재평가잉여금 (기타포괄손익누계액)	1,294 152 402
20×5년 말	(차)	감가상각비 (제조원가) 재평가잉여금 (기타포괄손익누계액)	2,402 402	(대)	감가상각누계액 (기계장치(-)) 미처분이익잉여금	2,402 402

사례 36 재평가모형(2)

1. 자료

20×3년 말에 기계장치를 공정가치인 3,696원(부가가치세 별도)에 매각한 것을 제외하고는 〈사례35〉와 동일하다. 다만, 처분시 재평가잉여금 잔액은 전액 이익잉여금으로 대체하기로 한다.

2. 처분시점 회계처리

감가상각에 대한 회계처리는 〈사례35〉와 동일하므로, 처분에 대한 회계처리만 나타내어 보면 다음과 같다.

(1) 총액방법으로 회계처리하는 경우

(차)	보통예금	4,065	(대)	기계장치	11,550[주1]	
	감가상각누계액	6,930[주2]		부가세예수금	369	
	(기계장치(−))					
	유형자산처분손실	924[주3]				
(차)	재평가잉여금	620[주4]	(대)	미처분이익잉여금	620	
	(기타포괄손익누계액)					

주1) 처분시점 기계장치 장부금액 = 10,000 + 1,000 + 550 = 11,550
주2) 처분시점 감가상각누계액 장부금액 = 2,200 + 2,420 + 2,310 = 6,930
주3) 대차차액
주4) 처분시점 재평가잉여금 장부금액 = 800-200 + 330 - 310 = 620

(2) 순액방법으로 회계처리하는 경우

(차)	보통예금	4,065	(대)	기계장치	6,930[주1]
	감가상각누계액	2,310[주2]		부가세예수금	369
	(기계장치(−))				
	유형자산처분손실	924[주4]			
(차)	재평가잉여금	620[주3]	(대)	미처분이익잉여금	620

주1) 처분시점 기계장치 장부금액 = 10,000-1,200-1,870 = 6,930
주2) 처분시점 감가상각누계액 장부금액 = 2,310(20×3년 감가상각비)

제 6 절

무형자산과 투자부동산

이 절에서는 제5절에서 살펴본 유형자산과 동일하여 중복되는 내용을 제외한 무형자산과 투자부동산에 대한 다음의 회계처리에 대해서 살펴보기로 한다.

① 의의
② 최초인식
③ 감가상각 또는 상각
④ 후속원가
⑤ 손상차손
⑥ 재평가 또는 공정가치 평가
⑦ 계정대체

1. 무형자산

(1) 의의

무형자산은 물리적 실체는 없지만 식별가능한 비화폐성자산으로 다음 요건을 모두 충족하여야 한다. 이러한 요건을 충족하지 못하는 무형항목을 취득하거나 내부적으로 창출하기 위해 발생한 지출은 발생시점에 즉시 비용으로 인식하며, 최초에 비용으로 인식하지 못한 무형항목에 대한 지출은 그 이후 무형자산의 취득원가로 인식할 수 없다.

제6절 _ 무형자산과 투자부동산

① **식별가능하다**

무형자산이 다음 중 하나에 해당되는 경우 식별가능성 요건을 충족하는 것으로 본다.

㉠ 자산이 분리가능하다

이 경우 기업의 의도와는 무관하게 기업에서 분리하거나 분할할 수 있고, 개별적으로 또는 관련된 계약, 식별가능한 자산이나 부채와 함께 매각, 이전, 라이선스, 임대, 교환할 수 있다.

㉡ 자산이 계약상 권리 또는 기타 법적 권리로부터 발생한다.

이 경우 계약상 권리 또는 기타 법적 권리가 이전가능한지 여부 또는 기업이나 기타 권리와 의무에서 분리가능한지 여부는 고려하지 않는다.

② **미래경제적효익이 존재하며 기업에 유입될 가능성이 높아야 한다**

무형자산의 미래경제적효익은 제품의 매출, 용역수익, 원가절감 또는 자산의 사용에 따른 기타 효익의 형태로 발생할 수 있으며[54], 미래경제적효익의 유입가능성은 무형자산의 내용연수 동안의 경제적 상황에 대한 경영자의 최선의 추정치를 반영하는 합리적이고 객관적인 가정에 근거하여 평가한다.

③ **자원에 대한 통제가 가능하다**

무형자산에서 유입되는 미래경제적효익을 확보할 수 있고 해당 효익에 대한 제3자의 접근을 제한할 수 있다면 기업이 자산을 통제하고 있는 것이다. 일반적으로 법원에서 강제할 수 있는 법적 권리에서 나오며 법적 권리가 없는 경우에는 통제를 제시하기 어려우나, 다른 방법으로도 미래경제적효익을 통제할 수 있기 때문에 권리의 법적 집행가능성이 통제의 필요조건은 아니다.

④ **취득원가를 신뢰성 있게 측정할 수 있다**

> **KEY POINT**
>
> **무형자산 인식의 예**
>
> 1. 내부적으로 창출한 영업권
>   내부적으로 창출한 영업권은 원가를 신뢰성 있게 측정할 수 없고 기업이 통제하고 있는 식별가능한 자원이 아니기 때문에, 즉 분리가능하지 않고 계약상 또는 기타 법적 권리로부터 발생하지 않기 때문에 자산으로 인식하지 아니한다.

---

[54] 예를 들어 제조과정에서 지적재산을 사용하면 미래 수익을 증가시키기보다는 미래 제조원가를 감소시킬 수 있다.

2. 시장에 대한 지식과 기술적 지식

   이러한 지식이 저작권, 계약상의 제약이나 법에 의한 종업원의 기밀유지의무 등과 같은 법적 권리에 의하여 보호된다면, 기업은 그러한 지식에서 얻을 수 있는 미래경제적효익을 통제하고 있는 것이다.

3. 숙련된 종업원이나 교육훈련

   기업은 숙련된 종업원이나 교육훈련으로부터 발생하는 미래경제적효익에 대해서는 일반적으로 무형자산의 정의를 충족하기에는 충분한 통제를 가지고 있지 않다.

   또한, 특정 경영능력이나 기술적 재능도 그것을 사용하여 미래경제적효익을 확보하는 것이 법적 권리에 의하여 보호되지 않거나 무형자산 정의의 기타 요건을 충족하지 않는다면 일반적으로 무형자산의 정의를 충족할 수 없다.

4. 고객구성, 시장점유율, 고객관계와 고객충성도

   고객구성, 시장점유율, 고객관계나 고객충성도를 지속할 수 있는 법적 권리나 그것을 통제할 기타 방법이 없다면 일반적으로 무형자산의 정의를 충족하기에 기업이 충분한 통제를 가지고 있지 않다. 그러나, 고객관계를 보호할 법적 권리가 없는 경우에도 비계약적 고객관계를 교환하는 거래는 고객관계로부터 기대되는 미래경제적효익을 통제할 수 있으며, 고객관계가 분리가능하다는 증거를 제공하므로 해당 교환거래는 무형자산의 정의를 충족한다.

(2) 최초인식

1) 계정과목

무형자산의 계정과목으로는 다음과 같은 것이 있다.

① 영업권

합병, 영업양수 및 전세권 취득 등으로 인한 유상취득분을 말한다. 예를 들어, 합병시 영업권은 합병대가가 피합병회사의 순자산공정가치를 초과하는 경우 그 금액을 말한다.

② 산업재산권

일정기간 독점적, 배타적으로 사용할 수 있는 특허권, 실용신안권, 디자인권, 상표권 등을 말한다.

③ 개발비

신제품, 신기술 등의 개발활동에서 발생된 비용으로 다음 사항을 모두 제시할 수 있어야 한다.

㉠ 무형자산을 사용하거나 판매하기 위해 그 자산을 완성할 수 있는 기술적 실현가능성

㉡ 무형자산을 완성하여 사용하거나 판매하려는 기업의 의도

㉢ 무형자산을 사용하거나 판매할 수 있는 기업의 능력

㉣ 무형자산이 미래경제적효익을 창출하는 방법. 특히 무형자산의 산출물이나 무형자산 자체를 거래하는 시장이 존재함을 제시할 수 있거나 또는 무형자산을 내부적으로 사용할

것이라면 그 유용성을 제시할 수 있다.
㉤ 무형자산의 개발을 완료하고 그것을 판매하거나 사용하는 데 필요한 기술적, 재정적 자원 등의 입수가능성
㉥ 개발단계에서 발생한 무형자산 관련 지출을 신뢰성 있게 측정할 수 있는 기업의 능력[55]

KEY POINT

연구활동과 개발활동에서 발생한 지출

1. 연구활동과 개발활동
   이에 대해서는 제1장 제3절 5. 포괄손익계산서를 참조하기 바란다.

2. 연구활동과 개발활동에서 발생한 지출
   (1) 연구활동에서 발생한 지출
      '연구비'의 계정과목으로 하여 관리비로 처리
   (2) 개발활동에서 발생한 지출 중 인식요건을 충족하지 못한 금액
      '경상개발비'의 계정과목으로 하여 관리비로 처리
   (3) 개발활동에서 발생한 지출 중 인식요건을 충족한 금액
      '개발비'의 계정과목으로 하여 무형자산으로 처리

④ 컴퓨터소프트웨어

외부로부터 구입한 컴퓨터 소프트웨어를 말한다.

KEY POINT

컴퓨터 소프트웨어

1. 외부구입
   무형자산(컴퓨터 소프트웨어)으로 처리한다. 다만, 컴퓨터와 별도로 구분하기 어려운 소프트웨어는 컴퓨터와 함께 유형자산(기계장치 또는 비품)으로 처리한다.

2. 자체개발
   개발비 인식요건을 충족할 경우 "개발비"로, 요건을 충족하지 못할 경우에는 "경상개발비"로 처리한다.

---

[55] 내부적으로 창출한 브랜드, 제호, 출판표제, 고객 목록과 이와 실질이 유사한 항목은 사업을 전체적으로 개발하는 데 발생한 원가와 구별할 수 없으므로 무형자산으로 인식하지 아니한다.

⑤ 기타의 무형자산

별도의 계정과목으로 표시할 만큼 중요하지 않은 무형자산을 말한다. 대표적으로 웹사이트(홈페이지)가 있을 수 있다.

> **KEY POINT**
>
> **웹사이트**
>
> 대부분의 웹사이트는 주로 자체의 재화와 용역의 판매촉진과 광고를 위한 것이므로 해당 웹사이트가 어떻게 미래경제적효익을 창출할 지를 제시할 수 없는바, 관련원가 발생시점에 비용으로 처리한다. 다만, 인터넷쇼핑몰 회사의 웹사이트처럼 웹사이트가 수익을 창출하는 경우 미래경제적효익을 창출할 것임을 제시할 수 있으므로, 이외의 무형자산 인식요건(식별가능성, 자원에 대한 통제, 신뢰성 있는 취득원가 측정가능)을 충족하면 이를 무형자산(웹사이트)으로 인식할 수 있다.

분개예제 45

1. (주)대박을 인수하면서 100을 보통예금으로 지급하다.
   단, 합병시 (주)대박의 재무상태표는 다음과 같다.

보통예금	10	외상매입금	100
외상매출금	100	장기차입금	150
건물	200	자본금	10
		이익잉여금	50

(차) 보통예금	10	(대) 외상매입금	100
외상매출금	100	장기차입금	150
건물	200	보통예금	100
영업권	40		

2. (주)피박을 인수하면서 100을 보통예금으로 지급하다.
   단, 합병시 (주)피박의 재무상태표는 다음과 같다.

보통예금	10	외상매입금	100
외상매출금	100	장기차입금	150
건물	300	자본금	10
		이익잉여금	150

(차)	보통예금	10	(대)	외상매입금	100
	외상매출금	100		장기차입금	150
	건물	300		보통예금	100
				염가매수차익	60
				(기타수익)	

3. 신제품 개발비용으로 1억원이 지출되다. 단, 해당 개발비용은 자산성이 인정되며, 개발비 내역은 다음과 같다.
   - 연구원 급여(관리비 처리) : 5,000만원
   - 재료원가(원재료 사용) : 3,000만원
   - 연구소 건물의 감가상각비(관리비 처리) : 2,000만원

(차)	개발비	100,000,000	(대)	급여	50,000,000
				원재료	30,000,000
				감가상각비	20,000,000

4. 신제품 개발비용으로 1억원이 지출되다. 단, 해당 개발비용은 자산성이 없는 것으로 파악되며, 내역은 다음과 같다.
   - 연구원 급여(관리비 처리) : 5,000만원
   - 재료원가(원재료 사용) : 3,000만원
   - 연구소 건물의 감가상각비(관리비 처리) : 2,000만원

(차)	경상개발비 (관리비)	100,000,000	(대)	급여	50,000,000
				원재료	30,000,000
				감가상각비	20,000,000

5. 신기술 개발비용으로 1억원이 발생되고, 해당 기술에 대해 특허를 취득하다. 단, 개발비용 내역은 다음과 같으며, 특허 출원비용 등으로 1,000만원이 보통예금에서 지출되다.
   - 연구원 급여(관리비 처리) : 5,000만원
   - 재료원가(원재료 사용) : 3,000만원
   - 연구소 건물의 감가상각비(관리비 처리) : 2,00만원

(차)	개발비	100,000,000	(대)	급여	50,000,000
				원재료	30,000,000
				감가상각비	20,000,000
(차)	특허권[주]	10,000,000	(대)	보통예금	10,000,000

주) 개발의 결과로 특허를 취득하더라도 개발비용은 개발비로 처리하며, 특허권 취득금액은 특허와 관련된 직접비용만으로 계상함에 유의한다.

6. 컴퓨터 상용소프트웨어(MS Office)를 1,100만원(부가가치세 포함)에 구입하고, 세금계산서를 발급받다.

(차)	컴퓨터소프트웨어	10,000,000	(대)	보통예금	11,000,000
	부가세대급금	1,000,000			

2) 취득시점

무형자산의 취득시점은 경영진이 의도하는 방식으로 운용될 수 있는 상태에 이르게 된 때, 즉 본래 목적에 사용가능하게 된 날이다. 예를 들어, 개발비의 취득시점은 관련 제품의 판매 또는 사용이 가능하게 된 날이다.

3) 취득원가

① 의의

무형자산의 취득원가는 경영진이 의도하는 방식으로 운용될 수 있는 상태(취득시점)에 이르기까지 소요된 모든 지출액으로, 지급한 현금및현금성자산 또는 제공하거나 부담할 기타 대가의 공정가치로 측정한다.

② 취득원가의 구성

무형자산의 취득원가에는 구입가격 외에 다음의 금액이 포함되며 매입할인과 리베이트 등을 차감한 금액으로 한다. 또한, 대금지급이 일반적인 신용기간보다 긴 경우 현금가격상당액과 실제 총지급액과의 차액은 자본화하지 않는 한 신용기간에 걸쳐 이자로 인식한다.

  ㉠ 그 자산을 사용가능한 상태로 만드는데 직접적으로 발생하는 종업원급여
  ㉡ 그 자산을 사용가능한 상태로 만드는데 직접적으로 발생하는 전문가수수료
  ㉢ 그 자산이 적절하게 기능을 발휘하는지 검사하는데 발생하는 원가
  ㉣ 수입관세와 환급받을 수 없는 제세금

③ 개발비(내부적으로 창출한 무형자산)의 취득원가

자산인식기준을 최초로 충족시킨 이후에 발생한 지출금액의 합으로 하며, 이미 비용으로 인식한 지출은 취득원가로 인식할 수 없다. 개발비 취득원가는 해당 개발비의 창출, 제조 및 경영자가 의도하는 방식으로 운영될 수 있게 준비하는 데 필요한 직접 관련된 다음과 같은 모든 원가를 포함한다.

  ㉠ 무형자산의 창출에 사용되었거나 소비된 재료원가, 용역원가 등
  ㉡ 무형자산의 창출을 위하여 발생한 종업원급여

제6절_ 무형자산과 투자부동산

ⓒ 법적 권리를 등록하기 위한 수수료
ⓒ 무형자산의 창출에 사용된 특허권과 라이선스의 상각비
ⓒ 차입원가

> **KEY POINT**
>
> **무형자산 취득원가**
>
> 1. 무형자산의 취득원가로 처리할 수 없는 지출
>   다음 지출은 무형자산 취득원가에 포함되지 않는다.
>   (1) 새로운 제품이나 용역의 홍보원가(광고와 판매촉진활동 원가 포함)
>   (2) 새로운 지역에서 또는 새로운 계층의 고객을 대상으로 사업을 수행하는 데서 발생하는 원가 (교육훈련비 포함)
>   (3) 관리원가와 기타 일반경비원가
>   (4) 무형자산을 사용하거나 재배치하는 데 발생하는 다음과 같은 원가
>   ① 경영자가 의도하는 방식으로 운용될 수 있으나 아직 사용하지 않고 있는 기간에 발생한 원가
>   ② 자산의 산출물에 대한 수요가 확립되기 전까지 발생하는 손실과 같은 초기 영업손실
> 2. 개발비 취득원가로 처리할 수 없는 항목
>   다음 항목은 내부적으로 창출한 무형자산의 원가에 포함하지 아니한다.
>   (1) 판매비, 관리비 및 기타 일반경비 지출. 다만, 자산을 의도한 용도로 사용할 수 있도록 준비하는 데 직접 관련된 경우 제외
>   (2) 자산이 계획된 성과를 달성하기 전에 발생한 명백한 비효율로 인한 손실과 초기 영업손실
>   (3) 자산을 운용하는 직원의 교육훈련과 관련된 지출

(3) 상각

1) 의 의

내용연수가 유한한 무형자산은 상각하고 내용연수가 비한정인 무형자산은 상각하지 않으므로 무형자산 상각에 있어 무엇보다 내용연수 판단이 중요하다.

2) 상각계산요소

① 내용연수

기업은 다음과 같은 요인을 포함한 관련된 모든 요소의 분석에 근거하여 종합적으로 해당 무형자산의 순현금유입 창출 기대 기간에 대하여 예측가능한 제한이 있는지를 판단한다. 만약, 제한이 없는 경우 해당 무형자산의 내용연수가 비한정인 것으로 보며, 내용연수가 유한

하다면 자산의 내용연수 기간이나 내용연수를 구성하는 생산량이나 이와 유사한 단위를 평가하여야 한다.

㉠ 기업이 예상하는 자산의 사용방식과 자산이 다른 경영진에 의하여 효율적으로 관리될 수 있는지 여부
㉡ 자산의 일반적인 제품수명주기와 유사한 방식으로 사용되는 유사한 자산들의 내용연수 추정치에 관한 공개된 정보
㉢ 기술적, 공학적, 상업적 또는 기타 유형의 진부화
㉣ 자산이 운용되는 산업의 안정성과 자산으로부터 산출되는 제품이나 용역의 시장수요 변화
㉤ 기존 또는 잠재적인 경쟁자의 예상 전략
㉥ 예상되는 미래경제적효익의 획득에 필요한 자산 유지비용의 수준과 그 수준의 비용을 부담할 수 있는 능력과 의도
㉦ 자산의 통제가능 기간과 자산사용에 대한 법적 또는 이와 유사한 제한
㉧ 자산의 내용연수가 다른 자산의 내용연수에 근거하여 결정되는지의 여부

KEY POINT

무형자산 내용연수

1. **내용연수의 추정의 정당성**
   내용연수의 불확실성으로 인하여 무형자산의 내용연수를 신중하게 추정하는 것은 정당하지만 비현실적으로 짧은 내용연수를 선택하는 것은 정당화되지 않는다.

2. **계약상 권리 또는 기타 법적 권리로부터 발생하는 무형자산의 내용연수**
   이러한 무형자산의 내용연수는 해당 계약상 권리 또는 기타 법적 권리의 기간을 초과할 수는 없지만 자산의 예상사용기간에 따라 더 짧을 수는 있다. 만약 계약상 또는 기타 법적 권리가 갱신 가능한 한정된 기간 동안 부여된다면, 유의적인 원가 없이 기업에 의해 갱신될 것이 명백한 경우에만 그 갱신기간을 무형자산의 내용연수에 포함한다.

3. **내용연수의 재검토**
   내용연수가 유한한 무형자산의 상각기간은 적어도 매 회계연도 말에 검토하여 자산의 예상 내용연수가 과거의 추정치와 다르다면 상각기간을 이에 따라 변경한다. 또한, 내용연수가 비한정인 무형자산에 대하여도 사건과 상황이 해당 자산의 내용연수가 비한정이라는 평가를 계속하여 정당화하는지를 매 회계기간에 검토하여 사건과 상황이 그러한 평가를 정당화하지 않는 경우 비한정 내용연수를 유한 내용연수로 변경한다. 이러한 변경은 회계추정의 변경으로 회계처리한다.

② 잔존가치

내용연수가 유한한 무형자산의 잔존가치는 다음 중 어느 하나에 해당하는 경우를 제외하고는 영(0)으로 본다.

㉠ 내용연수 종료 시점에 제3자가 자산을 구입하기로 한 약정이 있다.
㉡ 무형자산의 활성거래시장56)이 있고 다음을 모두 충족한다.
　가. 해당 활성거래시장에 기초하여 잔존가치를 결정할 수 있다.
　나. 내용연수 종료 시점에 해당 활성거래시장이 존재할 가능성이 높다.

③ 상각방법

무형자산의 상각방법은 자산의 경제적 효익이 소비되는 형태를 반영한 방법이어야 하며, 해당 무형자산의 미래경제적효익의 예상 소비형태가 변동되지 않는 한 감가상각방법은 매 회계기간에 일관되게 적용한다. 만약 무형자산의 미래경제적효익의 예상 소비형태를 신뢰성 있게 결정할 수 없는 경우에는 정액법을 사용한다.57)

> **KEY POINT**
>
> **잔존가치와 상각방법 재검토**
>
> 내용연수가 유한한 무형자산의 잔존가치와 상각방법은 적어도 매 회계연도 말에 재검토하며 잔존가치와 상각방법의 변동은 회계추정의 변경으로 회계처리한다.

④ 상각비 회계처리

무형자산의 상각비는 다음과 같이 회계처리 한다.

(차) 무형자산상각비　　×××　　(대) 상각누계액　　×××
　　(관리비 등)　　　　　　　　　　(자산(-)항목)

---

56) 다음 조건을 모두 충족하는 시장을 말한다.
　1. 거래되는 항목들이 동질적이다.
　2. 일반적으로 거래의사가 있는 구매자들과 판매자들을 언제든지 찾을 수 있다.
　3. 가격이 공개되어 이용가능하다.
57) K-IFRS에서는 무형자산의 상각방법 중 무형자산의 사용을 포함하는 활동에서 창출되는 수익에 기초한 상각방법은 반증할 수 없는 한 적절하지 않다고 간주하고 있다. 다만, 이와 같이 간주하는 것은 다음 중 어느 하나에 해당하는 제한된 상황에서만 배제할 수 있다.
　1. 수익과 무형자산의 경제적효익 소비 간에 밀접한 상관관계가 있음을 제시할 수 있는 경우
　2. K-IFRS 기준서 제1038호 문단 98C에서 기술된 바와 같이 무형자산이 수익의 측정치로 표현되는 경우

분개예제 46

1. 12/31 개발비에 대해 제조원가로 분류되는 상각비 2,500만원을 인식하다.

  (차) 무형자산상각비　　20,000,000　　(대) 상각누계액　　20,000,000
  　　 (제조원가)　　　　　　　　　　　　　　(개발비(-))

(4) 후속원가

무형자산으로 인식한 진행 중인 연구·개발 프로젝트와 관련이 있으며, 해당 프로젝트의 취득 후에 발생하는 후속지출은 다음과 같이 회계처리한다.

① 연구 관련 지출이거나 개발비 인식기준을 충족하지 않는 개발 관련 지출

　발생시점에 비용으로 인식한다.

② 개발비 인식기준을 충족하는 개발 관련 지출

　해당 개발비 장부금액에 가산한다. 즉 자본적지출로 보아 회계처리한다.

(5) 손상차손

1) 손상차손의 검토

다음 무형자산에 대해서는 자산손상을 시사하는 징후 존재여부에 관계없이 최소한 매년 회수가능액을 추정하고 장부금액과 비교하여 손상검사를 한다.

① 내용연수가 비한정인 무형자산
② 아직 사용할 수 없는 무형자산
③ 사업결합으로 취득한 영업권

2) 손상차손환입

사업결합으로 취득한 영업권에 대한 손상차손은 환입할 수 없다.

3) 회계처리

상각과 마찬가지로 간접법으로 회계처리하며, "손상차손누계액"의 계정과목을 사용한다.

제6절_ 무형자산과 투자부동산

분개예제 47

1. 12/31 개발비의 자산성이 부분 상실되어 1억원을 손상차손으로 인식하다.

(차) 무형자산손상차손	100,000,000	(대) 손상차손누계액	100,000,000
(기타비용)		(개발비(-))	

사례 37 ▶ 손상차손

1. 자료
   (1) 20×1년 초에 신기술과 관련하여 산업재산권을 출원하다. 출원비용은 200이 발생하다.
   (2) 20×2년 초에 산업재산권을 취득하다.
   (3) 산업재산권과 관련하여 20×3년 중 (주)꼬투리와 소송이 발생하여 소송비용 300이 지출되다.
   (4) 20×3년 말에 (주)꼬투리와의 소송에서 패소하다.
   (5) 산업재산권의 내용연수는 10년, 감가상각방법은 정액법이며, 잔존가치는 없다.
   (6) 회사의 결산일은 12.31.이며, 산업재산권 상각비는 제조원가로 분류된다.

2. 각 시점별 회계처리

시점		차변			대변	
20×1년 초	(차)	선급금	200	(대)	보통예금	200
20×2년 초	(차)	산업재산권	200	(대)	선급금	200
20×2년 말	(차)	무형자산상각비 (제조원가)	20^{주1)}	(대)	산업재산권	20
20×3년 중	(차)	선급금	300	(대)	보통예금	300
20×3년 말	(차)	무형자산상각비^{주2)} (제조원가)	20^{주1)}	(대)	산업재산권	20
	(차)	무형자산손상차손^{주3)} (기타비용)	460	(대)	선급금 산업재산권	300 160

주1) 산업재산권 상각액 = 200 ÷ 10 = 20
주2) 손상차손을 인식할 때에는 선감가상각 후손상차손으로 회계처리한다.
주3) 산업재산권이 자산성을 완전상실하였으므로 상각후 잔액 160과 소송비용 300 모두 손상차손으로 반영한다. 만약, 소송에서 승소한 경우에는 소송비용 300을 자본적지출로 보아 회계처리하면 된다.

(6) 재평가

무형자산도 유형자산과 마찬가지로 같은 분류의 무형자산에 대해 원가모형 또는 재평가모형을 선택하여 회계처리 한다. 다만, 다음 사항에 유의하여야 한다.

① 재평가모형 적용시 인정되지 않는 사항

재평가모형 적용시 다음은 인정되지 않는다.

㉠ 이전에 자산으로 인식하지 않은 무형자산의 재평가

㉡ 취득원가가 아닌 금액으로 무형자산을 최초로 인식

② 공정가치

재평가모형 적용시 무형자산의 공정가치는 활성거래시장을 기초로 결정한다.

③ 공정가치를 결정할 수 없는 경우

㉠ 취득시점에서 활성거래시장이 없는 경우

재평가모형을 선택한 같은 분류의 자산 중 해당 자산에 대한 활성거래시장이 없는 경우 그러한 자산에 대해서는 원가모형을 적용할 수 있다.

㉡ 이후 활성거래시장을 기초로 한 공정가치를 결정할 수 없는 경우

최종 재평가일의 재평가금액에서 이후의 상각누계액과 손상차손누계액을 차감한 금액으로 한다. 즉 원가모형으로 평가한다. 다만, 자산의 공정가치를 이후의 측정일에 활성거래시장을 기초로 하여 결정할 수 있는 경우에는 그 날부터 재평가모형을 적용한다.

2. 투자부동산

(1) 의의

투자부동산은 임대수익이나 시세차익 또는 두 가지 모두를 얻기 위하여 소유자나 금융리스의 이용자가 보유하고 있는 부동산을 말한다.

① 투자부동산에 해당하는 경우

㉠ 장기 시세차익을 얻기 위하여 보유하고 있는 토지(정상적인 영업과정에서 단기간에 판매하기 위하여 보유하는 토지 제외)

㉡ 장래 사용목적을 결정하지 못한 채로 보유하고 있는 토지[58]

㉢ 직접 소유(또는 금융리스를 통해 보유)하고 운용리스로 제공하고 있는 건물

---

[58] 만약, 토지를 자가사용할지 또는 정상적인 영업과정에서 단기간에 판매할지를 결정하지 못한 경우 해당 토지는 시세차익을 얻기 위하여 보유하고 있는 것으로 본다.

② 운용리스로 제공하기 위하여 보유하고 있는 미사용 건물

⑩ 미래에 투자부동산으로 사용하기 위하여 건설 또는 개발중인 부동산

② 투자부동산에 해당되지 않는 경우

㉠ 재화의 생산이나 용역의 제공 또는 관리목적에 사용하기 위한 자가사용부동산[59]

㉡ 정상적인 영업과정에서 판매하기 위한 부동산이나 이를 위하여 건설 또는 개발 중인 부동산[60]

㉢ 제3자를 위하여 건설 또는 개발 중인 부동산 또는 금융리스로 제공한 부동산

KEY POINT

투자부동산 분류 유의사항

1. 부동산 중 일부분은 임대수익이나 시세차익을 얻기 위하여 보유하나 이외 부분은 재화의 생산이나 용역의 제공 또는 관리목적에 사용하기 위하여 보유하고 있는 경우
   (1) 부분별로 분리하여 매각(또는 금융리스로 제공)할 수 있는 경우
       각 부분을 분리하여 회계처리한다.
   (2) 부분별로 분리하여 매각할 수 없는 경우
       재화나 용역의 생산이나 제공 또는 관리목적에 사용하기 위하여 보유하는 부분이 경미한 경우에만 해당 부동산을 투자부동산으로 분류한다.
2. 부동산 소유자가 부동산 사용자에게 부수적인 용역을 제공하는 경우
   (1) 해당 용역의 비중이 경미한 경우
       해당 부동산을 투자부동산으로 분류한다.(예 : 사무실 건물의 소유자가 그 건물을 사용하는 리스이용자에게 보안과 관리용역을 제공하는 경우)
   (2) 해당 용역이 유의적인 경우
       해당 부동산은 투자부동산이 아니며 자가사용부동산이다.(예 : 호텔을 소유하고 직접 경영하는 소유자가 투숙객에게 제공하는 용역의 경우)

(2) 최초 인식

투자부동산의 취득원가를 "투자부동산"의 계정과목으로 회계처리 한다. 취득원가는 구입금액과 구입에 직접 관련이 있는 거래원가[61]로 구성되며, 후불조건으로 취득하는 경우에는 취득시점

---

[59] 미래에 자가사용하기 위한 부동산, 미래에 개발 후 자가사용할 부동산, 종업원이 사용하고 있는 부동산(종업원이 시장가격으로 임차료를 지급하고 있는지 여부는 관계없음), 처분예정인 자가사용부동산을 포함하며, 유형자산으로 분류하여 회계처리 한다.
[60] 재고자산으로 분류하여 회계처리 한다.
[61] 법률용역의 대가로 전문가에게 지급하는 수수료, 부동산 구입과 관련된 세금 및 그 밖의 거래원가 등이 있다. 반면, 부동산과 관련하여 일상적으로 발생하는 유지원가는 투자부동산의 장부금액에 인식하지 않으며 발생하였을 때 당기손익으로 인식한다.

의 현금가격상당액으로 한다. 이때, 현금가격상당액과 실제 총지급액의 차액은 신용기간 동안의 이자비용으로 인식한다.

> **KEY POINT**
>
> **투자부동산 취득원가**
>
> 다음은 투자부동산 취득원가에 포함하지 않는다.
> 1. 경영진이 의도하는 방식으로 부동산을 운영하는 데 필요한 상태에 이르게 하는 데 직접 관련이 없는 초기원가
> 2. 계획된 사용수준에 도달하기 전에 발생하는 부동산의 운영손실
> 3. 건설이나 개발 과정에서 발생한 비정상인 원재료, 인력 및 기타 자원의 낭비 금액

분개예제 48

1. 장기 시세차익 목적으로 토지를 10억원(제세공과금 등 거래원가 포함)에 취득하다.

　(차) 투자부동산　　　　1,000,000,000　　　(대) 보통예금　　　　1,000,000,000

(3) 인식 후의 측정

1) 평가방법의 결정

공정가치모형과 원가모형 중 하나를 선택하여 원칙적으로 모든 투자부동산에 적용한다.[62]

2) 공정가치모형의 적용

① 건설중인 투자부동산의 공정가치를 결정할 수 없는 경우

건설중인 투자부동산의 공정가치를 신뢰성 있게 결정할 수 없지만 건설이 완료된 시점에서는 공정가치를 신뢰성 있게 결정할 수 있다고 기대하는 경우 공정가치를 신뢰성 있게 결정할 수 있는 시점과 건설이 완료되는 시점 중 빠른 시점까지는 원가로 측정한다. 다만, 해당 건설중인 투자부동산의 공정가치를 신뢰성 있게 측정할 수 있게 되면 공정가치로 측정하여야 한다.

---

[62] 투자부동산에 대해 평가방법으로 원가모형을 선택한 경우에는 유형자산의 원가모형과 동일하게 회계처리한다.

② 공정가치를 최초 취득시점부터 신뢰성 있게 결정하기 어려운 경우

만약 최초 취득한[63] 투자부동산의 공정가치를 계속하여 신뢰성 있게 결정하기가 어려울 것이라는 명백한 증거가 있는 경우 해당 투자부동산은 처분할 때까지 잔존가치를 영(0)으로 가정하여 유형자산의 원가모형을 적용하여 평가한다.

> **KEY POINT**
>
> **일부투자부동산에 대해 원가모형을 적용하는 경우 그 밖의 투자부동산의 공정가치모형 적용방법**
>
> 투자부동산의 공정가치를 신뢰성 있게 결정하기 어려워 그 투자부동산에 대해 원가모형을 적용하여 평가하더라도, 그 밖의 모든 투자부동산에 대하여는 비교할만한 시장의 거래가 줄어들거나 시장가격 정보를 쉽게 얻을 수 없게 되더라도 해당 투자부동산을 처분하거나 또는 자가사용부동산으로 대체하거나 정상적인 영업과정에서 판매하기 위하여 개발을 시작하기 전까지는 계속하여 공정가치모형을 적용하여 평가한다.

③ 공정가치모형 평가손익과 감가상각 회계처리

공정가치 변동으로 인하여 발생하는 손익은 발생한 기간의 당기손익으로 처리하며, 공정가치모형으로 평가하는 투자부동산은 감가상각하지 않는다.

분개예제 49

1. 12/31 장기 시세차익 목적으로 10억원에 취득한 토지의 공정가치가 12억원이 되다. 단, 해당 토지는 공정가치모형으로 평가한다.

   (차) 투자부동산　　　　　　200,000,000　　　(대) 투자부동산평가이익　　　200,000,000
   　　　　　　　　　　　　　　　　　　　　　　　　　　(기타수익)

2. 12/31 장기 시세차익 목적으로 10억원에 취득한 토지의 공정가치가 9억원이 되다. 단, 해당 토지는 공정가치모형으로 평가한다.

   (차) 투자부동산평가손실　　　100,000,000　　　(대) 투자부동산　　　　　　100,000,000
   　　　(기타비용)

---

[63] 아래 '(4) 계정대체'에서 언급하는 바와 같이 부동산의 사용목적 변경으로 처음으로 투자부동산으로 분류하는 경우를 포함한다.

(4) 계정대체

부동산의 사용목적이 변경된 경우 다음과 같이 회계처리한다.

변경전 분류	변경된 사용목적	변경후 분류	변경시 회계처리
투자부동산 (원가모형)	자가사용 개시 또는 자가사용목적으로 개발을 시작	유형자산	상각 → 손상차손 → 계정 대체[주1]
	정상적인 영업과정에서 판매할 목적으로 개발을 시작	재고자산	
투자부동산 (공정가치모형)	자가사용 개시 또는 자가사용목적으로 개발을 시작	유형자산	공정가치 평가[주2] → 계정대체
	정상적인 영업과정에서 판매 목적으로 개발을 시작	재고자산	
유형자산	자기사용의 종료	투자부동산 (원가모형)	상각 → 손상차손 (→ 재평가)[주3] → 계정대체[주1]
		투자부동산 (공정가치모형)	상각 → 손상차손 → 재평가[주4] → 계정대체
재고자산	제3자에 대한 운용리스 제공의 약정	투자부동산 (원가모형)	저가법 평가 → 계정대체[주1]
		투자부동산 (공정가치모형)	저가법 평가 → 공정가치 평가[주2] → 계정대체

주1) 장부금액으로 승계하므로 계정대체로 인해 발생하는 당기손익은 없다.
주2) 공정가치평가로 인한 평가손익은 당기손익으로 처리한다.
주3) 유형자산을 재평가모형으로 평가하는 경우에만 재평가를 적용한다.
주4) 유형자산을 원가모형 또는 재평가모형으로 평가하는지 여부와 관계없다.

분개예제 50

1. 12/31 장기 시세차익 목적으로 10억원에 취득한 토지(공정가치모형 평가)의 공정가치가 12억원이 되었으며, 내년부터 자가사용할 예정이다.

   (차) 투자부동산   200,000,000   (대) 투자부동산평가이익   200,000,000
       토지   1,200,000,000   투자부동산   1,200,000,000
       (유형자산)

2. 12/31 장기 시세차익 목적으로 10억원에 취득한 건물(원가모형 평가)을 내년부터 본사 사옥으로 사용할 예정이다. 해당 건물의 감가상각누계액은 3억원, 손상차손누계액은 2억원이며, 공정가치는 6억원이다.

(차) 건물	1,000,000,000	(대) 투자부동산	1,000,000,000
(유형자산)			
감가상각누계액	300,000,000	감가상각누계액	300,000,000
(투자부동산(-))		(건물(-))	
손상차손누계액	200,000,000	손상차손누계액	200,000,000
(투자부동산(-))		(건물(-))	

3. 12/31 본사 사옥으로 사용하기 위해 10억원에 취득한 건물(원가모형 평가)을 내년부터 임대수익을 위해 사용할 예정이다. 해당 건물의 전기말 감가상각누계액은 1억원, 당기 감가상각비는 1억원이며, 공정가치는 6억원이다. 또한, 투자부동산에 대해 원가모형을 적용할 예정이다.

(차) 감가상각비	100,000,000	(대) 감가상각누계액	100,000,000
		(건물(-))	
(차) 투자부동산	1,000,000,000	(대) 건물	1,000,000,000
감가상각누계액	200,000,000	감가상각누계액	200,000,000
(건물(-))		(투자부동산(-))	

4. 12/31 본사 사옥으로 사용하기 위해 10억원에 취득한 건물(원가모형 평가)을 내년부터 임대수익을 위해 사용할 예정이다. 해당 건물의 전기말 감가상각누계액은 1억원, 당기 감가상각비는 1억원이며, 공정가치는 12억원이다. 또한, 투자부동산에 대해 공정가치모형을 적용할 예정이다.

(차) 감가상각비	100,000,000	(대) 감가상각누계액	100,000,000
		(건물(-))	
(차) 투자부동산	1,200,000,000	(대) 건물	1,000,000,000
감가상각누계액	200,000,000	재평가잉여금	400,000,000
(건물(-))		(기타포괄손익누계액)	

제 7 절

유가증권

이 절에서는 재산적 가치를 나타내는 유가증권 중 주식과 채권에 투자한 투자자의 회계처리에 대해 살펴보기로 한다.

1. 의 의

(1) 주 식

주식이란 주식회사의 순자산에 대한 소유지분을 나타내는 유가증권을 말한다. 따라서, 주식에 투자한 경우 피투자회사의 경영활동 의사결정에 영향을 미칠 수도 있으며, 배당금을 받을 수도 있다. 또한, 취득가격보다 높은 가격에 매각함으로써 매매차익을 얻을 수 있다.

(2) 채 권

채권이란 발행자에 대하여 금전을 청구할 수 있는 권리를 표시하는 유가증권을 말한다. 채권에는 국채, 공채, 회사채(전환사채, 신주인수권부사채, 교환사채 포함) 등이 있다. 이러한 채권에 투자한 경우 만기까지 채권 권면에 표시된 금액에 약정이자율을 고려한 이자를 수취할 수 있으며, 만기에는 채권 권면에 표시된 금액도 지급받게 된다. 또한, 취득가격보다 높은 가격에 매각함으로써 매매차익도 얻을 수 있다.

1) 구성요소
   ① 만 기
   사채 발행자가 사채 권면에 표시된 금액을 상환하기로 약정한 날로 해당 약정일자에 투자자는 사채 권면에 표시된 금액을 지급받게 된다.
   ② 액면금액(원금)
   사채 권면에 표시된 금액으로, 발행자가 만기에 상환하기로 약속한 금액을 말한다. 즉 투자자는 만기에 액면금액을 지급받게 된다.
   ③ 액면이자
   사채 발행자가 약정상 정해진 일자에 지급하기로 한 금액을 말하며, 이는 액면금액에 약정상 정해진 이자율(액면이자율)을 곱한 금액으로 결정된다. 즉 투자자는 약정상 정해진 일자에 액면이자를 지급받게 된다.
   ④ 액면이자율(표면이자율)
   액면이자를 결정하기 위한 약정상 정해진 이자율을 말한다.
   ⑤ 취득금액
   사채를 최초 인식할 때 측정한 사채 장부금액을 말한다.
   ⑥ 유효이자율
   사채 취득금액과 사채를 취득함으로써 수취하게 되는 미래 현금흐름의 현재가치를 일치시켜 주는 이자율을 말하며, 만기수익률 또는 내부수익률(IRR)이라고도 한다.
   따라서, 취득금액을 P_0, 각 시점별 현금흐름을 C_t, 유효이자율을 R이라고 하면 다음의 등식이 성립하게 된다.

$$P_0 = \frac{C_1}{(1+R)^1} + \frac{C_2}{(1+R)^2} + \cdots + \frac{C_n}{(1+R)^n}$$

2) 취득 형태
사채 취득금액과 액면금액의 관계에 따라 다음 세 가지의 취득형태가 있다.

구 분	투자자	액면이자율과 시장이자율
취득금액 = 액면금액	액면취득	액면이자율 = 시장이자율
취득금액 〈 액면금액	할인취득	액면이자율 〈 시장이자율
취득금액 〉 액면금액	할증취득	액면이자율 〉 시장이자율

이때, 할인취득 또는 할증취득의 경우에 발생하는 취득금액과 액면금액의 차이는 유효이자율법에 따라 상각하여 각각 이자수익에 가산 또는 차감하여야 한다.

> **KEY POINT**
>
> **채권이 할인 취득되는 이유**
>
> 예를 들어 甲사 채권 A에 대한 액면이자율은 10%이나 동일한 조건을 가진 채권 B에 대한 수익률은 12%라 하자. 이 경우 투자자들은 채권 B에 투자하는 것이 보다 유리하게 된다. 만약, 甲사가 채권 A에 대해서 액면이자율을 변동시키지 않으면서 채권 A를 투자자에게 판매하려면 당초 가격보다 저렴한 가격에 판매할 수 밖에 없게 된다.
> 이러한 이유로 회사가 채권을 발행할 당시 동일 조건 채권에 대한 수익률(이를 시장이자율이라 한다)이 회사가 발행하고자 하는 채권의 액면이자율보다 크다면 보다 저렴하게 발행하여야 하며, 결국 투자자는 할인취득하게 되는 것이다.

2. 주 식

주식은 원칙적으로 당기손익_공정가치 측정모형으로 분류하되, 최초 인식시점에 공정가치변동을 기타포괄손익으로 표시할 수 있도록 취소불가능한 선택을 할 수 있다. 이하 각 분류별 회계처리에 대해 살펴보기로 하자.

(1) 당기손익_공정가치 측정 금융자산(FVPL금융자산)

1) 의 의

모든 주식은 공정가치로 측정하며 원칙적으로 공정가치 변동을 당기손익으로 처리하여야 한다. 이를 "당기손익_공정가치 측정 금융자산(FVPL금융자산)"이라 한다.

따라서 단기간 내에 시세차익을 목적으로 취득한 주식도 FVPL금융자산에 포함된다. 여기서, '단기매매'란 매입과 매도를 적극적이고 빈번하게 이루어지는 것을 말한다.

2) 최초 인식

① 취득시기(제거시기)

모든 금융자산의 취득시기는 계약당사자가 되는 때로 한다. 다만, 활성시장에서 정형화된 매입거래[64]로 인해 취득하는 FVPL금융자산의 인식 및 제거시기는 매매일 회계처리방법 또는 결제일 회계처리방법 중 어느 하나를 선택하여 일관성 있게 적용하여 회계처리 한다.

결제일 회계처리방법을 택하는 경우

FVPL금융자산에 대해 결제일 회계처리방법을 채택한 경우 매매일과 결제일 사이에 발생하는 공정가치 변동은 당기손익으로 인식한다.

② 취득원가

FVPL금융자산은 최초 인식시점(매매일 또는 결제일)의 공정가치로 측정하여 인식하며, 해당 FVPL금융자산의 취득과 직접 관련되는 거래원가는 취득원가에 가산하지 않고 당기비용으로 처리한다.

사례 38 FVPL금융자산(1)

1. 자료
   (1) 20×1.12.28. 乙사는 甲사 주식을 공정가치 1,000에 단기매매목적으로 취득하다. 단, 취득시 부대비용 50이 발생하다.
   (2) 20×1.12.29. 甲사 주식의 폐장일 공정가치는 1,200이다.
   (3) 20×2.1.2. 甲사 주식의 취득대금이 결제된다. 단, 甲사 주식의 공정가치는 1,300이다.

2. 취득 관련 회계처리
   (1) 매매일 회계처리방법
      매매일에 취득을 인식하는 경우 甲사 주식에 대한 각 시점별 회계처리는 다음과 같다.

×1.12.28.	(차) FVPL금융자산 금융상품거래원가	1,000 50	(대) 미지급금	1,050
×1.12.31.	(차) FVPL금융자산	200	(대) FVPL금융자산평가이익	200
×2.1.2.	(차) 미지급금	1,050	(대) 보통예금	1,050
	(차) FVPL금융자산	100	(대) FVPL금융자산평가이익	100

   (2) 결제일 회계처리방법
      결제일에 취득을 인식하는 경우 甲사 주식에 대한 각 시점별 회계처리는 다음과 같다.

×1.12.28.	(차) 금융상품거래원가	50	(대) 미지급금	50
×1.12.31.	(차) FVPL금융자산	200	(대) FVPL금융자산평가이익	200
×2.1.2.	(차) FVPL금융자산 미지급금	1,000 50	(대) 보통예금	1,050
	(차) FVPL금융자산	100	(대) FVPL금융자산평가이익	100

---

64) 관련 시장의 규정이나 관행에 의하여 일반적으로 설정된 기간 내에 해당 금융자산을 인도하는 계약조건에 따라 금융자산을 매입하는 것을 말한다.

3) 후속측정(평가)

결산일에 FVPL금융자산을 공정가치로 측정하여 평가한다. 즉 결산시점의 공정가치를 장부금액으로 한다. 이때, 평가전 장부금액과 공정가치와의 차액은 "FVPL금융자산평가손익"의 계정과목으로 포괄손익계산서상 당기손익 처리한다.

구분	회계처리				
평가이익	(차)	FVPL금융자산	×××	(대) FVPL금융자산평가이익	×××
평가손실	(차)	FVPL금융자산평가손실	×××	(대) FVPL금융자산	×××

분개예제 51

1. 12/31 장부금액 1,000만원인 FVPL금융자산의 공정가치가 1,200만원이 되다.

    (차) FVPL금융자산   2,000,000   (대) FVPL금융자산평가이익   2,000,000

2. 12/31 장부금액 1,200만원인 FVPL금융자산의 공정가치가 1,000만원이 되다.

    (차) FVPL금융자산평가손실   2,000,000   (대) FVPL금융자산   2,000,000

4) 배당금수취

주식을 보유하면 배당금을 수령하게 된다. 이때, 배당금을 수령하는 시점이 아니라 배당금 수령이 확정되고, 관련된 경제적 효익의 유입가능성이 높으며, 배당액을 신뢰성 있게 측정할 수 있게 되는 시점(대부분의 경우 주주총회일)에 수익을 인식하는 것에 유의한다.

구 분	회계처리				
주주총회일[주1]	(차)	미수금[주2]	×××	(대) 배당금수익	×××
배당금수령	(차)	보통예금	×××	(대) 미수금	×××

주1) 배당금 수익인식기준을 충족하게 되는 날을 의미하며 통상 주주총회일이 된다.
주2) "미수배당금"의 계정과목을 사용하여도 무방하다.

분개예제 52

1. 3/25 FVPL금융자산인 주식(액면 1억원)에 대해 10% 현금배당이 확정되다.

   (차) 미수금   10,000,000   (대) 배당금수익   10,000,000

2. 4/20 상기 '1.'의 배당금이 보통예금으로 입금되다.

   (차) 보통예금   10,000,000   (대) 미수금   10,000,000

5) 처분(제거)

FVPL금융자산을 처분하는 경우 매매일 또는 결제일에 장부금액과 매각금액과의 차액을 "FVPL금융자산처분손익"의 계정과목으로 하여 당기손익 처리한다. 이때, 매각금액은 매각으로 인해 발생한 순현금유입액, 즉 매각대금에서 매각으로 인해 발생되는 거래원가를 차감한 금액으로 한다. 매매일 회계처리방법을 채택한 경우 처분시점 회계처리를 예시하면 다음과 같다.

구분	회계처리					
매각금액 >장부금액	(차)	미수금[주]	×××	(대)	FVPL금융자산 FVPL금융자산처분이익	××× ×××
매각금액 <장부금액	(차)	미수금[주] FVPL금융자산처분손실	××× ×××	(대)	FVPL금융자산	×××

[주] 정형화된 매도의 경우 매도대금의 결제는 매도일을 포함하여 3 영업일후에 결제되므로 매매일에 미수금으로 회계처리한다. 또한, 해당 금액은 매도로 인해 유입될 순현금유입액으로 한다.

사례 39 FVPL금융자산(2)

1. 자료

   (1) 20×1.12.28. 乙사는 甲사 주식을 공정가치 1,000에 단기매매목적으로 취득하다.
       단, 거래원가 50이 발생하였으며, 회사는 매매일 회계처리방법을 채택하고 있다.
   (2) 20×1.12.29. 甲사 주식의 폐장일 공정가치는 1,200이다.
   (3) 20×2.1.2. 甲사 주식의 취득대금이 결제되다. 단, 甲사 주식의 공정가치는 1,300이다.
   (4) 20×2.3.16. 甲사 주주총회에서 현금배당 10%를 결의하다.
       단, 甲사 주식의 액면금액은 800이다.
   (5) 20×2.4.20. 甲사 주식에 대해 배당금을 수령하다.

(6) 20×2.5.23. 甲사 주식을 공정가치 1,500에 매각하다. 단, 거래원가 75이 발생하다.
(7) 20×2.5.25. 甲사 주식의 매매대금이 결제되다. 단, 甲사 주식의 공정가치는 1,600이다.

2. 각 시점별 회계처리

甲사 주식에 대한 각 시점별 회계처리를 나타내어 보면 다음과 같다.

×1.12.28.	(차)	FVPL금융자산 금융상품거래원가	1,000 50	(대) 미지급금	1,050
×1.12.31.	(차)	FVPL금융자산	200	(대) FVPL금융자산평가이익	200
×2.1.2.	(차)	미지급금	1,050	(대) 보통예금	1,050
×2.3.16.	(차)	미수금	80^{주)}	(대) 배당금수익	80
×2.4.20.	(차)	보통예금	80	(대) 미수금	80
×2.5.23.	(차)	미수금	1,425	(대) FVPL금융자산 FVPL금융자산처분이익	1,200 225
×2.5.25.	(차)	보통예금	1,425	(대) 미수금	1,425

주) 배당금 수령액 = 액면금액 × 배당률 = 800 × 10%

(2) 기타포괄손익_공정가치 측정 금융자산(FVOCI금융자산)

1) 의 의

모든 주식은 공정가치로 측정하며 공정가치 변동을 원칙적으로 당기손익으로 처리하여야 하지만, 최초 인식시점에 후속적인 공정가치 변동을 기타포괄손익으로 표시하기로 취소불가능한 선택을 할 수 있다. 이를 "기타포괄손익_공정가치 측정 금융자산(FVOCI금융자산)"이라 한다.

2) 최초 인식

① 취득시기(제거시기)

FVPL금융자산과 동일하다.

> **KEY POINT**
>
> **결제일 회계처리방법을 택하는 경우**
>
> FVOCI금융자산에 대해 결제일 회계처리방법을 채택한 경우 매매일과 결제일 사이에 발생하는 공정가치 변동은 기타포괄손익으로 인식한다.

② 취득원가

FVOCI금융자산은 최초 인식시점(매매일 또는 결제일)의 공정가치로 측정하여 인식하며, 해당 FVOCI금융자산의 취득과 직접 관련되는 거래원가는 취득원가에 가산한다.

> **사례 40** FVOCI금융자산(1)
>
> 1. 자료
>   (1) 20×1.12.28. 乙사는 甲사 주식을 공정가치 1,000에 취득하다. 단, 취득시 부대비용 50이 발생하였으며, 공정가치 변동을 기타포괄손익으로 표시하기로 하였다.
>   (2) 20×1.12.29. 甲사 주식의 폐장일 공정가치는 1,200이다.
>   (3) 20×2.1.2. 甲사 주식의 취득대금이 결제되다. 단, 甲사 주식의 공정가치는 1,300이다.
>
> 2. 취득 관련 회계처리
>   (1) 매매일 회계처리방법
>   매매일에 취득을 인식하는 경우 甲사 주식에 대한 각 시점별 회계처리는 다음과 같다.
>
> | 일자 | | 차변 | 금액 | | 대변 | 금액 |
> |---|---|---|---|---|---|---|
> | ×1.12.28. | (차) | FVOCI금융자산 | 1,050 | (대) | 미지급금 | 1,050 |
> | ×1.12.31. | (차) | FVOCI금융자산 | 150 | (대) | FVOCI금융자산평가이익
(기타포괄손익누계액) | 150 |
> | ×2.1.2. | (차) | 미지급금 | 1,050 | (대) | 보통예금 | 1,050 |
> | | (차) | FVOCI금융자산 | 100 | (대) | FVOCI금융자산평가이익
(기타포괄손익누계액) | 100 |
>
>   (2) 결제일 회계처리방법
>   결제일에 취득을 인식하는 경우 甲사 주식에 대한 각 시점별 회계처리는 다음과 같다.
>
> | 일자 | | 차변 | 금액 | | 대변 | 금액 |
> |---|---|---|---|---|---|---|
> | ×1.12.28. | (차) | FVOCI금융자산 | 50 | (대) | 미지급금 | 50 |
> | ×1.12.31. | (차) | FVOCI금융자산 | 150 | (대) | FVOCI금융자산평가이익
(기타포괄손익누계액) | 150 |
> | ×2.1.2. | (차) | FVOCI금융자산
미지급금 | 1,000
50 | (대) | 보통예금 | 1,050 |
> | | (차) | FVOCI금융자산 | 100 | (대) | FVOCI금융자산평가이익
(기타포괄손익누계액) | 100 |

분개예제 53

1. 12/5 장기 시세차익을 목적으로 취득한 상장주식의 취득대금 1,100만원(거래원가 포함)이 결제되다. 해당 상장주식의 후속적인 공정가치변동은 기타포괄손익으로 표시하기로 하다.

(차) FVOCI금융자산	11,000,000	(대) 보통예금	11,000,000

3) 후속측정(평가)

결산일에 FVOCI금융자산을 공정가치로 측정하여 평가한다. 이때, 평가전 장부금액과 공정가치와의 차액은 "FVOCI금융자산평가손익"의 계정과목으로 재무상태표상 기타포괄손익누계액으로 처리한다. 평가시점 회계처리를 예시하면 다음과 같다.

구 분	회 계 처 리			
평가 이익	(차) FVOCI금융자산	×××	(대) FVOCI금융자산평가손실[주1] (기타포괄손익누계액) FVOCI금융자산평가이익 (기타포괄손익누계액)	××× ×××
평가 손실	(차) FVOCI금융자산평가이익[주2] (기타포괄손익누계액) FVOCI금융자산평가손실 (기타포괄손익누계액)	××× ×××	(대) FVOCI금융자산	×××

주1) 평가 전 FVOCI금융자산평가손실누계액이 있는 경우 해당 금액을 우선적으로 차감한 후 초과금액을 FVOCI금융자산평가이익으로 계상한다.
주2) 평가 전 FVOCI금융자산평가이익누계액이 있는 경우 해당 금액을 우선적으로 차감한 후 초과금액을 FVOCI금융자산평가손실로 계상한다.

분개예제 54

1. 12/31 당기 중 취득한 장부금액 1,000만원인 FVOCI금융자산의 공정가치가 1,200만원이 되다.

   (차) FVOCI금융자산　　　　　2,000,000　　(대) FVOCI금융자산평가이익　　2,000,000

2. 12/31 당기 중 취득한 장부금액 1,200만원인 FVOCI금융자산의 공정가치가 1,000만원이 되다.

   (차) FVOCI금융자산평가손실　2,000,000　　(대) FVOCI금융자산　　　　　2,000,000

3. 12/31 장부금액 1,000만원인 FVOCI금융자산의 공정가치가 1,300만원이 되다.
   단, 해당 주식과 관련하여 평가손실 100만원이 기타포괄손익누계액에 계상되어 있다.

   (차) FVOCI금융자산　　　　　3,000,000　　(대) FVOCI금융자산평가손실　1,000,000
   　　　　　　　　　　　　　　　　　　　　　　　FVOCI금융자산평가이익　2,000,000

4. 12/31 장부금액 1,300만원인 FVOCI금융자산의 공정가치가 1,000만원이 되다.
   단, 해당 주식과 관련하여 평가이익 200만원이 기타포괄손익누계액에 계상되어 있다.

   (차) FVOCI금융자산평가이익　2,000,000　　(대) FVOCI금융자산　　　　　3,000,000
   　　　FVOCI금융자산평가손실　1,000,000

4) 배당금수취

배당금에 대한 회계처리는 FVPL금융자산과 동일하다.

분개예제 55

1. 2/10 FVOCI금융자산인 주식(액면 2억원)에 대해 15% 현금배당이 확정되다.

   (차) 미수금　　　　　　　　　30,000,000　　(대) 배당금수익　　　　　　　30,000,000

2. 3/20 상기 '1.'의 배당금이 보통예금으로 입금되다.

   (차) 보통예금　　　　　　　　30,000,000　　(대) 미수금　　　　　　　　　30,000,000

5) 처분(제거)

FVOCI금융자산을 처분하는 경우 장부금액과 매각금액(공정가치)과의 차액을 "FVOCI금융자산평가손익"의 계정과목으로 하여 기타포괄손익으로 처리한다. 이때, 매각되는 FVOCI금융자산과 관련되어 기타포괄손익누계액으로 계상되어 있는 평가손익은 당기손익으로 재분류할 수 없으며, 자본 내 다른 항목으로만 이전이 가능함에 유의한다. 매매일 회계처리방법을 채택한 경우로서 정형화된 매도에 대한 처분시점 회계처리를 예시하여 보면 다음과 같다.

구 분	회계처리			
매각금액 〉장부금액	(차) 미수금	×××	(대) FVOCI금융자산 FVOCI금융자산평가이익	××× ×××
매각금액 〈 장부금액	(차) 미수금 FVOCI금융자산평가손실	××× ×××	(대) FVOCI금융자산	×××

분개예제 56

1. 장부금액 1,200만원인 FVOCI금융자산(상장주식, 매매일 회계처리방법 채택)을 1,300만원에 매각하다. 단, 이미 인식된 FVOCI금융자산평가이익은 200만원이다.

    (차) 미수금　　　　　　　　13,000,000　　(대) FVOCI금융자산　　　　12,000,000
    　　　　　　　　　　　　　　　　　　　　　　　　FVOCI금융자산평가이익　1,000,000

2. 장부금액 1,200만원인 FVOCI금융자산(상장주식, 매매일 회계처리방법 채택)을 900만원에 매각하다. 단, 이미 인식된 FVOCI금융자산평가손실은 200만원이다.

    (차) 미수금　　　　　　　　　9,000,000　　(대) FVOCI금융자산　　　　12,000,000
    　　FVOCI금융자산평가손실　3,000,000

사례 41 · FVOCI금융자산(2)

1. 자료
   (1) 20×1.12.29. 乙사는 甲사 주식을 공정가치 1,000에 취득하다.
   단, 취득시 거래원가 50이 발생하였고, 매매일 회계처리방법을 채택하고 있으며, 후속적인 공정가치 변동을 기타포괄손익으로 표시한다.
   (2) 20×1.12.30. 甲사 주식의 폐장일 공정가치는 1,200이다.
   (3) 20×2.1.2. 甲사 주식의 취득대금이 결제되다. 단, 甲사 주식의 공정가치는 1,300이다.
   (4) 20×2.12.29. 甲사 주식의 폐장일 공정가치는 950이다.
   (5) 20×3.3.16. 甲사 주주총회에서 현금배당 10%를 결의하다.
   단, 甲사 주식의 액면금액은 800이다.
   (6) 20×3.4.20. 甲사 주식에 대해 배당금을 수령하다.
   (7) 20×3.5.23. 甲사 주식을 1,500에 매각하다. 단, 매각시 거래원가 75이 발생하다.
   (8) 20×3.5.25. 甲사 주식의 매매대금이 결제되다.

2. 각 시점별 회계처리
   甲사 주식에 대한 각 시점별 회계처리를 나타내어 보면 다음과 같다.

×1. 12.29.	(차) FVOCI금융자산	1,050	(대) 미지급금	1,050
×1. 12.31.	(차) FVOCI금융자산	150	(대) FVOCI금융자산평가이익 (기타포괄손익누계액)	150
×2. 1.2.	(차) 미지급금	1,050	(대) 보통예금	1,050
×2. 12.31.	(차) FVOCI금융자산평가이익 (기타포괄손익누계액) FVOCI금융자산평가손실 (기타포괄손익누계액)	150[주2] 100[주2]	(대) FVOCI금융자산	250[주1]
×3. 3.16.	(차) 미수금	80	(대) 배당금수익	80[주3]
×3. 4.20.	(차) 보통예금	80	(대) 미수금	80
×3. 5.23.	(차) 미수금 금융상품거래원가	1,425 75	(대) FVOCI금융자산 FVOCI금융자산평가손실 FVOCI금융자산평가이익	950 100[주4] 450[주4]
×3. 5.25.	(차) 보통예금	1,425	(대) 미수금	1,425

> 주1) ×2.12.31. FVOCI금융자산 장부금액 1,200 - FVOCI금융자산 공정가치 950
> 주2) FVOCI금융자산의 공정가치 하락에 따라 평가손실을 인식할 경우 평가이익누계액을 우선 차감한 후 초과금액을 평가손실로 인식한다.
> 주3) 배당금 수령액 = 액면금액 × 배당률 = 800 × 10%
> 주4) FVOCI금융자산을 처분할 경우 공정가치와 장부금액의 차액을 평가손익(기타포괄손익)으로 인식한다.

(3) 관계기업투자주식[65]

1) 의 의

'관계기업'이란 투자자가 해당 기업에 대해 재무정책과 영업정책에 관한 의사결정에 참여할 수 있는 유의적인 영향력이 있는 기업을 말하며[66], 투자자가 직접으로 또는 종속기업을 통하여 간접으로 관계기업(이하 '피투자자'라 한다)의 의결권 있는 주식의 20% 이상을 소유하고 있다면 명백한 반증이 없는 한 유의적인 영향력이 있는 것으로 본다.

2) 최초인식

최초 인식시점은 유의적인 영향력을 획득하는 시점이며, 취득 시 발생하는 거래원가에 대한 회계처리는 FVOCI금융자산의 경우와 동일하게 취득원가에 가산한다.

분개예제 57

1. 타회사 지배를 목적으로 비상장주식을 5억원에 취득하다.

   (차) 관계기업투자주식   500,000,000   (대) 보통예금   500,000,000

---

3) 후속측정(평가)

관계기업투자주식은 지분법으로 평가한다. 이때, '지분법'이란 피투자자의 순자산 장부금액에 투자자의 지분율을 곱한 금액, 즉 피투자자에 대한 투자자의 지분금액을 결산시점 주식의 장부

---

[65] 본서는 회계를 처음 접하는 실무자를 위한 회계실무서이므로, "(3) 관계기업투자주식" 회계처리에서는 가장 핵심적이면서도 이해가 쉬운 내용만 설명하였다. 관계기업투자주식의 보다 자세한 회계처리에 대해서는 다른 실무서적을 참고하기 바란다.

[66] 파트너십과 같이 법인격이 없는 실체를 포함한 기업으로 종속기업 및 공동기업 투자지분은 관계기업에 해당되지 않는다.

금액으로 하는 방법을 말한다.

예를 들어 피투자자가 당기순이익(또는 당기순손실)이 발생한 경우 피투자자의 순자산 장부금액이 해당 당기순이익(또는 당기순손실)만큼 증가(또는 감소)하게 되므로 투자자는 해당 당기순이익(또는 당기순손실) 중 지분에 해당하는 금액만큼 이익(또는 손실)이 발생하게 되며 해당 이익(또는 손실) 금액을 지분법이익(또는 지분법손실)으로 하여 당기손익(기타손익)으로 처리하고 관계기업투자주식 장부금액을 증가(또는 감소)시키는 방법을 말한다. 피투자자가 당기순손익이 발생하는 경우 지분법에 의한 회계처리를 예시하면 다음과 같다.

피투자자	회계처리			
당기순이익 발생	(차) 관계기업투자주식	×××	(대) 지분법이익 (기타수익)	×××
당기순손실 발생	(차) 지분법손실 (기타비용)	×××	(대) 관계기업투자주식	×××

분개예제 58

1. 12/31 당사의 지분율이 25%인 피투자자가 당기순이익 10억을 보고하다.

    (차) 관계기업투자주식　　250,000,000　　(대) 지분법이익　　250,000,000

2. 12/31 당사의 지분율이 40%인 피투자자가 당기순손실 5억을 보고하다.

    (차) 지분법손실　　200,000,000　　(대) 관계기업투자주식　　200,000,000

4) 배당금수취

피투자자가 배당금을 지급하게 되면 지급하는 배당금액만큼 피투자자의 순자산 장부금액이 감소하게 되므로 투자자의 피투자자에 대한 지분금액도 배당금 수령액만큼 감소하게 된다. 따라서, 다음과 같이 회계처리 한다.

구 분	회계처리			
주주총회일	(차) 미수금	×××	(대) 관계기업투자주식	×××
배당금수령	(차) 보통예금	×××	(대) 미수금	×××

KEY POINT

배당금을 관계기업투자주식 장부금액에서 차감하는 이유

만약 지분법 적용대상 관계회사투자주식의 배당금을 FVPL금융자산 및 FVOCI금융자산과 같이 당기손익으로 처리한다고 가정하여 보자. 지분법은 투자자가 피투자자에게 유의적인 영향력을 행사할 수 있는 경우에 적용되는 것이므로, 배당금이 당기순이익에 반영될 경우 투자자가 임의대로 피투자자의 배당정책에 영향을 미쳐 투자자의 당기순이익을 조작할 수 있는 여지가 발생할 수 있게 된다. 이를 방지하기 위해 관계기업투자주식에서 배당금을 수령할 경우 장부금액에서 차감하도록 하는 것이다.

분개예제 59

1. 2/9 관계기업투자주식(액면 5억원)에 대해 5% 현금배당이 확정되다.

   (차) 미수금　　　　　25,000,000　　　(대) 관계기업투자주식　　25,000,000

2. 4/10 상기 '1.'의 배당금이 보통예금으로 입금되다.

   (차) 보통예금　　　　25,000,000　　　(대) 미수금　　　　　　25,000,000

사례 42　관계기업투자주식

1. 자료
   (1) 20×1.1.1. 왕대박(주)는 대박(주)의 주식을 공정가치 1,000에 취득하다.
       단, 취득당시 대박(주)의 순자산 공정가치는 4,000이며 이는 장부금액과 일치한다.
       또한, 취득주식의 액면금액은 800, 지분율은 25%이다.
   (2) 20×1년 대박(주)의 당기순이익 500이다.
   (3) 20×2.3.16. 대박(주)는 10%의 현금배당을 결의하다.
   (4) 20×2.4.20. 왕대박(주)는 배당금을 수령하다.

2. 각 시점별 대박(주)의 순자산 장부금액과 왕대박(주)의 지분금액
   (1) 20×1.1.1.
       주식 취득시점에서 대박(주)의 순자산 장부금액과 순자산 공정가치가 4,000으로 일치하며, 취득 지분율이 25%인바 왕대박(주)의 지분금액은 1,000이 된다.

(2) 20×1.12.31.

대박(주)의 20×1년 당기순이익이 500이므로 20×1.12.31. 대박(주)의 순자산 장부금액은 4,500이 된다. 따라서, 지분율이 25%인바 왕대박(주)의 지분금액은 1,125가 되며, 지분증가금액은 125가 된다.

(3) 20×2.3.16.

대박(주)의 자본금은 3,200이며 10%의 현금배당을 결의한 바 대박(주)의 순자산 장부금액은 320이 감소한 4,180이 된다. 따라서, 지분율이 25%인바 왕대박(주)의 지분금액은 1,045가 되며, 지분감소금액은 80이 된다.

상기 내용을 도표로 요약하여 보면 다음과 같다.

일 자	대박(주)의 순자산 장부금액	지분율	왕대박(주)의 지분금액[주1]
×1.1.1.	4,000[주2]		1,000
×1.12.31.	4,500[주3]	25%	1,125
×2.3.16.	4,180[주4]		1,045

주1) 왕대박(주)의 지분금액 = 대박(주)의 순자산 장부금액×지분율
주2) 취득당시 순자산 공정가치와 장부금액이 일치 ∴ 4,000
주3) 당기순이익만큼 대박(주)의 순자산이 증가 ∴ 4,000 + 500
주4) 현금배당금 160만큼 대박(주)의 순자산이 감소 ∴ 4,500 − 320*
  * 배당금 = 자본금 액면금액 × 배당률 = (800 ÷ 25%) × 10%

3. 왕대박(주)의 각 시점별 회계처리

×1.1.1.	(차)	관계기업투자주식	1,000	(대)	보통예금	1,000
×1.12.31.	(차)	관계기업투자주식	125	(대)	지분법이익	125
×2.3.16.	(차)	미수금	80[주]	(대)	관계기업투자주식	80
×2.4.20.	(차)	보통예금	80	(대)	미수금	80

주) 왕대박(주)의 배당금 수령액 = 보유주식 액면금액 × 배당률 = 800 × 10%

계정과목별 주식 평가방법

계정과목	후속측정방법	평가손익분류	평가손익 계정과목
FVPL금융자산	공정가치법	당기손익	FVPL금융자산평가손익
FVOCI금융자산	공정가치법[주1]	기타포괄손익	FVOCI금융자산평가손익
관계기업투자주식	지분법	당기손익[주2]	지분법손익[주2]

주1) 활성거래시장에서 공시되는 가격이 없는 경우에도 공정가치로 측정
주2) 피투자회사가 당기순이익 또는 당기순손실이 발생하는 경우만 가정함

3. 채 권

채권은 금융자산의 관리를 위한 사업모형에 따라 상각후원가 측정 모형, 기타포괄손익_공정가치 측정 모형, 당기손익_공정가치 측정 모형으로 분류한다. 이하 각 분류별 회계처리에 대해 살펴보기로 하자.

(1) 상각후원가 측정 금융자산(AC금융자산)

1) 의 의

다음 두 가지 조건을 모두 충족한다면 금융자산을 상각후원가로 측정한다. 이를 "상각후원가 측정 금융자산(AC금융자산)"이라 한다.
① 계약상 현금흐름을 수취하기 위해 보유하는 것이 목적인 사업모형 하에서 금융자산을 보유한다.
② 금융자산의 계약 조건에 따라 특정일에 원금과 원금잔액에 대한 이자 지급만으로 구성되어 있는 현금흐름이 발생한다.

2) 최초인식

① 취득시기(제거시기)

FVPL금융자산으로 분류된 주식과 동일하다.

> **KEY POINT**
>
> **결제일 회계처리방법을 택하는 경우**
>
> AC금융자산에 대해 결제일 회계처리방법을 채택한 경우 매매일과 결제일 사이에 발생하는 공정가치 변동은 인식하지 않는다.

② 취득원가

FVOCI금융자산으로 분류된 주식과 동일하다.

③ 이자지급일 사이에 채권을 취득하는 경우

이자지급일 사이에 채권을 취득하는 경우 직전 이자지급일의 다음날부터 취득일까지의 발생이자를 매도자에게 취득대가에 포함하여 지급하는바 해당 금액을 취득원가에서 차감하여야 함에 유의한다.

분개예제 60

1. 12/31 계약상 현금흐름을 수취하기 위한 채권을 이자지급일에 1,000만원(거래원가 포함)에 취득하다.

   (차) AC금융자산　　　　　10,000,000　　(대) 보통예금　　　　　10,000,000

2. 4/1 계약상 현금흐름을 수취하기 위한 채권을 1,000만원(거래원가 포함)에 취득하다. 단, 취득금액에는 직전 이자지급일로부터 취득일까지의 발생이자 50만원이 포함되어 있다.

   (차) AC금융자산　　　　　9,500,000　　(대) 보통예금　　　　　10,000,000
   　　 미수수익　　　　　　　 500,000

3) 이자수취

이자지급일이 되어 채권에 대한 액면이자를 수령할 경우 이를 이자수익으로 회계처리 한다. 다만, 채권과 관련되어 이미 인식한 미수수익이 있는 경우 해당 미수수익 금액을 이자수익에서 차감하며 원천징수 및 특별징수 당한 법인세와 법인지방소득세는 선급법인세로 회계처리 한다. 또한, 할인취득 또는 할증취득의 경우 발생한 취득금액과 액면금액의 차이는 유효이자율법에 따라 상각하여 각각 이자수익에 가산 또는 차감하고, 동일한 금액을 장부금액에 가산 또는 차감한다. 이자수취시점 회계처리를 나타내어 보면 다음과 같다.

취득형태		회계처리				
액면취득	(차)	보통예금[주1] 선급법인세[주2]	××× ×××	(대)	이자수익 미수수익[주3]	××× ×××
할인취득	(차)	보통예금[주1] AC금융자산[주4] 선급법인세[주2]	××× ××× ×××	(대)	이자수익 미수수익[주3]	××× ×××
할증취득	(차)	보통예금[주1] 선급법인세[주2]	××× ×××	(대)	AC금융자산[주5] 이자수익 미수수익[주3]	××× ××× ×××

주1) 액면이자에서 보유기간동안 이자에 대한 원천징수세액과 특별징수세액을 차감한 후의 실수령액
주2) 보유기간동안 이자에 대한 원천징수세액과 특별징수세액
주3) 이자를 수령하는 채권과 관련되어 이미 인식한 미수수익 잔액
주4) 할인취득의 경우 취득금액과 액면금액의 차액이 이자수익에 가산됨
주5) 할증취득의 경우 취득금액과 액면금액의 차액이 이자수익에서 차감됨

분개예제 61

1. 12/31 AC금융자산에 대해 액면이자 100만원을 수취하다.
   단, 해당 이자에 대해 원천징수세액과 특별징수세액 154천원을 부담하다.

(차)	보통예금	846,000	(대)	이자수익	1,000,000
	선급법인세	154,000			

2. 12/31 AC금융자산에 대해 액면이자 100만원을 수취하다. 단, 해당 이자에 대해 원천징수세액과 특별징수세액 154천원을 부담하다. 또한, 해당 채권을 할인 취득한바 취득금액과 액면금액의 차액 중 당기 상각될 금액은 20만원이다.

(차)	보통예금	846,000	(대)	이자수익	1,200,000
	선급법인세	154,000			
	AC금융자산	200,000			

3. 12/31 AC금융자산에 대해 액면이자 100만원을 수취하다. 단, 해당 이자에 대해 원천징수세액과 특별징수세액 154천원을 부담하다. 또한, 해당 채권을 할증 취득한바 취득금액과 액면금액과의 차액 중 당기 상각될 금액은 20만원이다.

(차)	보통예금	846,000	(대)	이자수익	800,000
	선급법인세	154,000		AC금융자산	200,000

4) 후속측정(평가)

이자지급일 사이에 결산일이 있는 경우 발생주의에 따라 기간 경과분 액면이자를 미수수익으로 인식한다. 이때, '3)'과 마찬가지로 할인취득 또는 할증취득의 경우 발생한 취득금액과 액면금액의 차이는 유효이자율법에 따라 상각하여 각각 이자수익에 가산 또는 차감하고, 동일한 금액을 장부금액에 가산 또는 차감한다. 즉 "상각후원가"로 평가한다. 결산시점 회계처리를 나타내어 보면 다음과 같다.

취득형태	회계처리					
액면취득	(차)	미수수익[주1]	×××	(대)	이자수익	×××
할인취득	(차)	미수수익[주1]	×××	(대)	이자수익	×××
		AC금융자산[주2]	×××			
할증취득	(차)	미수수익[주1]	×××	(대)	이자수익	×××
					AC금융자산[주3]	×××

주1) 직전 이자지급일로부터 결산일까지 발생한 액면이자
주2) 할인취득의 경우 취득금액과 액면금액의 차액이 이자수익에 가산됨
주3) 할증취득의 경우 취득금액과 액면금액의 차액이 이자수익에서 차감됨

분개예제 62

1. 12/31 AC금융자산에 대해 액면이자 100만원이 발생하다.

   (차) 미수수익　　　　　　　1,000,000　　(대) 이자수익　　　　　　　1,000,000

2. 12/31 AC금융자산에 대해 액면이자 100만원이 발생하다. 또한, 해당 채권을 할인 취득한바 취득금액과 액면금액과의 차액 중 결산일까지 발생되어 상각될 금액은 20만원이다.

   (차) 미수수익　　　　　　　1,000,000　　(대) 이자수익　　　　　　　1,200,000
   　　 AC금융자산　　　　　　　200,000

3. 12/31 AC금융자산에 대해 액면이자 100만원이 발생하다. 또한, 해당 채권을 할증 취득한바 취득금액과 액면금액과의 차액 중 결산일까지 발생되어 상각될 금액은 20만원이다.

   (차) 미수수익　　　　　　　1,000,000　　(대) 이자수익　　　　　　　　800,000
   　　　　　　　　　　　　　　　　　　　　　　 AC금융자산　　　　　　　200,000

상각후원가

　AC금융자산을 상각후원가로 평가하기 위해서는 다음의 과정이 필요하다.

1. 유효이자율 산정
2. 유효이자율법에 의한 상각표 작성
   유효이자율 산정 및 유효이자율법에 의한 상각표 작성은 제1장 제3절 〈사례 12〉부터 〈사례 14〉까지 참조하기 바란다.

5) 유동성 재분류

비유동자산으로 분류된 AC금융자산의 만기가 차기연도에 도래하거나 차기연도에 매각할 것이 확실한 경우 재무상태표일로부터 1년 이내에 현금화되는바 유동자산으로 재분류한다. 즉, 다음과 같이 회계처리한다.

(차) AC금융자산	×××	(대) AC금융자산	×××
(유동자산)		(비유동자산)	

이때, 동일한 "AC금융자산"의 계정과목을 사용하는 것에 유의한다.

분개예제 63

1. 12/31 장부금액 1,200만원인 AC금융자산의 만기가 1년 이내로 도래하다.

(차) AC금융자산	12,000,000	(대) AC금융자산	12,000,000
(유동자산)		(비유동자산)	

사례 43 AC금융자산(1)

1. 자료

20×1.1.1. 대박(주)는 다음 조건의 회사채를 952만원에 계약상 현금흐름 수취 목적으로 취득하고, 만기까지 보유하다. 단, 이자소득에 대한 원천징수세율과 특별징수세율은 각각 14%와 10%로 가정한다.
(1) 만기 : 20×3.12.31.
(2) 액면금액 : 1,000만원
(3) 액면이자율 : 10%
(4) 이자지급조건 : 매년 말 후급

2. 유효이자율 및 유효이자율법에 의한 상각표(단위 : 만원)
주어진 채권의 유효이자율은 12%, 유효이자율법에 의한 상각표는 다음과 같다(제1장 제3절 〈사례 14〉 참조).

일 자	발생이자	액면이자	상각액	장부금액
20×1.1.1.				952
20×1.12.31.	114	100	14	966
20×2.12.31.	116	100	16	982
20×3.12.31.	118	100	18	1,000
합 계	348	300	48	

3. 각 시점별 회계처리(단위 : 만원)

  대박(주)가 해당 채권을 계약상 현금흐름 수취 목적으로 취득한 바, AC금융자산으로 분류한다. 유효이자율법에 의한 상각표를 참고하여 만기까지 각 시점별 회계처리를 나타내어 보면 다음과 같다.

일자	회계처리					
×1.1.1.	(차)	AC금융자산	952	(대)	보통예금	952
×1.12.31.	(차)	보통예금 선급법인세 AC금융자산	84.6 15.4 14	(대)	이자수익	114
×2.12.31.	(차)	보통예금 선급법인세 AC금융자산	84.6 15.4 16	(대)	이자수익	116
	(차)	AC금융자산 (유동자산)	982	(대)	AC금융자산 (비유동자산)	982
×3.12.31.	(차)	보통예금 선급법인세 AC금융자산	84.6 15.4 18	(대)	이자수익	118
	(차)	보통예금	1,000	(대)	AC금융자산	1,000

6) 처분(제거)

AC금융자산을 매도하는 경우 직전 이자지급일의 익일로부터 매도일까지의 발생이자에 대해 이자수익을 인식한 후 처분에 대해 회계처리한다. 처분금액과 장부금액과의 차이는 "AC금융자산처분손익"의 계정과목으로 하여 당기손익으로 회계처리 한다. 이때, 직전 이자지급일의 익일로부터 매각일까지의 액면이자 발생분(즉, "미수수익"을 말함)을 장부금액에 가산하여야 함에 유의한다. 할인 취득의 경우를 가정하여 AC금융자산 처분시점 회계처리를 예시하여 보면 다음과 같다.

구 분	회계처리					
매각금액 〉장부금액	(차)	미수수익[주1] AC금융자산	××× ×××	(대)	이자수익[주2]	×××
	(차)	보통예금 등 선급법인세[주3]	××× ×××	(대)	AC금융자산 미수수익[주1] AC금융자산처분이익 예수금[주3]	××× ××× ××× ×××
매각금액 〈 장부금액	(차)	미수수익[주1] AC금융자산	××× ×××	(대)	이자수익[주2]	×××
	(차)	보통예금 등 선급법인세[주3] AC금융자산처분손실	××× ××× ×××	(대)	AC금융자산 미수수익[주1] 예수금[주3]	××× ××× ×××

주1) 직전 이자지급일의 익일로부터 매도일까지의 액면이자 발생분으로, 처분되는 채권 장부금액에 포함되어 처분이익(또는 처분손실)에 차감(또는 가산)된다.
주2) 직전 이자지급일의 익일로부터 매도일까지의 유효이자 발생분을 말한다.
주3) 직전 이자지급일의 익일로부터 매도일까지의 액면이자 발생분에 대한 법인세 원천징수세액과 법인지방소득세 특별징수세액을 말한다.

사례 44 AC금융자산(2)

1. 자료

20×1.1.1. 대박(주)는 다음 조건의 회사채를 952만원에 계약상 현금흐름 수취 목적으로 취득하고, 20×3.6.30. 1,000에 매도하다. 단, 원천징수세율과 특별징수세율은 각각 14%와 10%로 가정한다.

(1) 만기 : 20×3.12.31.
(2) 액면금액 : 1,000만원
(3) 액면이자율 : 10%
(4) 이자지급조건 : 매년 말 후급

2. 유효이자율 및 유효이자율법에 의한 상각표 및 20×2.12.31.까지 회계처리
  〈사례 43〉과 동일

3. 처분시점 회계처리(단위 : 만원)

(차)	미수수익	50[주1]	(대)	이자수익	59[주2]
	AC금융자산	9			
(차)	보통예금	1,000[주5]	(대)	AC금융자산	991[주3]
	선급법인세	7.7[주4]		미수수익	50[주1]
	AC금융자산처분손실	41		예수금	7.7[주4]

주1) 액면이자 발생분 = 100 × 6/12 = 50
　　　해당 미수수익은 매각되는 AC금융자산 장부금액에 가산된다.
주2) 유효이자 발생분 = 118 × 6/12 = 59
주3) 매각시점 AC금융자산 장부금액 = 952 + 14 + 16 + 9 = 991
주4) 액면이자 발생분에 대한 원천징수세액과 특별징수세액 = 50 × 14%× 1.1 = 7.7
주5) 채권 매각금액

(2) 기타포괄손익_공정가치 측정 금융자산(FVOCI금융자산)[67]

1) 의 의

다음 두 가지 조건을 모두 충족한다면 금융자산을 기타포괄손익_공정가치 측정 모형으로 분류한다. 이를 "기타포괄손익_공정가치 측정 금융자산(FVOCI금융자산)"이라 한다.

① 계약상 현금흐름의 수취와 금융자산의 매도 둘 다를 통해 목적을 이루는 사업모형 하에서 금융자산을 보유한다.

② 금융자산의 계약 조건에 따라 특정일에 원금과 원금잔액에 대한 이자 지급만으로 구성되어 있는 현금흐름이 발생한다.

2) 회계처리

FVOCI금융자산으로 분류되는 채권의 회계처리는 다음을 제외하고는 AC금융자산의 회계처리와 동일하다.

① 후속측정

　FVOCI금융자산의 후속측정은 다음과 같이 한다.

　㉠ 유효이자율법에 의한 상각후원가로 측정한다. 따라서, 전체 이자수익은 AC금융자산으로 분류되었을 때와 동일하다.

　㉡ 상각후원가와 공정가치의 차액을 기타포괄손익으로 인식한다.

---

[67] FVOCL금융자산 및 FVPL금융자산으로 분류된 채권의 회계처리에 대한 보다 자세한 내용은 다른 회계서적을 참고하기 바란다.

분개예제 64

1. 12/31 장부금액 110만원인 채권(FVOCI금융자산)에 대해 액면이자 10만원이 발생하다. 또한, 해당 채권을 할증 취득한바 취득금액과 액면금액과의 차액 중 결산일까지 발생되어 상각될 금액은 5만원이며, 공정가치는 125만원이다.
   단, 기타포괄손익누계액에 계상되어 있는 평가손실누계액은 10만원이다.

(차)	미수수익	100,000	(대)	이자수익	50,000
				FVOCI금융자산	50,000
(차)	FVOCI금융자산	200,000	(대)	FVOCI금융자산평가손실 (기타포괄손익누계액)	100,000
				FVOCI금융자산평가이익 (기타포괄손익누계액)	100,000

② 처분(제거)시점

FVOCI금융자산을 처분하는 경우 직전 이자지급일의 익일로부터 매도일까지의 발생이자에 대해 이자수익을 인식한 후 처분에 대해 회계처리한다. 장부금액과 매각금액과의 차액은 "FVOCI금융자산처분손익"의 계정과목으로 하여 당기손익으로 처리한다. 이때, 매각되는 FVOCI금융자산과 관련되어 기타포괄손익누계액으로 계상된 평가손익도 함께 장부에서 제거하여 처분손익에 가감하며, 직전 이자지급일의 익일로부터 매도일까지의 액면이자 발생분(즉, "미수수익"을 말함)을 장부금액에 가산하여야 함에 유의하여야 한다. 할인 취득의 경우를 가정하여 FVOCI금융자산 처분시점 회계처리를 예시하여 보면 다음과 같다.

구 분						
매각금액 〉장부금액	(차)	미수수익^{주1)} FVOCI금융자산	××× ×××	(대)	이자수익^{주2)}	×××
	(차)	보통예금 등 선급법인세^{주3)} FVOCI금융자산평가이익^{주4)} (기타포괄손익누계액)	××× ××× ×××	(대)	FVOCI금융자산 미수수익^{주1)} FVOCI금융자산처분이익 예수금^{주3)}	××× ××× ××× ×××
매각금액 〈 장부금액	(차)	미수수익^{주1)} FVOCI금융자산	××× ×××	(대)	이자수익^{주2)}	×××
	(차)	보통예금 등 선급법인세^{주3)}	××× ×××	(대)	FVOCI금융자산 미수수익^{주1)}	××× ×××

	FVOCI금융자산처분손실	×××	예수금[주3]	×××
			FVOCI금융자산평가손실[주4]	×××
			(기타포괄손익누계액)	

주1) 직전 이자지급일의 익일로부터 매도일까지의 액면이자 발생분으로, 처분되는 채권 장부금액에 포함되어 처분이익(또는 처분손실)에 차감(또는 가산)된다.
주2) 직전 이자지급일의 익일로부터 매도일까지의 유효이자 발생분을 말한다.
주3) 직전 이자지급일의 익일로부터 매도일까지의 액면이자 발생분에 대한 법인세 원천징수세액과 법인지방소득세 특별징수세액을 말한다.
주4) 매도일 현재 기타포괄손익누계액에 계상되어 있는 미실현보유손익을 말한다.

분개예제 65

1. 장부금액 110만원인 채권(FVOCI금융자산)을 145만원(거래원가 차감)에 매각하다. 처분일까지 액면이자 10만원이 발생하였으며, 해당 채권을 할인 취득한바 취득금액과 액면금액과의 차액 중 처분일까지 발생되어 상각될 금액은 5만원이다.
단, 기타포괄손익누계액에 계상되어 있는 평가손실누계액은 10만원이다.

(차)	미수수익	100,000	(대)	이자수익	150,000
	FVOCI금융자산	50,000			
(차)	보통예금	1,450,000	(대)	FVOCI금융자산	1,150,000
	선납법인세	15,400		미수수익	100,000
	FVOCI금융자산처분손실	100,000		FVOCI금융자산평가손실	100,000
				(기타포괄손익누계액)	
				예수금	15,400

(3) 당기손익_공정가치 측정 금융자산(FVPL금융자산)

1) 의 의

AC금융자산 및 FVOCI금융자산으로 분류되지 않는 채권은 당기손익_공정가치 측정 모형으로 분류된다. 이를 "당기손익_공정가치 측정 금융자산(FVPL금융자산)"이라 한다.

2) 회계처리

FVPL금융자산으로 분류된 채권의 회계처리는 다음 사항을 제외하고는 AC금융자산과 동일하다.

① 최초인식

FVPL금융자산으로 분류된 주식과 동일하게 해당 FVPL금융자산의 취득과 직접 관련되는 거래원가는 취득원가에 가산하지 않고 당기비용으로 처리한다.

② 후속측정(평가)

FVPL금융자산으로 분류된 주식과 동일하게 공정가치변동액을 당기손익 처리한다.

분개예제 66

1. 12/31 장부금액 100만원인 채권(FVPL금융자산)의 공정가치가 115만원이 되다.

(차) FVPL금융자산　　　　　　50,000　　(대) FVPL금융자산평가이익　　　50,000

계정과목별 채권 평가방법

계정과목	평가방법	평가손익분류	평가손익계정과목
AC금융자산	상각후원가법	당기손익	이자수익
FVOCI금융자산	공정가치법	기타포괄손익	FVOCI금융자산평가손익
FVPL금융자산	공정가치법	당기손익	FVPL금융자산평가손익

제 8 절

퇴 직 급 여

이 절에서는 퇴직급여와 해고급여에 대한 다음의 회계처리에 대해서 살펴보기로 한다.
① 확정기여제도의 퇴직급여 회계처리
② 확정급여제도의 퇴직급여 회계처리
③ 해고급여 회계처리

1. 퇴직급여제도

(1) 근로자 퇴직급여 보장법

퇴직급여란 임직원이 퇴사시점까지 근로를 제공함에 대한 대가를 퇴직시 지급하는 금액을 말한다. 종전에는 근로기준법에 근거하여 근로자의 퇴직급여를 보장하였지만 사외적립을 강제하는 것이 아닌 바 회사내에 유보되는 퇴직급여에 대한 근로자의 수급권을 확보하지 못하는 것이 가장 큰 문제점이었다. 또한, 퇴직급여를 퇴직 후 노후에 연금으로 지급받는다면 국민연금 및 개인연금과 더불어 사회안전망 구축에도 도움이 되는 바, 2005.12.1.부터 「근로자 퇴직급여 보장법」이 시행되게 되었다.

「근로자 퇴직급여 보장법」은 근로자의 퇴직급여제도를 종전 근로기준법에 의한 퇴직금제도와 동일한 '퇴직금제도' 외에 종업원의 퇴직급여를 금융기관에 맡겨 운용한 뒤 종업원이 퇴직할 때 퇴직급여를 일시금 또는 연금형태로 지급하는 '퇴직연금제도'로 구분하고 있다. 「근로자 퇴직급여 보장법」에 의한 퇴직급여제도 내용을 도표로 요약하여 보면 다음과 같다.

구 분	퇴직금제도	퇴직연금제도	
		확정급여형(DBP)	확정기여형(DCP)
퇴직급여형태	일시금	연금 또는 일시금	연금 또는 일시금
사외적립방식	해당 없음	근로자퇴직급여보장법 제16조 제1항에 따른 최소적립금 이상 적립	연간 임금총액의 1/12 이상에 해당하는 부담금 적립
운용주체	해당 없음	회사	근로자
퇴직급여수준	계속근로기간 1년에 대해 30일분의 평균임금에 상당하는 금액	퇴직금제도와 같음	운용수익에 따라 달라짐
퇴직급여 지급의무	퇴직시점에 지급으로 종결	연금형태로 지급하는 경우에만 퇴직 후에도 지급의무 존재	사외적립으로 의무 종결
비용부담	회사	회사	회사

(2) 한국채택국제회계기준

K-IFRS에서는 퇴직급여제도를 다음과 같은 확정기여제도와 확정급여제도로 구분하여 회계처리 하도록 하고 있다.

① 확정기여제도

기업이 별개의 실체(기금)에 고정 기여금을 납부하여야 하고, 그 기금이 당기와 과거기간에 제공된 종업원 근무용역과 관련된 모든 종업원급여를 지급할 수 있을 정도로 충분한 자산을 보유하지 못하더라도 기업에게는 추가로 기여금을 납부해야 하는 법적의무나 의제의무가 없는 퇴직급여제도를 말한다. 즉 종업원에게 지급할 퇴직급여금액이 기금에 출연하는 기여금과 그 투자수익에 따라 결정되는 퇴직급여제도를 의미한다. 근로자퇴직급여보장법의 확정기여형 퇴직연금제도가 이에 해당된다.

② 확정급여제도

확정기여제도 이외의 모든 퇴직급여제도로 종업원에게 지급할 퇴직급여금액이 일반적으로 종업원의 임금과 근무연수에 기초하는 산정식에 따라 결정되는 퇴직급여제도를 말한다. 근로자퇴직급여보장법의 퇴직금제도와 확정급여형 퇴직연금제도가 이에 해당된다.

이하 퇴직급여제도 회계처리를 살펴보고 해고급여는 본 장 마지막에 설명하기로 한다.

2. 확정기여제도의 퇴직급여

(1) 결산시점

종업원의 퇴직급여로 납부하여야 할 기여금 중 이미 납부한 기여금을 제외한 금액을 부채(미지급비용)로 인식한다[68]. 만약, 이미 납부한 기여금이 납부하여야 할 기여금을 초과하는 경우 해당 초과기여금으로 미래 지급액이 감소하거나 현금이 환급되는 만큼을 자산(선급비용)으로 인식한다.

(차) 퇴직급여	×××	(대) 미지급비용[주2]	×××
(관리비 등)[주1]			
선급비용[주3]	×××		

주1) 대차차액으로 해당 퇴직급여는 수익창출에 기여한 성격에 따라 관리비, 제조원가 등으로 원가배분한다.
주2) 확정기여제도로 납부하여야 할 과소 기여금 납부액을 의미한다.
주3) 납부한 기여금 중 초과 기여금 납부액을 의미한다.

(2) 사외적립시점

확정기여제도의 경우 종업원의 퇴직급여를 사외적립하며 이로 인해 회사의 퇴직급여 지급의무가 종결되므로, 퇴직급여 사외적립시점에 다음과 같이 회계처리한다.

(차) 퇴직급여	×××	(대) 보통예금	×××
(관리비 등)[주1]			
미지급비용[주2]	×××	선급비용[주3]	×××

주1) 대차차액으로 해당 퇴직급여는 수익창출에 기여한 성격에 따라 관리비, 제조원가 등으로 원가배분한다.
주2) 전기 결산시점에 설정한 기여금 부족액을 의미한다.
주3) 전기 결산시점에 설정한 초과 기여금을 의미한다.

---

[68] 확정기여제도에 대한 기여금이 종업원의 근무용역을 제공하는 연차보고기간말 이후 12개월 이전에 전부 결제될 것으로 예상되지 않는 경우에는 퇴직급여채무의 통화 및 예상지급시기를 고려한 다음 할인율을 사용하여 할인된 금액을 부채로 인식한다.
1. 보고기간말 현재 우량회사채의 시장수익률
2. 1.과 같은 우량회사채에 대해 거래층이 두터운 해당 통화의 시장이 없는 경우 보고기간말 현재 그 통화로 표시된 국공채의 시장수익률

분개예제 67

1. 12/31 영업부 종업원 甲에 대한 확정기여형 퇴직급여 과소납부액은 500만원이다.

   (차) 퇴직급여   5,000,000   (대) 미지급비용   5,000,000
       (관리비)

2. 상기 '1.'의 영업부 종업원 甲에 대한 확정기여형 퇴직급여 1,500만원을 사외적립하다.

   (차) 퇴직급여   10,000,000   (대) 보통예금   15,000,000
       (관리비)
       미지급비용   5,000,000

3. 12/31 생산부 종업원 乙에 대한 확정기여형 퇴직급여 초과납부액은 500만원이다.

   (차) 선급비용   5,000,000   (대) 퇴직급여   5,000,000
                                              (제조원가)

4. 상기 '3.'의 생산부 종업원 乙에 대한 확정기여형 퇴직급여 500만원을 사외적립하다.

   (차) 퇴직급여   10,000,000   (대) 보통예금   5,000,000
       (제조원가)   선급비용   5,000,000

3. 확정급여제도의 퇴직급여

(1) 사외적립시점

종업원의 퇴직급여 지급에 대비하여 사외에 적립한 금액은 "사외적립자산"의 계정과목으로 하여 확정급여채무의 차감항목으로 처리한다.

   (차) 사외적립자산   ×××   (대) 보통예금   ×××
       (확정급여채무(-))

분개예제 68

1. 종업원의 퇴직급여로 회사가 사외에 추가로 적립한 금액은 3억원이다.

   (차) 사외적립자산　　　　　300,000,000　　(대) 보통예금　　　　　300,000,000
   　　　(확정급여채무(-))

(2) 퇴직시점

1) 일시금을 선택한 경우

종업원이 퇴직할 때 퇴직급여 수급형태를 일시금으로 선택한 경우에는 다음과 같이 회계처리한다.

① 퇴직시점

　　(차) 확정급여채무　　　　　×××　　(대) 미지급금[주]　　　　　×××

　　　주) 지급해야할 퇴직급여 일시금 전액.
　　　　 사외적립자산에서 지급될 금액도 포함한 금액으로 한다.

② 일시금 지급시점

　　(차) 미지급금　　　　　×××　　(대) 보통예금　　　　　×××
　　　　　　　　　　　　　　　　　　　사외적립자산　　　　×××

분개예제 69

1. 10/31 영업부 종업원 甲이 퇴직하였으며 퇴직급여 5,600만원을 일시금으로 지급받기로 하였다.

   (차) 확정급여채무　　　　　56,000,000　　(대) 미지급금　　　　　56,000,000

2. 상기 '1.'의 종업원 甲에 대해 퇴직급여가 일시금으로 지급되었다. 다만, 甲의 퇴직급여와 관련하여 지급된 사외적립자산 금액은 3,000만원이다.

   (차) 미지급금　　　　　56,000,000　　(대) 보통예금　　　　　26,000,000
   　　　　　　　　　　　　　　　　　　　　사외적립자산　　　　30,000,000

2) 연금을 선택한 경우

종업원이 퇴직할 때 퇴직급여 수급형태를 연금으로 선택한 경우 퇴직시점에서는 회계처리를 하지 않으며, 종업원에게 퇴직연금이 지급되는 경우 연금 지급액만큼 확정급여채무와 사외적립자산을 차감하여 상계한다.

| (차) 확정급여채무 | ××× | (대) 사외적립자산 | ××× |

분개예제 70

1. 10/31 영업부 종업원 甲이 퇴직하였으며 퇴직급여 5,600만원을 연금으로 지급받기로 하였다. 해당 종업원 甲에 대해 당기 중 퇴직연금이 200만원 지급되다.

| (차) 확정급여채무 | 2,000,000 | (대) 사외적립자산 | 2,000,000 |

---

(3) 결산시점

결산시점 확정급여제도 회계처리는 다음과 같이 이루어진다.

> 1. 퇴직급여의 기간배분 및 보험수리적 가정
> 2. 확정급여채무의 현재가치 결정
> 3. 확정급여채무의 당기근무원가 및 이자원가 결정
> 4. 사외적립자산 기대수익 및 공정가치 결정
> 5. 순확정급여부채의 재측정요소 결정

1) 퇴직급여의 기간배분 및 보험수리적 가정

① 퇴직급여의 기간배분

확정급여제도에서 정하고 있는 급여산정식에 따라 종업원의 예상근무기간에 걸쳐 퇴직급여를 배분한다. 예를 들어 종업원이 퇴직할 때 매 근무연도에 대해 일시불급여 100원이 지급되는 확정급여제도의 경우 매 근무연도마다 퇴직급여 100원을 배분한다.

② 보험수리적 가정

보험수리적 가정은 퇴직급여의 궁극적인 원가를 결정하는 여러 가지 변수들에 대한 최선의 추정을 반영하는 것으로 편의가 없어야 하고 서로 양립가능해야 하며, 다음으로 구성된다.

▲
1. 퇴직급여를 수령할 권리를 갖는 전·현직종업원(그 피부양자 포함)의 미래 특성에 관한 다음과 같은 인구통계적 가정
   (1) 사망률
   (2) 이직률, 신체장애율 및 조기퇴직률
   (3) 급여수령권을 갖는 피부양자가 있는 종업원의 비율
   (4) 제도규약하에서 이용가능한 지급선택권의 각 형태를 선택할 종업원의 비율
   (5) 의료급여제도의 경우 의료원가청구율

2. 재무적 가정
   (1) 할인율
   (2) 급여 수준(종업원에 의해 충족될 수 있는 급여의 원가는 제외)과 미래의 임금
   (3) 의료급여의 경우 보험금청구원가(즉, 보험금을 처리하고 해소할 때 발생하는 원가로서 법정수수료와 손해사정인 수수료를 포함)를 포함하는 미래 의료원가
   (4) 보고일 이전의 근무용역과 관련된 기여금 또는 보고일 이전의 근무용역으로 인하여 발생하는 급여에 대하여 제도자체에 부과되는 세금

2) 확정급여채무의 현재가치 결정

확정급여제도에 따라서 전·현직 종업원에게 이미 제공한 근무용역에 대해 지급할 예상퇴직급여의 현재가치를 말한다. 이때, 퇴직급여채무의 통화 및 예상지급시기를 고려한 다음 할인율을 사용하여 할인된 금액을 부채로 인식하며, 확정급여채무의 일부가 보고기간말 이후 12개월 이전에 결제될 것으로 예상되더라도 확정급여채무 전부를 할인함에 유의한다.

▲
1. 보고기간말 현재 우량회사채의 시장수익률
2. 1.과 같은 우량회사채에 대해 거래층이 두터운 해당 통화의 시장이 없는 경우 보고기간말 현재 그 통화로 표시된 국공채의 시장수익률

3) 확정급여채무의 당기근무원가 및 이자원가 결정

① 당기근무원가

당기에 종업원이 근무용역을 제공함에 따라 발생하는 확정급여채무의 현재가치 증가액을 말하며 다음과 같이 회계처리 한다.

| (차) 퇴직급여 | ××× | (대) 확정급여채무 | ××× |
| (관리비 등) | | | |

② 이자원가

확정급여의 결제일에 한 기간만큼 더 가까워짐에 따라 발생하는 한 기간 동안의 확정급여채

무 현재가치의 증가액을 말하며, 다음과 같이 측정된다.

> 당기 확정급여채무의 이자원가=전기말 확정급여채무 현재가치×전기말 할인율

당기 이자원가는 다음과 같이 회계처리한다.

(차) 퇴직급여　　　　　　×××　　(대) 확정급여채무　　　×××
　　 (관리비 등)

사례 45 확정급여채무의 현재가치

1. 자료
   (1) 기업은 종업원이 퇴직한 시점에 일시불급여를 지급하며, 일시불급여는 종업원의 퇴직전 최종임금의 1%에 근무연수를 곱하여 산정된다.
   (2) 종업원의 연간임금은 1차년도에 10,000원이며 향후 매년 7%(복리)씩 상승하는 것으로 가정한다.
   (3) 종업원의 예상근무기간은 5년이며, 할인율은 10%이다.
   (4) 각 기간별 배분된 퇴직급여 및 보험수리적 가정에 변동이 없다고 가정한다.

2. 퇴직급여의 기간배분
   (1) 종업원의 일시불 퇴직급여
       $= 10,000원 \times (1 + 0.07)^4 \times 1\% \times 5년 = 655$
   (2) 퇴직급여의 기간배분

연　도	1	2	3	4	5
퇴직급여					
과거연도	–	131	262	393	524
해당연도	131	131	131	131	131
합계	131	262	393	524	655

3. 각 연도별 확정급여채무의 현재가치
   확정급여채무의 현재가치는 해당연도 및 과거연도에 귀속되는 퇴직급여의 현재가치이므로 사례의 경우 각 연도별 확정급여채무의 현재가치는 다음과 같다.

연도	1	2	3	4	5
퇴직급여 합계	131	262	393	524	655
할인	1.1^4	1.1^3	1.1^2	1.1^1	1.1^0
확정급여채무 현재가치	89	196	324	476	655

4. 각 연도별 당기근무원가 및 이자원가

(1) 각 연도별 당기근무원가

당기근무원가는 해당연도에 귀속되는 퇴직급여의 현재가치이므로 사례의 경우 각 연도별 당기근무원가는 다음과 같다.

연도	1	2	3	4	5
해당연도 퇴직급여	131	131	131	131	131
할인	1.1^4	1.1^3	1.1^2	1.1^1	1.1^0
당기근무원가	89	98	108	119	131

(2) 각 연도별 당기근무원가

사례의 경우 각 연도별 확정급여채무의 이자원가는 다음과 같다.

연도	1	2	3	4	5
기초 확정급여채무 현재가치	–	89	196	324	476
이자율	10%	10%	10%	10%	10%
당기 이자원가	–	9	20	32	48

4) 사외적립자산의 기대수익 및 공정가치 결정

① 사외적립자산의 기대수익

사외적립자산의 기대수익은 사외적립자산에 대한 수익의 구성요소로서 사외적립자산의 공정가치에 확정급여채무의 현재가치 측정시 적용한 할인율을 곱하여 결정되며 보고기간 동안의 기여금납부와 급여지급으로 인한 보유하고 있는 사외적립자산의 변동을 고려한다. 사외적립자산의 기대수익은 다음과 같이 회계처리한다.

(차) 사외적립자산	×××	(대) 퇴직급여	×××
(확정급여채무(-))		(관리비 등)	

> **사례 46** 사외적립자산 기대수익
>
> 1. 자료
>   (1) 20×1.1.1. 사외적립자산의 공정가치는 10,000원이며, 확정급여채무의 현재가치 측정시 적용한 할인율은 연 10.25%이다.
>   (2) 20×1.6.30. 1,900원의 퇴직급여가 지급되었으며, 사외적립액은 4,900원이다.
>   (3) 20×1.12.31. 사외적립자산의 공정가치는 15,000원이다.
>
> 2. 사외적립자산 기대수익
>
> | | |
> |---|---:|
> | 기초 사외적립자산 10,000원 ×10.25% | 1,025 |
> | 당기 사외적립자산 증가분 3,000원×5%[주] | 150 |
> | 20×1년 사외적립자산의 기대수익 | 1,175 |
>
>   주) 매 6개월에 5% 복리를 적용하면 연 10.25%와 동일

② 사외적립자산의 공정가치

기말시점 사외적립자산의 공정가치는 시장가격을 이용하여 측정하되, 시장가격을 이용할 수 없는 경우에는 사외적립자산의 공정가치를 추정하여 결정한다. 예를 들어, 사외적립자산의 만기(사외적립자산의 만기가 없다면 관련 채무가 결제되기까지의 예상기간)나 예상처분일과 사외적립자산에 관련된 위험을 모두 반영하는 할인율로 기대미래현금흐름을 할인함으로써 공정가치를 추정할 수 있다.

5) 순확정급여부채[69]의 재측정요소 결정

순확정급여부채의 재측정요소는 다음과 같은 요소로 구성된다.

> 1. 보험수리적손익
> 2. 순확정급여부채의 순이자에 포함된 금액을 제외한 사외적립자산의 수익

이때, 보험수리적손익은 보험수리적 가정의 변동과 경험조정으로 인하여 확정급여채무 현재가치의 증감이 있을 때 발생하며, 발생원인의 예는 다음과 같다.

---

69) 확정급여채무의 현재가치에서 사외적립자산의 공정가치를 차감한 금액을 말한다.

▲
1. 종업원의 이직률, 조기퇴직률, 사망률, 임금상승률, 급여(제도의 공식적 규약이나 의제의무에 따라 물가상승률에 연동하여 급여가 증액되는 경우) 또는 의료원가가 실제로는 당초 예상보다 높거나 낮은 경우
2. 급여지급선택권과 관련된 가정의 변동 효과
3. 종업원의 이직률, 조기퇴직률, 사망률, 임금상승률, 급여(제도의 공식적 규약이나 의제의무에 따라 물가상승률에 연동하여 급여가 증액되는 경우) 또는 의료원가에 대한 추정치가 변경됨에 따른 효과
4. 할인율의 변경에 따른 효과

따라서, 순확정급여부채의 재측정요소는 다음과 같이 결정되며, 기타포괄손익누계액으로 분류한다.

▲
1. 확정급여채무에서 발생하는 재측정요소
    = 기말시점 확정급여채무 장부금액 − 기말시점 확정급여채무 현재가치
    = [기초시점 확정급여채무 현재가치 + 이자원가 + 당기근무원가 − 확정급여지급액]
     − 기말시점 확정급여채무 현재가치
2. 사외적립자산에서 발생하는 재측정요소
    = 사외적립자산 실제수익 − 사외적립자산 기대수익

참고로, 당기에 발생한 재측정요소의 회계처리를 예시하면 다음과 같다.

구 분	회계처리				
재측정요소 증가	(차)	확정급여채무 또는 사외적립자산	×××	(대) 순확정급여부채 재측정요소 (기타포괄손익누계액)	×××
재측정요소 감소	(차)	순확정급여부채 재측정요소 (기타포괄손익누계액)	×××	(대) 확정급여채무 또는 사외적립자산	×××

사례 47 · 순확정급여부채의 재측정요소

1. 자료
    (1) 20×1.1.1. 확정급여채무의 현재가치는 1,200, 사외적립자산의 공정가치는 1,000원이며, 확정급여채무의 현재가치 측정시 적용한 할인율은 10%이다.
    (2) 20×1.12.31. 150원의 퇴직급여가 지급되었으며, 사외적립액은 90원이다.
    (3) 20×1.12.31. 당기근무원가는 130원, 확정급여채무의 현재가치는 1,341원, 사외적립자산의 공정가치는 1,092원이다.

2. 확정급여채무에서 발생한 재측정요소
   (1) 기말시점 확정급여채무 장부금액
       = 기초시점 확정급여채무 장부금액 + 당기근무원가 + 이자원가 − 확정급여지급액
       = 1,200 + 130 + 1,200 × 10% − 150 = 1,300
   (2) 확정급여채무에서 발생한 재측정요소
       = 기말시점 확정급여채무 장부금액 − 기말시점 확정급여채무 현재가치
       = 1,300 − 1,341 = (−)41

3. 사외적립자산에서 발생한 재측정요소
   (1) 사외적립자산 기대수익
       = 기초 사외적립자산 공정가치 × 기초 확정급여채무 현재가치 측정시 할인율
       = 1,000 × 10% = 100
   (2) 사외적립자산 실제수익
       = 기말 사외적립자산 공정가치 − 기말 사외적립자산 장부금액
       = 1,092 − (1,000 − 150 + 90) = 152
   (3) 사외적립자산에서 발생한 재측정요소
       = 사외적립자산 실제수익 − 사외적립자산 기대수익
       = 152 − 100 = 52

4. 회계처리

구분	회계처리			
사외적립자산 적립	(차) 사외적립자산 (확정급여채무(−))	90	(대) 보통예금	90
퇴직급여 지급	(차) 확정급여채무	150	(대) 사외적립자산 (확정급여채무(−))	150
당기근무원가	(차) 퇴직급여	130	(대) 확정급여채무	130
이자원가	(차) 퇴직급여	120	(대) 확정급여채무	120
사외적립자산 기대수익	(차) 사외적립자산 (확정급여채무(−))	100	(대) 퇴직급여	100
재측정요소 인식	(차) 사외적립자산 (확정급여채무(−))	52	(대) 순확정급여부채 재측정요소 (기타포괄손익누계액)	52
	(차) 순확정급여부채 재측정요소 (기타포괄손익누계액)	41	(대) 확정급여채무	41

사례 48 _ 확정급여제도의 퇴직급여

1. 자료

   20×2년 확정급여제도 관련 자료는 다음과 같다.

확정급여제도 내역	금액
확정급여채무의 현재가치(1.1.)	1,141
사외적립자산의 공정가치(1.1.)	1,092
순확정급여부채의 재측정요소(1.1.)	107
할인율(1.1.)	9%
당기근무원가	140
퇴직급여지급액(12.31.)	180
사외적립자산 적립액(12.31.)	100
확정급여채무의 현재가치(12.31.)	1,197
사외적립자산의 공정가치(12.31)	1,153

2. 회계처리 및 부분재무상태표

   (1) 확정급여채무의 이자원가 및 사외적립자산의 기대수익

   ① 확정급여채무의 이자원가
      = 기초 확정급여채무의 현재가치×할인율 = 1,141 × 9% = 103

   ② 사외적립자산의 기대수익
      = 기초 사외적립자산의 공정가치×할인율 = 1,092 × 9% = 98

   (2) 순확정급여부채의 재측정요소

   ① 사외적립자산에서 발생한 재측정요소
      = 사외적립자산 실제수익 - 사외적립자산 기대수익
      = [기말 사외적립자산 공정가치 - 기말 사외적립자산 장부금액]
        - 사외적립자산 기대수익
      = 1,153 - (1,092 - 180 + 100) - 98 = 43

   ② 확정급여채무에서 발생한 재측정요소
      = 기말시점 확정급여채무 장부금액 - 기말시점 확정급여채무 현재가치
      = (1,141 + 103 + 140 - 180) - 1,197 = 7

   ③ 기말시점 순확정급여부채의 재측정요소 장부금액
      = 기초시점 재측정요소 장부금액 + 당기에 발생한 재측정요소
      = 107 + 7 + 43 = 157

(3) 회계처리

구 분	차 변		대 변	
이자원가	퇴직급여	103	확정급여채무	103
당기근무원가	퇴직급여	140	확정급여채무	140
퇴직급여지급	확정급여채무	180	사외적립자산	180
사외적립자산 적립	사외적립자산	100	보통예금	100
사외적립자산 기대수익	사외적립자산	98	퇴직급여	98
재측정요소	확정급여채무	7	순확정급여부채 재측정요소	7
	사외적립자산	43	순확정급여부채 재측정요소	43

(4) 부분재무상태표

	당 기	전 기
순확정급여부채		
확정급여채무	1,197	1,141
사외적립자산	(1,153)	(1,092)
기타포괄손익누계액		
순확정급여부채 재측정요소	157	107

KEY POINT

퇴직금제도의 회계처리

근로자퇴직급여보장법상 '퇴직금제도'는 한국채택국제회계기준상 확정급여제도에 해당된다. 따라서, 사외적립자산이 없음을 고려하여 상기 '3. 확정급여제도의 퇴직급여'에서 언급한 바와 같이 회계처리 하면 된다.

4. 해고급여

(1) 의 의
해고급여란 다음 중 하나의 결과로서 지급되는 종업원급여를 말한다.
① 통상적인 퇴직시점 이전에 종업원을 해고하고자 하는 기업의 결정
② 해고의 대가로 기업이 제안하는 급여를 수락하는 종업원의 결정

> **KEY POINT**
>
> **퇴직급여와의 구별**
>
> 기업의 제안이 아닌 종업원의 요청으로 인한 해고나 의무적인 퇴직규정으로 인하여 발생하는 종업원급여는 퇴직급여이기 때문에 해고급여에 포함하지 않는다. 한편, 기업의 요청에 의한 해고의 경우 종업원의 요청에 의한 해고 시 지급하는 급여(실질적으로 퇴직급여)보다 더 많은 급여를 제공할 수 있다. 종업원의 요청에 의한 해고로 인해 지급하는 급여와 기업의 요청에 의한 해고로 인해 지급된 더 많은 급여와의 차이가 해고급여이다.

(2) 회계처리

① 인식

해고급여는 다음 중 이른 날에 해고급여에 대한 부채와 당기비용을 인식한다.
㉠ 기업이 해고급여의 제안을 더 이상 철회할 수 없을 때
㉡ 기업이 한국채택국제회계기준서 제1037호의 적용범위에 포함되고 해고급여의 지급을 수반하는 구조조정에 대한 원가를 인식할 때

② 측정

해고급여는 그 종업원급여의 성격에 따라 최초 인식시점에 측정하고, 후속적 변동을 측정 및 인식한다. 해고급여가 퇴직급여를 증액시키는 것이라면, 퇴직급여에 대한 규정을 적용하며, 그 밖의 경우에는 다음과 같이 처리한다.
㉠ 해고급여가 인식되는 연차보고기간말 이후 12개월 이전에 해고급여가 모두 결제될 것으로 예상되는 경우 단기종업원급여에 대한 규정을 적용한다.
㉡ 해고급여가 인식되는 연차보고기간말 이후 12개월 이전에 해고급여가 모두 결제될 것으로 예상되지 않는 경우 기타장기종업원급여에 대한 규정을 적용한다.

분개예제 71

1. 10/31 영업부 종업원 甲이 명예퇴직하다. 종업원 甲은 퇴직급여 5,600만원과 해고급여 4,400만원을 일시금으로 지급받기로 하였다.

(차)	확정급여채무	56,000,000	(대)	미지급금	100,000,000
	해고급여	44,000,000			
	(관리비)				

2. 상기 '1.'의 종업원 甲에 대한 퇴직급여와 해고급여가 일시금으로 지급되었다. 다만, 甲의 퇴직급여와 관련하여 지급된 사외적립자산 금액은 3,000만원이며, 퇴직소득세 예수금은 200만원이다.

(차)	미지급금	100,000,000	(대)	보통예금	68,000,000
				사외적립자산	30,000,000
				(확정급여채무(-))	
				예수금	2,000,000

제 9 절

기타 자산 및 부채

이 절에서는 제1절부터 제8절까지에서 살펴본 자산 및 부채 외의 자산 및 부채에 대한 회계처리 중 다음에 대해 살펴보기로 한다.
① 보증금 회계처리
② 미지급배당금 회계처리
③ 예수금 회계처리
④ 사채 회계처리
⑤ 외화표시 자산 및 부채의 환율변동효과

1. 보증금

(1) 의 미

보증금이란 전세금을 지급하고 취득한 전세권, 임대차계약에 따라 지급한 임차보증금, 전화설비를 사용하기 위해 지급한 전신전화가입권, 계약이행을 담보하기 위한 영업보증금 등을 말한다. 이러한 전세권, 임차보증금, 전신전화가입권, 영업보증금 등이 자산이 되기 위해서는 반환받을 수 있는 것이어야 한다.

(2) 회계처리

① 보증금 예치시점

보증금을 예치하는 경우 "보증금"의 계정과목으로 하여 기타채권으로 분류한다.

(차) 보증금 ××× (대) 보통예금 ×××

② 보증금 회수시점

보증금을 회수하는 경우에는 다음과 같이 회계처리한다.

(차) 보통예금 ××× (대) 보증금 ×××

> **KEY POINT**
>
> 1. 수령한 보증금
>   전세금, 임차보증금, 영업보증금 등을 수령한 기업은 계약기간 종료 후 동 보증금을 돌려주어야 하므로, 해당 보증금 등을 부채로 분류한다.
>   (1) 계정과목
>   계정과목은 "임대보증금" 또는 "예수보증금"등 적절한 계정과목을 사용하여 기타채무로 분류한다.
>   (2) 유동성분류
>   대부분의 경우 계약(또는 예치)기간이 1년을 초과하므로 비유동부채로 분류한다.
>   다만, 차기에 지급될 것이 확실한 경우에는 유동부채로 분류한다.
>
> 2. 현재가치 평가
>   보증금은 금융자산 또는 금융부채에 해당하므로, 최초 인식 후 유효이자율법을 사용하여 상각후원가로 측정한다. 즉 현재가치로 평가한다.

분개예제 72

1. 건물을 2년간 임차하고 임차보증금 1억원을 지급하다.

   (차) 임차보증금　　　100,000,000　　(대) 보통예금　　　100,000,000

2. 상기 '1.'의 임차기간이 만료하여 임차보증금 1억원을 회수하다.

   (차) 보통예금　　　100,000,000　　(대) 임차보증금　　　100,000,000

3. 건물을 2년간 임대하고 보증금 1억원을 지급받다.

  (차) 보통예금   100,000,000   (대) 임대보증금   100,000,000

4. 상기 '3.'의 임대기간이 만료하여 보증금 1억원을 지급하다.

  (차) 임대보증금   100,000,000   (대) 보통예금   100,000,000

5. 재고자산의 외상매출을 위해 수요자로부터 거래보증금으로 1억원을 예치받다.

  (차) 보통예금   100,000,000   (대) 예수보증금   100,000,000

2. 미지급배당금

(1) 의 미
주주총회 결의에 근거하여 지급하기로 한 현금배당금을 말한다.

(2) 회계처리

① 주주총회 결의시점

주주총회에서 지급하기로 결정한 현금배당금은 "미지급배당금"의 계정과목으로 하여 기타채무로 분류한다. 즉, 다음과 같이 회계처리한다.

  (차) 미처분이익잉여금   ×××   (대) 미지급배당금   ×××[주]

  주) 배당금을 지급하여야 하는 주식의 액면금액 × 배당률

② 배당금 지급시점

미지급배당금을 지급할 때 배당소득세로 원천징수(특별징수 포함)하는 세금(개인과 외국법인에게 지급하는 경우에 한함)은 "예수금"의 계정과목으로 하여 기타채무로 분류한다. 즉, 다음과 같이 회계처리한다.

  (차) 미지급배당금   ×××   (대) 보통예금   ×××
                                         예수금   ×××

분개예제 73

1. 주주총회일에 현금배당 1억원을 결의하다.

   (차) 미처분이익잉여금　　　　100,000,000　　(대) 미지급배당금　　　　100,000,000

2. 상기 '1.'의 배당금 1억원 중 원천징수세액과 특별징수세액 770만원을 제외한 9,230만원을 지급하다.

   (차) 미지급배당금　　　　　　100,000,000　　(대) 보통예금　　　　　　92,300,000
   　　　　　　　　　　　　　　　　　　　　　　　　　예수금　　　　　　　7,700,000

3. 예수금

(1) 의 미

일반적 상거래 이외에서 발생한 일시적 제예수액을 말한다. 대표적으로 개인 또는 법인에게 소득지급시 세법에 따라 원천징수(특별징수 포함)하는 세금과 종업원 급여에서 법에 따라 징수하는 국민연금, 건강보험료, 노인장기요양보험료, 고용보험료 등이 있다.

> **KEY POINT**
>
> **원천징수대상 소득**
>
> 소득세법 및 법인세법에서는 각각 개인 및 법인에게 소득을 지급할 때 소득의 일부를 소득세 및 법인세로 원천징수하여 원천징수일이 속하는 달의 다음달 10일까지 국가에 납부하도록 하고 있다. 원천징수대상 개인소득 및 법인소득에는 다음과 같은 것이 있다.
>
> 1. 원천징수대상 개인소득
>   ① 이자소득금액　　　　　　　② 배당소득금액
>   ③ 법 소정 사업소득 수입금액(원천징수대상 사업소득)
>   ④ 원천징수대상 근로소득금액　⑤ 연금소득금액
>   ⑥ 법 소정 봉사료 수입금액　　⑦ 기타소득금액(⑥제외)
>   ⑧ 원천징수대상 퇴직소득금액
>
> 2. 원천징수대상 법인소득
>   ① 이자소득금액
>   ② 투자신탁의 이익

(2) 회계처리

상기 '(1)'에 해당되는 예수액은 "예수금"의 계정과목으로 하여 기타채무로 분류한다.

분개예제 74

1. 영업부 사원 甲에게 급여를 다음과 같이 지급하다.

급여내역		공제내역	
기본급	1,000,000	근로소득세, 개인지방소득세	120,000
수당1	200,000	국민연금	60,000
수당2	50,000	건강보험(노인장기요양보험 포함)	30,000
		고용보험	10,000

(차) 급여　　　　　　　1,250,000　　　(대) 보통예금　　　　　1,030,000
　　　　　　　　　　　　　　　　　　　　　 예수금　　　　　　　220,000

2. 1/10 전월에 원천징수(특별징수 포함)한 세액 400만원을 보통예금으로 납부하다.

(차) 예수금　　　　　　4,000,000　　　(대) 보통예금　　　　　4,000,000

---

4. 사 채

(1) 의 미

"사채"란 기업이 일반 대중으로부터 자금을 조달할 목적으로 회사의 채무임을 표시하는 사채증서(사채권)를 발행하여 지정된 만기일에 사채권면에 정해진 금액을 지급하고 해당 금액에 약정된 이자율을 고려한 이자를 정기적으로 지급할 것을 약속한 채무를 말한다. 사채에는 일반사채, 전환사채, 신주인수권부사채, 교환사채 등이 있다.[70]

(2) 구성요소

사채 회계처리를 위해서는 다음의 구성요소를 파악하여야 한다.

① 만 기

사채 발행자가 사채 권면에 표시된 금액을 상환하기로 약정한 날로, 만기에 발행자는 사채

---

[70] 본서에서는 일반사채만을 설명하였으며, 전환사채 등의 회계처리에 대해서는 다른 회계서적을 참고하기 바란다.

권면에 표시된 금액을 상환하게 된다.

② **액면금액(원금)**

사채 권면에 표시된 금액으로, 발행자가 만기에 상환하기로 약속한 금액을 말한다. 즉, 발행자는 만기에 액면금액을 상환하게 된다.

③ **액면이자**

사채 발행자가 약정상 정해진 일자에 지급하기로 한 금액을 말하며, 이는 액면금액에 약정상 정해진 이자율을 곱한 금액으로 결정된다.

따라서, 발행자는 약정상 정해진 일자에 액면이자를 지급한다.

④ **액면이자율(표면이자율)**

액면이자를 결정하기 위한 약정상 정해진 이자율을 말한다.

⑤ **발행금액**

사채를 발행할 때 발생한 사채발행수수료, 사채권인쇄비, 사채모집에 따른 광고비 등 거래원가를 차감한, 회사채를 발행하여 조달한 순현금유입액을 말한다.

⑥ **유효이자율**

회사채 발행금액과 회사채를 발행함으로써 지급하게 되는 미래 현금흐름의 현재가치를 일치시켜주는 이자율을 말한다. 따라서, 발행금액을 P_0, 각 시점별 현금흐름을 C_t, 유효이자율을 R이라고 하면 다음의 등식이 성립하게 된다.

$$P_0 = \frac{C_1}{(1+R)^1} + \frac{C_2}{(1+R)^2} + \cdots + \frac{C_n}{(1+R)^n}$$

(3) 발행형태

회사채 발행금액과 액면금액의 관계에 따라 다음 세 가지의 발행형태가 있다.

구 분	발행자	액면이자율과 시장이자율
발행금액 = 액면금액	액면발행	액면이자율 = 시장이자율
발행금액 < 액면금액	할인발행	액면이자율 < 시장이자율
발행금액 > 액면금액	할증발행	액면이자율 > 시장이자율

이때, 할인발행 또는 할증발행의 경우에 발생하는 발행금액과 액면금액의 차이는 유효이자율법에 따라 상각하여 각각 이자비용에 가산 또는 차감하여야 한다.

채권이 할인 발행되는 이유

1. 시장이자율과 액면이자율의 관계

   예를 들어 甲사의 채권 A에 대한 액면이자율은 10%이나 동일한 조건을 가진 채권 B에 대한 수익률은 12%라 하자. 이 경우 투자자들은 채권 B에 투자하는 것이 보다 유리하게 된다. 만약, 甲사가 채권 A에 대해서 액면이자율을 변동시키지 않으면서 채권 A를 투자자에게 판매하려면 당초 가격보다 저렴한 가격에 판매할 수 밖에 없게 된다.

   이러한 이유로 회사가 채권을 발행할 당시 동일 조건 채권에 대한 수익률(이를 시장이자율이라 한다)이 회사가 발행하고자 하는 채권의 액면이자율보다 크다면 결국 할인발행하게 되는 것이다.

2. 거래원가

   사채를 발행하는 경우 사채발행수수료, 사채권인쇄비, 사채모집에 따른 광고비 등의 거래원가가 발생하게 된다. 이러한 거래원가는 사채 발행금액에서 차감하도록 하고 있어 투자자에게 액면으로 발행하더라도 할인발행하게 되는 것이다.

(4) 회계처리

① 발행시점

회사채를 발행한 경우에는 그 발행형태에 따라 다음과 같이 회계처리 한다.

발행형태	회계처리				
액면발행	(차)	보통예금[주1]	×××	(대) 사채[주2] (금융부채)	×××
할인발행	(차)	보통예금[주1] 사채할인발행차금[주3] (사채(-)항목)	××× ×××	(대) 사채[주2] (금융부채)	×××
할증발행	(차)	보통예금[주1]	×××	(대) 사채[주2] (금융부채) 사채할증발행차금[주4] (사채(+)항목)	××× ×××

주1) 발행된 사채의 발행금액. 이때, 거래원가를 차감한 후 금액으로 함에 유의한다.
주2) 발행된 사채의 액면금액.
주3) 할인발행된 경우 사채 액면금액과 발행금액과의 차액으로, 사채에 차감표시한다.
    이후 유효이자율법에 따라 상각되어 이자비용에 가산된다.
주4) 할증발행된 경우 사채 발행금액과 액면금액과의 차액으로, 사채에 부가표시한다.
    이후 유효이자율법에 따라 상각되어 이자비용에서 차감된다.

분개예제 75

1. 만기 3년의 회사채를 100억원에 액면발행하다. 단, 거래원가는 발생하지 않았다.

   (차) 보통예금　　　　　　10,000,000,000　　(대) 사채　　　　　　10,000,000,000

2. 만기 3년의 회사채를 100억원에 액면발행하다. 단, 거래원가 1억원이 발생하다.

   (차) 보통예금　　　　　　 9,900,000,000　　(대) 사채　　　　　　10,000,000,000
   　　 사채할인발행차금　　 100,000,000
   　　 (사채(-))

3. 만기 3년의 회사채를 110억원에 발행하다. 단, 사채 액면금액은 100억원이며, 거래원가 1억원이 발생하다.

   (차) 보통예금　　　　　　10,900,000,000　　(대) 사채　　　　　　10,000,000,000
   　　　　　　　　　　　　　　　　　　　　　　　　 사채할증발행차금　　900,000,000
   　　　　　　　　　　　　　　　　　　　　　　　　 (사채(+))

② 액면이자 지급시점

회계연도 중 액면이자를 지급하는 경우 해당 액면이자를 이자비용으로 회계처리 한다. 다만, 사채와 관련하여 이미 인식한 미지급비용이 있는 경우 해당 미지급비용은 이자비용에서 차감하며, 사채할인발행차금(또는 사채할인발행차금)은 유효이자율법에 따라 상각하여 이자비용에 가산(또는 차감)한다. 또한, 세법에 따른 액면이자의 원천징수세액과 특별징수세액은 예수금으로 회계처리 한다. 사채의 액면이자 지급시점 회계처리를 예시하면 다음과 같다.

(차) 이자비용　　　　×××　　　　(대) 보통예금　　　　×××주1)
　　 미지급비용　　　×××주3)　　　　　 예수금　　　　　×××주2)
　　 사채할증발행차금×××주5)　　　　　 사채할인발행차금×××주4)
　　 (사채(+))　　　　　　　　　　　　　 (사채(-))

주1) 액면이자에서 원천징수세액과 특별징수세액을 차감한 후 실지급액
주2) 세법에 따른 액면이자의 원천징수세액과 특별징수세액
주3) 사채와 관련되어 이미 인식한 미지급비용 잔액
주4) 사채할인발행차금은 유효이자율법에 따라 상각되어 이자비용에 가산됨
주5) 사채할증발행차금은 유효이자율법에 따라 상각되어 이자비용에 차감됨

분개예제 76

1. 12/31 액면발행된 사채에 대해 액면이자 1,000만원을 지급하다. 단, 해당 액면이자에 대해 원천징수세액과 특별징수세액 154만원을 징수하다.

    (차) 이자비용　　　　　　　　10,000,000　　　(대) 보통예금　　　　　　8,460,000
    　　　　　　　　　　　　　　　　　　　　　　　　　 예수금　　　　　　　1,540,000

2. 12/31 할인발행된 사채에 대해 액면이자 1,000만원을 지급하다. 단, 해당 액면이자에 대해 154만원을 원천징수(특별징수 포함)하였으며, 해당 채권의 사채할인발행차금 중 당기 상각될 금액은 200만원이다.

    (차) 이자비용　　　　　　　　12,000,000　　　(대) 보통예금　　　　　　8,460,000
    　　　　　　　　　　　　　　　　　　　　　　　　　 예수금　　　　　　　1,540,000
    　　　　　　　　　　　　　　　　　　　　　　　　　 사채할인발행차금　　2,000,000
    　　　　　　　　　　　　　　　　　　　　　　　　　 (사채(-))

3. 12/31 할증발행된 사채에 대해 액면이자 1,000만원을 지급하다. 단, 해당 액면이자에 대해 154만원을 원천징수(특별징수 포함)하였으며, 해당 채권의 사채할증발행차금 중 당기 상각될 금액은 200만원이다.

    (차) 이자비용　　　　　　　　 8,000,000　　　(대) 보통예금　　　　　　8,460,000
    　　 사채할증발행차금　　　　 2,000,000　　　　　 예수금　　　　　　　1,540,000
    　　 (사채(+))

③ 미지급비용 인식

이자지급일 사이에 결산일이 있는 경우 결산시점에서 발생주의에 따라 기간경과분 미지급비용을 인식한다. 이때, 상기 '②'의 회계처리와 마찬가지로 사채할인발행차금(또는 사채할증발행차금)을 유효이자율법에 따라 상각하여 이자비용에 가산(또는 차감)하는 것에 유의한다. 결산수정분개를 예시하면 다음과 같다.

(차) 이자비용　　　　　×××　　　(대) 미지급비용　　　　×××[주]
　　 사채할증발행차금　×××　　　　　 사채할인발행차금　×××
　　 (사채(+))　　　　　　　　　　　　　 (사채(-))

　　주) 직전 이자지급일의 익일로부터 결산일까지 발생한 액면이자

분개예제 77

1. 12/31 액면발행된 사채에 대해 액면이자 1,000만원이 발생하다.

   (차) 이자비용　　　　　　　10,000,000　　(대) 미지급비용　　　　　　10,000,000

2. 12/31 할인발행된 사채에 대해 액면이자 1,000만원이 발생하다. 단, 해당 사채의 사채할인발행차금 중 결산일까지 발생되어 상각될 금액은 200만원이다.

   (차) 이자비용　　　　　　　12,000,000　　(대) 미지급비용　　　　　　10,000,000
   　　　　　　　　　　　　　　　　　　　　　　　사채할인발행차금　　　 2,000,000
   　　　　　　　　　　　　　　　　　　　　　　　(사채(−))

3. 12/31 할증발행된 사채에 대해 액면이자 1,000만원이 발생하다. 단, 해당 사채의 사채할증발행차금 중 결산일까지 발생되어 상각될 금액은 200만원이다.

   (차) 이자비용　　　　　　　 8,000,000　　(대) 미지급비용　　　　　　10,000,000
   　　　사채할증발행차금　　　 2,000,000
   　　　(사채(+))

④ 유동성분류

사채의 경우 발행시점에서는 일반적으로 만기가 1년을 초과하므로 비유동부채로 분류한다. 다만, 기간이 경과하여 결산시점으로부터 만기가 1년 이내로 도래하는 경우에는 "유동성장기부채"(또는 "유동성장기사채")의 계정과목으로 하여 유동부채로 재분류한다. 이때, 관련된 사채할인발행차금(또는 사채할증발행차금)도 같이 유동부채로 분류함에 유의한다. 유동성대체 회계처리를 예시하면 다음과 같다.

발행형태	회계처리					
액면발행	(차)	사채	×××	(대)	유동성장기부채	×××
할인발행	(차)	사채 사채할인발행차금 (유동성장기부채(−))	××× ×××	(대)	유동성장기부채 사채할인발행차금 (사채(−))	××× ×××
할증발행	(차)	사채 사채할증발행차금 (사채(+))	××× ×××	(대)	유동성장기부채 사채할증발행차금 (유동성장기부채(+))	××× ×××

제9절 _ 기타 자산 및 부채

분개예제 78

1. 12/31 액면발행된 사채 1억원의 만기가 1년 이내로 도래하다.

   (차) 사채　　　　　　　　　　100,000,000　　(대) 유동성장기부채　　　　　　100,000,000

2. 12/31 할인발행된 사채 1억원의 만기가 1년 이내로 도래하다.
   단, 해당 사채의 사채할인발행차금잔액은 2,000만원이다.

   (차) 사채　　　　　　　　　　100,000,000　　(대) 유동성장기부채　　　　　　100,000,000
   　　사채할인발행차금　　　　　20,000,000　　　　사채할인발행차금　　　　　 20,000,000
   　　(유동성장기부채(-))　　　　　　　　　　　　 (사채(-))

3. 12/31 할증발행된 사채 1억원의 만기가 1년 이내로 도래하다.
   단, 해당 사채의 사채할증발행차금잔액은 2,000만원이다.

   (차) 사채　　　　　　　　　　100,000,000　　(대) 유동성장기부채　　　　　　100,000,000
   　　사채할증발행차금　　　　　20,000,000　　　　사채할증발행차금　　　　　 20,000,000
   　　(사채(+))　　　　　　　　　　　　　　　　　 (유동성장기부채(+))

사례 49 사채(1)

1. 자료

   20×1.7.1. (주)왕대박은 다음 조건의 사채를 발행하다. 단, (주)왕대박의 회계연도는 매년 1.1.~12.31.이며, 기초재수정분개는 하지 않는다. 또한, 원천징수세율과 특별징수세율은 각각 14%와 10%로 가정한다.

   (1) 만기 : 20×4.6.30.
   (2) 액면금액 : 1,000만원
   (3) 액면이자율 : 10%
   (4) 발행금액 : 1,000만원
   (5) 이자지급조건 : 매년 6.30.에 후급
   (6) 거래원가 : 없음

2. (주)왕대박의 각 시점별 회계처리(단위 : 만원)

   발행금액과 액면금액이 일치하며 거래원가가 발생하지 않았으므로 (주)왕대박은 사채를 액면발행하였다. (주)왕대박의 각 시점별 회계처리를 나타내어 보면 다음과 같다.

제3장 계정과목별 회계처리

일 자	회 계 처 리					
×1.7.1.	(차)	보통예금	1,000	(대)	사채	1,000
×1.12.31.	(차)	이자비용	50	(대)	미지급비용	50[주1]
×2.6.30.	(차)	이자비용	50	(대)	보통예금	84.6
		미지급비용	50[주1]		예수금	15.4[주2]
×2.12.31.	(차)	이자비용	50	(대)	미지급비용	50[주1]
×3.6.30.	(차)	이자비용	50	(대)	보통예금	84.6
		미지급비용	50[주1]		예수금	15.4[주2]
×3.12.31.	(차)	이자비용	50	(대)	미지급비용	50[주1]
	(차)	사채	1,000	(대)	유동성장기부채[주3]	1,000
×4.6.30.	(차)	이자비용	50	(대)	보통예금	84.6
		미지급비용	50[주1]		예수금	15.4[주2]
	(차)	유동성장기부채	1,000	(대)	보통예금	1,000

주1) 직전 이자지급일(매년 6.30.)의 익일로부터 결산일까지의 액면이자 발생분
 = 1,000 × 10% × 6/12 = 50
주2) 액면이자 지급액에 대한 원천징수세액과 특별징수세액 = 100 × 14% × 1.1 = 15.4
주3) 만기가 1년 이내로 도래하므로 비유동부채로 계상되어 있는 사채를 "유동성장기부채"의 계정과목으로 하여 유동부채로 유동성대체 한다.

사례 50 사채(2)

1. 자료

20×1.1.1. (주)왕대박은 다음 조건의 사채를 발행하다. 단, (주)왕대박의 회계연도는 매년 1.1.~12.31.이며, 원천징수세율과 특별징수세율은 각각 14%와 10%로 가정한다.
 (1) 만기 : 20×3.12.31.
 (2) 액면금액 : 1,000만원
 (3) 액면이자율 : 10%
 (4) 발행금액 : 1,000만원
 (5) 이자지급조건 : 매년 말 후급
 (6) 거래원가 : 48만원

2. 각 시점별 회계처리(단위 : 만원)

 (1) 유효이자율 산정

 유효이자율을 R이라고 하면 유효이자율 정의에 따라 다음의 등식이 성립한다.[71] 이때, 사채 발행금액은 1,000이 아니라 거래원가 48을 차감한 952임에 유의한다.

$$1{,}000 - 48 = \frac{100}{(1+R)^1} + \frac{100}{(1+R)^2} + \frac{100+1{,}000}{(1+R)^3}$$

 ∴ R = 12%

즉, (주)왕대박은 동 사채를 액면이자율 10%가 아닌 유효이자율인 연 12%로 발행하게 되는 것이다.

(2) 유효이자율법에 의한 상각표 작성

상기 '(1)'에서 산출된 유효이자율에 따라 사채할인발행차금에 대한 유효이자율법에 의한 상각표를 작성하여 보면 다음과 같다.

일 자	발생이자[주1]	액면이자	사채할인발행차금상각액[주2]	사채 장부금액[주3]
20×1.1.1.				952
20×1.12.31.	114	100	14	966
20×2.12.31.	116	100	16	982
20×3.12.31.	118	100	18	1,000
합 계	348	300	48	

주1) 발생이자 = 기초 사채장부금액 × 유효이자율
주2) 사채할인발행차금 상각액 = 발생이자 - 액면이자
주3) 기말 사채장부금액 = 기초 사채장부금액 + 사채할인발행차금 상각액

(3) 각 시점별 회계처리

유효이자율법에 의한 상각표를 참고하여 (주)왕대박의 각 시점별 사채에 대한 회계처리를 나타내어 보면 다음과 같다.

일자	회계처리				
×1.1.1.	(차) 보통예금 사채할인발행차금 (사채(-))	952 48[주1]	(대)	사채	1,000
×1.12.31.	(차) 이자비용	114	(대)	보통예금 예수금 사채할인발행차금	84.6 15.4[주2] 14
×2.12.31.	(차) 이자비용	116	(대)	보통예금 예수금 사채할인발행차금	84.6 15.4[주2] 16
	(차) 사채 사채할인발행차금[주3] (유동성장기부채(-))	1,000 18	(대)	유동성장기부채[주3] 사채할인발행차금 (사채(-))	1,000 18
×3.12.31.	(차) 이자비용	118	(대)	보통예금 예수금 사채할인발행차금 (유동성장기부채(-))	84.6 15.4[주2] 18
	(차) 유동성장기부채	1,000	(대)	보통예금	1,000

---

71) 실무적으로는 엑셀 등 응용소프트웨어를 이용하여 산출하여야 한다. 이는 제1장 제3절 〈사례 14〉를 참고하기 바란다.

주1) 거래원가로 '사채할인발행차금'의 계정과목으로 하여 사채에서 차감표시한다.
사채할인발행차금은 유효이자율법에 따라 상각되어 이자비용에 가산된다.
주2) 액면이자 지급액에 대한 원천징수세액과 특별징수세액
주3) 만기가 1년 이내로 도래하므로 비유동부채로 계상되어 있는 사채를 "유동성장기부채"의 계정과목으로 하여 유동부채로 유동성대체 한다. 이때, 관련된 사채할인발행차금도 함께 유동성대체함에 유의한다.

⑤ 사채의 상환

사채를 만기 이전에 중도상환할 경우에는 직전 이자지급일의 익일로부터 상환일까지의 발생이자에 대해 이자비용을 인식한 후, 상환에 대해 회계처리 한다. 상환금액과 사채 장부금액과의 차이는 "사채상환손익"의 계정과목으로 하여 당기손익으로 처리한다.

이때, 사채 장부금액에는 직전 이자지급일의 익일로부터 매각일까지의 액면이자 발생분, 즉 미지급비용을 장부금액에 가산하며, 상환되는 사채와 관련된 사채할인발행차금(또는 사채할증발행차금)도 사채 장부금액에 차감(또는 가산)함에 유의한다. 할인 발행된 사채를 중도상환하여 이익이 발생하는 경우의 회계처리를 예시하면 다음과 같다.

구 분	회 계 처 리				
발생이자 인식	(차)	이자비용[주1]	×××	(대) 미지급비용[주2]	×××
				사채할인발행차금 (사채(-))	×××
사채상환 인식	(차)	사채	×××	(대) 보통예금	×××
		미지급비용[주2]	×××	예수금[주3]	×××
				사채할인발행차금 (사채(-))	×××
				사채상환이익[주4]	×××

주1) 직전 이자지급일의 익일로부터 중도상환일까지의 유효이자 발생분을 말한다.
주2) 직전 이자지급일의 익일로부터 중도상환일까지의 액면이자 발생분으로, 상환되는 사채 장부금액에 포함하여 상환손익을 계산한다.
주3) 직전 이자지급일의 익일로부터 중도상환일까지의 액면이자 발생분에 대한 원천징수세액과 특별징수세액을 말한다.
주4) 상환금액이 장부금액보다 큰 경우에는 "사채상환손실"이 발생한다.

분개예제 79

1. 액면 1억원인 사채를 8,000만원에 중도상환하다. 단, 중도상환시 해당 사채의 사채할인발행차금 잔액은 1,000만원이며, 기간경과분 미지급비용은 200만원이다.

(차)	사채	100,000,000	(대)	보통예금	80,000,000
	미지급비용	2,000,000		사채할인발행차금	10,000,000
				(사채(−))	
				사채상환이익	12,000,000

2. 액면 1억원인 사채를 1억2,000만원에 중도상환하다. 단, 중도상환시 해당 사채의 사채할증발행차금잔액은 1,000만원이며, 기간경과분 미지급비용은 200만원이다.

(차)	사채	100,000,000	(대)	보통예금	120,000,000
	사채할증발행차금	10,000,000			
	(사채(+))				
	미지급비용	2,000,000			
	사채상환손실	8,000,000			

사례 51 사채(3)

1. 자료

    20×1.1.1. (주)왕대박은 다음 조건의 사채를 952에 발행하고, 20×3.6.30. 1,000에 상환하다. 단, 원천징수세율과 특별징수세율은 각각 14%와 10%로 가정하며, 상환금액은 법인세 원천징수세액과 법인지방소득세 특별징수세액을 징수하기 전 금액이다.

    (1) 만기 : 20×3.12.31.
    (2) 액면금액 : 1,000만원
    (3) 액면이자율 : 10%
    (4) 이자지급조건 : 매년 말 후급

2. 유효이자율 및 유효이자율법에 의한 상각표(단위 : 만원)

    〈사례 50〉과 자료가 동일하므로 유효이자율은 12%이며, 유효이자율법에 의한 상각표는 다음과 같다.

일 자	발생이자	액면이자	사채할인발행차금상각액	사채장부금액
20×1.1.1.				952
20×1.12.31.	114	100	14	966
20×2.12.31.	116	100	16	982
20×3.12.31.	118	100	18	1,000
합 계	348	300	48	

3. 각 시점별 회계처리(단위 : 만원)

   (1) 20×2.12.31.까지 회계처리

   〈사례 50〉과 동일

   (2) 상환시점 회계처리

일 자	회계처리				
×3. 6.30.	(차)	이자비용	59[주1]	(대)	미지급비용 50[주2] 사채할인발행차금 9 (유동성장기부채(-))
	(차)	유동성장기부채 1,000[주3] 미지급비용 50[주2]		(대)	보통예금 992.3[주6] 예수금 7.7[주5] 사채할인발행차금 9[주4] (유동성장기부채(-)) 사채상환이익 41

주1) 유효이자 발생분 = 118 × 6/12 = 59
주2) 액면이자 발생분 = 100 × 6/12 = 50
   해당 미지급비용은 상환되는 사채 장부금액에 가산된다.
주3) 상환되는 사채의 액면금액
주4) 상환되는 사채 관련 사채할인발행차금 잔액 = 48 - (14 + 16 + 9) = 9
주5) 액면이자 발생분에 대한 원천징수세액과 특별징수세액 = 50 × 14% × 1.1 = 7.7
주6) 사채 상환금액 = 1,000 - 7.7(원천징수세액과 특별징수세액) = 992.3

5. 외화표시 자산 및 부채의 환율변동효과[72]

외화표시 자산 및 부채를 보유하고 있는 경우에는 원화표시 자산 및 부채와 달리 원화로 환산하여야 하는 문제가 발생하게 된다. 또한, 환율변동에 따라 외화표시 자산 및 부채의 장부금액 또는 회수(상환)금액이 변동되게 되는데 이에 대한 회계처리를 살펴보기로 한다.

(1) 최초 인식

외화표시 자산 및 부채가 발생한 경우에는 해당 외화자산을 취득하거나 해당 외화부채를 부담한 거래 당시의 외화와 원화 사이의 현물환율[73](이를 '역사적 환율'이라 한다)을 적용하여 환산한 원화금액으로 해당 외화자산 및 부채를 인식한다.

이때, 보다 효율적인 관리 및 회계처리를 위해 외화표시 자산 및 부채를 원화표시 자산 및 부채와 구별하기 위해 계정과목 앞에 "외화"를 기표하는 것도 좋은 방법이다. 예를 들어 원화표시 외상매출금은 "외상매출금"의 계정과목을 사용하되 외화표시 외상매출금은 "외화외상매출금"의 계정과목을 사용하여 원화표시 "외상매출금"과 구별하여 관리하면 이후 결산(환산)시점이나 회수(또는 상환)시점에서의 회계처리가 보다 간편해 질 수 있다.

> **KEY POINT**
>
> **거래일과 역사적환율**
> 1. '거래일'은 한국채택국제회계기준에 따라 거래의 인식요건을 최초로 충족하는 날을 말한다.
> 2. '역사적환율'로서 실무적으로는 거래일의 실제 환율이 아닌 일주일이나 한 달 동안 발생하는 모든 외화거래에 대하여 해당기간의 평균환율을 사용할 수도 있다. 그러나, 환율이 유의적으로 변동된 경우 해당기간의 평균환율을 사용하는 것은 부적절하다.

---

[72] 기능통화(영업활동이 이루어지는 주된 경제 환경의 통화)와 표시통화(재무제표를 표시할 때 사용하는 통화)가 모두 원화인 기업을 가정한 것이다. 만약, 어느 하나가 원화가 아닌 경우의 회계처리에 대해서는 다른 회계서적을 참고하기 바란다. 참고로 기능통화를 결정할 때에는 다음 사항을 고려한다.
1. 재화와 용역의 공급가격에 주로 영향을 미치는 통화(흔히 재화와 용역의 공급가격을 표시하고 결제하는 통화)
2. 재화와 용역의 공급가격을 주로 결정하는 경쟁요인과 법규가 있는 국가의 통화
3. 재화를 공급하거나 용역을 제공하는 데 드는 노무원가, 재료원가와 그 밖의 원가에 주로 영향을 미치는 통화 (흔히 이러한 원가를 표시하고 결제하는 통화)

[73] '현물환율'이란 즉시 인도가 이루어지는 거래에서 사용하는 환율을 말한다.

(2) 후속 보고기간말의 보고

① 환산방법

한국채택국제회계기준에서는 매 결산시점에 다음과 같은 방법으로 외화 자산 및 부채를 환산하도록 하고 있다.

구 분		결산시점 환산방법
화폐성 외화 자산 및 부채		결산시점 현물환율(마감환율)로 환산
비화폐성 외화 자산 및 부채	역사적원가로 측정하는 항목	거래일의 환율로 환산
	공정가치로 측정하는 항목	공정가치가 결정된 날의 환율로 환산

만약, 둘 이상의 금액을 비교하여 장부금액이 결정되는 비화폐성 외화항목은 다음의 두 가지를 비교하여 장부금액을 결정한다.

㉠ 그 금액이 결정된 날의 환율, 즉 역사적원가로 측정한 항목의 경우 거래일의 환율로 적절하게 환산한 취득원가나 장부금액

㉡ 그 가치가 결정된 날, 즉 보고기간말의 마감환율로 적절하게 환산한 순실현가능가치나 회수가능액

② 화폐성·비화폐성항목 구분

"화폐성항목"이란 보유하는 화폐단위들과 확정되었거나 결정가능한 화폐단위 수량으로 회수하거나 지급하는 자산 및 부채를 말한다. 따라서, "화폐성항목"은 물가지수 변동에 따라 구매력손익이 발생하게 되나, "비화폐성항목"은 구매력에 변동이 없어 구매력손익이 발생하지 않게 된다.[74] 재무상태표상 자산 및 부채의 계정과목을 화폐성항목과 비화폐성항목으로 구분하여 예시하여 보면 다음과 같다.

---

[74] '구매력(화폐가치)'이란 일정액의 화폐액으로 구입할 수 있는 재화나 용역의 양을 의미한다. 이러한 구매력은 물가지수와 역의 관계에 있어 물가지수가 상승하면 구매력은 감소하고, 물가지수가 하락하면 구매력은 증가하게 된다.

제9절 _ 기타 자산 및 부채

구분	화폐성	비화폐성
자 산	① 현금, 보통예금, 당좌예금 ② 정기예금, 정기적금 ③ 외상매출금, 받을어음 ④ 대여금, 미수금 ⑤ FVOCI금융자산(주식제외) ⑥ AC금융자산	① 상품 등 재고자산 ② 선급금 ③ 선급비용 ④ FVPL금융자산(주식, 채권 모두) ⑤ FVOCI금융자산(주식만) ⑥ 유형자산 ⑦ 무형자산 ⑧ 투자부동산
부 채	① 외상매입금, 지급어음 ② 차입금, 미지급금 ③ 사채(일반사채)	① 선수금 ② 선수수익

사례 52 화폐성과 비화폐성

1. 자료
   (1) (주)대박은 현금 10,000을 보유하고 있다.
   (2) (주)왕대박은 토지 100m^2(m^{2}당 시가 100)을 보유하고 있다.

2. 토지 시가가 1년 후 m^{2}당 200으로 상승한 경우
   (1) (주)대박

   1년 후 토지 시가가 2배로 상승함에 따라 (주)대박은 1년 전에 비해 토지를 절반만 구입할 수 있게 되므로, 현금을 보유함에 따라 구매력 손실이 발생하게 된다.

   (2) (주)왕대박

   (주)왕대박은 토지 시가 상승과 관계없이 ① 토지를 계속 보유하고 있거나 또는 ② 보유 토지를 매각한 후 다시 매입하더라도 보유할 수 있는 토지 면적에 변함이 없으므로 구매력 손익이 전혀 발생하지 않는다.

3. 토지 시가가 1년 후 m^{2}당 50으로 하락한 경우
   (1) (주)대박

   1년 후 토지 시가가 절반으로 하락함에 따라 (주)대박은 1년 전에 비해 토지 2배를 구입할 수 있게 되므로, 현금을 보유함에 따라 구매력 이익이 발생하게 된다.

   (2) (주)왕대박

   (주)왕대박은 토지 시가 하락과 관계없이 ① 토지를 계속 보유하고 있거나 또는 ② 보유 토지를 매각한 후 다시 매입하더라도 보유할 수 있는 토지 면적에 변함이 없으므로 구매력 손익이 전혀 발생하지 않는다.

4. 화폐성과 비화폐성 구분

   상기 '2.'와 '3.'의 결과에서 볼 수 있듯이 현금을 보유하면 구매력 손익이 발생하는 반면, 토지를 보유하면 구매력 손익이 발생하지 않는다. 따라서, 현금은 "화폐성"인 반면, 토지는 "비화폐성"이 된다.

③ 환산에 따라 발생된 환율변동효과의 회계처리

상기 '①'에 따라 발생한 환율변동효과는 다음과 같이 회계처리 한다.

구 분		환율변동효과 회계처리방법
화폐성 외화 자산 및 부채		당기손익 처리
비화폐성 외화 자산 및 부채	발생 손익을 당기손익 처리하는 경우	당기손익 처리
	발생 손익을 기타포괄손익 처리하는 경우	기타포괄손익 처리

즉 비화폐성항목의 환율변동효과는 별도로 처리하지 않고 관련 손익에 포함하여 회계처리하면 된다. 반면, 화폐성항목의 환율변동효과는 "외화환산손익"의 계정과목으로 하여 당기손익(기타손익 등) 처리한다.

분개예제 80

1. 12/31 외화외상매출금 $1,000의 환산전 장부금액은 100만원이다. 결산시점 마감환율은 ₩1,100/$이다.

   (차) 외화외상매출금　　　　100,000　　(대) 외화환산이익　　　　100,000

2. 12/31 외화외상매출금 $1,000의 환산전 장부금액은 120만원이다. 결산시점 마감환율은 ₩1,100/$이다.

   (차) 외화환산손실　　　　100,000　　(대) 외화외상매출금　　　　100,000

3. 12/31 외화외상매입금 $1,000의 환산전 장부금액은 100만원이다. 결산시점 마감환율은 ₩1,100/$이다.

   (차) 외화환산손실　　　　100,000　　(대) 외화외상매입금　　　　100,000

4. 12/31 외화외상매입금 $1,000의 환산전 장부금액은 120만원이다. 결산시점 마감환율은 ₩1,100/$이다.

   (차) 외화외상매입금　　　　100,000　　(대) 외화환산이익　　　　100,000

제9절 _ 기타 자산 및 부채

사례 53 외환차이(1)

1. 자료
   (1) 20×1년 중 주식을 $10에 취득하다.
       단, 거래일의 현물환율은 ₩1,000/$이며, 공정가치변동을 당기손익으로 처리한다.
   (2) 결산시점 해당 주식의 공정가치는 $12이며, 마감환율은 ₩1,100/$이다.

2. 외환차이와 평가차이
   (1) 외환차이(환율차이) = $10 × (₩1,100/$ − ₩1,000/$) = ₩1,000
   (2) 평가차이 = ($12 − $10) × ₩1,100/$ = ₩2,200

3. 결산시점 회계처리
   주식은 비화폐성항목이며 발생손익을 당기손익으로 처리하므로 외환차이와 평가차이 모두 당기손익으로 회계처리한다.

   (차) FVPL금융자산   3,200   (대) FVPL금융자산평가이익   3,200

사례 54 외환차이(2)

1. 자료
   (1) 20×1년 중 주식을 $10에 취득하다. 단, 거래일의 현물환율은 ₩1,000/$이며, 공정가치변동을 기타포괄손익으로 처리한다.
   (2) 결산시점 해당 주식의 공정가치는 $12이며, 마감환율은 ₩1,100/$이다.

2. 외환차이와 평가차이
   (1) 외환차이 = $10 × (₩1,100/$ − ₩1,000/$) = ₩1,000
   (2) 평가차이 = ($12 − $10) × ₩1,100/$ = ₩2,200

3. 결산시점 회계처리
   주식은 비화폐성항목이며 발생손익을 기타포괄손익으로 처리하므로 외환차이와 평가차이 모두 기타포괄손익으로 회계처리한다.

   (차) FVOCI금융자산   3,200   (대) FVOCI금융자산평가이익   3,200

사례 55 외환차이(3)

1. 자료
    (1) 20×1.1.1. 계약상 현금흐름 수취 목적으로 채권을 $952에 취득하다.
        단, 거래일의 현물환율은 ₩1,000/$이며, 상각후원가로 측정한다.
    (2) 20×1.12.31. 해당 채권에 대해 액면이자 $100을 수취하다.
    (3) 20×1.12.31. 상각후원가는 $966이며, 마감환율은 ₩1,100/$이다.
        단, 기간수익인 이자수익은 평균환율로 인식하며, 20×1년의 평균환율은 ₩1,070/$이다.

2. 각 시점별 회계처리
    AC금융자산은 화폐성항목이므로 외환차이를 당기손익으로 회계처리한다.
    각 시점별 회계처리를 예시하면 다음과 같다.

일자	회계처리				
×1.1.1.	(차)	AC금융자산	952,000[주1]	(대) 보통예금	952,000
×1.12.31.	(차)	보통예금	110,000[주2]	(대) 이자수익	121,980[주4]
		AC금융자산	110,600[주3]	외화환산이익	98,620[주5]

주1) $952 × ₩1,000/$ = ₩952,000
주2) $100 × ₩1,100/$ = ₩110,000
주3) $966×₩1,100/$ - $952 × ₩1,000/$ = ₩110,600
주4) ($100+$966-$952) × ₩1,070/$ = ₩121,980
주5) 대차차액

사례 56 외환차이(4)

1. 자료
    (1) 당기 중 상품을 $100에 취득하다. 단, 거래일의 현물환율은 ₩1,000/$이다.
    (2) 12.31. 상품의 순실현가능가치는 $95이다.

2. 12.31. 마감환율이 ₩1,010/$인 경우
    상품은 둘 이상의 금액을 비교하여 장부금액이 결정되는 비화폐성 외화항목이므로 재무상태표에 계상되는 기말장부금액은 다음 중 적은 금액으로 결정된다.
    ① 역사적환율에 의한 장부금액 = $100 × ₩1,000/$ = ₩100,000
    ② 보고기간말의 마감환율에 의한 순실현가능가치 = $95×₩1,010/$ = ₩95,950
    따라서, 기말 재무상태표상 계상되는 장부금액은 95,950원이며, 최초 인식금액과의 차액 4,050원은 저가법 평가손실에 해당되는바, 다음과 같이 회계처리 한다.

    (차) 매출원가　　　　　　　4,050　　(대) 평가충당금　　　　4,050
    　　　　　　　　　　　　　　　　　　　　(상품(-))

3. 12.31. 마감환율이 ₩1,060/$인 경우

상품은 둘 이상의 금액을 비교하여 장부금액이 결정되는 비화폐성 외화항목이므로 재무상태표에 계상되는 기말장부금액은 다음 중 적은 금액으로 결정된다.
① 역사적환율에 의한 장부금액=$100 × ₩1,000/$ = ₩100,000
② 보고기간말의 마감환율에 의한 순실현가능가치 = $95 × ₩1,060/$ = ₩100,700
따라서, 기말 재무상태표상 계상되는 장부금액은 100,0000원이며, 외화로는 평가손실이 발생하였으나 원화로는 평가손실이 발생하지 않았으므로 저가법 평가손실 해당금액은 없다.

(3) 결제시점 외환차이

화폐성항목의 결제시점에서 발생하는 외환차이는 "외환차손익"의 계정과목으로 하여 당기손익(기타손익 등)으로 인식한다.

분개예제 81

1. 외화대여금 $1,000를 회수하다. 단, 외화대여금 장부금액은 100만원이며, 회수시점 환율은 ₩1,100/$이다.

   (차) 보통예금　　　　　　　1,100,000　　(대) 외화대여금　　　　　　1,000,000
   　　　　　　　　　　　　　　　　　　　　　　　외환차익　　　　　　　　100,000

2. 외화미수금 $1,000를 회수하다. 단, 외화미수금 장부금액은 120만원이며, 회수시점 환율은 ₩1,100/$이다.

   (차) 보통예금　　　　　　　1,100,000　　(대) 외화미수금　　　　　　1,200,000
   　　　외환차손　　　　　　　　100,000

3. 외화차입금 $1,000를 상환하다. 단, 외화차입금 장부금액은 120만원이며, 상환시점 환율은 ₩1,100/$이다.

   (차) 외화차입금　　　　　　1,200,000　　(대) 보통예금　　　　　　　1,100,000
   　　　　　　　　　　　　　　　　　　　　　　　외환차익　　　　　　　　100,000

4. 외화외상매입금 $1,000를 상환하다. 단, 외화외상매입금 장부금액은 100만원이며, 상환시점 환율은 ₩1,100/$이다.

(차) 외화외상매입금	1,000,000	(대) 보통예금	1,100,000
외환차손	100,000		

사례 57 외환차이(5) - 〈사례 53〉 연속

1. 자료

   20×2년 중 $13에 주식(FVPL금융자산)을 매각하다.
   단, 매각일의 거래환율은 ₩1,050/$이며, 이외 자료는 〈사례 53〉과 동일하다.

2. 매각시점 회계처리

(차) 보통예금	13,650	(대) FVPL금융자산	13,200
		FVPL금융자산처분이익	450

사례 58 외환차이(6) - 〈사례 54〉 연속

1. 자료

   20×2년 중 $13에 주식(FVOCI금융자산)을 매각하다.
   단, 매각일의 거래환율은 ₩1,050/$이며, 이외 자료는 〈사례 54〉와 동일하다.

2. 매각시점 회계처리

(차) 보통예금	13,650	(대) FVOCI금융자산	13,200
		FVOCI금융자산평가이익	450

사례 59 외화자산(1)

1. 자료

   (1) 상품을 $1,000에 수출하다. 단, 판매대금은 선적후 2개월이 되는 날 지급받기로 하다.
   (2) 각 일자별 환율은 다음과 같다.

구 분	선적일(20×1. 12. 15.)	결산일(20×1. 12. 31.)	결제일(20×2. 2. 15.)
환율(W/$)	1,100	1,200	1,300

2. 각 시점별 회계처리

(1) 선적일(20×1. 12. 15.)

상품을 인도하였으므로 수익(매출)을 인식한다. 다만, 수출과 관련하여 발생한 외상매출금은 외화표시 자산이므로 "외화외상매출금"의 계정과목으로 하여 매출채권으로 분류한다. 회계처리는 다음과 같다.

(차) 외화외상매출금   1,100,000   (대) 매   출   1,100,000

(2) 결산일(20×1. 12. 31.)

외화표시 외상매출금은 화폐성 자산이므로 결산일의 환율로 환산한다. 선적일에 비하여 환율이 1$당 ₩100 상승하였으므로 환산이익 100,000원이 발생한다. 회계처리는 다음과 같다.

(차) 외화외상매출금   100,000   (대) 외화환산이익   100,000

상기 환산으로 인해 외화외상매출금 잔액은 120만원이 된다.

(3) 결제일(20×2. 2. 15.)

수출대금을 회수하는 결제일의 환율이 결산일에 비해 1$당 ₩100 상승하였으므로 회수금액이 장부금액보다 100,000원 크다. 따라서, 해당 차액을 '외환차익'으로 하여 기타수익 처리한다. 회계처리는 다음과 같다.

(차) 보통예금   1,300,000   (대) 외화외상매출금   1,200,000
                                              외환차익   100,000

사례 60 외화자산(2)

1. 자료

(1) 20×1년 중 한국(주)는 USA(주)에게 다음과 같이 상품을 수출하였다.

일자	수출대금	환율(₩/$)
3.1.	$1,000	1,000
5.1.	$2,000	1,100
9.1.	$2,500	1,050

(2) 상기 (1)의 수출대금 중 7.1.에 $2,000을 회수하였으며, 거래환율은 ₩1,080/$이다.

(3) 12.31. 마감환율은 ₩1,090/$이며, 한국(주)는 선입선출법을 적용하여 환율변동효과를 측정한다.

2. 각 시점별 회계처리

일자	회계처리				
×1.3.1.	(차) 외화외상매출금	1,000,000[주1]	(대) 수출매출	1,000,000
×1.5.1.	(차) 외화외상매출금	2,200,000[주2]	(대) 수출매출	2,200,000
×1.7.1.	(차) 보통예금	2,160,000[주3]	(대) 외화외상매출금 외환차익	2,100,000[주4] 60,000[주5]
×1.9.1.	(차) 외화외상매출금	2,625,000[주6]	(대) 수출매출	2,625,000
×1.12.31.	(차) 외화외상매출금	90,000[주7]	(대) 외화환산이익	90,000

주1) $1,000 × ₩1,000/$ = ₩1,000,000
주2) $2,000 × ₩1,100/$ = ₩2,200,000
주3) $2,000 × ₩1,080/$ = ₩2,160,000
주4) 선입선출법을 적용하여 환율변동효과를 측정하므로, 회수된 $2,000은 3.1. 수출분 $1,000와 5.1. 수출분 $1,000를 회수한 것이다. ∴ $1,000 × ₩1,000/$ + $1,000 × ₩1,100/$ = ₩2,100,000
주5) 대차차액
주6) $2,500 × ₩1,050/$ = ₩2,625,000
주7) 환산으로 인한 외환차이 = $3,500 × ₩1,090/$ − ($1,000 × ₩1,100/$ + $2,500 × ₩1,050/$) = ₩90,000

사례 61 외화부채

1. 자료

(1) 20×1.12.1. $1,000를 만기 1년, 연 이자율 9%로 차입하다.
(2) 각 일자별 환율은 다음과 같다.

구 분	차입일 (20×1.12.1.)	차입일~결산일 평균환율	결산일 (20×1.12.31.)	1.1.~상환일 평균환율	상환일 (20×2.11.30.)
환율(₩/$)	1,100	1,200	1,300	1,250	1,200

(3) 기초재수정분개는 하지 않으며, 기간 이자비용은 평균환율로 인식한다.

2. 각 시점별 회계처리

(1) **차입일(20×1. 12. 1.)**

외화표시 차입금이 발생한 바, "외화단기차입금"의 계정과목으로 하여 금융부채로 분류한다. 회계처리는 다음과 같다.

(차) 보통예금　　　　　1,100,000　　(대) 외화단기차입금　　1,100,000

(2) 결산일(20×1. 12. 31.)

① 발생이자 인식
발생주의에 따라 차입일로부터 결산일까지 기간경과분 액면이자를 이자비용과 미지급비용으로 인식한다. 회계처리는 다음과 같다.

(차) 이자비용[주2]	9,000	(대) 미지급비용[주1]	9,750
외화환산손실[주3]	750		

주1) 미지급비용 = $1,000 × 9% × 1/12 × ₩1,300/$(마감환율) = ₩9,750
주2) 이자비용 = $1,000 × 9% × 1/12 × ₩1,200/$(평균환율) = ₩9,000
주3) 대차차액

② 외화부채의 환산
외화표시 차입금은 화폐성 부채이므로 결산일의 환율로 환산한다. 차입일에 비하여 환율이 1$당 ₩200 상승하였으므로 환산손실 200,000원이 발생하며, 외화차입금 잔액은 130만원이 된다. 회계처리는 다음과 같다.

(차) 외화환산손실	200,000	(대) 외화단기차입금	200,000

(3) 상환일(20×2. 11. 30.)

① 액면이자 지급
만기에는 액면이자를 지급하게 되는데 그 회계처리는 다음과 같다.

(차) 이자비용[주2]	103,125	(대) 보통예금[주1]	108,000
미지급비용[주3]	9,750	외환차익[주4]	4,875

주1) 액면이자 지급액 = $1,000 × 9% × ₩1,200/$(마감환율) = ₩108,000
주2) 이자비용 = $1,000 × 9% × 11/12 × ₩1,250/$(평균환율) = ₩103,125
주3) 전기에 인식한 기간경과분 액면이자
주4) 대차차액

② 원금상환
차입금을 지급하는 상환일의 환율이 결산일에 비해 1$당 ₩100 하락하였으므로 상환금액이 장부금액보다 100,000원 작다. 따라서, 해당 차액을 '외환차익'으로 하여 기타수익 처리한다. 회계처리는 다음과 같다.

(차) 외화단기차입금	1,300,000	(대) 보통예금	1,200,000
		외환차익	100,000

제 10 절

법 인 세

이 절에서는 법인세 회계처리 중 다음에 대해 살펴보기로 한다.
① 원천징수당한 법인세 등의 회계처리
② 중간예납한 법인세 회계처리
③ 각사업연도소득에 대한 법인세 회계처리
④ 전기 이전분 법인세 추가 납부·환급 회계처리
⑤ 이연법인세 회계처리

1. 원천징수당한 법인세 등

(1) 의 의

법인세법에서는 내국법인에게 이자를 지급할 때 그 지급하는 자가 법 소정의 세율로 법인세와 법인지방소득세를 미리 징수하여 국가 등에 대신 납부하도록 하고 있다. 이를 "원천징수"와 "특별징수"라 하며, 해당 세액을 각각 "원천징수세액"과 "특별징수세액"이라고 한다.

(2) 회계처리

수입이자에 대하여 원천징수와 특별징수를 통해 법인세와 법인지방소득세를 미리 납부한 경우에는 다음과 같이 회계처리 한다.

(차) 보통예금	×××	(대) 이자수익	×××
선급법인세	×××		
(기타채권)			

이때, 원천징수세액과 특별징수세액을 자산으로 처리하는 이유는 해당 세액을 부담한 기업은 해당 연도 법인세와 법인지방소득세를 미리 납부한 것이 되어, 이후 법인세와 법인지방소득세 납부시점에서 해당 금액을 차감한 세액을 납부하기 때문이다.

2. 중간예납한 법인세

(1) 의 의

법인세법에서는 내국법인의 사업연도가 6월을 초과할 경우 해당 사업연도 개시일로부터 6월간을 중간예납기간으로 하여 해당 기간에 대한 법인세를 미리 국가에 납부하도록 하고 있다. 이를 "중간예납"이라 하며, 중간예납을 통해 부담한 법인세를 "중간예납세액"이라고 한다.

(2) 회계처리

중간예납을 통해 법인세를 미리 납부한 경우에는 다음과 같이 회계처리 한다.

(차) 선급법인세	×××	(대) 보통예금	×××
(기타채권)			

이때, 중간예납세액을 자산으로 처리하는 이유는 원천징수와 마찬가지로 중간예납에 따라 법인세를 부담하게 될 경우 해당 기업은 해당 연도 법인세를 미리 납부한 것이 되어, 이후 법인세 납부시점에서 해당 금액을 차감한 세액을 납부하기 때문이다.

분개예제 82

1. 이자 1,000만원에 대해 154만원을 원천징수(특별징수 포함)당하고 잔액을 지급받다.

   (차) 보통예금   8,460,000   (대) 이자수익   10,000,000
       선급법인세   1,540,000

2. 법인세 중간예납세액으로 2,000만원을 납부하다.

   (차) 선급법인세   20,000,000   (대) 보통예금   20,000,000

3. 각사업연도소득에 대한 법인세

(1) 의 의

결산시점에서는 법인세법에 따라 해당 사업연도 소득금액에 대해 부담할 법인세(법인세에 부가되는 세액 포함)를 산출하는데, 이렇게 산출된 법인세를 "각사업연도소득에 대한 법인세"라 한다.

각사업연도소득에 대한 법인세는 사업연도 종료일로부터 3월 이내에 신고·납부한다. 예를 들어 12월말 법인의 경우 2020 사업연도에 대한 각사업연도소득에 대한 법인세는 2021년 3월말까지 신고·납부하면 된다. 이때, 각사업연도소득에 대한 법인세에 부가되는 농어촌특별세(농어촌특별세가 과세되는 조세특례제한법상 공제·감면세액의 20%)는 법인세와 같이 신고·납부하며, 법인지방소득세는 사업연도 종료일로부터 4월 이내에 각 사업장 소재지 지방자치단체별로 신고·납부한다.

> **KEY POINT**
>
> **각사업연도소득과 법인세비용 차감전 순이익**
>
> 법인세법상 각사업연도소득에 대한 법인세는 "소득"이 산출되어야 하며, 법인세법상 "소득"은 기업회계상 법인세비용을 차감하기 전 "세전이익"으로부터 산출된다. 이는 법인세비용을 차감한 후의 "세후이익"에서 법인세법상 "소득"을 산출한다면 순환논리가 발생하여 "법인세비용"을 계산할 수 없기 때문이다. 즉 법인세법상 "각사업연도 소득"은 포괄손익계산서상 "법인세비용 차감 전 순이익"으로부터 "세무조정"으로 산출된다.

(2) 회계처리

① 결산시점

결산시점에서는 각사업연도 소득에 대한 법인세를 산출하여 다음과 같이 회계처리 한다. 이때, 법인세에 부가되는 세액(농어촌특별세 및 법인지방소득세)은 법인세비용에 포함하여 회계처리 하여야 함에 유의한다.

구 분	회계처리					
법인세비용 〉 선급법인세	(차)	법인세비용	×××	(대)	선급법인세 미지급법인세 (당기법인세관련부채)	××× ×××
법인세비용 〈 선급법인세	(차)	법인세비용 미수법인세환급액^{주)} (당기법인세관련자산)	××× ×××	(대)	선급법인세	×××

주) 결손금 소급공제에 따라 전기 이전 법인세부담액을 환급받는 경우 해당 금액 또한 미수법인세환급액으로 처리한다.

② 법인세(농어촌특별세, 법인지방소득세) 신고·납부시점

결산시점에 계상한 미지급법인세를 납부하므로 다음과 같이 회계처리 한다.

(차) 미지급법인세　　　　　×××　　(대) 보통예금　　　　　×××

③ 법인세(농어촌특별세, 법인지방소득세) 환급시점

결산시점에 계상한 미수법인세환급액이 환급되므로 다음과 같이 회계처리 한다.

(차) 보통예금　　　　　×××　　(대) 미수법인세환급액　　　　　×××

분개예제 83

1. 12/31 당기분 법인세는 1억원이다. 단, 선급법인세 잔액은 4,000만원이다.

　　(차) 법인세비용　　　100,000,000　　(대) 선급법인세　　　40,000,000
　　　　　　　　　　　　　　　　　　　　　　　　미지급법인세　　60,000,000

2. 상기 '1.'의 미지급법인세를 납부하다.

　　(차) 미지급법인세　　　60,000,000　　(대) 보통예금　　　60,000,000

3. 12/31 당기분 법인세는 3,000만원이다. 단, 선급법인세 잔액은 4,000만원이다.

(차)	법인세비용	30,000,000	(대)	선급법인세	40,000,000
	미수법인세환급액	10,000,000			

4. 상기 '3.'의 미수법인세환급액이 환급되다.

| (차) | 보통예금 | 10,000,000 | (대) | 미수법인세환급액 | 10,000,000 |

5. 12/31 당기 발생 결손금을 소급공제 받기로 하여 전기 법인세부담액 1,000만원을 환급받게 되다.

| (차) | 미수법인세환급액 | 10,000,000 | (대) | 법인세비용 | 10,000,000 |

KEY POINT

결손금의 이월공제 또는 소급공제

법인세법상 소득금액이 음수인 경우 이를 "결손금"이라 한다. 이러한 결손금은 과세형평을 고려하여 다음과 같이 소급공제 또는 이월공제 받을 수 있다.

1. 소급공제

   조세특례제한법에 따른 중소기업이 법 소정요건을 충족하는 경우 발생한 연도 직전 사업연도에 발생한 것으로 보아 이미 납부한 전기 법인세부담액을 환급받을 수 있는데, 이를 "결손금의 소급공제"라 한다. 결손금 소급공제로 인해 환급되는 전기 법인세부담액은 "미수법인세환급액"의 계정과목으로 하여 자산으로 인식한다.

2. 이월공제

   소급공제된 결손금을 제외한 결손금은 발생한 연도로부터 향후 법정기간동안 이월하여 각 사업연도에서 발생하는 소득금액에서 공제하는바, 이를 "결손금의 이월공제"라 하며 이월하여 공제가능한 결손금을 "이월결손금"이라 한다. 만약 기업에 이월결손금이 있고 미래에 공제될 가능성이 높은 경우 미래에 납부하게 될 법인세가 경감되므로 이연법인세자산이 있게 된다. 이에 대해서는 아래 '5. 이연법인세'에서 살펴보기로 한다.

4. 전기 이전분 법인세 추가 납부·환급

(1) 의 의

기업이 경영활동을 하다 보면 여러 사유로 전기 이전 사업연도 해당분 법인세 등을 가산세를 포함하여 추가 징수당하기도 하고, 또는 과다 납부한 법인세 등을 국세환급가산금과 함께 돌려 받기도 한다.

예를 들어 세무조사 등을 통해 법인세를 과소 신고한 것이 적출되어 법인세를 추가 납부하게 되거나, 회사 스스로 법인세를 과다 신고한 것을 알게 되어 경정청구를 통해 돌려 받을 수 있다. 또한 기업회계상 각사업연도소득에 대한 법인세를 법인세비용으로 계상하는 시점은 결산시점인 반면, 해당 법인세를 신고·납부하는 시점은 이로부터 3개월 후이므로 법인세를 신고·납부하는 시점에서 결산시점에서 계상한 법인세와 다른 금액으로 신고·납부되는 경우가 있게 된다.

상기와 같은 사유로 당기에 추가로 부담하는 전기 이전분 법인세는 "법인세추납액"이라 하며, 반대로 환급받거나 과소 납부하는 전기 이전분 법인세는 "법인세환급액"이라 한다.

(2) 회계처리

법인세추납액과 법인세환급액은 다음과 같이 당기 법인세비용으로 처리한다.

구 분	회계처리					
법인세 추납액	(차)	법인세비용	×××	(대)	보통예금	×××
법인세환급액	(차)	보통예금	×××	(대)	법인세비용	×××

분개예제 84

1. 세무조사로 2016년분 법인세 1억원(가산세 포함)을 추가납부하다.

    (차) 법인세비용   100,000,000   (대) 보통예금   100,000,000

2. 수정신고로 2016년분 법인세 6,000만원(가산세 포함)을 추가납부하다.

    (차) 법인세비용   60,000,000   (대) 보통예금   60,000,000

3. 경정청구로 2016년분 법인세 5,000만원(환급가산금 포함)을 환급받다.

    (차) 보통예금   50,000,000   (대) 법인세비용   50,000,000

사례 62) 법인세

1. 자료

다음은 결산일이 매년 12.31.인 (주)대박의 20×1 사업연도 법인세 관련 내역이다.
(1) 이자수익 3,000에 대한 원천징수세액과 특별징수세액 462를 부담하다.
(2) 중간예납세액 1,000을 납부하다.
(3) 12.31. 각사업연도소득에 대한 법인세가 다음과 같이 결정되다.
단, 농어촌특별세 세율은 20%이며, 법인지방소득세액은 법인세의 10%라 가정한다.

내 역	금 액
산출세액	3,500
공제·감면세액(농어촌특별세 과세)	300
공제·감면세액(농어촌특별세 비과세)	200
결정세액	3,000

2. 20×1년도 각 시점별 회계처리

원천징수 (특별징수)	(차)	보통예금 선급법인세	2,538 462	(대)	이자수익	3,000
중간예납	(차)	선급법인세	1,000	(대)	보통예금	1,000
12.31.	(차)	법인세비용	3,360[주1]	(대)	선급법인세 미지급법인세	1,462 1,898

주1) 법인세 결정세액 3,000 + 농어촌특별세 60 + 법인지방소득세 300

3. 20×2년 중 20×1년 법인세 신고·납부시점 회계처리

법인세 (농어촌특별세) 신고납부	(차)	미지급법인세	1,640[주2]	(대)	보통예금	1,640
지방소득세 신고납부	(차)	미지급법인세	258[주3]	(대)	보통예금	258

주2) 법인세 결정세액 3,000 + 농어촌특별세 60 - 법인세 기납부세액 1,420
주3) 법인지방소득세 결정세액 300 - 법인지방소득세 기납부세액 42

사례 63) 법인세추납액과 법인세환급액

1. 자료

다음 자료를 제외하고는 〈사례 62〉와 동일하다.
(상황 1) 법인세 신고·납부시점에서 각사업연도소득에 대한 법인세가 3,600으로 결정되다.
(상황 2) 법인세 신고·납부시점에서 각사업연도소득에 대한 법인세가 2,800으로 결정되다.

2. 신고·납부시점 회계처리
   (1) 상황 1
   법인세 신고·납부시점에서 법인세 결정세액이 결산시점보다 600 증가된바 해당 금액만큼 법인세로 추가 납부하여야 하며, 법인세 결정세액 증가로 인한 법인지방소득세 증가분 60도 추가 납부하여야 한다. 이러한 전기 이전분 법인세추납액은 "법인세비용"의 계정과목으로 처리한다. 신고·납부시점 회계처리를 나타내어 보면 다음과 같다.

법인세 (농어촌특별세) 신고납부	(차)	미지급법인세 법인세비용	1,640 600^{주1)}	(대)	보통예금	2,240
지방소득세 신고납부	(차)	미지급법인세 법인세비용	300 60^{주2)}	(대)	보통예금	360

주1) 법인세 결정세액 증가로 인한 추가 납부액
주2) 법인세 결정세액 증가로 인한 법인지방소득세 추가 납부액

   (2) 상황 2
   법인세 신고·납부시점에서 법인세 결정세액이 결산시점보다 200 감소된바 해당 금액만큼 법인세를 과소 납부하며, 법인세 결정세액 감소로 인한 법인지방소득세 감소분 20도 과소납부하게 된다. 이러한 전기 이전분 법인세환급액은 "법인세비용"의 계정과목으로 처리한다. 신고·납부시점 회계처리를 나타내어 보면 다음과 같다.

법인세 (농어촌특별세) 신고납부	(차)	미지급법인세	1,640	(대)	보통예금 법인세비용	1,440 200^{주1)}
지방소득세 신고납부	(차)	미지급법인세	300	(대)	보통예금 법인세비용	280 20^{주1)}

주1) 법인세 결정세액 감소로 인한 과소 납부액
주2) 법인세 결정세액 감소로 인한 법인지방소득세 과소 납부액

5. 이연법인세

(1) 의 의

기업이 미래에 자산을 회수하거나 부채를 결제할 때 이에 따른 법인세 효과가 없는 경우보다 많은(또는 적은) 법인세를 납부할 가능성이 높다면 법인세와 관련된 부채(또는 자산)가 있는 것이므로 이를 재무상태표에 인식하여야 할 것이다. 예를 들어 기업이 미래에 이월하여 공제받을

수 있는 세액이 있고 해당 세액을 공제받을 가능성이 높다면 그렇지 않은 경우보다 미래에 법인세를 적게 납부할 것이므로 법인세 관련 자산이 있는바, 이를 재무상태표에 자산으로 인식하여야 한다.

이와 같이 결산시점에서 미래에 경감되거나 추가적으로 부담할 법인세부담액을 산출하는 것을 "(이연)법인세회계"라 한다. 그리고 이러한 법인세회계로 산출된 미래에 경감될 법인세부담액을 "이연법인세자산", 미래에 추가적으로 부담할 법인세부담액을 "이연법인세부채"라 하며, 이연법인세자산과 이연법인세부채의 변동액은 원칙적으로 법인세비용에 가감한다.

사례 64 결손금 이월공제

1. 자료
   (1) 甲회사와 乙회사(조세특례제한법에 따른 중소기업에 해당)의 제1기 및 제2기 법인세비용차감전순손익은 다음과 같다.

구 분	甲회사	乙회사
제1기	1,000	(-)1,000
제2기	1,000	3,000

   (2) 양사의 제1기 및 제2기 법인세와 관련한 세무조정사항은 발생하지 않았으며, 각 사업연도소득에 대한 법인세율은 20%로 가정한다.

2. 양사의 각사업연도소득에 대한 법인세
   (1) 양사의 각사업연도소득 또는 결손금
      주어진 자료에서 세무조정사항이 없는바, 주어진 양사의 제1기 및 제2기 법인세비용차감전순손익과 각사업연도소득금액(또는 결손금)은 일치한다.
   (2) 각사업연도소득에 대한 법인세
      ① 결손금을 이월하여 공제하지 않는 경우

구 분		甲회사	乙회사
제1기	소득금액	1,000	(-)1,000
	법인세율	20%	20%
	법인세부담액	200	-
제2기	소득금액	1,000	3,000
	법인세율	20%	20%
	법인세부담액	200	600
합계	소득금액	2,000	2,000
	법인세부담액	400	600

② 결손금을 이월하여 공제하는 경우

구 분		甲회사	乙회사
제1기	소득금액	1,000	(-)1,000
	법인세율	20%	20%
	법인세부담액	200	-
제2기	소득금액	1,000	3,000
	이월된 결손금	-	(-)1,000
	차감소득금액(과세표준)	1,000	2,000
	법인세율	20%	20%
	법인세부담액	200	400
합계	소득금액	2,000	2,000
	법인세부담액	400	400

사례 65 이연법인세(1)

1. 자료

〈사례 64〉와 동일하다. 단, 법인세법상 결손금은 발생한 사업연도 이후 10년간 이월공제되며, 乙회사의 20×1년말 현재 결손금은 미래에 공제될 가능성이 높은 것으로 판단된다.

2. 양사의 법인세관련 회계처리

(1) 甲회사

일자			회계처리			
×1. 12.31.	(차)	법인세비용	200	(대)	미지급법인세	200
	이연법인세 회계처리 없음					
×2. 12.31.	(차)	법인세비용	400	(대)	미지급법인세	400
	이연법인세 회계처리 없음					

(2) 乙회사

일자			회계처리			
×1. 12.31.	(차)	법인세비용	-	(대)	미지급법인세	-
	(차)	이연법인세자산	200[주1)	(대)	법인세비용	200
×2. 12.31.	(차)	법인세비용	400	(대)	미지급법인세	400
	(차)	법인세비용	200	(대)	이연법인세자산	200[주2)

주1) 20×1년에 발생한 결손금 1,000은 미래에 공제될 가능성이 높은바, 미래 법인세부담액이 200만큼 경감될 것으로 기대되므로 이를 이연법인세자산으로 인식하고 법인세비용에서 차감한다.

주2) 20×1년에 발생한 결손금 1,000이 공제되어 소멸된바, 즉 이연법인세자산이 실현되었으므로 이를 장부에서 제거하고 해당 금액을 법인세비용에 가산한다.

3. 양사의 부분재무제표
   (1) 양사의 부분재무상태표

구 분		제2기	제1기
甲회사	이연법인세자산	–	–
	미지급법인세	200	200
乙회사	이연법인세자산	–	200
	미지급법인세	400	–

   (2) 양사의 부분포괄손익계산서

구 분		제2기	제1기
甲회사	법인세비용차감전순손익	1,000	1,000
	법인세비용	200	200
	당기순손익	800	800
乙회사	법인세비용차감전순손익	3,000	(–)1,000
	법인세비용	600	(–)200
	당기순손익	2,400	(–)800

KEY POINT

이연법인세 회계처리의 의미

상기 〈사례 65〉에서 알 수 있듯이 이연법인세 회계처리를 하는 경우 법인세와 관련된 자산 및 부채, 그리고 법인세비용을 올바르게 계상할 수 있게 된다.

(2) 용어정의

1) 일시적차이

'일시적차이'란 재무상태표상 자산 또는 부채의 장부금액과 법인세법상 장부금액[75]의 차이를 말하며, 다음과 같이 '가산할 일시적차이'와 '차감할 일시적차이'로 구분된다.[76]

---

[75] 세무상 해당 자산 또는 부채에 귀속되는 금액, 즉 세무상 장부금액으로 올바른 한국채택국제회계기준 용어는 '세무기준액'이다.
[76] 법인세법에서는 '일시적차이'를 '유보', '가산할 일시적차이'는 '(–)유보', '차감할 일시적차이'는 '(+)유보'라 한다.

> 법인세법상 자산·부채 장부금액 = 기업회계상 자산·부채 장부금액 ± 일시적차이

① 가산할 일시적차이

재무상태표상 자산이나 부채의 장부금액이 회수나 결제되는 미래 회계기간의 과세소득(또는 세무상결손금)을 증가(또는 감소)시키는 일시적차이를 말한다. 다시 말해 기업회계와 법인세법상 자산 또는 부채의 장부금액 차이 중 미래 과세소득을 증가시키는 차이를 말한다. 따라서, 가산할 일시적차이가 있는 경우 미래 법인세부담액이 커지므로 이연법인세부채가 발생한다.

② 차감할 일시적차이

재무상태표상 자산이나 부채의 장부금액이 회수나 결제되는 미래 회계기간의 과세소득(또는 세무상결손금)을 감소(또는 증가)시키는 일시적차이를 말한다. 다시 말해 기업회계와 법인세법상 자산 또는 부채의 장부금액 차이 중 미래 과세소득을 감소시키는 차이를 말한다. 따라서, 차감할 일시적차이가 있고 미래에 실현될 가능성이 높은 경우 미래 법인세부담액이 작아지므로 이연법인세자산이 발생한다.

2) 이연법인세자산 및 이연법인세부채

① 이연법인세자산

'이연법인세자산'은 다음과 관련하여 미래 회계기간에 회수(경감)될 수 있는 법인세부담액을 말한다.

㉠ 차감할 일시적차이
㉡ 미사용 세무상결손금의 이월액
㉢ 미사용 세액공제 등의 이월액

② 이연법인세부채

'이연법인세부채'는 가산할 일시적차이와 관련하여 미래 회계기간에 납부할 법인세부담액을 말한다.

(3) 회계처리

1) 인식

① 이연법인세자산

이연법인세자산은 차감할 일시적차이 및 미사용 세무상결손금과 세액공제가 사용될 수 있는 미래 과세소득의 발생가능성이 높은 경우에만 인식하며, 매 결산시점에 인식되지 않은 이연

법인세자산에 대하여 재검토한다. 만약 미래 과세소득의 발생가능성이 높아져 이연법인세자산의 회수가능성이 높아진 경우에는 해당 범위까지 과거에 인식하지 않은 이연법인세자산을 인식하며, 반대로 충분한 과세소득이 발생할 가능성이 더 이상 높지 않다면 이미 인식한 이연법인세자산의 장부금액을 감액한다.

② 이연법인세부채

모든 가산할 일시적차이에 대해 이연법인세부채를 인식한다.

2) 측정

이연법인세자산 및 이연법인세부채는 미래 회계기간에 회수되거나 납부할 수 있는 법인세부담액을 말하므로 다음과 같이 측정하며, 현재가치로 할인하지 않는다.

① 결산시점까지 제정되었거나 실질적으로 제정된 세법에 근거하여 세율을 결정한다.
② 해당 자산이 실현되거나 부채가 결제될 회계기간에 과세소득에 적용될 것으로 기대되는 평균세율을 적용한다.
③ 기업이 관련 자산과 부채의 장부금액을 회수하거나 결제할 것으로 예상되는 방식에 따른 법인세효과를 반영한다.[77]

3) 회계처리

이연법인세자산과 이연법인세부채의 변동액은 원칙적으로 당기 법인세비용에 반영하며, 다음의 조건을 모두 충족하는 경우에만 이연법인세자산과 이연법인세부채를 상계한다.

① 기업이 당기법인세자산과 당기법인세부채를 상계할 수 있는 법적으로 집행가능한 권리를 가지고 있다.
② 이연법인세자산과 이연법인세부채가 다음의 각 경우에 동일한 과세당국에 의해서 부과되는 법인세와 관련되어 있다.
  ㉠ 과세대상기업이 동일한 경우
  ㉡ 과세대상기업은 다르지만 당기법인세 부채와 자산을 순액으로 결제할 의도가 있거나, 유의적인 금액의 이연법인세부채가 결제되거나 이연법인세자산이 회수될 미래의 각 회계기간마다 자산을 실현하는 동시에 부채를 결제할 의도가 있는 경우

---

[77] 예를 들어 감가상각대상자산을 사용하는 경우 적용되는 법인세율은 20%이나, 매각하는 경우 적용되는 법인세율은 30%인 경우에는 해당 감가상각자산의 회수방식을 고려하여 이연법인세를 측정한다.

KEY POINT

포괄손익계산서상 법인세비용

포괄손익계산서상 법인세비용은 다음과 같이 산출되며, 만약 산출된 금액이 음수인 경우에는 법인세수익으로 표시한다.

법인세비용 = 당기 법인세부담액 + 전기 법인세추납액 − 전기 법인세환급액
　　　　　± 이연법인세부채 증가(감소)액 ± 이연법인세자산 감소(증가)액

사례 66 이연법인세(2)

1. 자료

다음은 결산일이 매년 12.31.인 (주)대박의 20×1 사업연도 법인세 관련 내역이다.

(1) 이자수익 10,000에 대한 원천징수세액과 특별징수세액 1,540을 부담하다.
(2) 중간예납세액 3,000을 납부하다.
(3) 전기 이전분 법인세부담액(환급가산금 포함) 500을 경정청구로 환급받다.
(4) 12.31. 각사업연도소득에 대한 법인세가 다음과 같이 결정되다.
단, 농어촌특별세 세율은 20%이며, 법인지방소득세는 법인세의 10%라 가정한다.

내역	금액
과세표준	40,000
세율	25%
산출세액	10,000
공제·감면세액(농어촌특별세 과세)	1,000
공제·감면세액(농어촌특별세 비과세)	1,500
결정세액	7,500

(5) 12.31. 이연법인세 관련 내역은 다음과 같다.

내역	금액
가산할 일시적차이	20,000
차감할 일시적차이	10,000
이월되는 세액공제(농어촌특별세 과세)	500
이월되는 세액공제(농어촌특별세 비과세)	400
미래 예상 법인세율(12.31. 현재 입법완료)	20%

(6) 기초 이연법인세자산 금액은 800이며, 향후 미래 예상 과세소득은 충분한 것으로 판단된다.

2. 법인세 측정
   (1) 당기 법인세부담액

구 분	계산근거	금액
법인세	결정세액	7,500
농어촌특별세	1,000 × 20%	200
지방소득세	7,500 × 10%	750
합 계		8,450

   (2) 기말 이연법인세

구 분	법인세부담(경감)액 계산근거			이연법인세 부채(자산)
	법인세	농어촌특별세	지방소득세	
가산할 일시적차이	20,000×20%	–	20,000×20%×10%	4,400
차감할 일시적차이	(−)10,000×20%	–	(−)10,000×20%×10%	(−)2,200
이월되는 세액공제 (농어촌특별세 과세)	(−)500	(+)500×20%	(−)500×10%	(−)450
이월되는 세액공제 (농어촌특별세 비과세)	(−)400	–	(−)400×10%	(−)440
합 계				1,310

3. 20×1년도 각 시점별 법인세회계처리

원천징수 (특별징수)	(차)	보통예금 선급법인세	8,460 1,540	(대)	이자수익	10,000
중간예납	(차)	선급법인세	3,000	(대)	보통예금	3,000
법인세환급	(차)	보통예금	500	(대)	법인세비용	500
12.31.	(차)	법인세비용	8,450	(대)	선급법인세 미지급법인세	4,540 3,910
	(차)	법인세비용	2,110	(대)	이연법인세자산 이연법인세부채	800 1,310

제 11 절

자 본

이 절에서는 자본에 대한 회계처리 중 다음에 대하여 살펴보기로 한다.
① 유상증자에 대한 회계처리
② 자기주식에 대한 회계처리
③ 이익처분에 대한 회계처리
④ 결손보전에 대한 회계처리
⑤ 자본변동표

1. 유상증자

(1) 의 의

"유상증자"란 주식을 발행하고 그 대가로 현금(또는 현물)을 수령하는 것을 말한다. 유상증자를 하면 회사는 현금(또는 현물)을 수령하므로 자산이 증가하고, 동시에 주식을 발행하므로 자본금 등 자본 또한 증가하게 된다.

(2) 구성요소

유상증자에 대한 회계처리를 위해서는 다음의 구성요소를 파악해야 한다.
① 액면금액

유상증자로 인해 발행되는 주식의 액면금액을 말한다. 액면주식의 경우 다음 산식에 의한 금액을 말하며, 무액면주식의 경우에는 주식발행가액의 1/2 이상의 금액으로서 이사회(또는 주주총회)에서 자본금으로 계상하기로 한 금액의 총액을 말한다.

> 액면금액 = 발행주식수 × 발행주식 1주당 액면금액

② **주식발행비**

주식을 발행할 때 수반되는 여러 부대비용을 말한다. 예를 들어, 주식을 발행하기 위해 증권회사에 지급한 수수료, 신주발행 광고비, 등기비용 등을 말한다.

③ **주금납입액**

유상증자로 수령하게 되는 현금 등의 공정가치를 말한다. 이때, 현금(보통예금)을 수령하는 경우 공정가치는 수령한 현금(보통예금)의 금액으로 하나, 현물을 수령하는 경우에는 취득자산의 시장가격 또는 감정금액을 공정가치로 한다.

④ **발행금액**

주금납입액(③)에서 주식발행비(②)를 차감한 금액을 말한다. 즉, 유상증자로 인한 순자산 증가금액을 의미한다.

> 발행금액 = 주금납입액 − 주식발행비

(3) 발행형태

유상증자에는 주식 발행금액과 액면금액의 관계에 따라 다음 세 가지의 발행형태가 있다.

구 분	발행형태
발행금액 = 액면금액	액면발행
발행금액 〉 액면금액	할증발행
발행금액 〈 액면금액	할인발행

(4) 회계처리

증자로 인해 발행하는 주식의 액면금액은 자본금으로 하고 발행금액과 액면금액과의 차액은 주식발행초과금 또는 주식할인발행차금의 계정과목으로 하여 기타적립금으로 분류한다. 이때, 주식발행초과금과 주식할인발행차금은 발생순서와 관계없이 서로 상계하여 회계처리 한다. 발행형

태별 유상증자의 회계처리는 다음과 같다.

구 분	회 계 처 리					
액면발행	(차)	보통예금[주2]	×××	(대)	자본금[주1]	×××
할증발행	(차)	보통예금[주2]	×××	(대)	자본금[주1]	×××
					주식할인발행차금[주3]	×××
					주식발행초과금[주3]	×××
할인발행	(차)	보통예금[주2]	×××	(대)	자본금[주1]	×××
		주식발행초과금[주4]	×××			
		주식할인발행차금[주4]	×××			

주1) 발행된 주식의 액면금액 = 발행주식수 × 1주당 액면금액
주2) 발행금액. 주식발행비용이 발생한 경우 해당 금액을 차감한 금액으로 한다.
주3) 발행금액이 액면금액보다 큰 경우 그 차액. 다만, 주식발행초과금 발생 당시 주식할인발행차금이 있는 경우 해당 금액을 우선적으로 차감한 후 잔여금액으로 한다.
주4) 액면금액이 발행금액보다 큰 경우 그 차액. 다만, 주식할인발행차금 발생 당시 주식발행초과금이 있는 경우 해당 금액을 우선적으로 차감한 후 잔여금액으로 한다.

KEY POINT

자본거래의 차익과 차손의 순액주의 회계처리

다음과 같은 자본거래에 대한 차익과 차손은 상계하여 순액주의로 회계처리 한다.
1. 증자로 인한 주식발행초과금과 주식할인발행차금
2. 감자로 인한 감자차익과 감자차손
3. 자기주식처분으로 인한 자기주식처분이익과 자기주식처분손실

분개예제 85

1. (주)대박은 액면금액 5억원의 주식을 시가 6억원에 발행하다. 단, 발행시 주식발행비용으로 1,000만원이 발생하여 보통예금에서 지급하였으며, 주식할인발행차금 잔액은 없다.

(차) 보통예금	590,000,000	(대) 자본금	500,000,000
		주식발행초과금	90,000,000
		(기타적립금)	

2. (주)대박은 주식 5억원을 액면발행하다. 단, 발행시 주식발행비용으로 1,000만원이 발생하여 보통예금에서 지급하였으며, 주식발행초과금 잔액은 없다.

(차)	보통예금	490,000,000	(대)	자본금	500,000,000
	주식할인발행차금	10,000,000			
	(기타적립금)				

사례 67 유상증자(1)

1. 자료
   (1) (주)대박은 주식 1주를 시가 600에 발행하다.
   (2) 발행주식의 액면금액은 500이며, 신주발행비가 10 발생하다.
   (3) 주식발행 당시 주식할인발행차금 잔액은 다음과 같다.
      (상황 1) 없음 (상황 2) 50   (상황3) 100

2. 각 상황별 회계처리

   주식발행초과금이 발생할 당시 주식할인발행차금 잔액이 있는 경우에는 주식할인발행차금 잔액의 범위 내에서 상계처리하고 잔액을 초과하는 금액만 주식발행초과금으로 처리하여야 하므로 각 상황별 회계처리는 다음과 같다. 단, 분류는 생략한다.

구분	회계처리				
상황1	(차) 보통예금	590	(대)	자본금	500
				주식발행초과금	90
				주식할인발행차금	-
상황2	(차) 보통예금	590	(대)	자본금	500
				주식발행초과금	40
				주식할인발행차금	50
상황3	(차) 보통예금	590	(대)	자본금	500
				주식발행초과금	-
				주식할인발행차금	90

사례 68 유상증자(2)

1. 자료
   (1) (주)대박은 주식 1주를 500에 발행하다.
   (2) 발행주식의 액면금액은 500이며, 신주발행비가 50 발생하다.
   (3) 주식발행 당시 주식발행초과금 잔액은 다음과 같다.
      (상황 1) 없음 (상황 2) 40 (상황3) 100

2. 각 상황별 회계처리
   주식할인발행차금이 발생할 당시 주식발행초과금 잔액이 있는 경우, 주식발행초과금 잔액의 범위 내에서 상계처리하고 잔액을 초과하는 금액은 주식할인발행차금으로 처리하여야 하므로 각 상황별 회계처리는 다음과 같다. 단, 분류는 생략한다.

구분	회계처리				
상황1	(차) 보통예금 주식발행초과금 주식할인발행차금	450 - 50	(대) 자본금	500
상황2	(차) 보통예금 주식발행초과금 주식할인발행차금	450 40 10	(대) 자본금	500
상황3	(차) 보통예금 주식발행초과금 주식할인발행차금	450 50 -	(대) 자본금	500

2. 자기주식

(1) 의 미

"자기주식"이란 기업이 이미 발행한 주식을 소각 등을 하기 위해 취득한 주식을 말한다. 취득한 자기주식은 감자절차를 통해 소각되거나 재발행(매각)하게 되는데 이에 대해 살펴보기로 한다.

(2) 회계처리

① 취 득

자기주식을 취득한 경우 취득원가를 "자기주식"의 계정과목으로 하여 기타적립금으로 분류한다.

(차) 자기주식   ×××   (대) 보통예금   ×××
    (기타적립금)

② 소 각

취득한 자기주식을 감자절차를 통해 소각할 수 있는데 이는 주식을 취득하고 그 대가로 현금(또는 현물)을 지급하는 "유상감자"에 해당된다. 따라서, 자기주식을 소각하면 자본금이 감소하게 된다.

자기주식을 소각할 경우 회계처리를 나타내어 보면 다음과 같다. 다만, 감자시 발생하게 되는 감자차익과 감자차손은 기타적립금으로 분류하며, 발생순서에 상관없이 상계한다.

구 분	회 계 처 리				
감자차익 발생	(차) 자본금[주2]	×××	(대)	자기주식[주1] 감자차손[주3] 감자차익[주3]	××× ××× ×××
감자차손 발생	(차) 자본금[주2] 감자차익[주4] 감자차손[주4]	××× ××× ×××	(대)	자기주식[주1]	×××

주1) 소각된 자기주식의 장부금액
주2) 소각된 자기주식의 액면금액 = 소각주식수 × 1주당 액면금액
주3) 자기주식 장부금액이 자본금보다 작은 경우 그 차액. 다만, 감자차익 발생 당시 감자차손이 있는 경우 해당 금액을 우선적으로 차감한 후 잔여금액으로 한다.
주4) 자기주식 장부금액이 자본금보다 큰 경우 그 차액. 다만, 감자차손 발생 당시 감자차익이 있는 경우 해당 금액을 우선적으로 차감한 후 잔여금액으로 한다.

분개예제 86

1. (주)대박은 자기주식을 1억원에 취득하다.

    (차) 자기주식　　　　　100,000,000　　(대) 보통예금　　　　100,000,000
    　　 (기타적립금)

2. 상기 '1.'의 자기주식을 소각하다. 단, 소각주식의 액면금액은 8,000만원이며, 소각 당시 감자차익 장부금액은 없다.

    (차) 자본금　　　　　　 80,000,000　　(대) 자기주식　　　　100,000,000
    　　 감자차손　　　　　 20,000,000　　　　　(기타적립금)
    　　 (기타적립금)

3. 상기 '1.'의 자기주식을 소각하다. 단, 소각주식의 액면금액은 1억2,000만원이며, 소각 당시 감자차손 장부금액은 1,000만원이다.

(차) 자본금	120,000,000	(대) 자기주식	100,000,000
		(기타적립금)	
		감자차손	10,000,000
		(기타적립금)	
		감자차익	10,000,000
		(기타적립금)	

③ **재발행(매각)**

취득한 자기주식을 주주에게 다시 재발행(매각)하는 경우 장부금액과 재발행(매각)금액에 따라서 처분손익이 발생할 수 있다. 그러나, 자기주식의 재발행(매각)은 자본거래에 해당되므로 해당 처분손익은 포괄손익계산서상 당기손익이 아닌 자기주식처분이익 또는 자기주식처분손실의 계정과목으로 하여 기타적립금으로 분류하며, 자기주식처분이익과 자기주식처분손실은 발생순서에 상관없이 상계한다.

구 분	회 계 처 리				
처분이익 발생	(차) 보통예금[주2]	×××	(대) 자기주식[주1] 자기주식처분손실[주3] 자기주식처분이익[주3]	××× ××× ×××	
처분손실 발생	(차) 보통예금[주2] 자기주식처분이익[주4] 자기주식처분손실[주4]	××× ××× ×××	(대) 자기주식[주1]	×××	

주1) 매각된 자기주식의 장부금액
주2) 자기주식 재발행(매각)금액
주3) 자기주식 장부금액이 재발행(매각)금액보다 작은 경우 그 차액. 다만, 자기주식처분이익 발생 당시 자기주식처분손실이 있는 경우 해당 금액을 우선적으로 차감한 후 잔여금액으로 한다.
주4) 자기주식 장부금액이 재발행(매각)금액보다 큰 경우 그 차액. 다만, 자기주식처분손실 발생 당시 자기주식처분이익이 있는 경우 해당 금액을 우선적으로 차감한 후 잔여금액으로 한다.

분개예제 87

1. (주)대박은 자기주식을 1억원에 취득하다.

   (차) 자기주식   100,000,000   (대) 보통예금   100,000,000
        (기타적립금)

2. 상기 '1.'의 자기주식을 매각하다. 단, 매각금액은 1억2,000만원이며, 매각 당시 자기주식처분손실 장부금액은 없다.

   (차) 보통예금   120,000,000   (대) 자기주식   100,000,000
                                                    (기타적립금)
                                                자기주식처분이익   20,000,000
                                                    (기타적립금)

3. 상기 '1.'의 자기주식을 매각하다. 단, 매각금액은 8,000만원이며, 매각 당시 자기주식처분이익 장부금액은 1,000만원이다.

   (차) 보통예금   80,000,000   (대) 자기주식   100,000,000
        자기주식처분이익   10,000,000
         (기타적립금)
        자기주식처분손실   10,000,000
         (기타적립금)

3. 이익처분

(1) 의 미

"이익처분"이란 회사가 손익거래를 통해 얻은 이익잉여금을 다음과 같이 주주총회를 통해 그 귀속자를 결정하는 것을 말한다.

① 사외유출

"사외유출"이란 회사가 벌어들인 이익잉여금을 주주 등에게 배당으로 지급하거나 임직원에게 상여로 지급하는 것을 말한다.

② 사내유보

"사내유보"란 회사가 벌어들인 이익잉여금을 사외유출하지 않고 회사 내부에 남겨두는 것을 말한다. 예를 들어 차기 이후에 예상된 사업확장을 위해서, 또는 향후 발생할 결손에 대비하여 이익잉여금을 사외로 유출하지 않고 남겨놓는 것을 말한다.

③ 기 타

'①'과 '②' 이외에도 회사가 주주와의 자본거래에서 입은 손실을 배당가능한 이익잉여금에서 차감하는 것을 말한다. 대표적인 예로 주식할인발행차금의 이익잉여금 처분에 의한 상각이 있다.

(2) 회계처리

이익처분에 대한 권한은 오로지 주주총회에 있으므로 이익처분에 관한 회계처리 시점은 "주주총회일"이 된다. 즉 주주총회일에 다음과 같이 회계처리한다.

① 사외유출

사외유출에는 대표적으로 현금배당과 주식배당이 있다.[78] 현금배당은 배당으로 현금을 지급하는 것을, 주식배당은 현금을 지급하는 대신 주식을 교부하는 것을 말한다. 따라서, 현금배당은 향후 현금이 지급될 것이므로 "미지급배당금"의 계정과목으로 하여 기타채무로 분류하는 반면, 주식배당은 향후 주식교부로 인해 자본금이 증가할 것이므로 "미교부주식배당금"의 계정과목으로 하여 기타적립금으로 처리한다. 배당에 대한 회계처리를 나타내어 보면 다음과 같다.

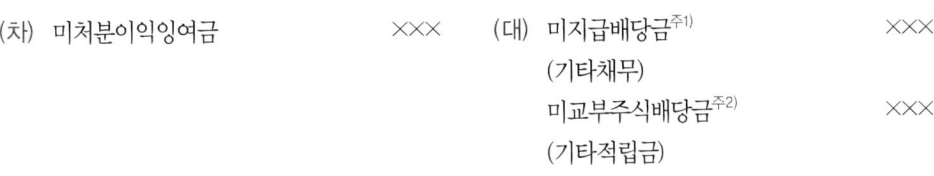

(차) 미처분이익잉여금　　　　×××　　(대) 미지급배당금[주1]　　　　×××
　　　　　　　　　　　　　　　　　　　　(기타채무)
　　　　　　　　　　　　　　　　　　　　미교부주식배당금[주2]　　×××
　　　　　　　　　　　　　　　　　　　　(기타적립금)

　주1) 현금배당금을 의미하며, 배당금 지급시점에서 다음과 같이 회계처리한다.
　　　(차) 미지급배당금　　　×××　　(대) 보통예금　　　×××

　주2) 주식배당금을 의미하며, 주식 교부시점에서 다음과 같이 회계처리한다.
　　　(차) 미교부주식배당금　×××　　(대) 자본금　　　×××

---

78) 현금배당은 사외로 현금이 유출되어 기업의 순자산이 감소하나, 주식배당은 순자산의 감소가 수반되지 아니한다. 따라서, 엄격히 말하면 주식배당은 사외유출이 아니다.

> **KEY POINT**
>
> ### 주식배당과 무상증자
>
> 주식배당과 유사한 개념으로 무상증자가 있다. 무상증자란 이익잉여금(법정적립금에 한함) 또는 기타적립금을 재원으로 하여 주주에게 무상주를 교부하는 것을 말한다. 무상증자의 회계처리는 다음과 같다.
>
> | (차) 이익준비금 | ××× | (대) 자본금 | ××× |
> | (이익잉여금) | | | |
> | 감자차익 | ××× | | |
> | (기타적립금) | | | |
> | 주식발행초과금 | ××× | | |
> | (기타적립금) | | | |
>
> 주식배당과 마찬가지로 무상증자의 경우에도 회사 순자산에 변화가 없다. 따라서, 투자자는 주식배당이나 무상증자로 무상주를 받게 되더라도 아무런 회계처리를 하지 않고, 단지 1주당 취득단가만 조정하면 된다.

② 사내유보

사내유보에는 대표적으로 법정적립금(이익준비금) 적립과 회사 임의에 의한 임의적립금 적립이 있다. 이익준비금은 상법상 규정에 따라 현금배당을 하는 경우 배당금액의 1/10이상을 적립한 금액을 말하며, 임의적립금은 세법 규정에 따라 조세정책적 목적을 위해 적립하는 준비금(예 : 투자준비금 등) 또는 회사 임의목적을 위해 적립하는 여러 적립금(예 : 결손보전적립금, 사업확장적립금 등)을 말한다. 이에 대한 회계처리를 예시하여 보면 다음과 같다.

(차) 미처분이익잉여금	×××	(대) 이익준비금	×××
		투자준비금	×××
		사업확장적립금 등	×××
		(이상 이익잉여금)	

> **KEY POINT**
>
> ### 이익준비금과 임의적립금
>
> 이익준비금은 상법 규정에 근거하여 적립한 금액으로 "결손보전" 및 "자본전입(무상증자)"에만 사용할 수 있다.
> 반면, 임의적립금은 세법 또는 회사 임의에 따라 적립한 금액으로 "결손보전" 및 "자본전입"외에도 다시 미처분이익잉여금에 이입한 후 "배당"할 수 있다.

③ 기 타

기타 이익처분의 대표적인 예로 주식할인발행차금, 감자차손, 자기주식처분손실의 이익잉여금 처분에 의한 상각이 있으며, 이에 대한 회계처리는 다음과 같다.

(차) 미처분이익잉여금 ××× (대) 주식할인발행차금 ×××
　　　　　　　　　　　　　　　　　감자차손 ×××
　　　　　　　　　　　　　　　　　자기주식처분손실 ×××
　　　　　　　　　　　　　　　(이상 기타적립금)

분개예제 88

1. 감자차익 2억원을 자본에 전입하기로 하다.

   (차) 감자차익　　　　　200,000,000　　(대) 자본금　　　　200,000,000
   　　　(기타적립금)

2. 20×1년 주주총회에서 다음과 같이 이익처분하기로 결의하다.

현금배당	100,000,000
주식배당	100,000,000
이익준비금 적립	10,000,000
투자준비금 적립	120,000,000
사업확장적립금 적립	130,000,000
주식할인발행차금 상각	5,000,000

   (차) 미처분이익잉여금　465,000,000　(대) 미지급배당금　　　100,000,000
   　　　(이익잉여금)　　　　　　　　　　　(기타채무)
   　　　　　　　　　　　　　　　　　　　　미교부주식배당금　100,000,000
   　　　　　　　　　　　　　　　　　　　　주식할인발행차금　　5,000,000
   　　　　　　　　　　　　　　　　　　　(이상 기타적립금)
   　　　　　　　　　　　　　　　　　　　　이익준비금　　　　 10,000,000
   　　　　　　　　　　　　　　　　　　　　투자준비금　　　　120,000,000
   　　　　　　　　　　　　　　　　　　　　사업확장적립금　　130,000,000
   　　　　　　　　　　　　　　　　　　　(이상 이익잉여금)

(3) 이익잉여금처분계산서

① 의 의

"이익잉여금처분계산서"란 회계기간 동안의 이익잉여금의 증가내역 및 감소내역을 일목요연하게 나타낸 부속명세서로 재무상태표의 주석사항이다.

② 양 식

이익잉여금처분계산서 양식을 간단히 표현하면 다음과 같다.

이익잉여금처분계산서
제××기 20×1년 ××월 ××일부터 20×1년 ××월 ××일까지
처분예정일 : 20×2년 ××월 ××일

○○회사 (단위 : 원)

Ⅰ. 미처분이익잉여금		×××
1. 전기이월미처분이익잉여금(또는 전기이월미처리결손금)	×××	
2. 당기순이익(또는 당기순손실)	×××	
Ⅱ. 임의적립금 등의 이입액		×××
1. ○○적립금	×××	
2. ○○적립금	×××	
Ⅲ. 이익잉여금처분액		×××
1. 이익준비금	×××	
2. 주식할인발행차금상각액	×××	
3. 배당금	×××	
가. 현금배당 ×××		
나. 주식배당 ×××		
4. 임의적립금	×××	
Ⅳ. 차기이월미처분이익잉여금		×××

㉠ 처분예정일

양식에서 "처분예정일"은 당기 "주주총회일"을 의미한다.

㉡ 미처분이익잉여금

양식에서 "Ⅰ.미처분이익잉여금"의 금액은 재무상태표상 이익잉여금의 "미처분이익잉여금" 금액과 일치하여야 한다.

㉢ 임의적립금 이입액

세법 또는 회사 임의에 따라 적립한 임의적립금은 다시 "미처분이익잉여금"으로 이입되어 이익처분의 재원으로 활용될 수 있다. 임의적립금 이입액에 대한 회계처리는 다음과 같다.

(차) 임의적립금[주]	×××	(대) 미처분이익잉여금	×××
(이익잉여금)		(이익잉여금)	

주) 이입하는 임의적립금에 해당 계정과목을 사용하여 회계처리하면 된다.

㉣ 이익잉여금처분액

'(2) 회계처리'에서 살펴본 이익처분내역을 나타내는 란이다.

사례 69 이익잉여금처분계산서

1. 자료
   (1) (주)대박의 20×1년 재무상태표상 미처분이익잉여금은 10,000이며, 포괄손익계산서상 당기순이익은 3,000이다.
   (2) (주)대박의 제10기 20×1 사업연도에 대한 이익처분내역은 다음과 같다.

현금배당	1,000
주식배당	1,000
이익준비금 적립	100
투자준비금 적립	3,000
사업확장적립금 적립	2,000
주식할인발행차금 상각	500

   (3) (주)대박의 회계연도는 매년 1.1.~12.31.이며, 20×1 사업연도에 대한 주주총회일은 20×2.3.13.이다. 또한, 상기 외 추가자료는 없다.

2. 이익잉여금처분계산서

이익잉여금처분계산서

제10기 20×1년 1월 1일부터 20×1년 12월 31일까지

처분예정일 : 20×2년 3월 13일

(주)대박 (단위 : 원)

Ⅰ. 미처분이익잉여금			10,000
1. 전기이월미처분이익잉여금		7,000	
2. 당기순이익		3,000	
Ⅱ. 이익잉여금처분액			7,600
1. 이익준비금		100	
2. 주식할인발행차금상각액		500	
3. 배당금		2,000	
가. 현금배당	1,000		
나. 주식배당	1,000		
4. 투자준비금		3,000	
5. 사업확장적립금		2,000	
Ⅲ. 차기이월미처분이익잉여금			2,400

4. 결손보전

(1) 의 미

기업이 지속적으로 당기순손실을 보고하게 되어 손실이 누적된 금액을 "결손금"이라 한다. 이러한 결손금이 누적되면 기업은 배당을 할 수 없을 뿐 아니라 외부로부터의 자금조달 또한 여의치 않게 되는 어려움에 직면하게 된다. 이에 기업은 누적된 결손금을 잉여금과 상계하여 제거하게 되는데 이를 "결손보전"이라 한다.

(2) 회계처리

결손금은 "미처리결손금"의 계정과목으로 하여 결손금(또는 이익잉여금)으로 분류한다. 결손금은 다음과 같이 보전한다.

결손보전 항목	해당 계정과목
① 임의적립금 이입액	1. 사업확장적립금 2. 배당평균적립금 3. 투자준비금 4. 사업손실준비금 등
② 법정적립금 이입액	이익준비금
③ 자본잉여금 이입액	1. 주식발행초과금 2. 감자차익 3. 자기주식처분이익 등

결손보전 회계처리를 예시하면 다음과 같다. 다만, 결손보전에 대한 권한 또한 이익처분과 마찬가지로 주주총회에 있으므로 주주총회일에 회계처리 함에 유의한다.

(차) 임의적립금 ××× (대) 미처리결손금 ×××
    이익준비금 ×××   (결손금 또는 이익잉여금)
    (이상 이익잉여금)
    주식발행초과금 ×××
    감자차익 등
    (이상 기타적립금)

사례 70 결손보전(1)

1. 자료
   (1) (주)피박은 20×1년 주주총회에서 결손보전하기로 결의하다.
   (2) 결손보전 관련 내역은 다음과 같다.

미처리결손금	1,000,000,000
사업확장적립금	300,000,000
투자준비금	200,000,000
이익준비금	200,000,000
감자차익	150,000,000
주식발행초과금	150,000,000

2. 결손보전 회계처리

   결손금 보전 내역에 따라 회계처리하면 다음과 같다.

(차) 사업확장적립금	300,000,000	(대) 미처리결손금	1,000,000,000
투자준비금	200,000,000	(결손금)	
이익준비금	200,000,000		
(이상 결손금)			
감자차익	150,000,000		
주식발행초과금	150,000,000		
(이상 기타적립금)			

KEY POINT

무상감자

만약, 자본잉여금을 이입하여 결손금을 보전하고도 결손금 잔액이 남게 되는 경우에는 무상감자를 통해 감자차익을 발생시켜 해당 감자차익으로 결손금을 보전하게 된다. 무상감자의 회계처리는 다음과 같다.

(차) 자본금	×××	(대) 감자차익	×××
		(기타적립금)	

사례 71 결손보전(2)

1. 자료
   (1) (주)피박은 20×1년 주주총회에서 결손보전하기로 결의하다. 단, 잉여금이 부족한 경우 무상감자를 통해 결손보전 한다.
   (2) 결손보전 관련 내역은 다음과 같다.

미처리결손금	1,000,000,000
이익준비금	500,000,000
감자차익	200,000,000
주식발행초과금	200,000,000
자본금	1,000,000,000

2. 결손보전 회계처리

   이익준비금, 감자차익, 주식발행초과금과 결손금을 보전하더라도 미처리결손금 1억원이 남게된다. 따라서, 무상감사를 1억원 하여야 결손금을 모두 보전할 수 있다. 무상감자 및 결손보전에 대한 회계처리는 다음과 같다.

   (1) 무상감자

(차) 자본금	100,000,000	(대) 감자차익 (기타적립금)	100,000,000

   (2) 결손보전

(차) 이익준비금 (결손금) 감자차익 주식발행초과금 (이상 기타적립금)	500,000,000 300,000,000 200,000,000	(대) 미처리결손금 (결손금)	1,000,000,000

(3) 결손금처리계산서

① 의 의

"결손금처리계산서"란 회계기간 동안의 결손금의 변동 내역 및 결손보전 내역을 표시한 부속명세서로 재무상태표의 주석사항이다.

② 양 식

결손금처리계산서 양식을 간단히 표현하면 다음과 같다.

결손금처리계산서

제××기 20×1년 ××월 ××일부터 20×1년 ××월 ××일까지
처리예정일 : 20×2년 ××월 ××일

○○회사 (단위 : 원)

Ⅰ. 미처리결손금		×××
1. 전기이월미처분이익잉여금(또는 전기이월미처리결손금)	×××	
2. 당기순이익(또는 당기순손실)	×××	
Ⅱ. 결손금처리액		×××
1. 임의적립금이입액	×××	
2. 법정적립금이입액	×××	
3. 자본잉여금이입액	×××	
Ⅲ. 차기이월미처리결손금		×××

㉠ 처리예정일

양식에서 "처리예정일"은 당기 "주주총회일"을 의미한다.

㉡ 미처리전결손금

양식에서 "Ⅰ.미처리결손금"의 금액은 재무상태표상 결손금(또는 이익잉여금)의 "미처리결손금" 금액과 일치하여야 한다.

㉢ 결손금처리액

'(2) 회계처리'에서 살펴본 결손보전내역을 나타내는 란이다.

사례 72 결손금처리계산서

1. 자료

    (1) (주)피박의 20×1년 재무상태표상 미처리결손금은 10,000이며, 포괄손익계산서상 당기순손실은 8,000이다.

    (2) (주)피박의 제20기 20×1년 결손보전 관련 내역은 다음과 같다.

사업확장적립금 이입액	4,000
이익준비금 이입액	3,000
감자차익 이입액	2,000
주식발행초과금 이입액	1,000

    (3) (주)피박의 회계연도는 매년 1.1.~12.31.이며, 20×1 사업연도에 대한 주주총회일은 20×2.3.13.이다. 또한, 상기 외 추가자료는 없다.

2. 결손금처리계산서

결손금처리계산서

제20기 20×1년 1월 1일부터 20×1년 12월 31일까지
처리예정일 : 20×2년 3월 13일

(주)피박 (단위 : 원)

Ⅰ. 미처리결손금		10,000
1. 전기이월미처리결손금	2,000	
2. 당기순손실	8,000	
Ⅱ. 결손금처리액		10,000
1. 사업확장적립금이입액	4,000	
2. 이익준비금이입액	3,000	
3. 감자차익이입액	2,000	
4. 주식발행초과금이입액	1,000	
Ⅲ. 차기이월미처리결손금		-

5. 자본변동표

(1) 의 의

"자본변동표"는 회계기간 동안 기업의 자본 크기와 그 변동에 관한 정보를 제공하는 재무제표로서, 자본을 구성하고 있는 자본금, 기타적립금, 이익잉여금(또는 결손금)의 변동에 대한 포괄적인 정보를 제공한다.

(2) 기본구조

자본변동표는 자본금, 기타적립금, 이익잉여금(또는 결손금)의 각 항목별로 기초잔액, 변동사항, 기말잔액을 표시하는바, 기본구조는 다음과 같다. 이하 각 변동사항에 대해 살펴보기로 한다.

구 분	자본금	기타적립금	이익잉여금 (또는 결손금)	총계
기초잔액				
변동사항 1. 이익잉여금 변동 2. 자본금 변동 3. 기타적립금 변동				
기말잔액				

1) 이익잉여금 변동

이익잉여금의 변동은 다음과 같은 항목으로 구분표시한다.

① 연차배당

당기 중에 주주총회에서 승인한 배당금액으로 하며, 현금배당과 주식배당으로 구분하여 기재한다.

② 기타 전기말 미처분이익잉여금의 처분

연차배당을 제외한 기타 미처분이익잉여금의 처분내역을 기재하며, 예를 들어 주식할인발행차금 상각이 있다.

③ 중간배당

당기 중에 이사회에서 승인한 배당금액으로 한다.

④ 기타

상기 외의 원인으로 당기에 발생한 이익잉여금의 변동으로 하되, 그 금액이 중요한 경우 적절히 구분하여 표시한다.

2) 자본금의 변동

자본금의 변동은 유상증자(감자), 무상증자(감자)와 주식배당 등에 의하여 발생하며, 자본금은 보통주자본금과 우선주자본금으로 구분하여 표시한다.

3) 기타적립금의 변동

① 자본잉여금의 변동

자본잉여금의 변동은 유상증자(감자), 무상증자(감자), 결손금처리, 자기주식의 재발행 등에 의하여 발생하며, 주식발행초과금과 기타자본잉여금으로 구분하여 표시한다.

② 자본조정의 변동

자본조정의 변동은 다음과 같은 항목으로 구분하여 표시한다.

> 1. 자기주식
> 2. 주식할인발행차금
> 3. 주식선택권
> 4. 감자차손
> 5. 자기주식처분손실
> 6. 기타^{주)}

주) '1.부터 5.까지'외의 원인으로 당기에 발생한 자본조정의 변동으로 하되, 그 금액이 중요한 경우에는 적절히 구분하여 표시한다.

③ 기타포괄손익누계액의 변동

기타포괄손익누계액의 변동은 다음과 같은 항목으로 구분하여 표시한다.

> 1. FVOCI금융자산평가손익
> 2. (부의)지분법자본변동
> 3. 외환차이(해외사업환산손익)
> 4. 현금흐름위험회피 파생상품평가손익
> 5. 재평가잉여금
> 6. 기타^{주)}

주) '1.부터 5.까지'외의 원인으로 당기에 발생한 기타포괄손익누계액의 변동으로 하되, 그 금액이 중요한 경우에는 적절히 구분하여 표시한다.

(3) 양 식

자본변동표 양식은 다음과 같다.

자 본 변 동 표

제×기 20××년 ×월 ×일부터 20××년 ×월 ×일까지

회사명 : _____   (단위 : 원)

구 분	자본금	기타적립금	이익잉여금	총 계
20××.×.×(보고금액)	×××	×××	×××	×××
회계정책변경누적효과			(×××)	(×××)
전기오류수정			(×××)	(×××)
배당			(×××)	(×××)
기타 이익잉여금 처분			(×××)	(×××)
유상 증자	×××	×××		×××
당기순이익			×××	×××
자기주식 취득		(×××)		(×××)
유형자산 재평가		×××		×××
20××.×.×	×××	×××	×××	×××

(4) 자본변동이 자본변동표에 미치는 영향

유상증자 등 자본변동이 자본변동표에 어떻게 표시되는가를 표시하여 보면 다음과 같다.

구 분	자본금	기타적립금	이익잉여금 (또는 결손금)	총계
유상증자(액면발행)	(+)			(+)
유상증자(할증발행)	(+)	(+)		(+)
유상증자(할인발행)	(+)	(−)		(+)
유상감자(감자차익 발생)	(−)	(+)		(−)
유상감자(감자차손 발생)	(−)	(−)		(−)
무상증자(이익잉여금 전입)	(+)		(−)	−
무상증자(자본잉여금 전입)	(+)	(−)		−
무상감자	(−)	(+)		−
자기주식 취득		(−)		(−)
자기주식 재발행		(+)		(+)
현금배당(중간배당 포함)			(−)	(−)
주식배당	(+)		(−)	−
주식할인발행차금 상각		(+)	(−)	−
자기주식처분손실 이익처분상각		(+)	(−)	−
감자차손 이익처분 상각		(+)	(−)	−
이익준비금 적립[주]			−	−
임의적립금 적립과 이입[주]			−	−
FVOCI금융자산평가손익 발생		(±)		(±)

주) 이익준비금 및 임의적립금의 적립과 임의적립금 이입은 이익잉여금 내의 변동으로 이익잉여금 및 자본총계에 미치는 영향이 없다. 따라서, 나타낼 필요가 없다.

사례 73 자본변동표

1. 자료

    (1) 20×1년 12월 31일 현재의 승수(주)의 자본내역은 다음과 같으며, 자본잉여금 및 자본조정은 없다.

자본금		₩1,000,000
기타적립금		50,000
FVOCI금융자산평가이익	50,000	
이익잉여금		250,000
법정적립금	100,000	
임의적립금	20,000	
미처분이익잉여금	130,000	
자본총계		₩1,300,000

    (2) 잉여금 처분내용은 다음과 같으며, 20×1년도에 대한 이익처분은 예정대로 확정되었다.

	20×1년(처분일 20×2.3.24.)	20×2년(처분일 20×3.3.25.)
미처분이익잉여금	₩130,000	₩415,000
이익준비금 적립	20,000	80,000
연차배당	15,000	50,000
임의적립금 적립	60,000	20,000

    (3) 20×2년 기중거래 내역은 다음과 같다.

    ① 1월 중에 주식 1,000주(액면 : @500, 발행금액 : @750)를 발행하였다.
    ② 4월 중에 자기주식 20주(취득금액 : @600)를 취득하였다.
    ③ 7월 중에 중간배당 20,000원을 지급하였다.
    ④ 기말 결산시 FVCOI금융자산평가손실 45,000원이 발생하였다.

    (4) 20×1년 및 20×2년 당기순이익은 각각 100,000원, 400,000원이다.

2. 20×2년 비교표시 이익잉여금처분계산서

제×기 20×2년 1월 1일부터   제×기 20×1년 1월 1일부터
       20×2년 12월 31일까지   20×1년 12월 31일까지
처분예정일 20×3년 3월 25일   처분확정일 20×2년 3월 24일

회사명 : 승수(주)   (단위 : 원)

구 분	당기(20×2년)		전기(20×1년)	
Ⅰ. 미처분이익잉여금		₩415,000		₩130,000
전기이월미처분이익잉여금	35,000		30,000 [주1]	
중간배당액	(20,000) [주2]		–	
당기순이익	400,000		100,000	
Ⅱ. 이익잉여금처분액		150,000		95,000
이익준비금	80,000		20,000	
배당금	50,000		15,000	
임의적립금	20,000		60,000	
Ⅲ. 차기이월미처분이익잉여금		₩265,000		₩35,000

주1) 미처분이익잉여금 130,000 − 당기순이익 100,000
주2) 20×2년 7월에 지급한 중간배당액

3. 20×2년 자본변동표

구 분	자본금	기타적립금	이익잉여금	총 계
20×2.1.1.	₩1,000,000	₩50,000	₩250,000	₩1,300,000
회계정책변경누적효과			–	–
전기오류수정			–	–
연차배당			(15,000) [주1]	(15,000)
중간배당			(20,000) [주2]	(20,000)
유상증자	500,000	250,000		750,000
당기순이익			400,000	400,000
자기주식 취득		(12,000)		(12,000)
FVOCI금융자산평가손익		(45,000)		(45,000)
20×2.12.31.	₩1,500,000	₩243,000	₩615,000	₩2,358,000

주1) 20×2년 3월 24일 20×1사업연도분 이익잉여금처분에 따라 지급한 현금배당금
주2) 20×2년 7월에 지급한 중간배당액

제 12 절

손익

이 절에서는 앞서 살펴본 매출 및 매출원가를 제외한 나머지 손익 관련 계정과목의 회계처리에 대해 살펴보기로 한다.[79]

1. 급여

"급여"란 임직원이 제공한 근무용역과 교환하여 기업이 제공하는 모든 종류의 대가를 말한다. 즉 급여, 급료, 임금, 상여 및 제수당 등을 포함한 것을 말하며, 단기종업원급여, 기타장기종업원급여, 퇴직급여 및 해고급여로 구분한다. 여기서는 단기종업원급여만 살펴보기로 한다.[80]

(1) 의미

단기종업원급여는 종업원이 관련 근무용역을 제공하는 연차보고기간 이후 12개월 이전에 전부 결제될 것으로 예상되는 종업원급여로 해고급여를 제외하며 다음과 같은 급여를 포함한다.

---

[79] 본 절에서 언급하는 계정과목은 '제1장 제3절 5. 포괄손익계산서'에서 살펴본 바와 같이 발생원천별로 분류하여 원가배분 하여야 한다. 예를 들어 급여의 경우 제조공정에 투입된 임직원의 인건비는 재고자산(재공품 또는 제품)으로 분류되어 매출원가로 비용처리 되며, 개발활동에 투입된 임직원의 인건비는 관리비(연구비 또는 경상개발비)로 직접 비용처리 되거나 또는 무형자산(개발비)로 분류된 후 무형자산상각비로 비용처리 되어 원가배분 되어야 한다.
[80] 퇴직급여와 해고급여는 제8절을 참조하기 바라며, 기타장기종업원급여는 설명을 생략한바 다른 한국채택국제회계기준 교재 등을 참고하기 바란다.

① 임금, 사회보장분담금
② 유급연차휴가와 유급병가
③ 이익분배금과 상여금
④ 의료, 주택, 자동차, 무상 또는 일부 보조로 제공되는 재화나 용역 등 현직종업원을 위한 비화폐성급여

(2) 회계처리

단기종업원급여의 회계처리는 다음과 같이 한다.[81]

① 원칙

종업원이 회계기간에 근무용역을 제공한 때 근무용역과 교환하여 지급이 예상되는 단기종업원급여의 할인되지 않은 금액을 다음과 같이 인식한다.

㉠ 이미 지급한 금액을 차감한 후 부채(미지급비용)로 인식하되 이미 지급한 금액이 해당 급여의 할인되지 않은 금액보다 많은 경우 해당 초과액 때문에 미래 지급액이 감소하거나 현금이 환급되는 만큼을 자산(선급비용)으로 인식한다.

㉡ 해당 급여를 자산의 원가에 포함하는 경우를 제외하고는 비용으로 인식한다.

② 단기유급휴가의 예상원가

유급휴가[82] 형식을 취하는 단기종업원급여의 예상원가는 다음과 같이 회계처리한다.

㉠ 누적유급휴가의 예상원가

보고기간말 현재 미사용유급휴가가 누적된 결과 기업이 지급할 것으로 예상되는 추가금액으로 측정하여 인식한다.[83]

㉡ 비누적유급휴가

휴가가 실제로 사용되는 때에 인식하며, 실제로 유급휴가를 사용하기 전에는 부채나 비용을 인식하지 아니한다.

---

[81] 급여 지급시점에 소득세법에 따른 소득세 원천징수세액(개인지방소득세 특별징수세액 포함)과 임직원이 부담하는 국민연금, 건강보험료, 노인장기요양보험료, 고용보험료를 공제하고 지급하게 되는데, 이는 "예수금"의 계정과목으로 하여 기타채무로 분류한다.

[82] 기업은 연차휴가, 병가, 단기장애휴가, 출산·육아휴가, 배심원참여 및 병역 등과 같은 여러 가지 이유로 생기는 종업원의 휴가에 대하여 보상할 수 있다. 이러한 유급휴가는 당기에 사용되지 않으면 이월되어 차기이후에 사용되는 누적유급휴가와 당기에 사용되지 않으면 이월되지 않는 비누적유급휴가로 구분한다.

[83] 누적유급휴가는 당기에 사용되지 않으면 이월되어 차기이후에 사용되는 유급휴가를 말하며, 기업의 채무는 종업원이 미래 유급휴가에 대한 권리를 증가시키는 근무용역을 제공함에 따라 발생한다. 따라서, 누적유급휴가가 아직 가득되지 않은 경우에도 관련 채무는 존재하므로 그 채무를 인식하여야 한다. 다만, 채무를 측정할 때에는 가득되지 않은 누적유급휴가를 사용하기 전에 종업원이 퇴사할 가능성을 고려한다.

③ 이익분배금 및 상여금의 예상원가

과거 사건의 결과로 현재의 지급의무(법적의무 또는 의제의무)가 발생하고 채무금액을 신뢰성 있게 추정할 수 있을 때[84], 이익분배금 및 상여금의 예상원가를 인식하여 당기비용으로 인식한다.

분개예제 89

1. 종업원에게 급여를 보통예금으로 지급하다. 단, 급여 내역은 다음과 같다.

급여		공제내역	
기본급	1,000,000	근로소득세, 개인지방소득세	240,000
수당1	200,000	가불금	100,000
수당2	50,000	국민연금 예수금	120,000
상여	1,000,000	고용보험료 예수금	20,000
사용자부담금 (국민연금, 건강보험료)	180,000	건강보험료 예수금 (노인장기요양보험 포함)	60,000

(차) 급여	2,430,000	(대) 보통예금	1,710,000
		단기대여금	100,000
		예수금	440,000
		미지급금	180,000

---

[84] 이익분배제도 및 상여금제도에 따라 기업이 부담하는 법적의무나 의제의무는 다음 중 하나를 충족할 때 신뢰성 있게 측정할 수 있다.
1. 제도의 공식적 규약에 급여산정식이 명시되어 있다.
2. 재무제표의 발행이 승인되기 전에 지급액이 결정된다.
3. 과거 관행에 비추어 볼 때 기업이 부담하는 의제의무의 금액을 명백히 결정할 수 있다.

2. 복리후생비

"복리후생비"란 임직원에게 직접 지급되지 아니하고 근로환경의 개선 또는 근로의욕의 증진을 위하여 지출하는 성격의 비용을 말하며, 다음과 같은 것이 있다.[85]

① 직장체육비
② 직장문화비
③ 우리사주조합의 운영비
④ 영유아보육법에 의하여 설치된 직장보육시설의 운영비
⑤ 임원 또는 사용인에게 지급하는 경조사비 중 사회통념상 타당하다고 인정되는 범위 내의 금액
⑥ 기타 ①부터 ⑤까지와 유사한 비용

분개예제 90

1. 종업원 나결혼씨의 결혼 축의금으로 10만원 현금지출하다.

    (차) 복리후생비   100,000   (대) 현금   100,000

2. 영업부 회식비 30만원을 법인카드로 지출하다.

    (차) 복리후생비   300,000   (대) 미지급금   300,000

---

3. 접대비

"접대비"란 회사의 업무와 관련하여 거래처에 접대 등을 위하여 지출한 비용을 말한다. 접대비 회계처리시 다음에 유의한다.

(1) 접대비와 관련된 부가가치세 매입세액

접대비와 관련된 부가가치세 매입세액은 매입세액불공제 대상이다. 즉, 세금계산서 수취여부와 관계없이 접대비 관련 매입세액은 국가로부터 돌려받을 수 없다. 따라서, 해당 부가가치세도 접대비에 포함하여 회계처리 한다.

---

[85] 한국채택국제회계기준을 엄격하게 적용하면 이 또한 "급여"에 해당된다.

(2) 법인카드 결제시[86]

접대비를 법인카드를 사용하여 결제한 경우 반드시 실제 접대비 발생시점에 비용처리 한다. 이는 비용도 발생주의에 따라 회계처리하기 때문이다. 따라서, 신용카드사용명세서를 수취한 시점(대금청구시점) 또는 신용카드 대금이 결제되는 시점에 회계처리하는 것은 올바른 회계처리가 아니다.

분개예제 91

1. 거래처 임원 나결혼씨의 결혼 축의금으로 20만원 현금지출하다.

   (차) 접대비   200,000   (대) 현금   200,000

2. 거래처에 추석선물로 주기 위하여 상품권 1,000만원을 법인카드로 구입하다.

   (차) 접대비   10,000,000   (대) 미지급금   10,000,000

---

4. 세금과공과

"세금과공과"란 국가 또는 지방자치단체가 부과하는 국세, 지방세의 세금, 공공단체나 조합 등의 공과금과 벌금, 과료 등을 말한다. 이때, 부가가치세법상 간주임대료에 대한 부가가치세액[87]도 세금과공과로 처리하나, 다음의 세금은 세금과공과로 처리하지 않고 별도 계정과목으로 처리함에 유의한다.

---

[86] 1회 지출 접대비(부가가치세 포함)가 1만원(경조금은 20만원) 초과인 경우에는 반드시 다음의 법정증명서류를 수취하여야 한다.
   1. 세금계산서 또는 계산서
   2. 신용카드(외국에서 발행한 신용카드 포함)·직불카드·기명식선불카드영수증, 현금영수증
   3. 매입자발행세금계산서
   4. 사업자등록을 하지 아니한 자로부터 용역을 제공받고 발급하는 사업소득·기타소득원천징수영수증

[87] 부가가치세법에서는 사업자가 부동산 임대용역을 제공하고 전세금 또는 임대보증금을 받는 경우 법 소정 이자만큼을 임대료로 간주하여 부가가치세를 징구·납부하도록 하고 있다. 이때, 법 소정 이자를 "간주임대료"라 하며, 이에 대한 부가가치세를 "간주임대료에 대한 부가가치세액"이라 한다. 간주임대료에 대한 부가가치세액은 세금계산서 발행대상이 아니므로 국가로부터 돌려받을 수 없다.

구 분		회계처리
법인세 부담액		전기분 및 당기분 법인세
부가가치세 부담액	매입세액 공제대상	부가세대급금 처리
	매입세액 불공제대상	관련 자산 또는 비용 처리
취득세, 등록면허세 부담액		자산 처리

분개예제 92

1. 토지에 대해 재산세를 500만원 보통예금으로 납부하다.

    (차) 세금과공과   5,000,000   (대) 보통예금   5,000,000

2. 영업사원 차량의 교통위반 벌과금 6만원을 현금납부하다.

    (차) 세금과공과   60,000   (대) 현금   60,000

3. 임대인이 간주임대료에 대한 부가가치세 5만원을 부담하기로 하다.

    (차) 세금과공과   50,000   (대) 부가세예수금   50,000

4. 임차인이 간주임대료에 대한 부가가치세 5만원을 부담하기로 하여 임대인에게 현금으로 지급하다.

    (차) 세금과공과   50,000   (대) 현금   50,000

5. 광고선전비

"광고선전비"란 상품 또는 제품의 판매촉진 또는 기업의 이미지 제고를 위하여 불특정다수인을 상대로 상품 또는 기업 등에 대한 선전효과를 얻기 위하여 지출한 비용을 말한다. 따라서, 업무와 관련된 비용이라는 점에서는 접대비와 동일하나, 불특정인을 대상으로 한다는 점에서 접대비와 구별된다.

분개예제 93

1. 신제품 광고를 위해 신문광고비용으로 1,100만원(부가가치세 포함)을 보통예금에서 지출하고, 세금계산서를 발급받다.

    (차) 광고선전비   10,000,000 (대) 보통예금   11,000,000
       부가세대급금   1,000,000

6. 지급임차료

"지급임차료"란 부동산(토지, 건물) 등을 임차하고 임대인에게 임대차계약에 따라 지급하는 비용을 말한다. 반면, 임대인은 이를 "임대료수익"의 계정과목으로 하여 매출액 또는 기타수익으로 분류한다.

분개예제 94

1. 임차료 110만원(부가가치세 포함)을 보통예금에서 이체하고 세금계산서를 발급받다.

    (차) 지급임차료   1,000,000 (대) 보통예금   1,100,000
       부가세대급금   100,000

2. 상기 '1.'의 임대료 110만원(부가가치세 포함)을 보통예금으로 수령하고 세금계산서를 발급하다. 단, 임대업이 주업은 아니다.

    (차) 보통예금   1,100,000 (대) 임대료수익   1,000,000
                    (기타수익)
                    부가세예수금   100,000

3. 상기 '1.'의 임대료 110만원(부가가치세 포함)을 보통예금으로 수령하고 세금계산서를 발급하다. 단, 임대업이 주업이다.

    (차) 보통예금   1,100,000 (대) 매출   1,000,000
                    (매출액)
                    부가세예수금   100,000

7. 보험료

"보험료"란 화재보험 등 보험계약에 따라 지출하는 보험료를 말한다.

분개예제 95

1. 7/1 차량보험료로 100만원을 보통예금에서 지출하다.
   단, 보험기간은 7.1.~내년 6.30.까지이며 기간비용은 일할계산한다.

(차) 보험료	504,110	(대) 보통예금	1,000,000
선급비용	495,890		

8. 감가상각비와 무형자산상각비

(1) 의 미

유형자산과 무형자산의 취득원가를 수익·비용대응의 원칙에 따라 내용연수동안 감가상각방법을 적용하여 체계적으로 배분함에 따라 발생되는 비용을 말한다.

(2) 회계처리

유형자산의 감가상각비는 "감가상각비", 무형자산의 상각비는 "무형자산상각비"의 계정과목으로 처리한다.

분개예제 96

1. 12/31 본사 건물에 대해 감가상각비 2,500만원을 인식하다.

(차)	감가상각비 (관리비)	25,000,000	(대)	감가상각누계액 (건물(-))	25,000,000

2. 12/31 개발비에 대해 제조원가로 분류되는 상각비 2,000만원을 인식하다.

(차)	무형자산상각비 (제조원가)	20,000,000	(대)	상각누계액 (개발비(-))	20,000,000

9. 대손상각비

"대손상각비"는 결산일 현재 매출채권(외상매출금과 받을어음)과 계약자산 중 손상차손이 발생한 채권금액을 손실충당금으로 설정하기 위해 추가로 비용처리하거나 손실충당금 잔액보다 대손된 매출채권 금액이 더 클 경우 해당 차액을 비용처리하는 계정과목을 말한다.

분개예제 97

1. 12/31 외상매출금 잔액 1억원 중 200만원이 손상된 것으로 판단되다. 단, 손상차손 검토 전 손실충당금 잔액은 50만원이다.

(차)	대손상각비 (관리비)	1,500,000	(대)	손실충당금 (외상매출금(-))	1,500,000

2. 외상매출금 1,000만원을 회수하지 못하게 되다. 단, 손실충당금 잔액은 800만원이다.

(차)	손실충당금 (외상매출금(-)) 대손상각비 (관리비)	8,000,000 2,000,000	(대)	외상매출금	10,000,000

10. 견본비

"견본비"는 신규매출 등을 위해 제품이나 상품 등을 견본품(Sample)로 제공함에 따른 제품이나 상품의 원가를 말한다.

분개예제 98

1. 신규 매출을 위해 원가 100만원의 상품을 견본품으로 제공하다.

   (차) 견본비   1,000,000   (대) 상품   1,000,000

11. 연구비와 경상개발비

"연구비"는 연구활동에서 발생한 제비용을 말하며, "경상개발비"는 개발활동에서 발생된 제비용 중 개발비 인식요건을 충족하지 못한 금액을 말한다.

분개예제 99

1. 신제품 연구비용으로 1억원이 지출되다. 단, 해당 연구비용의 내역은 다음과 같다.
   - 연구원 급여(관리비 처리) : 5,000만원
   - 재료원가(원재료 사용) : 3,000만원
   - 연구소 건물의 감가상각비(관리비 처리) : 2,000만원

   (차) 연구비   100,000,000   (대) 급여   50,000,000
                                                                    원재료   30,000,000
                                                                    감가상각비   20,000,000

2. 신제품 개발비용으로 1억원이 지출되다. 단, 해당 개발비용은 자산성이 없는 것으로 파악되며, 내역은 다음과 같다.
   - 연구원 급여(관리비 처리) : 5,000만원
   - 재료원가(원재료 사용) : 3,000만원
   - 연구소 건물의 감가상각비(관리비 처리) : 2,000만원

(차) 경상개발비	100,000,000	(대) 급여	50,000,000
		원재료	30,000,000
		감가상각비	20,000,000

12. 기타 판매비와 관리비

'1.부터 11.까지'외에도 지급수수료, 교육훈련비, 여비교통비, 통신비 등 여러 계정과목이 있으나, 이에 대해서는 예제를 통해 살펴보기로 한다.

분개예제 100

1. 직원 교육을 위해 교육비로 55만원(부가가치세 포함)을 현금 지출하고 세금계산서를 발급받다.

(차) 교육훈련비	500,000	(대) 현금	550,000
부가세대급금	50,000		

2. 도서 10만원을 인터넷으로 구입하고 카드결제하다.

(차) 도서인쇄비	100,000	(대) 미지급금	100,000

3. 사무용품(필기도구, 복사용지 등) 4만원(부가가치세 포함)을 현금으로 구입하다. 단, 현금영수증을 수취하지 않았다.

(차) 사무용품비	40,000	(대) 현금	40,000

4. 프린터 잉크를 11만원(부가가치세 포함)에 구입하고 카드결제하다. 단, 매입세액 공제대상이다.

(차) 소모품비	100,000	(대) 미지급금	110,000
부가세대급금	10,000		

5. 제품 판매시 운반비용 11만원(부가가치세 포함)을 현금지출하고, 세금계산서를 발급받다.

(차) 운반비	100,000	(대) 현금	110,000
(물류원가)			
부가세대급금	10,000		

> **KEY POINT**
>
> **운반비 회계처리**
>
> 판매자가 부담하는 운반비는 "운반비"의 계정과목으로 하여 물류원가로 분류하는 반면, 매입자가 부담하는 운반비는 취득부대비용이므로 자산의 취득원가로 회계처리한다.

6. 출장사원의 출장비용 사용내역은 다음과 같으며, 이를 현금으로 정산지급하다.
   - 숙박비 : 300,000원   - 식대 : 200,000원
   - 교통비 : 300,000원   - 거래처 접대비 : 500,000원

   (차) 여비교통비   800,000   (대) 현금   1,300,000
       접대비   500,000

7. 전화요금(이동전화요금, 인터넷사용료 등)으로 110만원(부가가치세 포함)을 보통예금에서 지출하고, 세금계산서를 발급받다.

   (차) 통신비   1,000,000   (대) 보통예금   1,100,000
       부가세대급금   100,000

8. 차량(비영업용소형승용자동차에 해당)에 휘발유 55,000원(부가가치세 포함)을 주유하고 카드 결제하다.

   (차) 차량유지비   55,000   (대) 미지급금   55,000

9. 차량(비영업용소형승용자동차에 해당 안됨) 수선비로 220,000원(부가가치세 포함)을 현금 지출하고, 세금계산서를 발급받다.

   (차) 수선비   200,000   (대) 현금   220,000
       부가세대급금   20,000

10. 특허권 사용료(로얄티 등)로 1,100만원(부가가치세 포함)을 보통예금에서 지출하고, 세금계산서를 발급받다.

    (차) 지급수수료   10,000,000   (대) 보통예금   11,000,000
        부가세대급금   1,000,000

11. 12월분 전기료 고지서에 따라 전기요금 44만원(부가가치세 포함)를 자동이체하고 세금계산서를 발급받다.

    (차) 수도광열비   400,000   (대) 보통예금   440,000
        부가세대급금   40,000

12. 상공회의소 회비 10만원을 현금납부하다.

(차) 협회비	100,000	(대) 현금	100,000

13. (주)대박은 설립시 주식 5,000만원을 액면발행하다. 단, 발행시 주식발행비용으로 100만원, 등록면허세 및 발기인 수수료로 500만원이 발생하여 현금지급하다.

(차) 보통예금	50,000,000	(대) 자본금	50,000,000
창업비	6,000,000	현금	6,000,000

KEY POINT

1. 발생한 기간에 비용 처리하는 지출의 예
   다음의 비용은 미래 경제적 효익을 기대하기 어려우므로 발생한 기간에 비용으로 인식한다.
   (1) 연구활동을 위해 지출한 연구비
   (2) 다음과 같은 사업개시원가(단, 유형자산에 해당되는 것 제외)
       ① 법적실체를 설립하는데 발생한 법적비용과 사무비용과 같은 설립원가
       ② 새로운 시설이나 사업을 개시하기 위하여 발생한 지출(개업원가)
       ③ 새로운 영업을 시작하거나 새로운 제품이나 공정을 시작하기 위하여 발생하는 지출(신규영업준비원가)
   (3) 교육 훈련을 위한 지출
   (4) 광고 또는 판매촉진 활동을 위한 지출
   (5) 기업의 전부나 일부의 이전 또는 조직 개편에 관련된 지출

2. 주식발행비용
   회사 설립시 주식을 발행하기 위해 발생한 주식발행비용은 "창업비"의 계정과목으로 하여 관리비로 처리하나, 회사 설립 후 유상증자를 하기 위해 발생한 주식발행비용은 "주식할인발행차금"의 계정과목으로 하여 기타적립금으로 처리한다.

14. 사무실 장식용 화분을 2만원에 현금구입하다.

(차) 잡비	20,000	(대) 현금	20,000

KEY POINT

잡비

관리비에 속하는 비용이나 적절한 계정과목이 마뜩지 않은 경우 또는 중요하지 않은 금액인 경우 이를 처리하는 계정과목이다.

13. 이자수익과 이자비용

(1) 이자수익

"이자수익"은 예금, 채권(국채, 공채, 회사채를 말함), 대여금 등에서 발생된 이자를 말하며, 기타수익으로 분류한다.

분개예제 101

1. 12/31 정기예금에 대하여 미수이자 5백만원을 인식하다.

   (차) 미수수익　　　　　　　5,000,000　　(대) 이자수익　　　　　　　5,000,000

2. 정기예금 1억원의 만기가 도래하여 예금이자 1,000만원에 대한 원천징수세액과 특별징수세액 154만원을 차감한 1억846만원이 보통예금으로 입금되다.

   (차) 보통예금　　　　　　108,460,000　　(대) 정기예금　　　　　　100,000,000
   　　　선급법인세　　　　　　1,540,000　　　　　이자수익　　　　　　　10,000,000

3. 12/31 AC금융자산에 대해 액면이자 100만원을 수취하다. 단, 해당 이자에 대해 원천징수세액과 특별징수세액 154천원을 부담하다. 또한, 해당 채권을 할인 취득한바 취득금액과 액면금액의 차액 중 당기 상각될 금액은 20만원이다.

   (차) 보통예금　　　　　　　　846,000　　(대) 이자수익　　　　　　　1,200,000
   　　　선급법인세　　　　　　　154,000
   　　　AC금융자산　　　　　　 200,000

4. 12/31 AC금융자산에 대해 액면이자 100만원이 발생하다. 또한, 해당 채권을 할증 취득한바 취득금액과 액면금액과의 차액 중 결산일까지 발생되어 상각될 금액은 20만원이다.

   (차) 미수수익　　　　　　　1,000,000　　(대) 이자수익　　　　　　　　800,000
   　　　　　　　　　　　　　　　　　　　　　　　AC금융자산　　　　　　 200,000

(2) 이자비용

"이자비용"은 사채, 차입금 등에서 발생된 이자를 말하며, 기타비용으로 분류한다.

분개예제 102

1. 12/31 차입금에 대한 미지급이자 500만원을 인식하다.

   (차) 이자비용   5,000,000   (대) 미지급비용   5,000,000

2. 만기 3년의 관계회사 차입금 5억원이 만기 도래하여 이자 4,000만원에 대한 원천징수세액과 특별징수세액 1,100만원을 차감한 5억2,900만원을 지급하다.

   (차) 유동성장기부채   500,000,000   (대) 보통예금   529,000,000
       이자비용   40,000,000   예수금   11,000,000

3. 12/31 할인발행된 사채에 대해 액면이자 1,000만원을 지급하다. 단, 해당 액면이자에 대해 154만원을 원천징수(특별징수 포함)하였으며, 해당 채권의 사채할인발행차금 중 당기 상각될 금액은 200만원이다.

   (차) 이자비용   12,000,000   (대) 보통예금   8,460,000
                                              예수금   1,540,000
                                              사채할인발행차금   2,000,000
                                              (사채(-))

4. 12/31 할증발행된 사채에 대해 액면이자 1,000만원이 발생하다. 단, 해당 사채의 사채할증발행차금 중 결산일까지 발생되어 상각될 금액은 200만원이다.

   (차) 이자비용   8,000,000   (대) 미지급비용   10,000,000
       사채할증발행차금   2,000,000
       (사채(+))

14. 배당금수익

"배당금수익"은 주식(지분법적용 대상 제외)을 보유함에 따라 수령하게 되는 현금배당액을 말한다. 이때, 배당금 수익은 배당금을 수령하는 시점이 아니라 배당금 수령이 확정되고, 관련된 경제적 효익의 유입가능성이 높으며, 배당액을 신뢰성 있게 측정할 수 있게 되는 시점(대부분의 경우 주주총회일)에 인식함에 유의한다.

분개예제 103

1. 피투자회사의 주주총회에서 현금배당을 결의하여 1,000만원을 배당받게 되다.

   (차) 미수금　　　　　　10,000,000　　(대) 배당금수익　　　　　10,000,000

2. 상기 '1.'의 배당금을 보통예금으로 수령하다.

   (차) 보통예금　　　　　10,000,000　　(대) 미수금　　　　　　　10,000,000

15. 외환차이

(1) 의 의

"외환차이"는 화폐성 외화자산·부채를 결산일에 현물환율로 환산함에 따른 환율변동효과와 결제시점에 발생하는 환율변동효과를 말한다.

(2) 회계처리

결산시점에 발생하는 외환차이는 "외화환산손익"으로, 결제시점에서 발생하는 외환차이는 "외환차손익"의 계정과목으로 하여 기타손익 등으로 처리한다.

분개예제 104

1. 12/31 외화외상매출금 $1,000의 환산전 장부금액은 100만원이다. 결산시점 마감환율은 ₩1,100/ $이다.

    (차) 외화외상매출금 100,000 (대) 외화환산이익 100,000

2. 12/31 외화외상매입금 $1,000의 환산전 장부금액은 100만원이다. 결산시점 마감환율은 ₩1,100/ $이다.

    (차) 외화환산손실 100,000 (대) 외화외상매입금 100,000

3. 외화대여금 $1,000를 회수하다. 단, 외화대여금 장부금액은 100만원이며, 회수시점 환율은 ₩1,100/$이다.

    (차) 보통예금 1,100,000 (대) 외화대여금 1,000,000
                                   외환차익 100,000

4. 외화외상매입금 $1,000를 상환하다. 단, 외화외상매입금 장부금액은 100만원이며, 상환시점 환율은 ₩1,100/$이다.

    (차) 외화외상매입금 1,000,000 (대) 보통예금 1,100,000
        외환차손 100,000

16. 기타의 대손상각비

"기타의대손상각비"는 결산시점 현재 매출채권이나 계약자산을 제외한 기타 채권(미수금, 대여금 등) 중 손상차손이 발생한 채권금액을 손실충당금으로 설정하기 위해 추가로 비용처리하거나 손실충당금 잔액보다 대손된 기타 채권 금액이 더 클 경우 해당 차액을 비용처리하는 계정과목을 말한다.

17. 손실충당금환입

"손실충당금환입"은 결산시점 현재 채권 잔액 중 손상차손이 발생한 채권금액을 손실충당금으로 설정하기 위해 이미 비용처리된 손실충당금 잔액을 감소시킬 경우(이를 "환입"이라 한다) 수익처리하는 계정과목을 말하며, 관리비 차감항목 또는 기타수익으로 분류한다.

분개예제 105

1. 12/31 대여금 잔액 1억원 중 200만원이 손상된 것으로 판단되다. 단, 손상차손 검토 전 손실충당금 잔액은 50만원이다.

    (차) 기타의대손상각비   1,500,000   (대) 손실충당금   1,500,000
        (기타비용)   (대여금(-))

2. 12/31 외상매출금 잔액 1억원 중 200만원이 손상된 것으로 판단되다. 단, 손상차손 검토 전 손실충당금 잔액은 300만원이다.

    (차) 손실충당금   1,000,000   (대) 손실충당금환입   1,000,000
        (외상매출금(-))   (관리비(-))

3. 12/31 미수금 잔액 1억원 중 200만원이 손상된 것으로 판단되다. 단, 손상차손 검토 전 손실충당금 잔액은 300만원이다.

    (차) 손실충당금   1,000,000   (대) 손실충당금환입   1,000,000
        (미수금(-))   (기타수익)

18. 매출채권처분손실

금융기관을 통해 어음을 만기일 이전에 현금화하는 경우로서 금융자산 양도거래에 해당하는 경우 어음 액면금액과 할인시 현금수취금액과의 차액은 "매출채권처분손실"로 하여, 기타비용으로 분류한다.

분개예제 106

1. 받을어음 1,000만원을 할인하여 수취한 950만원을 보통예금에 입금시키다. 다만, 해당거래는 금융자산의 양도거래에 해당한다.

(차)	보통예금	9,500,000	(대)	받을어음	10,000,000
	매출채권처분손실	500,000			

19. 기부금

"기부금"이란 특수관계가 없는 타인에게 회사의 업무와 관계없이 무상으로 기증한 금전 등의 자산금액을 말하며, "기타비용"으로 분류한다. 기부금은 특정인에게 지급된다는 점에서 접대비와 같고 광고선전비와 구별되나, 업무와 관련이 없다는 점에서 접대비 및 광고선전비와 구별된다.

접대비 vs 광고선전비 vs 기부금

구 분	대 상	업무관련 여부
접대비	특정 거래처	업무관련
광고선전비	불특정 다수인	업무관련
기부금	특수관계 없는 특정 타인	업무무관

분개예제 107

1. 수재의연금으로 1,000만원을 보통예금으로 기부하다.

(차)	기부금	10,000,000	(대)	보통예금	10,000,000

20. 재고감모손실

원인불명의 사유로 발생한 비정상적인 재고 감모분에 대한 취득원가는 "재고감모손실"로 하여, 기타비용으로 분류한다.

분개예제 108

1. 12/31 원인불명으로 판명된 제품감모분의 취득원가는 1,000만원이다.

| (차) 재고감모손실 | 10,000,000 | (대) 제품 | 10,000,000 |

21. 재평가손익

(1) 의 미

평가방법으로 재평가모형을 선택한 유형자산 및 무형자산은 결산시점에서 해당 자산을 공정가치로 평가하여야 한다. 이때, 장부금액과 공정가치의 차이에 따라 평가이익이 발생하기도 하고 평가손실이 발생하기도 하는데, 이는 다음과 같이 처리한다.

구 분		회계처리
재평가 이익	전기 이전에 이미 인식한 재평가손실까지의 금액(A)	당기이익 처리
	A를 초과하는 금액	재평가잉여금(기타포괄손익) 처리
재평가 손실	전기 이전에 이미 인식한 재평가잉여금까지의 금액(B)	재평가잉여금(기타포괄손익)의 감소로 처리
	B를 초과하는 금액	당기손실 처리

(2) 회계처리

재평가로 인해 발생하는 당기이익은 "재평가이익"의 계정과목으로 하여 기타수익으로 분류하고, 당기손실은 "재평가손실"의 계정과목으로 하여 기타비용으로 분류한다.

22. 투자부동산평가손익

(1) 의미

평가방법으로 공정가치모형을 선택한 투자부동산은 결산시점에서 해당 자산을 공정가치로 평가하여야 한다. 이때, 장부금액과 공정가치의 차이에 따라 평가이익이 발생하기도 하고 평가손실이 발생하기도 하는데, 이를 처리하는 계정과목이 "투자부동산평가손익"이다.

(2) 회계처리

평가이익은 "투자부동산평가이익"으로 하여 기타수익으로 분류하고, 평가손실은 "투자부동산평가손실"로 하여 기타비용으로 분류한다.

분개예제 109

1. 12/31 당기에 10억원에 취득한 건물의 공정가치가 8억원이 된다. 단, 건물의 당기 감가상각비는 1억원이며, 회사는 순액방법으로 재평가 회계처리 한다.

(차)	감가상각누계액 (건물-)	100,000,000	(대) 건물	200,000,000
	재평가손실	100,000,000		

2. 12/31 상기 '1.'의 건물의 공정가치가 9억원이 된다. 단, 건물의 당기 감가상각비는 8,000만원이며, 전기 재평가손실로 인해 과소 인식한 감가상각비는 2,000만원이다.

(차)	건물	100,000,000	(대) 재평가이익	80,000,000
	감가상각누계액 (건물-)	80,000,000	재평가잉여금 (기타포괄손익누계액)	100,000,000

3. 12/31 당기 중 장기 시세차익 목적으로 10억원에 취득한 토지의 공정가치가 12억원이 된다. 단, 해당 토지는 공정가치모형으로 평가한다.

(차)	투자부동산	200,000,000	(대) 투자부동산평가이익	200,000,000

4. 12/31 당기 중 장기 시세차익 목적으로 10억원에 취득한 토지의 공정가치가 9억원이 된다. 단, 해당 토지는 공정가치모형으로 평가한다.

(차)	투자부동산평가손실	100,000,000	(대) 투자부동산	100,000,000

23. FVPL금융자산평가손익

(1) 의 미

당기손익_공정가치 측정 금융자산으로 분류된 주식과 채권을 보유할 경우 결산시점에서 해당 금융자산을 공정가치로 평가하여야 한다. 이때, 장부금액과 공정가치의 차이에 따라 평가이익이 발생하기도 하고 평가손실이 발생하기도 하는데, 이를 처리하는 계정과목이 "FVPL금융자산평가손익"이다.

(2) 회계처리

평가이익은 "FVPL금융자산평가이익"으로 하여 기타수익으로 분류하고, 평가손실은 "FVPL금융자산평가손실"로 하여 기타비용으로 분류한다.

24. 지분법손익

(1) 의 미

관계기업투자주식으로 분류된 주식을 보유할 경우 결산시점에서 지분법으로 평가하여야 한다. 이때, 투자주식 장부금액과 지분법에 따른 평가금액과의 차이[88]에 따라 평가이익이 발생하기도 하고 평가손실이 발생하기도 하는데, 이를 처리하는 계정과목이 "지분법손익"이다.

(2) 회계처리

평가이익은 "지분법이익"으로 하여 기타수익으로 분류하고, 평가손실은 "지분법손실"로 하여 기타비용으로 분류한다.

> **KEY POINT**
>
> **FVOCI금융자산평가손익**
>
> 기타포괄손익_공정가치 측정 금융자산으로 분류된 유가증권의 평가손익은 "FVOCI금융자산평가손익"의 계정과목으로 하여 "기타포괄손익누계액"으로 분류한다.

---

[88] 당기순이익 또는 당기순손실이 발생하여 피투자자회사의 순자산 장부금액이 변동된 경우만을 가정한다.

분개예제 110

1. 12/31 장부금액 1,000만원인 FVPL금융자산의 공정가치가 1,200만원이 되다.

   (차) FVPL금융자산　　　　2,000,000　　(대) FVPL금융자산평가이익　　2,000,000

2. 12/31 장부금액 1,200만원인 FVPL금융자산의 공정가치가 1,000만원이 되다.

   (차) FVPL금융자산평가손실　2,000,000　　(대) FVPL금융자산　　　　　2,000,000

3. 12/31 당사의 지분율이 25%인 피투자자가 당기순이익 10억을 보고하다.

   (차) 관계기업투자주식　　250,000,000　　(대) 지분법이익　　　　　250,000,000

4. 12/31 당사의 지분율이 40%인 피투자자가 당기순손실 5억을 보고하다.

   (차) 지분법손실　　　　　200,000,000　　(대) 관계기업투자주식　　200,000,000

25. 손상차손

(1) 의미

"손상차손"이란 자산의 진부화 및 시장가치의 급격한 하락 등으로 인하여 자산의 회수가능액이 장부금액보다 하락한 경우 취득금액과 회수가능액 차이를 비용으로 인식하는 것을 말하며, "손상차손환입"이란 손상차손을 인식한 자산에 대해 과거기간에 인식한 손상차손이 더 이상 존재하지 않거나 감소된 것을 시사하는 징후가 있어 자산의 회수가능액이 회복된 경우 해당금액을 말한다. 이때, 회수가능액은 자산을 사용중단하고 매각함에 따른 순현금유입액(이를 "순공정가치"라 한다)과 자산을 계속 사용함에 따라 발생할 것으로 기대되는 미래현금흐름의 현재가치(이를 "사용가치"라 한다) 중 큰 금액으로 한다.

(2) 회계처리

손상차손이 발생한 경우 "××자산손상차손"의 계정과목으로 하여 기타비용으로, 손상차손환입이 발생한 경우 "××자산손상차손환입"의 계정과목으로 하여 기타수익으로 처리한다. 유형자산에 대한 손상차손과 손상차손환입 회계처리를 예시하여 보면 다음과 같다.

구 분	회 계 처 리				
손상차손	(차)	유형자산손상차손	×××	(대) 손상차손누계액 (자산(-)항목)	×××
손상차손 환입	(차)	손상차손누계액 (자산(-)항목)	×××	(대) 유형자산손상차손환입	×××

분개예제 111

1. 토지에서 손상차손이 발생하여 2억원을 손상차손으로 인식하다.

   (차) 유형자산손상차손　　　　200,000,000　　(대) 손상차손누계액　　　　200,000,000
   　　　　　　　　　　　　　　　　　　　　　　　　　　　(토지(-))

2. 상기 '1.'의 토지에서 손상차손환입이 발생하여 1억원을 손상차손환입으로 인식하다.

   (차) 손상차손누계액　　　　100,000,000　　(대) 유형자산손상차손환입　　100,000,000
   　　　(토지(-))

26. 자산처분손익

(1) 의 미

자산을 처분할 경우 처분시점에서 장부금액과 처분금액과의 차이에 따라 처분이익이 발생하기도 하고 처분손실이 발생하기도 하는데, 이를 처리하는 계정과목이 "××자산처분손익"이다. 다만, 처분시점에 처분되는 FVOCI금융자산(주식 제외)으로 분류된 자산과 관련되어 기타포괄손익누계액으로 분류된 평가손익은 장부에서 함께 제거하여 처분손익에 가감하며, 재평가잉여금은 미처분이익잉여금으로 대체할 수 있음에 유의한다.

(2) 회계처리

처분이익은 "××자산처분이익"으로 하여 기타수익으로 분류하고, 처분손실은 "××자산처분손실"로 하여 기타비용으로 분류한다.

분개예제 112

1. 원가모형으로 평가하는 건물을 3억원(부가가치세 별도)에 매각하고 세금계산서를 발급하다. 단, 건물의 취득원가는 10억원, 매각시 감가상각누계액 잔액은 5억원이다.

(차)	보통예금	330,000,000	(대)	건물	1,000,000,000
	감가상각누계액 (건물(-))	500,000,000		부가세예수금	30,000,000
	유형자산처분손실	200,000,000			

2. 원가모형으로 평가하는 특허권을 3억원(부가가치세 별도)에 매각하고 세금계산서를 발급하다. 단, 특허권의 취득원가는 5억원, 매각시 감가상각누계액 잔액은 4억원이다.

(차)	보통예금	330,000,000	(대)	특허권	500,000,000
	감가상각누계액 (특허권(-))	400,000,000		부가세예수금	30,000,000
				무형자산처분이익	200,000,000

3. 장부가 12억원인 투자부동산(토지)을 13억원에 매각하다. 단, 해당 투자부동산과 관련된 재평가잉여금 4억원이 있으며, 처분시점에 전액 이익잉여금으로 대체하기로 한다.

(차)	보통예금	1,300,000,000	(대)	투자부동산	1,200,000,000
				투자부동산처분이익	100,000,000
(차)	재평가잉여금 (기타포괄손익누계액)	400,000,000	(대)	미처분이익잉여금	400,000,000

4. 장부가 1,200만원인 FVPL금융자산(상장주식, 매매일 회계처리방법 채택)을 1,000만원(거래원가 차감)에 매도하다.

(차)	미수금	10,000,000	(대)	FVPL금융자산	12,000,000
	FVPL금융자산처분손실	2,000,000			

5. 장부금액 1,200만원인 FVOCI금융자산(주식, 매매일 회계처리방법 채택)을 1,300만원에 매도하다. 단, 이미 인식된 평가이익누계액은 200만원이다.

(차)	미수금	13,000,000	(대)	FVOCI금융자산	12,000,000
				FVOCI금융자산평가이익	1,000,000

6. 장부금액 991만원인 AC금융자산(채권, 매매일 회계처리방법 채택)을 1,000만원(거래원가 차감)에 매도하다. 단, 직전이자지급일로부터 매도일까지의 미수수익은 50만원이며, 원천징수세율과 특별징수세율은 각각 14%와 10%로 가정한다.

(차) 보통예금	10,000,000	(대) AC금융자산	9,910,000
선급법인세	77,000	미수수익	500,000
AC금융자산처분손실	410,000	예수금	77,000

27. 금융상품거래원가

예를 들어 당기손익_공정가치 측정 금융자산(FVPL금융자산)의 취득과 직접 관련되는 거래원가는 취득원가에 가산하지 않고 "금융상품거래원가"의 계정과목으로 하여 기타비용으로 처리한다.

분개예제 113

1. 공정가치 1억원인 상장주식을 단기매매목적(매매일회계처리 방법 채택)으로 취득하다. 단, 거래원가 100만원이 발생하다.

(차) FVPL금융자산	100,000,000	(대) 미지급금	101,000,000
금융자산거래원가	1,000,000		

28. 사채상환손익

(1) 의 미

사채를 만기 이전에 상환할 경우 상환시점에서 장부금액과 상환금액과의 차이에 따라 상환이익이 발생하기도 하고 상환손실이 발생하기도 하는데, 이를 처리하는 계정과목이 "사채상환손익"이다. 다만, 사채에 가감되는 항목인 "사채할인발행차금" 또는 "사채할증발행차금"과 직전 이자지급일로부터 상환일까지의 기간 경과분 액면이자인 "미지급비용" 등이 있을 경우 해당 금액도 장부에서 함께 제거하여야 함에 유의한다.

(2) 회계처리

상환이익은 "사채상환이익"으로 하여 기타수익으로 분류하고, 상환손실은 "사채상환손실"로 하여 기타비용으로 분류한다.

분개예제 114

1. 액면 1억원인 사채를 8,000만원에 중도상환하다. 단, 중도상환시 해당 사채의 사채할인발행차금 잔액은 1,000만원이며, 기간경과분 미지급비용은 200만원이다.

(차) 사채	100,000,000	(대) 보통예금	80,000,000
미지급비용	2,000,000	사채할인발행차금 (사채(-))	10,000,000
		사채상환이익	12,000,000

2. 액면 1억원인 사채를 1억2,000만원에 중도상환하다. 단, 중도상환시 해당 사채의 사채할증발행차금잔액은 1,000만원이며, 기간경과분 미지급비용은 200만원이다.

(차) 사채	100,000,000	(대) 보통예금	120,000,000
사채할증발행차금 (사채(+))	10,000,000		
미지급비용	2,000,000		
사채상환손실	8,000,000		

29. 자산수증이익

"자산수증이익"이란 제3자로부터 무상으로 증여받은 자산의 공정가치를 말한다.

분개예제 115

1. 시가 10억 상당의 대표이사 소유 건물을 본사사옥으로 기증받다.

(차) 건물	1,000,000,000	(대) 자산수증이익	1,000,000,000

30. 채무면제(조정)이익

채무자가 재무적곤경 등으로 인해 채무를 면제받을 경우 "채무면제(조정)이익"으로 하여, 기타 수익으로 분류한다.

분개예제 116

1. 재무적곤경으로 인해 채권자로부터 장기차입금 10억원을 면제받다.

| (차) 장기차입금 | 1,000,000,000 | (대) 채무면제이익 | 1,000,000,000 |

31. 보험차익

"보험차익"은 보험에 가입한 건물·기계·선박 등의 자산이 화재·천재 및 기타 사유로 인하여 멸실 또는 손괴됨으로써 보험회사로부터 지급받는 보험금을 말한다. 이때, 재해 등으로 인해 손실된 자산의 장부금액은 손상차손으로 처리함에 유의한다.

분개예제 117

1. 화재로 건물을 소실하고 보험금으로 6억원을 수령하다. 단, 소실건물의 취득원가는 10억원, 감가상각누계액 잔액은 5억원이다.

(차) 감가상각누계액 (건물(-))	500,000,000	(대) 건물	1,000,000,000
유형자산손상차손	500,000,000		
(차) 보통예금	600,000,000	(대) 보험차익	600,000,000

32. 잡이익과 잡손실

잡이익과 잡손실은 각각 기타수익 및 기타비용에 해당되나 해당 계정과목을 별도로 표시할 만큼 중요하지 않은 금액이나, 적절한 별도 계정과목이 없을 경우 사용하는 계정과목이다.

분개예제 118

1. 거래처의 외상매출금 결제지연으로 인하여 원금 1,000만원외에 연체이자 10만원을 보통예금으로 지급받다.

   (차) 보통예금　　　　　10,100,000　　(대) 외상매출금　　　　10,000,000
   　　　　　　　　　　　　　　　　　　　　　 잡이익　　　　　　　　100,000

2. 원재료 구입을 위해 100만원을 선지급하였으나, 당사의 계약취소로 인해 위약금 10만원을 제외한 잔액을 보통예금으로 이체받다.

   (차) 보통예금　　　　　　900,000　　(대) 선급금　　　　　　　1,000,000
   　　　잡손실　　　　　　　100,000

3. 현금계정별 원장 잔액은 100만원이나, 현금 시재금액은 70만원이다. 차이금액 중 25만원은 접대비로 지출한 금액이며, 잔액은 원인을 알 수가 없다.

   (차) 접대비　　　　　　　250,000　　(대) 현금　　　　　　　　　300,000
   　　　잡손실　　　　　　　 50,000

4. 현금계정별 원장 잔액은 80만원이나, 현금 시재금액은 100만원이다. 차이금액 중 19만원은 접대비를 이중으로 전표처리한 금액이며, 잔액은 원인을 알 수가 없다.

   (차) 현금　　　　　　　　200,000　　(대) 접대비　　　　　　　　190,000
   　　　　　　　　　　　　　　　　　　　　　 잡이익　　　　　　　　 10,000

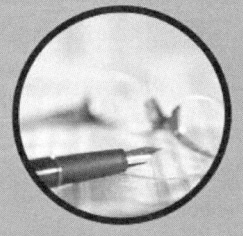

찾아보기

찾아보기

ㄱ

가산할 일시적차이	356
가수금	88
가중평균법	203
가지급금	88
각사업연도소득에 대한 법인세	348
감가상각	235
감가상각누계액	241
감가상각대상금액	237
감가상각방법	237
감가상각비	241, 391
감자차손	366
감자차익	366
개발	53
개발비	260
거래 8요소	81
거래	79
거래원가	279, 283, 302, 325
거래의 이중성(또는 양면성)	81
거래처원장	116
건강보험료	322
건물	226
건설중인자산	227
견본비	393
결산수정분개	97
결손금	350, 374
결손금처리계산서	376
결손보전	374
결제일 회계처리방법	278
경상개발비	393
경영성과	45
경정청구	351
계속기업가정	24
계속단가기록법	200
계속성	87
계정대체	274
계정별원장	92
고용보험료	322
공급시기	130
공정가치모형	272
관계기업	288
관계기업투자주식	288
관세환급금	55
광고선전비	389
교육훈련비	394
구축물	226
국민연금	322, 385
국제회계기준의 특징	17
근로자 퇴직급여 보장법	303
금융부채	35
금융상품거래원가	409
금융자산	31
금융자산의 양도	195
급여	384
기계장치	226
기능통화	335
기대수익	311
기말단가기록법	200
기부금	402

찾아보기

기업회계기준 ··· 15
기초재수정분개 ··· 106
기타 제조원가 ··· 216
기타의대손상각비 ································ 185, 400
기타포괄손익 ··· 46

ㄴ

내용연수 ··· 236, 265
노무원가(노무비) ··· 215
노인장기요양보험료 ···································· 322
농어촌특별세 ··· 348

ㄷ

단기대여금 ·· 175
단기매매금융자산 ································ 278, 299
단기매매금융자산처분손익 ·························· 281
단기매매금융자산평가손익 ················· 280, 405
단기종업원급여 ·· 384
단기차입금 ·· 180
당기근무원가 ··· 309
당기순손익 ·· 46
당기총제조비용 ·· 221
당좌수표 ·· 119
당좌예금 ·· 116
당좌차월 ·· 116
대손 ··· 187
대손상각비 ·· 185, 392
대손처리된 채권 회수 ·································· 188
대손충당금 ·· 185
대손충당금환입 ··································· 185, 401
대여금 ·· 173
대차평균의 원리 ··· 85
도서인쇄비 ·· 394

ㅁ

만기 ··· 277, 323
만기보유금융자산 ·· 292
만기보유금융자산처분손익 ·························· 297
매각예정자산 관련 부채 ································ 35

매각예정자산 ··· 32
매도가능금융자산 ································ 282, 301
매도가능금융자산처분손익 ················· 286, 300
매도가능금융자산평가손익 ················· 284, 405
매매일 회계처리방법 ··································· 278
매입세액 ·· 129, 131
매출 ··· 135
매출세액 ·· 129, 131
매출에누리(또는 매입에누리) ····················· 150
매출원가 ·· 209
매출채권처분손실 ································ 194, 402
매출할인(또는 매입할인) ···························· 152
매출환입(또는 매입환출) ···························· 149
무상감자 ·· 375
무상증자 ·· 370
무형자산 ·· 258
무형자산상각비 ··································· 267, 391
미교부주식배당금 ·· 369
미수금 ·· 171
미수법인세환급액 ·· 349
미수수익 ·· 167
미수이자 ······························· 120, 124, 177
미지급금 ·· 171
미지급배당금 ··· 321
미지급법인세 ··· 349
미지급비용 ·· 169
미지급이자 ·· 183
미착상품 ·· 198
미처리결손금 ··· 374

ㅂ

반제품 ·· 213
발생주의 ·· 47
발행가액 ··· 324, 362
배당금수익 ·· 280, 399
배당금수취 ·· 280, 289
법인세추납액 ··· 351
법인세환급액 ··· 351
법인세회계 ·· 354
법정적립금 ·· 370
보수성 ·· 87

보증금	319	선수이자	175
보통예금	115	선일자수표	113
보험수리적 가정	308	선입선출법	203
보험차익	411	세금과공과	388
복리후생비	387	소각	366
부가가치세 신고 및 납부(환급)	132	소구권	195
부가가치세	233	소급공제	350
부도어음	195	소모품(또는 저장품)	213
부채	33	소모품비	394
비용	49	소액현금제도	113
비지배지분	36	손상차손	245, 268, 406
비품	227	손상차손환입	246, 268, 406
비화폐성항목	336	손익거래	82
		수도광열비	395
		수선비	395

ㅅ

		수익·비용대응의 원칙	50
사내유보	368	수익	46
사무용품비	394	수익의 측정	135
사외유출	368	수익인식	134, 154
사외적립자산	306	수익적 지출	242
사외적립자산의 공정가치	312	수정세금계산서	149
사용가치	247	수정신고	351
사채	323	순공정가치	246
사채상환손익	332, 409	순실현가능가치	206
사채할인발행차금	325	시산표	94
사채할증발행차금	325	식별가능	259
산업재산권	260	실질성	87
상각누계액	267	실현·실현주의	46
상각률	238	실현가능가치	68
상각방법	267		
상각후원가	294		
상여금	386	ㅇ	
상품(또는 원재료)	140	액면가액(원금)	277, 324
상품	198	액면가액	361
생물자산	32	액면이자	277, 324
선급금	140, 165	액면이자율(표면이자율)	277, 324
선급법인세	347	약속어음	119
선급비용	168	어음의 배서	195
선급이자	181	어음의 부도	195
선박	226	어음할인	194
선수금	136, 166	여비교통비	395
선수수익	170	역사적 환율	335

찾아보기

역사적원가 ⋯⋯⋯⋯⋯⋯⋯⋯⋯⋯⋯⋯⋯⋯ 68	이자비용 ⋯⋯⋯⋯⋯⋯⋯⋯⋯⋯⋯⋯⋯⋯ 398
연구 ⋯⋯⋯⋯⋯⋯⋯⋯⋯⋯⋯⋯⋯⋯⋯⋯ 53	이자수익 ⋯⋯⋯⋯⋯⋯⋯⋯⋯⋯⋯⋯⋯⋯ 397
연구비 ⋯⋯⋯⋯⋯⋯⋯⋯⋯⋯⋯⋯⋯⋯⋯ 393	이자원가 ⋯⋯⋯⋯⋯⋯⋯⋯⋯⋯⋯⋯⋯⋯ 309
영업권 ⋯⋯⋯⋯⋯⋯⋯⋯⋯⋯⋯⋯⋯⋯⋯ 260	이해가능성 ⋯⋯⋯⋯⋯⋯⋯⋯⋯⋯⋯ 64, 65
영업보증금 ⋯⋯⋯⋯⋯⋯⋯⋯⋯⋯⋯⋯⋯ 319	이행가치 ⋯⋯⋯⋯⋯⋯⋯⋯⋯⋯⋯⋯⋯⋯ 68
영업활동 ⋯⋯⋯⋯⋯⋯⋯⋯⋯⋯⋯⋯⋯⋯ 61	일반적으로 인정된 회계원칙 ⋯⋯⋯⋯⋯ 15
영업활동에 부수적으로 사용할 목적 ⋯⋯ 225	일시적차이 ⋯⋯⋯⋯⋯⋯⋯⋯⋯⋯⋯⋯ 356
예수금 ⋯⋯⋯⋯⋯ 298, 301, 321, 322, 326	임대료수익 ⋯⋯⋯⋯⋯⋯⋯⋯⋯⋯⋯⋯ 390
외상매입금 ⋯⋯⋯⋯⋯⋯⋯⋯⋯⋯⋯⋯⋯ 142	임의적립금 ⋯⋯⋯⋯⋯⋯⋯⋯⋯⋯⋯⋯ 370
외상매입금과 지급어음 ⋯⋯⋯⋯⋯⋯⋯ 163	임차보증금 ⋯⋯⋯⋯⋯⋯⋯⋯⋯⋯⋯⋯ 319
외상매출금 ⋯⋯⋯⋯⋯⋯⋯⋯⋯⋯⋯⋯⋯ 137	
외상매출금과 받을어음 ⋯⋯⋯⋯⋯⋯⋯ 160	**ㅈ**
외화환산손익 ⋯⋯⋯⋯⋯⋯⋯⋯⋯ 338, 399	
외환차손익 ⋯⋯⋯⋯⋯⋯⋯⋯⋯⋯ 341, 399	자기주식 ⋯⋯⋯⋯⋯⋯⋯⋯⋯⋯⋯⋯⋯ 365
외환차이 ⋯⋯⋯⋯⋯⋯⋯⋯⋯⋯⋯⋯⋯ 399	자기주식처분손실 ⋯⋯⋯⋯⋯⋯⋯⋯⋯ 367
용역선수금 ⋯⋯⋯⋯⋯⋯⋯⋯⋯⋯⋯⋯⋯ 157	자기주식처분이익 ⋯⋯⋯⋯⋯⋯⋯⋯⋯ 367
용역원가 ⋯⋯⋯⋯⋯⋯⋯⋯⋯⋯⋯⋯⋯ 157	자본 ⋯⋯⋯⋯⋯⋯⋯⋯⋯⋯⋯⋯⋯⋯⋯ 35
우발부채 ⋯⋯⋯⋯⋯⋯⋯⋯⋯⋯⋯⋯⋯⋯ 34	자본거래 ⋯⋯⋯⋯⋯⋯⋯⋯⋯⋯⋯⋯⋯ 82
운반비 ⋯⋯⋯⋯⋯⋯⋯⋯⋯⋯⋯⋯⋯⋯ 394	자본변동표 ⋯⋯⋯⋯⋯⋯⋯⋯⋯⋯ 59, 378
원가(Cost) ⋯⋯⋯⋯⋯⋯⋯⋯⋯⋯⋯⋯⋯ 53	자본적 지출 ⋯⋯⋯⋯⋯⋯⋯⋯⋯⋯⋯⋯ 242
원가흐름의 가정 ⋯⋯⋯⋯⋯⋯⋯⋯⋯⋯ 202	자산 ⋯⋯⋯⋯⋯⋯⋯⋯⋯⋯⋯⋯⋯⋯⋯ 29
원재료 ⋯⋯⋯⋯⋯⋯⋯⋯⋯⋯⋯⋯⋯⋯ 213	자산수증이익 ⋯⋯⋯⋯⋯⋯⋯⋯⋯⋯⋯ 410
원천징수 ⋯⋯⋯⋯⋯⋯⋯⋯⋯⋯⋯ 322, 346	자산처분손익 ⋯⋯⋯⋯⋯⋯⋯⋯⋯⋯⋯ 407
월할상각 ⋯⋯⋯⋯⋯⋯⋯⋯⋯⋯⋯⋯⋯ 239	잔존가치 ⋯⋯⋯⋯⋯⋯⋯⋯⋯⋯⋯ 237, 267
웹사이트 ⋯⋯⋯⋯⋯⋯⋯⋯⋯⋯⋯⋯⋯ 262	잡비 ⋯⋯⋯⋯⋯⋯⋯⋯⋯⋯⋯⋯⋯⋯⋯ 396
유급휴가 ⋯⋯⋯⋯⋯⋯⋯⋯⋯⋯⋯⋯⋯ 385	잡손실 ⋯⋯⋯⋯⋯⋯⋯⋯⋯⋯⋯⋯⋯⋯ 412
유동성대체 ⋯⋯⋯⋯⋯⋯⋯⋯⋯⋯⋯⋯⋯ 90	잡이익 ⋯⋯⋯⋯⋯⋯⋯⋯⋯⋯⋯⋯⋯⋯ 412
유동성장기부채 ⋯⋯⋯⋯⋯⋯⋯⋯ 181, 328	장기대여금 ⋯⋯⋯⋯⋯⋯⋯⋯⋯⋯⋯⋯ 175
유상감자 ⋯⋯⋯⋯⋯⋯⋯⋯⋯⋯⋯⋯⋯ 366	장부마감 ⋯⋯⋯⋯⋯⋯⋯⋯⋯⋯⋯⋯⋯ 100
유상증자 ⋯⋯⋯⋯⋯⋯⋯⋯⋯⋯⋯⋯⋯ 361	재고감모손실 ⋯⋯⋯⋯⋯⋯⋯⋯⋯ 201, 403
유형자산 ⋯⋯⋯⋯⋯⋯⋯⋯⋯⋯⋯⋯⋯ 225	재고감모수량 ⋯⋯⋯⋯⋯⋯⋯⋯⋯⋯⋯ 201
유효이자율 ⋯⋯⋯⋯⋯⋯⋯⋯⋯ 70, 277, 324	재고수불부 ⋯⋯⋯⋯⋯⋯⋯⋯⋯⋯⋯⋯ 200
유휴자산 ⋯⋯⋯⋯⋯⋯⋯⋯⋯⋯⋯ 235, 236	재고자산 ⋯⋯⋯⋯⋯⋯⋯⋯⋯⋯⋯ 198, 213
은행계정조정표 ⋯⋯⋯⋯⋯⋯⋯⋯⋯⋯ 119	재고자산감모손실 ⋯⋯⋯⋯⋯⋯⋯⋯⋯ 208
이동평균법 ⋯⋯⋯⋯⋯⋯⋯⋯⋯⋯⋯⋯ 203	재공품 ⋯⋯⋯⋯⋯⋯⋯⋯⋯⋯⋯⋯⋯⋯ 213
이연법인세부채 ⋯⋯⋯⋯⋯⋯⋯⋯⋯⋯ 354	재료원가(원재료비) ⋯⋯⋯⋯⋯⋯⋯⋯ 215
이연법인세자산 ⋯⋯⋯⋯⋯⋯⋯⋯⋯⋯ 354	재무상태 ⋯⋯⋯⋯⋯⋯⋯⋯⋯⋯⋯⋯⋯ 26
이월공제 ⋯⋯⋯⋯⋯⋯⋯⋯⋯⋯⋯⋯⋯ 350	재무상태표 ⋯⋯⋯⋯⋯⋯⋯⋯⋯⋯⋯⋯ 26
이익잉여금처분계산서 ⋯⋯⋯⋯⋯⋯⋯ 372	재무제표 ⋯⋯⋯⋯⋯⋯⋯⋯⋯⋯⋯⋯⋯ 22
이익준비금 ⋯⋯⋯⋯⋯⋯⋯⋯⋯⋯⋯⋯ 370	재무회계 ⋯⋯⋯⋯⋯⋯⋯⋯⋯⋯⋯⋯⋯ 12
이익처분 ⋯⋯⋯⋯⋯⋯⋯⋯⋯⋯⋯⋯⋯ 368	재발행(매각) ⋯⋯⋯⋯⋯⋯⋯⋯⋯⋯⋯ 367
	재평가 ⋯⋯⋯⋯⋯⋯⋯⋯⋯⋯⋯⋯⋯⋯ 270

재평가모형	252		
재평가손실	253, 403		**ㅊ**
재평가이익	253, 403		
재평가잉여금	253, 403	차감할 일시적차이	356
저가법	206	차량운반구	226
저장품	213	차량유지비	395
적송품	199	차손	49
전세권	319	차익	47
전신전화가입권	319	차입금	179
전표	84	차입원가	233
전환권조정	43	창업비	396
전환원가	216, 224	채권	276
접대비	387	채권의 대손시점	187
정기예금	119	채권의 손상차손(대손)	184
정기적금	123	채무면제(조정)이익	411
정률법	238	채무조정이익(또는 채무면제이익)	197
정보이용자	12	체감잔액법	237
정상영업주기	37	총평균법	203
정액법	237, 238	총포괄손익	46
정형화된 매입거래	278	출자전환채무	44
제조원가	215	충당부채	34
제조원가명세서	215, 217	취득시점	140, 228, 264
제품	213	취득원가	140, 228, 230, 264, 279, 283
주금납입액	362		
주석	63		**ㅋ**
주식	276		
주식발행비	362	컴퓨터소프트웨어	261
주식발행초과금	363		
주식배당	369		**ㅌ**
주식선택권	44		
주식할인발행차금	363	타계정대체액	55, 208
중간예납	347	토지	226
중요성	24	통신비	395
지급수수료	395	통제	259
지급임차료	390	통화대용증권	112
지분법	288	퇴직금제도	304
지분법손익	405	퇴직급여	303
진행기준	155	퇴직연금제도	304
진행률	155	투자부동산	270
		투자부동산평가손익	404

ㅍ

판매가능재고액 ·· 207
평가충당금 ··· 207
포괄손익계산서 ·· 45
표시통화 ··· 335

ㅎ

한국채택국제회계기준 ······································· 18
한국회계기준원 ·· 16
해고급여 ··· 317
현금과부족 ··· 114
현금배당금 ··· 321
현금성자산 ··· 31
현금흐름표 ··· 60
현물환율 ··· 335
현재가치할인차금 ··································· 40, 137, 142
현행대체원가 ·· 206
현행원가 ··· 68
협회비 ·· 396
화폐성항목 ··· 336
확정급여제도 ··· 304, 306
확정급여채무 ·· 309
확정급여형(DBP) ·· 304
확정기여제도 ··· 304, 305
확정기여형(DCP) ·· 304
환율변동효과 ·· 335
회계처리방법 ·· 278
회수가능액 ··· 246
후속원가 ··· 242, 268
후입선출법 ··· 203

본 저서에 수록된 내용은 "저작권법"에 의한 보호대상임을 알리며,
저자의 동의가 없는 한 형행 저작권법이 허용하는 테두리 내에서만
저서의 전부 또는 일부에 대한 복사·복제 또는 전제 및 인용이 가능하고,
이를 위반하는 경우 관련 법령에 따라서 처벌됨을 알립니다.

IFRS 핵심을 반영한 재무회계실무

초 판 1 쇄 발 행	2006년 2월 10일
개정증보11판 2쇄	2021년 2월 5일
지 은 이	최 종 기
펴 낸 이	전 병 문
본 문 디 자 인	조 성 희
표 지 디 자 인	(주)씨에프오아카데미 이종규
인 쇄 · 제 본	신우디엔피
펴 낸 곳	(주)씨에프오아카데미
주 소	서울시 강남구 논현로 79길8 아이네트빌딩 4층, 5층
전 화 번 호	02) 501-2322
팩 스 번 호	02) 561-6581
홈 페 이 지	http://www.cfoi.kr
출 판 등 록	제2003-000237호
I S B N	979-11-86734-32-2
정 가	25,000원

※ 저자와의 합의에 따라 인지는 생략됩니다.
※ 잘못된 책은 바꾸어 드립니다.

> 무단 복사·복제·전제 및 인용을 금지합니다